U0541374

本书受中国历史研究院学术出版经费资助

学 术 出 版 资 助

中国共产党百年财政史

思想与实践

闫 坤 主编
史 卫 马蔡琛 于树一 副主编

中国社会科学出版社

图书在版编目(CIP)数据

中国共产党百年财政史:思想与实践/闫坤主编.—北京:中国社会科学出版社,2021.9(2023.3重印)
ISBN 978-7-5203-9107-8

Ⅰ.①中… Ⅱ.①闫… Ⅲ.①财政工作—概况—中国 Ⅳ.①F812

中国版本图书馆CIP数据核字(2021)第181469号

出 版 人	赵剑英
责任编辑	王 曦　李斯佳
责任校对	赵雪姣
责任印制	李寡寡
出　　版	中国社会科学出版社
社　　址	北京鼓楼西大街甲158号
邮　　编	100720
网　　址	http://www.csspw.cn
发 行 部	010-84083685
门 市 部	010-84029450
经　　销	新华书店及其他书店
印刷装订	北京君升印刷有限公司
版　　次	2021年9月第1版
印　　次	2023年3月第2次印刷
开　　本	710×1000　1/16
印　　张	32.5
字　　数	453千字
定　　价	168.00元

凡购买中国社会科学出版社图书,如有质量问题请与本社营销中心联系调换
电话:010-84083683
版权所有　侵权必究

中国历史研究院学术出版
编委会

主　　任 高　翔
副 主 任 李国强
委　　员（按姓氏笔画排列）

卜宪群　王建朗　王震中　邢广程　余新华
汪朝光　张　生　陈春声　陈星灿　武　力
夏春涛　晁福林　钱乘旦　黄一兵　黄兴涛

中国历史研究院学术出版资助项目
出版说明

  为了贯彻落实习近平总书记致中国社会科学院中国历史研究院成立贺信精神，切实履行好统筹指导全国史学研究的职责，中国历史研究院设立"学术出版资助项目"，面向全国史学界，每年遴选资助出版坚持历史唯物主义立场、观点、方法，系统研究中国历史和文化，深刻把握人类发展历史规律的高质量史学类学术成果。入选成果经过了同行专家严格评审，能够展现当前我国史学相关领域最新研究进展，体现我国史学研究的学术水平。

  中国历史研究院愿与全国史学工作者共同努力，把"中国历史研究院学术出版资助项目"打造成为中国史学学术成果出版的高端平台；在传承、弘扬中国优秀史学传统的基础上，加快构建具有中国特色的历史学学科体系、学术体系、话语体系，推动新时代中国史学繁荣发展，为实现"两个一百年"奋斗目标、实现中华民族伟大复兴的中国梦贡献史学智慧。

中国历史研究院
2020 年 3 月

序　言

2021年是中国共产党建党100周年。1921年7月23日，中国共产党第一次全国代表大会在上海召开，宣告了中国共产党的成立。100年来，中国共产党领导全国各族人民走过了革命战争、建立新中国、社会主义建设、改革开放的伟大道路，进行了艰苦卓绝的奋斗，战胜了各种艰难险阻，迎来了中国人民从站起来到富起来、强起来的伟大飞跃，创造了举世瞩目的经济奇迹。100年的道路并非一帆风顺，在这样一个贫穷落后的东方大国，追求民族复兴、社会进步和人民幸福，要面临无数棘手的难题。但无论遇到什么样的困难和挫折，中国共产党人都坚守为中国人民谋幸福、为中华民族谋复兴的初心和使命，始终坚持以人民为中心，充分运用财政工具，发挥财政职能的作用，努力改变中国的面貌和改善人民的生活。100年来，中国共产党领导的财政工作在夺取革命胜利、经济建设、社会进步和人民幸福等各方面都发挥了积极作用，从积贫积弱发展到繁荣富强，从温饱难继到迈向全面小康，中国共产党创造了人类财政史上的伟大奇迹。这些财政实践和思想，是我们民族的宝贵财富，应该认真总结和继承，为新时代的财政工作提供历史经验和理论支持。

2013年6月25日，习近平总书记在主持中共中央政治局第七次集体学习时强调，历史是最好的教科书。学习党史、国史，是坚持和发展中国特色社会主义、把党和国家各项事业继续推向前进的必修课。这门功课不仅必修，而且必须修好。习近平总书记多次强调要"学习中国近现代史和中共党史",以"更好地继承和发扬近代以来中国人民的爱国主义精神,继承和发扬前辈共产党人建树的优良革命传统"①。为了纪念这样一个伟大的日子,也为了更好地总结和继承中国共产党100年的财政思想与实践经验,我们组织编写了这部《中国共产党百年财政史:思想与实践》,希望通过回顾百年来党的财政思想及领导财政实践的光辉历程,总结宝贵经验,以利于财政更好地履行党赋予的初心和使命,更好地贯彻落实好党的方针政策,在社会主义新时代建设中更好地发挥财政职能作用。

习近平总书记在党的十九大报告中指出:"中国共产党人的初心和使命,就是为中国人民谋幸福,为中华民族谋复兴。这个初心和使命是激励中国共产党人不断前进的根本动力。"②党的财政思想和实践也始终围绕着这个初心和使命,为中国人民谋幸福,为中华民族谋复兴。在建党之初,我们的党虽然不是执政党,但旗帜鲜明地提出了自己的财政主张,并将之写在党的纲领上。要求废除各种苛捐杂税,实行累进率的所得税等,减轻人民税负。要求取消列强在华的各种治外特权,收回关税主权,取消赔款,核减外债,维护国家财政主权。在城市,中国共产党组织和领导了声势浩大的工人运动,领导工人争取提高工资、建立八小时工作制、制定劳动保险法等权益;在农村,中国共产党组织和领导了波澜壮阔的农民运动,领导农民要求取消苛捐杂税及预征钱粮,组织农会议定最高租额及最低谷价,为广大农民争取权益。

随着革命根据地的建立,中国共产党将自己的财政思想直接在根据地实践。1931年中国共产党在江西瑞金成立了中华苏维埃共和国临时中央政府,先后颁布了《暂行财政条例》《暂行税则》《国库暂行条例》等财政法规,提出了统一财政、税收法定等财政思想。在税制建设上,通过累进税率的设计,充分体现合理负担的原则。

---

① 习近平:《领导干部要读点历史》,《中共党史研究》2011年第10期。
② 习近平:《决胜全面建成小康社会 夺取新时代中国特色社会主义伟大胜利——在中国共产党第十九次全国代表大会上的报告》,人民出版社2017年版,第1页。

在保障战争供给的同时，重视苏区经济社会发展的需要。在抗日战争最艰苦的岁月，中国共产党人提出了"精兵简政、自力更生、发展生产、保障供给"等财政思想，发起大生产运动，建立严格的预决算制度，把各种行政支出降到最低，切实减轻人民负担。解放战争时期，积极适应从农村到城市的转变，提出"发展生产，保障供给，集中领导，分散经营，军民兼顾，公私兼顾，生产和节约并重"的财政思想。推行土地改革，第一次在中国真正实现了"耕者有其田"。推进财政统一，实现了中国近代以来第一次全国的财政统一。

新中国成立后，面对经济崩溃、民生凋敝的"乱摊子"，中国共产党开始实施计划体制，加快工业化进程。财政积极为工业化筹集资金，为了在经济建设与民生建设上保持平衡，提出了国家分配论、四大平衡、二三四比例、"集中力量办大事"等财政思想，在努力保障人民生活需要的基础上，积极筹集建设资金，在较短时间内建成了独立的、比较完整的工业体系和国民经济体系。改革开放之初，财政作为改革的突破口，通过放权让利，调动了地方、部门、企业和个人等各方面的积极性，激活了整个经济，极大地提升了广大人民的生活水平。通过各项财政改革和财政制度建设，推动了国家治理现代化进程。在国家财力增长的情况下，不断增加民生支出，推进公共服务均等化，增进了人民的生活福祉。

回顾中国共产党100年的财政思想与实践，为什么能取得这么大成就，就是因为她始终不忘初心和使命，坚持为人民谋幸福，为中华民族谋复兴。只有以强大的财政为基础和保障，才能支持经济建设；只有坚持以人民为中心的理念，才能让公共财政的阳光普惠广大人民。早在1934年，毛泽东就曾在第二次全国苏维埃代表大会上提出过一个问题，他指出根据地普遍都处在全国比较落后的地方，但财政却做得很好。而国民党政府占据着全国广大的富裕区域，大量地搜刮民脂民膏，为什么反而弄到财政破产？根据地财政的成功经验是我们党、我们国家宝贵的财富。体现出中国共产党关心群众的一切实际生活问题，满足了群众的需要，因此得到了群众热烈的拥护。1942年，在陕甘宁边区财政最艰难的时刻，毛泽东进行了广泛地调研，系统研究了财政经济问题，发表了《经济问题与财政问题》报告，在提出"发展经济，保障供给"的总方针的同时，也特别强调"一切空话都是无用的，必须给人民以看得见的物质福利"①，他指出财政工作第一位的是予，第二位才是取。他说："我们的第一个方面的工作并不是向人民要东西，而是给人民以东西。我们有什么东西可以给予人民呢？就目前陕甘宁边区的条件说来，就是组织人民、领导人民、帮助人民发展生产，增加他们的物质福利，并在这个基础上一步一步地提高他们的政治觉悟与文化程度。为着这个，我们应该不惜风霜劳苦，夜以继日，勤勤恳恳，切切实实地去研究人民中间的生活问题，生产问题，耕牛、农具、种子、肥料、水利、牧草、农贷、移民、开荒、改良农作法、妇女劳动、二流子劳动、按家计划、合作社、变工队、运输队、纺织业、畜牧业、盐业等等重要问题，并帮助人民具体地而不是讲空话地去解决这些问题。这一方面的工作是每个在农村工作的共产党员的第一位工作。只有在做了这一方面的工作，并确实生了成效之后，我们去做第二方面的工作——向人民要东西的工作时，我们才能取得人民的拥护，他们才会说我们要东西是应该的，是正当的；他们才会懂得他们如不送出粮草等等东西给政府，则他们的生活就不会好，就不会更好。这样我们的工作才不是勉强的，才会感觉顺利，才会感觉真正和人民打成一片了。这就是我们党的根本路线，根本政策。"②邓小平把"富民"提升到社会主义的目的上来，指出"社会主义的目的就是要全国人民共同富裕"③。他提出："社会主义的本质，是解放生产力，发展生产力，消灭剥削，消除两极分化，最终达到共同富裕。"④他将"是否有利于提高人民的生活水平"作为判断各方面工作是非得失的根本标准之一。邓小平提出："不坚持社会主义，不改革开放，不发展经济，不改善人民生活，只能是死路

---

① 《毛泽东著作选读》（下册），人民出版社1986年版，第563页。
② 《毛泽东著作选读》（下册），人民出版社1986年版，第563—564页。
③ 《邓小平文选》第三卷，人民出版社1993年版，第111页。
④ 《邓小平文选》第三卷，人民出版社1993年版，第373页。

一条。"①习近平总书记号召"全党同志一定要永远与人民同呼吸、共命运、心连心，永远把人民对美好生活的向往作为奋斗目标"。在新冠肺炎疫情蔓延，很多大国陷入灾难局面的时候，习近平总书记做出重要指示，强调"要把人民群众生命安全和身体健康放在第一位"。国家财政坚决贯彻落实重要指示，有效地发挥财政职能作用，全力支持抗疫工作，有力遏制新冠肺炎疫情，充分体现了制度优势。

党的十九大报告指出，"经过长期努力，中国特色社会主义进入了新时代，这是我国发展新的历史方位"②。站在时代的高峰回望百年，我们深刻认识到"为人民谋幸福，为民族谋复兴"就是我们党领导中华民族从站起来、富起来到强起来不断飞跃迈进的财政密码。财政是国家治理的基础与重要支柱，是利益调节的总枢纽，连接着社会的方方面面。中国共产党 100 年的历史雄辩地证明了，只要坚持以人民为中心，财政就能不断发展壮大，国家就能繁荣昌盛。中国共产党历来高度重视财政工作，在不同历史时期围绕人民的根本利益对财政工作都提出了明确要求。我们财政的成功，也在于始终坚持中国共产党的领导，用党的方针政策统领了全部的财政工作，不断地适应和服从党在不同时期对财政的要求，自觉地把党的方针政策贯穿于财政工作的始终，不断提高财政管理的能力和水平，为党不同阶段的奋斗目标提供物质基础、体制保障，以政控财，以财行政。

今天，在中国共产党的正确领导下，我们实现了第一个一百年的伟大目标，正在向第二个一百年迈进。财政必须坚持中国共产党的领导，更好地发挥职能作用，在继续推动发展的基础上，着力解决好发展不平衡不充分的问题，大力提升发展质量和效益，更好地满足人民在经济、政治、文化、社会、生态等方面日益增长的需要，更好地推动人的全面发展、社会全面进步。为全国人民创造美好生

---

① 《邓小平文选》第三卷，人民出版社 1993 年版，第 370 页。
② 习近平：《决胜全国建成小康社会　夺取新时代中国特色社会主义伟大胜利——在中国共产党第十九次全国代表大会上的报告》，人民出版社 2017 年版，第 10 页。

活、实现共同富裕贡献更大力量。

百年来，中国共产党在财政领域的理论创新和实践，是对中华民族和人类世界的重大贡献。中国共产党"以人民为中心"的财政观，始终依靠人民群众办财政，全心全意为人民服务，为国理财、为民兴财。赢得了各阶层广大人民的积极支持和拥护，战胜了各种困难，创造了财政史上前所未有的奇迹。习近平同志指出："中国特色社会主义是不是好，要看事实，要看中国人民的判断。"[①] 我们共产党人的财政理念，不仅是人民的选择，而且一再被历史所证明。希望我们所有的财政人薪火相传，将这个传统发扬继承。让我们高高扬起党的财政事业优良的劲帆，在新时代踏浪前行，实现更加美好的中国梦。

闫　坤
2020 年 10 月 29 日

---

① 习近平：《在庆祝中国共产党成立 95 周年大会上的讲话》，《人民日报》2016 年 7 月 2 日。

目　　录

导论　以人民为中心是中国共产党100年财政思想与实践的主线 ……………………………………………（1）
　一　追求人民幸福是中国共产党财政思想的根源 ………（2）
　二　人民利益至上的财政实践是中国共产党发展
　　　壮大的基础 ………………………………………（5）
　三　以人民为中心始终是中国共产党治国理财的出发点……（9）
　四　民生财政在改革开放中不断壮大 ……………………（12）
　五　以人民为中心推动新时代财政改革 …………………（15）

**第一章　中国共产党的成立和建党初期的财政纲领
　　　　（1921—1927年）** ………………………………（18）
　第一节　近代中国衰落与传统财政体系的崩溃 …………（18）
　　一　经济社会的激烈动荡与转型 …………………………（18）
　　二　西方财政思想的传播 …………………………………（20）
　　三　国家财政的混乱与崩溃 ………………………………（23）
　第二节　马克思主义的传入与中国共产党的成立 ………（27）
　　一　救国图强运动的兴起 …………………………………（27）
　　二　马克思主义的传入 ……………………………………（30）
　　三　中国共产党的诞生 ……………………………………（32）
　第三节　早期共产党人对中国财政问题的探索 …………（33）

一　马克思主义财政思想的传播 ………………………… (33)
　　二　早期共产党人对中国财政问题的探索 ……………… (36)
第四节　中国共产党在创建初期提出的财政纲领 ……………… (39)
　　一　中国经济社会的基本特征 …………………………… (39)
　　二　中国共产党的财政纲领 ……………………………… (41)
　　三　第一次国共合作时期中国共产党的理财理念 ……… (43)

第二章　土地革命时期的财政探索（1928—1937 年） ………… (48)
第一节　大革命后农村革命根据地的创立 ……………………… (48)
　　一　国共合作破裂后的政治经济背景 …………………… (48)
　　二　农村革命根据地的创建 ……………………………… (50)
　　三　中国共产党的财政主张 ……………………………… (53)
第二节　根据地财政工作的初步探索 …………………………… (55)
　　一　取之于敌为主的财政收入 …………………………… (55)
　　二　保障革命战争需要的财政支出 ……………………… (57)
　　三　集中统一的财政管理 ………………………………… (59)
第三节　中华苏维埃共和国时期的财政工作新发展 …………… (62)
　　一　中华苏维埃共和国的成立 …………………………… (62)
　　二　共和国财政的雏形 …………………………………… (66)
　　三　中国共产党财政思想的新发展 ……………………… (69)
第四节　根据地财政建设进入新阶段 …………………………… (71)
　　一　革命根据地的进一步扩大 …………………………… (71)
　　二　中国共产党对财政工作的领导 ……………………… (73)
　　三　国家财政体系的构建 ………………………………… (77)

第三章　抗日根据地时期的财政建设（1938—1945 年） ……… (80)
第一节　为建立抗日民族统一战线而斗争 ……………………… (80)
　　一　九一八事变后的中共中央《宣言》 …………………… (81)
　　二　1935 年中共中央的《八一宣言》 ……………………… (82)
　　三　1937 年《中共中央为公布国共合作宣言》 …………… (83)

四　1937年洛川会议《抗日救国十大纲领》……………………（84）
　　五　抗日民族统一战线是抗日战争取得最终胜利的
　　　　根本保证………………………………………………………（85）
第二节　陕甘宁边区政府的建立及边区财政………………………………（87）
　　一　边区政府的建立及运转与职能……………………………………（87）
　　二　边区政府的财政收入制度建设……………………………………（88）
　　三　边区政府的财政支出制度建设……………………………………（92）
　　四　边区政府的财政管理体制…………………………………………（94）
　　五　边区财政的平衡管理………………………………………………（95）
第三节　主要敌后根据地的开辟与财政工作………………………………（96）
　　一　华中抗日根据地的财政制度建设…………………………………（97）
　　二　晋冀鲁豫抗日根据地的财政制度建设……………………………（101）
　　三　晋察冀抗日根据地的财政制度建设………………………………（105）
　　四　山东抗日根据地建设与财政工作…………………………………（107）
　　五　其他抗日根据地的建设与财政工作………………………………（110）
第四节　抗日战争时期的财政政策探索……………………………………（115）
　　一　毛泽东《抗日时期的经济问题和财政问题》中的
　　　　财政思想………………………………………………………（116）
　　二　陈云《陕甘宁边区的财经问题》中的财政思想………（119）
　　三　这一时期中国共产党领导下的财政思想和
　　　　理论创新………………………………………………………（120）

**第四章　解放战争时期的财政工作的改进
　　　　　（1946—1949年）**………………………………………（125）
第一节　中国革命的历史大转折……………………………………………（125）
　　一　党的七大召开及建立联合政府的主张……………………………（125）
　　二　抗战胜利后形势的变化和两条道路的抉择………………（128）
　　三　内战的全面爆发和解放区的开辟…………………………………（130）
第二节　解放区的建设和财政工作的发展…………………………………（131）
　　一　解放区人民政权的建立和党的领导………………………………（131）

二　解放区财政工作的建设 ……………………………… (133)
　　三　改进财政政策支援解放战争 …………………………… (136)
第三节　解放区财政领域的新局面 ………………………………… (140)
　　一　从减租减息到土地改革 ………………………………… (140)
　　二　国营经济作用开始凸显 ………………………………… (141)
　　三　解放区经济的发展和财政困难的改善 ………………… (143)
第四节　为新中国财经工作做准备 ………………………………… (144)
　　一　华北财经会议揭开新中国统一财政工作的序幕 ……… (144)
　　二　从华北财经办事处到中财委 …………………………… (146)
　　三　各解放区财经工作走向统一 …………………………… (149)
　　四　为新中国财经建设和发展做好了理论和干部准备 …… (151)

第五章　新中国成立初期的财政工作和国民经济的恢复（1950—1952年） …………………………………………… (154)

第一节　新中国成立初期面临的困难 ……………………………… (154)
　　一　新中国的成立 …………………………………………… (154)
　　二　新民主主义经济模式的指导思想和新中国初期的
　　　　经济政策 ………………………………………………… (155)
　　三　新中国面临严峻的财经困难 …………………………… (157)
第二节　中财委领导财经工作 ……………………………………… (160)
　　一　打击投机资本、实现物价稳定 ………………………… (161)
　　二　统一全国财经工作 ……………………………………… (162)
第三节　财税体系的恢复调整和社会主义财政的
　　　　初步建立 ………………………………………………… (165)
　　一　财政税收制度的调整和完善 …………………………… (165)
　　二　城市和农村税收的调整和恢复 ………………………… (167)
　　三　新中国财政的初步建立 ………………………………… (168)
第四节　抗美援朝、国民经济的全面恢复与社会主义经济的
　　　　初步建立 ………………………………………………… (170)
　　一　抗美援朝中的国家财政建设 …………………………… (170)

二　国民经济恢复和财政状况好转 …………………………（173）
　　三　社会主义经济的初步建立 ……………………………（174）

第六章　发展战略选择与国家财政的重构(1953—1957年) ……（179）
第一节　过渡时期国内外形势与总路线的确立 …………………（180）
　　一　过渡时期总路线的确立："一体两翼" ………………（182）
　　二　过渡时期总路线与"一五"计划的提出 ………………（187）
第二节　过渡时期的财政工作 ……………………………………（188）
　　一　"一五"计划与五年财政计划 …………………………（189）
　　二　综合财政计划的编制与国民经济计划 ………………（192）
　　三　国家预算设计与银行信贷计划 ………………………（193）
　　四　过渡时期财税管理体制的建立与调整 ………………（194）
第三节　计划经济体制的构建与国民经济体系的重构 …………（198）
　　一　"一五"计划：奠定了社会主义工业化的初步基础 …（198）
　　二　三大改造：社会主义基本经济制度的确立 …………（200）
　　三　冒进与反冒进：提前完成过渡时期总任务的设想
　　　　与纠偏 ……………………………………………………（201）
第四节　过渡时期中共财经思想：探索国家、集体与人民
　　　　利益兼顾的财政关系 …………………………………（203）
　　一　从"四大比例"到"三大平衡""外汇平衡" ……………（203）
　　二　首次提出正确处理国民收入分配的"二、三、四比例"……（204）
　　三　《论十大关系》里面的中央与地方关系 ………………（205）
　　四　1957年的调整和改革思路 ……………………………（206）
　　五　党的八大：对我国社会主义经济发展规律的探索
　　　　与总结 ……………………………………………………（208）

第七章　路径探索引发的发展危机与财政的定海神针作用
　　　　(1958—1978年) ……………………………………………（212）
第一节　"大跃进"中的财政失衡及清理整顿
　　　　(1958—1960年) ………………………………………（212）

一　财政平衡遭到破坏 ……………………………………… (213)
　　二　一定程度的财政清理整顿 …………………………… (220)
　第二节　国民经济调整中的财政调节功能的发挥
　　　　　（1961—1965 年）………………………………………… (224)
　　一　财政致力于"八字方针"的核心——调整 …………… (224)
　　二　财政调整任务及措施 ………………………………… (226)
　　三　财政调整成效 ………………………………………… (230)
　第三节　"文化大革命"中的财政困局及其稳定功能的发挥
　　　　　（1966—1976 年）………………………………………… (231)
　　一　财政出现全方位失衡 ………………………………… (232)
　　二　财政竭力维护局面稳定 ……………………………… (236)
　第四节　在对计划经济全面反思中寻求财政发展的新出路
　　　　　（1977—1978 年）………………………………………… (239)
　　一　对学习苏联财政经验的思考 ………………………… (240)
　　二　对财政两次整顿得失经验的总结 …………………… (241)
　　三　对计划经济财政模式的全面思考 …………………… (242)
　　四　对改革开放的财政思想准备 ………………………… (243)

第八章　改革开放与财政开路先锋（1978—1992 年）………… (244)
　第一节　全党的工作转到经济建设上来 ……………………… (245)
　　一　解放和发展生产力为根本目标：全面启动改革开放和
　　　　经济体制改革 ………………………………………… (245)
　　二　经济体制改革的全面探索：向建立社会主义市场经济
　　　　体制不断前进 ………………………………………… (247)
　第二节　财政成为经济体制改革的突破口 …………………… (250)
　　一　财政成为改革开放和经济体制改革的突破口 ……… (250)
　　二　财税体制改革成为经济体制改革的先行突破口 …… (253)
　第三节　不断深化政府和企业关系改革 ……………………… (255)
　　一　推动企业承包经营责任制和股份制试点，让企业逐渐
　　　　成为市场主体 ………………………………………… (255)

二　随着经济体制改革不断深化,政府和企业的关系发生
　　　　根本性变化 …………………………………………………(257)
　第四节　不断演进的财政职能理论创新和实践 …………………(259)
　　一　财政职能理论不断创新 ………………………………………(259)
　　二　随着经济体制改革不断深化,不断凸显财政在宏观
　　　　经济运行中的调控职能 ………………………………………(260)

第九章　社会主义市场经济体制确立与分税制改革 (1993—1998年) ……………………………………(262)
　第一节　社会主义市场经济体制目标的确立对财税体制
　　　　　提出新要求 …………………………………………………(262)
　　一　社会主义市场经济体制目标的确立 …………………………(263)
　　二　社会主义市场经济的构建需要新的财税体制与之
　　　　相适应 …………………………………………………………(267)
　第二节　党的十四届三中全会吹响财税改革的号角 ……………(270)
　　一　党的十四届三中全会为推进财税体制改革
　　　　规划蓝图 ………………………………………………………(270)
　　二　1994年分税制改革 ……………………………………………(273)
　第三节　分税制改革的持续推进 ……………………………………(277)
　　一　确定税收返还办法,保障改革顺利进行 ……………………(277)
　　二　完善转移支付制度,平衡地区间财力 ………………………(279)
　　三　颁布实施《预算法》,加强预算外资金管理 …………………(280)
　　四　基于市场化改革的公共财政框架初步形成 …………………(281)
　第四节　分税制是社会主义市场经济制度建设的里程碑 ………(282)
　　一　财税体制改革的成功是党中央集体智慧的结晶 ……………(283)
　　二　对分税制改革的成功"怎么评价都不过分" ………………(285)

第十章　公共财政论与民生财政建设(1999—2012年) ………(288)
　第一节　社会主义市场经济体制认识深化与公共财政体系
　　　　　建设的整体脉络 ……………………………………………(288)

一　社会主义初级阶段的基本纲领与建立公共财政体系
　　　　（党的十五大到党的十六届三中全会）……………（289）
　　二　完善社会主义市场经济体制与民生财政建设
　　　　（党的十六届三中全会到党的十八大前）…………（290）
　　三　从公共财政到民生财政：财政思想的不断演进………（291）
第二节　公共财政体系建设（1999—2003年）………………（303）
　　一　从生产建设型财政到公共财政：背景及逻辑…………（303）
　　二　规范税费关系，推进税费改革…………………………（306）
　　三　逐步推进财政支出和预算管理制度改革………………（307）
　　四　完善央地关系……………………………………………（310）
第三节　民生财政建设（2004—2012年）……………………（311）
　　一　从公共财政建设到民生财政建设：背景和逻辑………（311）
　　二　完善政府收入体系，继续推进税费改革………………（313）
　　三　推进基本公共服务均等化………………………………（314）
　　四　建立健全公共预算管理体系……………………………（317）
　　五　让公共财政照耀农村……………………………………（319）
　　六　完善央地关系……………………………………………（323）
第四节　公共财政保障下市场经济体制的全面突破…………（325）
　　一　政府市场关系逐步明晰…………………………………（326）
　　二　财政政策与宏观调控体系不断健全……………………（328）
　　三　公共财政体系加速融入国际……………………………（331）

第十一章　新时代全面深化财政改革的历史使命与总体构架
　　　　　（2012年以来）…………………………………（334）
第一节　党的十八大以来财政的新定位………………………（334）
　　一　科学认识新时代中国的历史方位………………………（334）
　　二　财政是国家治理的基础与重要支柱……………………（335）
　　三　国家治理体系与治理能力现代化下的现代
　　　　财政制度……………………………………………（338）

第二节　以建立现代财政制度为目标的新一轮财税改革
　　　　全面拉开 ……………………………………………………（340）
　一　经济社会转型与中国财政改革之间的互动 ………………（340）
　二　供给侧结构性改革下的财税改革 …………………………（343）
　三　以发挥市场决定性作用为目标的积极财政政策 …………（345）

第三节　致力于实现全面建成小康社会目标的财政努力 ………（349）
　一　实现全面建成小康社会的财政努力 ………………………（349）
　二　财政统筹推进"五位一体"的总体布局 …………………（351）
　三　财政着力完成重点工作目标 ………………………………（354）

第四节　走向大国财政 ……………………………………………（357）
　一　百年未有之大变局下的大国财政主动作为 ………………（357）
　二　构建人类命运共同体中的大国财政责任担当 ……………（358）
　三　"一带一路"建设与财政贡献 ……………………………（360）

第十二章　深化税制改革（2012年以来）……………………（363）

第一节　深化税制改革的思想路线 ………………………………（363）
　一　深化税制改革的基本思路 …………………………………（364）
　二　深化税制改革的主要内容 …………………………………（365）
　三　中国共产党关于深化税制改革的思想探析 ………………（368）

第二节　以"营改增"为重点完善税收制度 ……………………（370）
　一　"营改增"试点改革：牵一发而动全身 …………………（370）
　二　个人所得税改革：分类与综合相结合的大跨步 …………（374）
　三　大规模减税降费：持续发力 ………………………………（377）

第三节　税收法定工作全面展开 …………………………………（382）
　一　落实税收法定原则 …………………………………………（383）
　二　税收法定工作的实践 ………………………………………（385）

第四节　完善税收征管体制 ………………………………………（387）
　一　税收征管法制改革：修订《中华人民共和国税收
　　　征收管理法》………………………………………………（387）
　二　税收征管体制改革：深化国税、地税征管体制改革 ……（388）

三　税收征管技术改革:打造智慧税务生态系统…………（392）
　第五节　总结与展望…………………………………………（397）
　　　一　中国税制改革的逻辑……………………………（397）
　　　二　中国税制改革的展望……………………………（399）

第十三章　完善中央和地方财政关系（2012年以来）…………（402）
　第一节　财政体制改革向支出侧推进取得实质性进展……（403）
　　　一　处理中央和地方财政关系原则的变化…………（403）
　　　二　中央和地方财政关系改革的重要性越发凸显……（404）
　第二节　财政事权与支出责任划分改革全面展开…………（408）
　　　一　事权与支出责任划分基本原则的探索…………（408）
　　　二　事权与支出责任划分改革被提到首位…………（411）
　　　三　财政事权与支出责任划分改革的顶层设计与
　　　　　分领域改革……………………………………（413）
　第三节　进一步完善中央和地方财权划分…………………（418）
　　　一　新时代优化中央和地方财权划分的基础………（418）
　　　二　新时代优化中央和地方财权划分的思路………（422）
　　　三　依据收入类型探索中央和地方财权划分………（424）
　第四节　健全和发挥中央和地方两个积极性………………（426）
　　　一　建立权责清晰、财力协调、区域均衡的中央和地方
　　　　　财政关系………………………………………（427）
　　　二　形成稳定的各级政府事权、支出责任和财力
　　　　　相适应的制度…………………………………（429）

第十四章　深化预算改革（2012年以来）…………………………（434）
　第一节　新《预算法》开启新一轮预算改革…………………（434）
　　　一　1994年《预算法》亟待修订的社会经济背景………（435）
　　　二　历经四次审议，十年修法之路终迎来新《预算法》……（438）
　第二节　全面深化预算管理制度改革………………………（443）

一　全面深化改革总目标为改进预算管理制度提出了
　　　　新要求 ………………………………………………（444）
　　二　全面深化预算制度改革各项工作齐头并进 …………（445）
　　三　全面实施预算绩效管理时代的到来 …………………（448）
第三节　强化地方政府债务管理 ………………………………（451）
　　一　地方政府开闸举债与加强地方政府性债务管理
　　　　齐头并进 ……………………………………………（452）
　　二　党的十九大提出打好防范化解重大风险攻坚战 ……（456）
第四节　不断完善预算分配机制 ………………………………（459）
　　一　健全预算标准体系，完善定员定额管理 ……………（460）
　　二　突破既有预算利益格局，零基预算方兴未艾 ………（465）
　　三　严格压缩一般性支出，优先保障重点领域投入 ……（468）

参考文献 ………………………………………………………（471）
后　记 …………………………………………………………（496）

导　论

以人民为中心是中国共产党 100 年财政思想与实践的主线

中国共产党 100 年理财思想和实践贯穿着一个重要的内在逻辑，这就是以人民为中心。习近平总书记强调，"人民对美好生活的向往就是我们的奋斗目标"[①]。100 年前，在国家濒临灭亡、民不聊生、人民找不到出路的时候，一批先进的中国人研考"民生凋敝之原"，找到了马克思主义，建立了中国共产党，立志为人民谋幸福、为中华民族谋复兴。为了这样的理想，他们抛头颅、洒热血，发动革命，建立新中国。经过 100 年的奋斗，在中国共产党的领导下，中华民族实现了从站起来、富起来到强起来的伟大飞跃，创造了举世瞩目的经济奇迹，巍然屹立于世界民族之林，人民生活水平稳步提高。中国共产党无论是在革命时期，还是在后来的建设和改革时期，都始终坚持以人民为中心，充分运用财政工具，发挥财政的职能作用，努力改变中国的面貌和改善人民的生活。在艰难困苦的根据地建设中，他们依靠人民，发展经济，确保革命战争所需资金，并尽力改善根据地人民的生活。新中国成立后，中国共产党作为执政党，为领导人民尽快改变一穷二白的落后面貌，确立了以经济建设支出为重点的格局，且财政支出逐渐涵盖各项经济社会事业。党的十一届三中全会后，中国共产党领导人民开始了改革开放、建设现代化社会主义国家的新历程，在财政方面不断完善制度、创新体制、改善

[①] 《十八大以来重要文献选编（上）》，中央文献出版社 2014 年版，第 69 页。

民生，开创以人民为中心的财政新局面。

一 追求人民幸福是中国共产党财政思想的根源

中华民族在历史上曾经创造了璀璨的文明，并长期处于全球领先地位。但是近代以来，在本国封建势力压迫和外国帝国主义侵略下，国家陷入极度屈辱的深渊，人民生活困苦到极点。毛泽东指出："由于帝国主义和封建主义的双重压迫……中国的广大人民，尤其是农民，日益贫困化以至大批地破产，他们过着饥寒交迫的和毫无政治权利的生活。中国人民的贫困和不自由的程度，是世界所少见的。"[1] 为了挽救处于灾难中的民族和减轻人民的痛苦，自1840年起，中国人民进行了近80年不屈不挠的斗争，"富强""维新""自强""变法"的呼喊声传遍全国，先后出现了洋务运动、戊戌变法、太平天国运动、辛亥革命、五四运动等，还提出过"工读主义""新村试验""教育救国""实业救国"等主张，他们认为，只要各项改革能次第展开，国家富强、人民幸福指日可待。但是，这些活动最终都失败了，国家无力独立，民众仍在苦难中挣扎。民族的危机和人民的苦痛，急需新的力量和精神来解救，落后的生产力和落后的社会意识亦需要新的思想来注入活力。1917年，俄国十月革命的胜利，让一批先进的中国知识分子，看到了救国济民的新希望。最早在中国举起马克思主义旗帜的李大钊在研考"民生凋敝之原"[2]的过程中找到了马克思主义。研考"民生凋敝之原"正是历史唯物主义的前提和出发点，马克思主义就是一个以广大劳动人民的民生为价值目的的思想体系。马克思、恩格斯在《共产党宣言》中就郑重宣布："无产阶级的运动是绝大多数人的、为绝大多数人谋利益的独立的运动。"[3] 越来越多的中国人开始团结在这面旗帜之下，组建中国共产党，中国革命的面貌焕然一新。

---

[1] 《毛泽东选集》第二卷，人民出版社1991年版，第631页。
[2] 郁嶷：《送李龟年游学日本序》（"龟年"为李大钊曾用名），《言治》1913年第4期。
[3] 《共产党宣言》，人民出版社1997年版，第39页。

追求民族解放和实现人民幸福，是中国共产党确定的伟大目标。中国共产党建党之初，党的纲领就明确宣示，党的任务就是要领导中国人民"推翻国际帝国主义的压迫，达到中华民族的完全独立"，"消除内乱，打倒军阀，建设国内和平"。在共产党之前，各种理论和实践活动都无法实现这样的目标，找不到有效路径，只有中国共产党找到了实现这一目标的正确道路，这就是：先要获得民族解放，然后才能实现人民幸福。中国共产党并没有把人民幸福简单地看成是人民生存和生活问题，而是以马克思主义为思想武器，指出当时中国民生凋敝的根源是封建主义和帝国主义的压迫。曾经参加过辛亥革命的老同盟会会员吴玉章说，他从辛亥革命以来的实践中认识到，"从前的一套革命老办法非改变不可"，"通过十月革命和五四运动的教育，必须依靠下层人民"[1]。早期的共产党人认识到帝国主义侵略是当时造成中国经济停滞、民生困顿的重要原因，要追求人民的解放，必须反帝反封建。如恽代英就曾指出，"中国的病源，在于外国经济的压迫，使本国产业不能发展，故游民众多，民生窘困。只有打倒外国经济的压迫，才能根本救济中国；只有打倒外国经济的压迫，才可以说是革命。若不能做到这一步，无论杀几多人，更换几多政府，总是于事无济的"[2]。基于此，他提出了财政主张，"怎样打倒外国经济压迫呢？这用不着杀洋人，烧教堂，只要收回关税主权，酌加入口关税，取消赔款，核减外债"[3]。中国共产党第一次在中国人民面前提出反帝反封建的纲领，提出要建立人民自己的社会主义国家。毛泽东指出，自鸦片战争以来，随着帝国主义的入侵，中国逐渐由一个独立的封建国家沦落为一个被帝国主义控制的半殖民地半封建国家。要解放民众和改善人民生活，首先需要进行一场深刻的革命，推翻旧的经济政治制度。[4] 如果不赶走帝国主义，不推翻封建专制，不打倒官僚资本主义，国强和民富就只是一个梦

---

[1] 吴玉章：《吴玉章回忆录》，中国青年出版社1978年版，第112页。
[2] 恽代英：《恽代英文集》上卷，人民出版社1984年版，第594页。
[3] 恽代英：《恽代英文集》上卷，人民出版社1984年版，第595页。
[4] 参见《毛泽东选集》第三卷，人民出版社1991年版，第891—896页。

想，人民幸福问题也无法从根本上得以实现。可以说，追求民族解放和人民幸福是建党初期开展各项工作的宗旨，也是中国共产党治国理财的思想根源。

1921年，中国共产党在上海宣告成立。1922年6月，发表了《中国共产党对于时局的主张》，系统地提出了中国共产党的财政主张。这份宣言旗帜鲜明地宣示，"中国共产党是无产阶级的先锋军，为无产阶级奋斗和为无产阶级的革命党"。并针对当时的国情，提出了十一条政策主张。在财税方面，提出"改正协定关税制，取消列强在华各种治外特权，清偿铁路借款，完全收回管理权"，"肃清军阀，没收军阀官僚的财产，将他们的田地分给贫苦农民"，"定限制租课率的法律"，"废止厘金及其他额外的征税"，"征收累进率的所得税"等。[①] 同年7月，中国共产党第二次全国代表大会在上海召开，会议通过了《中国共产党第二次全国代表大会宣言》，提出要打倒军阀，建设国内和平；推翻帝国主义压迫，达到中华民族的完全独立。要求"改良工人待遇"，"废除包工制"，"工厂设立工人医院及其他卫生设备"，实行"工厂保险"，"保护失业工人"，"废除丁漕等重税，规定全国（城市及乡村）土地税则"，"废除厘金及一切额外税则，规定累进率所得税"，"规定限制田租率的法律"。1925年1月，中国共产党第四次全国代表大会专门做出了关于农民运动的决议，提出了反对土豪劣绅，反对征收钱粮，拒交不法征收，取消苛捐杂税，加征殷富捐所得税等主张。中国共产党在建党伊始就把追求民族解放和人民幸福的奋斗目标体现在财政政策上，鲜明地提出自己的财政主张。

中国共产党在成立后，即展开了波澜壮阔的工人和农民运动，要求改革财政，为他们争取权益。中国共产党在成立的第二年，即1922年5月，就组织召开了第一次全国劳动大会，提出要组织全国劳动者同盟，要发起立法运动，推动制定工会法、工厂法、八小时

---

① 中央档案馆编：《中共中央文件选集（一九二一——一九二五）》，中共中央党校出版社1982年版，第44—45页。

工作法、保护童工妇工法、劳动保险法等，为工人阶级争取权益。先后组织了一系列的工人运动，为工人争取减少劳动时间、提高工资水平等权益。在农民运动方面，邓中夏指出："中国农民在这样军阀征徭，外资榨取，兵匪扰乱，天灾流行，痞绅鱼肉种种恶劣环境的当中，生活的困苦，家庭的流离，何时何地不是逼迫他们走上革命的道路。"① 毛泽东号召共产党人，"要有大批的同志，立刻下了决心，去做那组织农民的浩大的工作。要立刻下了决心，把农民问题开始研究起来。要立刻下了决心，向党里要到命令，跑到你那熟悉的或不熟悉的乡村中间去，夏天晒着酷热的太阳，冬天冒着严寒的风雪，挽着农民的手，问他们痛苦些什么，问他们要些什么。从他们的痛苦与需要中，引导他们组织起来，引导他们向土豪劣绅争斗"。② 1925 年 10 月，中共中央发表《告农民宣言》，提出组织农协，农协应有议定最高租额及最低谷价之权，办理乡村农民无利借贷，禁止私人积谷居奇，反抗各种苛捐杂税及预征钱粮。

中国共产党在创立初期，就对中国社会有了深刻的认识，在马克思主义的指导下，与中国实际情况相结合，旗帜鲜明地提出了自己的财政主张，为广大人民争取权利。并通过组织工人和农民运动，把自己的财政理念付诸实践。

二 人民利益至上的财政实践是中国共产党发展壮大的基础

中国共产党的全部历史就是忠实代表人民根本利益而奋斗的历史。在艰苦卓绝的革命斗争中，凭着对人民最深沉的爱，对民生财政的强烈使命感，中国共产党人创造了根据地民生财政的奇迹，吸引各阶层的先进青年投奔到革命队伍中。

1927 年 8 月 1 日，中国共产党在极端危急的状况下，在南昌发动武装起义。此后，先后在各地发动和领导了多次武装起义，其中规模较大的有秋收起义、广州起义、东江起义、琼崖起义、赣西南

---

① 邓中夏：《论农民运动》，《邓中夏文集》，人民出版社 1983 年版，第 50 页。
② 中共中央文献研究室编：《毛泽东文集》第一卷，人民出版社 1993 年版，第 39 页。

起义、赣东北起义、万安起义、湘鄂西起义、湘南起义、平江起义、黄麻起义、闽西起义、确山起义、渭华起义，中华大地遍地烽火，无数工农在共产党的领导下，开始了武装斗争。起义部队开始从国民党统治的中心向统治的薄弱地带转移，并创建了农村革命根据地，建立了根据地政权。

在这些根据地的建设中，中国共产党开始把自己以人民为中心的财政理念和目标赋予实施。红军在各地发动群众，带领群众打土豪、分浮财，但很快发现这样做是很不够的，是不可能改变人民贫困状态的。只有让农民获得土地，帮助人民发展生产，才能真正实现民生幸福。毛泽东最先在井冈山革命根据地颁布《土地法》，按照人口，男女老幼平均分配。同时在财政支出上大力支持经济发展，通过发展经济来增加人民收入，改善民生。首先在各根据地兴办了一批公营经济；其次扶持合作社经济；最后通过免费发种子、分配耕牛农具、免收农业税、发放农业贷款，并兴办中小型水利工程，帮助个体农民发展生产。1932年，江西广昌县工农民主政府投资在新安兴建一座水利工程。① 在发展经济的同时，还大力兴办各种社会事业，如创办红军教导队、列宁小学、养老院、救济委员会等。② 国民党政府对根据地进行了严密的封锁，造成食盐、布匹、西药奇缺，苏区政府打破封锁，从白区运来必需品，如食盐、布匹，先分配给人民。③

这些财政支出和建设都是在国民党不断武装"围剿"的非常困难的情况下进行的，而且这些革命根据地都处在相当贫困的地区。正是由于坚定的信念，才始终把民生财政放在重要的位置，充分体现了共产党政权真心实意为人民服务的根本性质。在财政收支严重

---

① 唐滔默：《中国革命根据地财政史（1927—1937）》，中国财政经济出版社1987年版，第165页。

② 项怀诚主编：《中国财政通史（革命根据地卷）》，中国财政经济出版社2006年版，第49页。

③ 王贤选、何三苟：《中央苏区反经济封锁的片断回忆》，《回忆中央苏区》，江西人民出版社1981年版，第389页。

不平衡的情况下，根据地政府还从各方面减少农民的税收负担，如建立起征点、累进税制等制度及各种税收减免政策。财政收入除了收税，还可以印票子，但是在货币发行上，毛泽东指出："国家银行发行纸币，基本上应该根据国民经济发展的需要，单纯财政的需要只能放在次要的地位"，这是"必须充分注意"的。① 那么如何弥补收支缺口，就是坚持节省的原则。红军的给养和经费供给都是实行最低标准的、大体平均的供给制度。各级苏维埃政府的行政费也都从严控制，当时在长冈乡流传着一首民谣："苏区干部好作风，自带干粮去办公；日着草鞋干革命，夜走山路打灯笼。"毛泽东提出："应该使一切政府工作人员明白，贪污和浪费是极大的犯罪。""我们对于国家收入的使用方法，应该和国民党的方法有严格的区别。"②

1934年，毛泽东在第二次全国苏维埃代表大会上提出一个问题，苏维埃政府都处在全国比较落后的地方，且实行着便利于广大民众的税收政策，但财政却做得很好。而国民党政府占据着全国广大的区域，大量地搜刮民脂民膏，为什么反而弄到财政破产？这正是因为苏维埃的财政政策与财政的使用同国民党有根本的不同。毛泽东指出，领导农民的土地斗争，分土地给农民，提高农民的劳动热情，增加农业生产；保障工人的利益，建立合作社；发展对外贸易；解决群众的穿衣问题、吃饭问题、住房问题、柴米油盐问题、疾病卫生问题、婚姻问题。关心群众的一切实际生活问题，满足了群众的需要，得到了群众热烈的拥护。长冈乡的群众说："共产党真正好，什么事情都替我们想到了。"③ 在以人民为中心的财政理念下，生产发展了，财政收入也增长了。1933年全苏区农业生产平均增产一成半，1934年也是大丰收。④

---

① 毛泽东：《我们的经济政策》，《毛泽东选集》第一卷，人民出版社1991年版，第134页。
② 毛泽东：《我们的经济政策》，《毛泽东选集》第一卷，人民出版社1991年版，第134页。
③ 毛泽东：《关心群众生活，注意工作方法》，《毛泽东选集》第一卷，人民出版社1991年版，第138页。
④ 王观澜：《中央苏区的土地斗争和经济情况》，《回忆中央苏区》，江西人民出版社1981年版，第351页。

抗日战争开始后，中国共产党深刻认识到，争取抗战胜利的关键在于发挥人口众多、地域辽阔的优势，实行人民战争的抗战路线，于是广泛发动群众、紧紧依靠群众，组织带领人民群众抗战。毛泽东在《论持久战》中指出："战争的伟力之最深厚的根源，存在于民众之中。"为此，抗战初期，党就制定了《抗日救国十大纲领》，要求开展全国人民总动员，实行政治民主，废除反动法律，改善人民生活，废除苛捐杂税，反映了广大人民群众的根本利益。1939年，中共陕甘宁边区党委第二次代表大会做出了《关于继续发展边区经济改善人民生活的决议》，提出使边区人民丰衣足食的目标。① 为了解决财政困难，中国共产党不是想办法多拿老百姓的，而是从自身想办法，努力节省，自力更生，实行精兵简政，开展大生产运动。行政费用在1937年占14%，1938年占20.9%②，1943年只占1%③了。不仅不多拿老百姓的，还要尽最大努力减轻老百姓的负担，陕甘宁边区农民所交的公粮，1941年占总收入的13.58%，1942年降到11.14%，1943年降至不足9%。在中国共产党的感召、发动和组织下，广大人民群众形成了有组织的力量，开展多种形式的游击战，创造了人民战争的奇迹。在抗战期间，毛泽东等中共领袖对财政问题进行了系统的研究和论述。毛泽东指出，"中国应该发展成为近代化的国家、丰衣足食的国家、富强的国家，这就要解放生产力"④。因为生产力是社会发展的最终决定力量。问题是怎样才能解放和发展生产力呢？他在《抗日时期的经济问题和财政问题》一文中指出，首先需要进行一场深刻的革命，推翻旧的经济政治制度。⑤ 他认为社会主义革命的目的是解放生产力，并在此基础上保障和改善民生。他多次指出，"我们这个队伍完全是为着解放人民的，是彻底地为人

---

① 星光、张扬主编：《抗日战争时期陕甘宁边区财政经济史稿》，西北大学出版社1988年版，第42页。
② 西北财经办事处：《抗日以来陕甘宁边区财政概况》，1948年2月18日。
③ 边区财政厅：《1943年边区财政总决算》，1944年。
④ 《毛泽东文集》第三卷，人民出版社1996年版，第432页。
⑤ 参见《毛泽东选集》第三卷，人民出版社1991年版，第891—896页。

民的利益工作的"①。"宣布改良人民生活的纲领,并立即实行。"②"人民生活的改良是必要的,改良办法包括……"③

解放战争时期,中国共产党的方针是积极发展解放区生产,提高人民群众生活水平。解放区广大军民在共产党领导下,开展减租和生产运动。由于长期的封建剥削和战争破坏,整个解放区的经济是十分困难的。为了减轻人民的负担,逐步改善人民的生活,支援战争,解放区在开展减租减息运动的同时,开展了一个大规模的生产运动。这是壮大解放区的实力、粉碎国民党的进攻、保卫解放区的关键。1946年5月,中共中央发出了《关于清算减租及土地问题的指示》(即《五四指示》),标志着中国共产党的土地政策由减租减息开始向没收地主阶级的土地转变。1947年7月至9月,中共中央工委召开全国土地会议,制定了《中国土地法大纲》,明确规定"废除封建性及半封建性的土地制度,实现耕者有其田的制度"。全国土地会议以后,解放区广大农村迅速形成土地改革的热潮。经过土地改革运动,到1948年秋,1亿人口的解放区消灭了封建的生产关系,从根本上摧毁了封建制度的根基,使长期遭受地主阶级残酷压迫和剥削的广大农民群众翻身做了主人。在生产发展和生活改善的形势下,大批青壮年农民加入人民军队,各地农民不仅将粮食、被服等送上前线,而且组成运输队、担架队、破路队等随军行动,广泛建立民兵组织,配合解放军作战,保卫解放区,人民解放战争获得了取之不尽的人力和物力源泉。

土地革命、抗日战争和解放战争时期,中国共产党发展经济、保障供给、为民兴财的财经工作实践,为新中国的财经工作提供了丰富的经验,开了好头。

三 以人民为中心始终是中国共产党治国理财的出发点

1949年,中华人民共和国成立,中国财政史进入全新的发展时

---

① 《毛泽东选集》第三卷,人民出版社1991年版,第1004页。
② 《毛泽东选集》第二卷,人民出版社1991年版,第347页。
③ 《毛泽东选集》第二卷,人民出版社1991年版,第376页。

期。废除了一切不平等条约，实现了中国近代以来第一次财经自主，使中国人民从根本上摆脱了帝国主义的掠夺和压榨。初步统一了全国财经，并且实现了中国近代以来第一次财政统一，从中央到地方建构了统一、完整、高效的财政体系。废除了各种苛捐杂税，将在国民党苛捐杂税中苦苦挣扎的民族工业和广大人民解放出来。在改革开放前的30年，适应计划经济模式的生产建设型财政在恢复生产、建立独立工业体系和探索社会主义发展道路的过程中发挥了重要作用。

国民经济恢复时期（1949—1952年）。这一时期虽然赢得了除台湾以外全部领土的解放，但是朝鲜战争很快爆发，军事经费不得不占有最重要的比重，但是在党的正确领导下，我们在抗美援朝战争中夺取了财政经济状况的根本好转。1950年，新中国公布并顺利通过了第一个预算——《关于一九五〇年度全国财政收支概算草案的报告》。虽然国防支出占比仍达41.1%，但经济建设支出已经占25.5%，文教卫生费用占比4.1%，如果把文教卫生人员的开支加进去，就达到了支出的6%了。党和政府没有忽视人民群众的切实利益。在讨论1950年预算的会议上，毛泽东就指出："国家的预算是一个重大的问题，里面反映着整个国家的政策，因为它规定政府活动的范围和方向。"[①] 在战争还没有完全结束、国民经济遭受严重破坏的情况下，我们经济建设和文教卫生就能达到这个比例，真是很了不起，这才是人民的预算。朝鲜战争爆发后，党中央确定了"边抗、边稳、边建"的财经工作方针，在保障前线供给的同时，仍尽力保障恢复国民经济的需要。在1951年财政总支出中，国防支出占43.0%，但经济建设支出提高到28.7%。在中国共产党的领导下，人民政府用很短的时间就统一了财经，调整了工商业，恢复了市场秩序，成功地用2900亿斤粮食解决了5.7亿人口的吃饭问题。而且，关乎民生的领域也有所改观。在恢复和进一步发展科教事业方面，到1951年，全国已有中小学40万所，在校学生3700万人。先

---

① 《毛泽东文集》第六卷，人民出版社1999年版，第24页。

期解放的东北地区就开设了高等学校16所，中等技术学校61所，学校数目增加了60%，学生人数增加了1倍以上。[①]

"一五"时期（1953—1957年）。国家经过社会主义改造，建成了计划经济体制。为了尽快实现工业化，补上工业化的课，国家财政的重点是为工业化建设提供保障。"一五"期间，国家财政为工业化筹集建设资金达1241.75亿元，有力地保证了"一五"计划的胜利完成。与此同时，厉行节约，将国家机关支出（包括国防费和行政管理费）所占的比重由1952年的36.3%降至1957年的25.6%。将国家建设支出（包括经济建设和文化教育建设）在总支出中所占的比重由1952年的59%提高到1957年的64.17%。这一时期，在如何处理经济与财政的关系、中央与地方的分配关系、积累与消费比例方面，都取得了很好的理论成果。

"大跃进"和国民经济调整时期（1958—1965年）。在优先发展重工业的战略下，出现了"大跃进"对国家财政造成了干扰，党中央适时进行了调整，提出"调整、巩固、充实、提高"的八字方针，财政支出结构也因此发生了积极变化，基本建设拨款在同期国家财政支出中的比重，从1958—1960年的54.8%，降到1961年的30%和1962年的18.2%，适当提高了对民生领域的投入。这一时期虽然因为"急于求成"走了一些弯路，但党的根本宗旨始终没有变，党的一切政策的出发点和落脚点仍是为了让人民生活得更好。出发点虽然美好，但是社会生产力的发展毕竟有着自身的规律，忽略这个规律就会遇到挫折。这一时期，在经济调节方法上也积累了宝贵经验。

"文化大革命"时期（1966—1976年）。国家财政虽然受到很大干扰，但仍排除万难，支撑经济社会的正常运转，在关系人民生计的农业、交通等领域也给予了很大支持。农业方面，建设了大批水利工程，农业现代化的装备水平有了较大提高；交通运输方面，完成了成昆线、焦枝线、南京长江大桥等重要交通工程。

[①] 王丙乾：《中国财政60年回顾与思考》，中国财政经济出版社2009年版，第25—27页。

新中国成立后至改革开放前的 30 年，财经工作有很大成就，也有一定失误，但出发点都是为了服务大局、改善人民生活，其中的经验教训都是宝贵的财富。

四 民生财政在改革开放中不断壮大

在社会主义建设初期，我们取得了巨大成就，也走了些弯路，如何实现国家的繁荣富强和人民的共同富裕，还面临着艰难的局面和巨大的压力。在这个关键时刻，邓小平提出："不坚持社会主义，不改革开放，不发展经济，不改善人民生活，只能死路一条。"[①] 在此期间，我国逐步推进经济社会转轨，确立了社会主义市场经济建设目标和公共财政框架模式，财政从带有传统分配色彩的生产建设型逐渐转变为适应公共财政需要的、更多向民生倾斜的公共服务型。

改革的第一阶段（1978—1992 年），财政体制改革成为经济体制改革的突破口，为改革开放初期我国的经济社会转轨做出了巨大贡献。1978 年，我国经济体制改革就是从改善和提高人民生活水平起步的。财政改革的第一步就是调节国民收入分配。在城市，提高城镇职工的工资水平，从 1978 年到 1984 年，共提高了 60.6%；在农村，通过大幅度提高农副产品的收购价格来提高农民收入水平。当时农副产品的价格平均提高了 24.8%。1979 年仅增加工资、补贴价格几项，国家财政就拿出了 140 亿元。当年国家财政支出也就 1200 亿元左右。农村的家庭联产承包责任制及国企改革对促进经济发展起了很大的作用，当时增加职工工资、提高农民收入的这些措施对调动人民的积极性也起了相当大的作用。与此同时，国家财政还拿出大量补贴稳定物价。就是农副产品收购价格上涨了，但它的销售价格不能涨。不是让人民来消化这个价格上涨的结果，而是由财政补贴来消解，让人民切实感受到工资上涨的好处。另外，通过企业留成、减税，就是通过国家让利来分担工资福利上涨给企业带来的压力。这些措施在当时都起到了积极的作用。

[①] 《邓小平文选》第三卷，人民出版社 1993 年版，第 370 页。

改革的第二阶段（1993—2002 年），党的十四大明确了社会主义市场经济的改革目标，党的十四届三中全会提出了财政改革的要求。1994 年分税制财政体制改革的成功，初步搭建起了适应社会主义市场经济体制的财政管理体制，建立了适应社会主义市场经济体制的税收制度，为构建社会主义市场经济体制发挥了重要的作用。

1998 年，全国财政工作会议正式提出构建公共财政基本框架的奋斗目标，公共财政开始从概念走向现实。虽然我国经济改革的方向基本朝着市场经济迈进，财政改革与发展的步子也基本踏在了公共化的印迹上，但是由于我们选择了渐进式的增量改革战略，旧的体制的痕迹还很深，用公共财政这把尺子衡量，"越位"和"缺位"的现象还很严重，在"摸着石头过河"的改革探索阶段也留下了很多经验教训，迫切需要我们以公共财政的概念为基础，将以往"摸着石头过河"的探索提升为建设公共财政的自觉行动。当时，由于旧体制的惯性，财政仍然承担着为一些竞争性领域提供资金的职责，而科教文卫社会保障等支出也在不断扩大，由此产生的财政困境并不是简单调整支出结构就能解决的，建立公共财政框架，厘清政府职责，也成了财政解困的迫切需要。

建构公共财政基本框架首先从现代财政支出体制的建设开始，包括政府采购、部门预算、国库集中支付等体制改革都取得了较大进展。1999 年 9 月 20 日，经国务院批准，财政部在广泛征求部门意见的基础上，提出了《关于改进 2000 年中央预算编制的意见》，并着手实施部门预算改革。29 日，财政部召开了中央部门 2000 年部门预算编制工作会议，正式向中央各部门布置了 2000 年预算编制工作，并提出了具体编制要求，拉开了中央部门预算改革的序幕。1999 年 2 月，由中华人民共和国财政部预算司、中国人民银行国库局、国家税务总局联合组成的国库改革工作小组，制订了 1999 年改革小组工作计划。2001 年 2 月国务院通过的《财政预算国库管理制度改革方案》，正式启动了中央国库集中支付制度改革工作，国库集中支付制度由"点"到"面"逐步展开。部门预算的特点是一个部门一部预算，全面、细致、公开、透明，便于监督。国库集中支付要求所有最终付款都必须从国库单一账户中的总账户或者地区分账户中支付。不经过任何中间环节,直接到达,不仅提高了资金效益,还控制了截留挪用,预防了腐败。同时展开的还有政府集中采购、收支两条线等改革。这一系列的制度改革,在规范财政支出程序、减少资金周转环节、提高资金使用效率、推动政府职能转化等方面发挥了积极作用,构建了我国社会主义公共财政体制框架的基础。

在进行制度建设的同时,进一步按照公共财政的要求,调整和优化支出结构,解决"缺位"和"越位"问题,逐步减少对竞争性领域的直接投资,增加社会公共领域方面的支出,包括增加社会保障支出、提高机关事业单位职工工资水平、增加对教育与科技财政投入、加大生态建设和环境保护投入等。社会保障与福利总支出在1998—2003年,竟以每年34.9%的速度飞速增长。

改革的第三阶段(2003—2012年),中国共产党坚持以科学发展观为统领,围绕社会主义和谐社会建设,更加强调改进民生,财政思想达到了一个新的高度。2003年以来,财政部门陆续出台了一系列以保障人民群众生活需要和提高人民综合福利水平为目标的财税政策措施,不断调整和优化支出结构,持续加大对民生领域的投入力度,向社会事业发展的薄弱环节倾斜,向困难地区、基层和群众倾斜,并着力建立保障和改善民生的长效机制,促进了和谐社会建设。在民生财政方面,不断取得标志性成就。2005年12月29日,十届全国人大常委会第十九次会议审议决定,自2006年1月1日起废止《中华人民共和国农业税条例》,标志着具有2600年历史的农业税正式退出历史舞台。2008年,全国有31个省、自治区、直辖市实现了新型农村合作医疗制度全覆盖。2012年,实现了财政性教育经费占GDP比例达到4%的历史性目标。

2005年10月,党的十六届五中全会提出了公共服务均等化的目标,要求"按照公共服务均等化原则,加大对欠发达地区的支持力度,加快革命老区、民族地区、边疆地区和贫困地区经济社会发展"[①]。

---

① 《十六大以来重要文献选编(中)》,人民出版社2016年版,第1072页。

2006年10月，党的十六届六中全会提出："完善公共财政制度，逐步实现基本公共服务均等化"，要求"健全公共财政体制，调整财政收支结构，把更多财政资金投向公共服务领域，加大财政在教育、卫生、文化、就业再就业服务、社会保障、生态环境、公共基础设施、社会治安等方面的投入"[①]，"尽快使中西部地区基础设施和教育、卫生、文化等公共服务设施得到改善，逐步缩小地区间基本公共服务差距"[②]。2007年10月，党的十七大明确提出："缩小区域发展差距，必须注重实现基本公共服务均等化"，要求"围绕推进基本公共服务均等化和主体功能区建设，完善公共财政体系"。均等的基本公共服务体系在全国城乡有计划地铺开，公共财政的阳光开始普照中华大地。公共财政的建设，使社会保障体系逐步完善，城乡社会救助体系基本建立，城乡人民生活得到了很大程度的改善。为了增强基层政府提供公共服务的能力，中央不断完善财政体制，增强地方财政实力，按照"存量不动、增量调整"的方针，将增量部分通过转移支付用于协调地区间财力、促进基本公共服务均等化。2012年，中央对地方的税收返还和转移支付达到45361.68亿元，相当于当年中央本级财政收入的80.75%，占地方财政支出的42.32%。

五 以人民为中心推动新时代财政改革

党的十八大之后，我国进入全面深化改革的新时代。党的十八大提出，完善促进基本公共服务均等化和主体功能区建设的公共财政体系，构建地方税体系，形成有利于结构优化、社会公平的税收制度。党的十八届三中全会通过的《中共中央关于全面深化改革若干重大问题的决定》，提出了深化财税体制改革的要求。将财政定位提高到了"国家治理的基础和重要支柱"历史新高度，指出"科学

[①] 《中国共产党第十六届中央委员会第六次全体会议文件汇编》，人民出版社2006年版，第18—19页。

[②] 《中国共产党第十六届中央委员会第六次全体会议文件汇编》，人民出版社2006年版，第10页。

的财税体制是优化资源配置、维护市场统一、促进社会公平、实现国家长治久安的制度保障",提出建立"完善立法、明确事权、改革税制、稳定税负、透明预算、提高效率"的现代财政制度的目标。2014年6月30日,中共中央政治局会议通过了《深化财税体制改革总体方案》,明确了财税体制改革工作部署,启动了全方位、多层次、纵向化的财政改革。

这一时期,也是我国全面建成小康社会的关键时期。财政在有序推动税收、预算、财政事权与支出责任划分等各项改革,推进现代财政制度建设的同时,加大了民生领域的投入,着力保障民生领域的重大改革,增进人民福祉。2013年11月,习近平总书记在湖南湘西调研时,首次提出了"精准扶贫"的重要思想。2014年3月,习近平参加两会代表团审议时进一步阐释了精准扶贫思想。财政部门不仅不断加大投入力度,还持续推动制度创新,逐步构建了针对贫困地区和贫困人口的财政综合扶贫政策体系,积极探索资产收益扶贫,精准扶贫攻坚战取得重大成效。2012年以来,城乡居民基本医保财政补贴标准不断提高,覆盖范围不断扩大,到2017年年末,全国基本医疗保险已覆盖13亿多人,基本实现全民医保。在教育领域,财政性教育经费占GDP比例自2012年以来持续保持在4%以上。财政部门在持续加大教育投入的同时,在保基本的基础上不断优化支出结构,通过扩大覆盖面和补短板,保障教育公平,促进教育事业改革和发展。在完善义务教育的同时,加大对学前教育、高中教育、职业教育、特殊教育的支持力度,实现公共财政的全覆盖。随着国家经济实力和财政收入的增长,财政在民生领域的投入也不断扩大,基本实现了幼有所育、学有所教、劳有所得、病有所医、老有所养、住有所居、弱有所扶,人民群众的幸福感、获得感不断增强。

习近平总书记在党的十九大报告中指出,中国共产党人的初心和使命就是为中国人民谋幸福,为中华民族谋复兴。号召"全党同志一定要永远与人民同呼吸、共命运、心连心,永远把人民对美好生活的向往作为奋斗目标,以永不懈怠的精神状态和一往无前的奋斗姿态,继续朝着实现中华民族伟大复兴的宏伟目标奋勇前进"①。回顾中国共产党 100 年的治国理财的历程,从革命财政到生产建设财政,再到公共服务财政,其中始终蕴含着一个重要的内在逻辑,始终坚持以人民为中心,以积极主动的作为,为国理财、为民服务、发展经济、服务大局、改进民生,不断提高人民群众的生活水平。

---

① 习近平:《决胜全面建成小康社会 夺取新时代中国特色社会主义伟大胜利——在中国共产党第十九次全国代表大会上的报告》,人民出版社 2017 年版,第 1 页。

第 一 章
中国共产党的成立和建党初期的财政纲领（1921—1927年）

  1840年鸦片战争后，中国的政治、经济、文化、社会各个方面都出现混乱的局面，封建势力和人民大众的矛盾、外国侵略者和中华民族的矛盾促使一代又一代爱国人士奋勇救国。1921年7月，中国共产党第一次全国代表大会召开，宣告中国共产党成立，提出推翻资本家阶级的政权，实行无产阶级专政，消灭资本家私有制，没收一切生产资料归社会所有。党的一大后，中国共产党进一步探索自己的发展道路，解决中国社会和革命问题。基于中国社会性质和经济国情，党的二大又提出了"两步走"的战略，逐渐形成了新民主主义经济理论的基本观点，并为建党初期的财政纲领提供了理论基础，体现了党为中国人民谋幸福、为中华民族谋复兴的初心和使命，昭示了党的奋斗目标和前进方向，彰显了中国共产党人的历史自觉和政治担当。

第一节　近代中国衰落与传统财政体系的崩溃

一　经济社会的激烈动荡与转型

  清王朝是我国历史上最后一个封建王朝，从1644年清世祖爱新觉罗·福临定都北京到1912年溥仪退位，统治中国268年。在这200多年的时间里，清朝的经济就一直属于中等水平，随着经济的不断发展，也出现过一个较好的发展时期，在这个时期里，经济快速发展，疆域辽阔，人口迅速增长，社会稳定，被称为"康乾盛世"。但是从乾隆后期开始，由于用兵过滥、百姓生活贫困、官员贪腐之风盛行、社会矛盾加重，清朝由盛转衰。与此同时，一些西方国家爆发了资产阶级革命，为现代化发展开辟了道路，国家实力逐渐强大。中西方的差距逐渐拉大，一方面，清朝统治者施行闭关锁国政策，限制与其他国家进行经济、文化、科学等交流；另一方面，一些西方国家发起了第一次工业革命，开创了机器代替手工劳动的时代。

对清末经济社会影响最大的是帝国主义对中国发动的侵略战争，特别是甲午中日战争和八国联军侵华战争。1840年鸦片战争之后，中英两国签订了中国历史上第一个不平等条约，中国开始向西方国家割地赔款，逐渐沦为半殖民地半封建社会。1894年，甲午中日战争战败，给中华民族带来了空前危机，加深了中国半殖民地化程度。甲午中日战争的失败意味着清王朝的洋务运动走向失败，助长了列强瓜分中国的野心，列强侵华进入了新阶段，政治危机和经济危机叠加，给清王朝带来了巨大的震动和刺激。1901年，八国联军侵华战争后签订的《辛丑条约》，是中国近代史上主权丧失最严重、赔款数目最大的不平等条约，完全确定了中国半殖民地的地位，使清王朝经济生活和财政更加恶化。清政府为了摆脱逐渐严重的各方面危机，试图实行"新政"，然而"新政"的各种改革方案中，有着很多相互矛盾的缺陷。

清王朝推行的"新政"不仅没有得到人民群众的支持，还使统治阶级更加孤立，陷入进退两难的境地。制约"新政"顺利推进的一个重要因素是复杂的民族矛盾。一方面是清王朝与西方列强的矛盾，另一方面是清王朝的统治者与人民群众的矛盾，这种复杂的三角格局矛盾，使得清王朝统治者进退两难。清王朝统治者在推行"新政"的过程中，一方面要维护国内工商业等阶层的利权，发展本国经济；另一方面，为了得到西方列强的贷款来弥补财政危机，不得不以利权作为抵押，这引起工商业者强烈的不满。清王朝统治者对西方列强既依赖又矛盾的关系，使得本国经济难以真正发展起来。在国内，满汉之间的矛盾也很突出，清朝统治者害怕汉人通过改革来削弱满人的权利，偏向维护满人的利益，引发汉人的不满。清王朝统治者想通过允许满汉通婚等改革来缓解这种矛盾，但并不能从根本上解决汉满之间的矛盾。

在太平天国运动之后，清王朝中央政府逐渐失去对地方政府财权与军权的控制，导致中央政府的政策不能在地方得到很好的施行。由于中央政府还掌握着地方政府官员的任免权，所以国家仍维持着统一，但清王朝中央政府的权威已经有所下降。"新政"时期，清王朝统治者也在经济、财政和军事等方面集权。中央做了一定的努力，但效果并不明显，还加剧了中央和地方间的矛盾。与此同时，在武昌起义之后，一些省份脱离清朝的统治，宣布独立，清王朝失去了对大部分省份的控制权。

清朝末期的"新政"，虽然一定程度上改变了封建体制下的政治、经济、军事等方面的状况，但最终还是失败了，没有达到"救中国"的目标，加速了清朝走向灭亡的脚步。

二 西方财政思想的传播

第一次工业革命之后，西方一些资本主义国家经济社会快速发展，国家财政体系开始逐渐完善，西方财政理论逐渐盛行于西方经济学界。鸦片战争之后，西方各种产品输入中国，与此同时，西方的财政思想也逐渐传入中国。可以分为清末和民初两个阶段来描述西方财政思想在中国的传播。

郑观应、陈炽、王韬、严复、梁启超、赵炳麟等人对清末（1840—1912年）时期西方财政思想在中国的传播做出了较大贡献。郑观应从事过很多工商业活动，很早就认识到中国财政存在的问题。他认为应收回关税自主权，否定《南京条约》中的协定关税条款，还认为应保护我国工商业和对外贸易的发展，实行关税保护政策。他还主张清王朝施行预算制度，达到财政收支平衡。在当时的背景下，郑观应能认识到保持国家财政预算收支平衡非常难得。

陈炽认为中国应该设立议院，清王朝统治者与人民群众共同决定财政政策。他理解的西方议院就是人民群众参政、议政。他主张中国设立议院，由人民群众与统治者共同决定税收、支出等政策，即由人民群众和统治者共同决定财政收支。

王韬是中国第一代走向世界的江南知识分子，他提倡改革，主张变法维新，通过翻译书籍、主办报纸等方式，促进了西方思想观念在中国的传播。王韬主张学习西方资本主义国家的思想，摆脱重农轻商的思想，大力发展资本主义工商业，使其成为国家富强的根本。王韬主张"恃商为国本、商富即国富"的思想，认为应减轻商业税负，发展民营、国营等经济事业，从而扩大税源，增加国家税收。[①] 王韬是在中国最早传播西方财政"量出为入"思想的学者。

严复翻译了亚当·斯密的《原富》（即《国富论》），让人们初步了解了近代经济理论。在《原富》中，严复介绍了"平""信""便""核"四大税收原则。严复认为不应一味地少征税，应以人民群众的负担能力作为标准来征税。

梁启超曾引进西方很多先进思想，对税收、公债、预算管理等财政问题有很多思考和见解，并对清末的财政混乱问题，提出了一系列改革措施。在中国财政史上，梁启超首次提出无论政府财政如何拮据，都不应通过增发货币来增加财政收入。梁启超还认为所有税种都可以转嫁，虽然这个论断很绝对，但从当时的时代背景下考虑也有一定道理。在公债问题上，梁启超认为国家公债不可能也没必要还清，还清公债会对国家经济社会发展有不利影响。在财政预算方面，梁启超认为财政计划的主要内容就是财政预算。如果财政计划制订得不合理，财政基础就会动摇。此外，梁启超认为编制预算权应集中于度支部，度支部必须全盘掌握国家的财政收入和支出。[②] 梁启超对西方财政理论的传播有着巨大的作用，还影响了北洋政府时期的财政实践。

---

① 芦迪：《王韬改革思想研究》，硕士学位论文，辽宁师范大学，2010年。
② 王刚：《清末财税改革研究》，博士学位论文，山东师范大学，2009年。

赵炳麟是清末的官员中学习西方财政思想的代表之一。他主张中央政府制定预算表和决算表，并派遣官员到各省督察各项收支执行情况，从而做到由上到下所有的收入和支出都有计划和记录。

在清末这一时期，西方财政思想在中国的传播是比较零散的，20世纪前并没有完整系统的财政著作出现。1903年，钱恂所著的《财政四纲叙》出版，这是中国最早出现的现代财政学著作，该书介绍了租税、货币、银行、公债"四纲"，同年由作新社翻译了《财政学》一书并出版；1905年，胡之清根据日文原本编著了《财政学》；1907年，黄可权根据松崎藏之助和神户正雄两本同名书编译了《财政学》；1909年，张锡之翻译了小林丑三郎的《比较财政学》；财政史方面，金邦平所译的《欧洲财政史》于1902年出版。中央到各地的新式学堂都有开设西方财政学课程，中央教育部门也对财政学教育提出教学方案。可以看出，20世纪后，国内对于财政思想的探索逐渐发展起来，然而始终缺乏理论研究，只是打开了西方财政思想传播的大门。

在北洋政府时期（1912—1927年），西方财政思想在中国的传播又上了一个新台阶。在19世纪初，德国财政学家从国家保护主义出发，创立了具有德国特色的财政学理论，其中包括财政目标理论、财政收支理论、税收公平理论等。一直到19世纪末20世纪初，德国在西方财政学研究中处于领先地位，而近代的日本主要从德国引进财政学，日本对国家保护理论进行了吸收和借鉴，在国内取得很好的改革效果。以德国、日本为代表的欧陆财政传统更受中国先进知识分子青睐，这是因为美英财政传统强调国家是自由个体的联合，而欧陆的财政传统认为国家是有自我意识和独立利益的大脑，隐含着的是对国家作用的重视，正是后进国家欲奋力图强的需要。20世纪初，中国有大量去日本的留学生，为西方财政思想传播到中国提供了渠道。与此同时，国内研究财政问题的书籍增多，比如陈与年翻译的《公债论》、万籁鸣的《整理中国外债问题》等。据不完全统计，1912—1927年，中国出版的经济学书籍数量有了大幅度增长，其中国人编著的著作超过了翻译著作，欧美经济学翻译著作超过了日本经济学翻译著作,而且经济学各分支中著作数量最多的就是财政学著作。[1] 与此同时,中国一些高校逐渐开设经济学专业,一些研究机构和团体逐渐开始对西方财政思想进行研究和传播。值得一提的是,孙中山的建国理论中包含很多现代财政思想。比如,孙中山提出财政统一原则,参议院应议决临时政府的预算,统一税法、货币、公债发行等事务,从而提高财政的规模效益,促进社会公平。孙中山还主张财政要"取之于民,用之于民",财政应解决人们的教育、养老、看病等公共需要。

这一时期西方财政思想在中国传播的特点就是中国经济学教育的起步对西方财政思想在中国传播有巨大作用,财政学的著作在中国的传播水平显著提高。

三 国家财政的混乱与崩溃

在19世纪末期,清王朝就陷入财政危机当中,特别是甲午中日战争的失败,使清王朝的财政雪上加霜。在甲午中日战争之前,农业是清王朝经济发展的基础,财政收支结构比较稳定。在鸦片战争之后,清王朝财政收入和支出都快速增长,但财政收入的增长速度远低于财政支出的增长速度,造成了巨大的财政赤字,不得不通过举债来弥补财政赤字,导致国家财政混乱。

在甲午中日战争期间,清王朝由于军费紧张,向汇丰银行等机构借了约4100万两白银。由于战败,与日本签订了《马关条约》,需赔偿日本近3亿两白银,因此又向英国、德国等西方国家借了3亿两白银。到1900年时,每年偿还这些负债需要2490万两白银,成为清王朝的常年财政负担。[2] 在甲午中日战争之后,清王朝为了维持统治,加大了对军队经费的支持,命张之洞、袁世凯等设立、训练新军队,配备新式枪炮等装备,军队经费迅速增加。原有的军队还有约100万人,每年军饷支出巨大,但作战能力很低。

---

[1] 李燕:《关于民国时期财政思想的研究》,硕士学位论文,湖南大学,2008年。
[2] 徐义生:《中国近代外债史统计资料》,中华书局1962年版,第39页。

清王朝在财政存在巨大赤字的情况下,出台了很多财政政策,但都没有实际作用,还引起了各阶层的反感。比如,户部发行的国内公债"昭信股票",除一些贵族官员购买小部分外,其他大多强迫地方官员、商户购买,百姓、官员都感到十分困扰。[①] 1899 年,户部根据各种筹款方案,对盐税、土药税、烟酒税、田房税等进行了加征,但每年财政只能多收入三四百万两白银,而当时清王朝每年的财政亏空有 1000 多万两。这时清王朝的财政已经非常困难了。

在八国联军侵华战争之后,清王朝的财政危机更加严重,其中财政支出增加最多的是对西方列强的赔偿款和军队经费。在八国联军侵华战争之后,清王朝又与西方列强签订了巨额赔偿协议,使得每年分摊给各省、海关的赔偿额增加到 5000 多万两白银。在八国联军侵华战争之前,各省、海关对需分摊的外债已经感到难以应付,八国联军侵华战争之后地方财政必然更加难以应付。地方财政收入主要来自人民群众,但在人民群众生活十分贫困时,地方政府仍大力对人民群众搜刮筹款,导致人民群众对统治者有强烈的不满。军队支出也是一个严重的财政负担。1903 年,清王朝计划在京师设立练兵处,在各省设立督练兵所,在全国编练新军三十六镇。设立一镇需要约 100 万两白银,经营一镇每年又需要约 200 万两白银,如此巨大的军队支出给财政带来了巨大的压力。如此巨大的军队支出需求,中央财政仅能维持北洋六镇的军队支出,其他由各省自行筹措经费。然而地方财政早已捉襟见肘,难以为练兵筹到足够的经费,直到清王朝灭亡,都没有完成该计划。

面对巨额的外债、军队支出和维持官僚机构的经费,清王朝不得不加重盐税、厘金、田赋等旧税,新征随粮捐、坐贾捐等杂捐税,这都落在广大贫困劳动人民的肩上,导致了人民群众的不满。在甲午中日战争之后,特别是八国联军侵华战争之后,盐斤加价成为一种常用的筹款方式,盐税负担不断加重。食盐是人民群众生活的必需品,频繁盐斤加价,导致食盐价格暴增,人民群众与官盐店的矛

---

① 李凤华:《论光绪朝对财政税收积弊的清理》,《江西社会科学》2012 年第 8 期。

盾也逐渐增加。厘金是为了镇压太平军而开征的,主要向商贩征收,收入较多,且成为地方政府随意扩大的税种。在八国联军侵华战争后,地方政府纷纷增加了厘金的征收名目,包括烟、茶、酒、糖等,且税率连续增长。厘金阻碍了商品的生产和销售,对经济的发展产生了恶劣的影响。田赋是根据税收原则,对耕地征收若干的税。八国联军侵华战争之后,地方政府在田赋原额的基础上进行加征,使田赋的负担不断加重。契税、牙税、当税在八国联军侵华战争之后也逐渐加征。

除了对已有的旧税进行加征外,省级、州县级的新税捐名也不断增加。在省级课征的税捐中,随粮捐、贾捐、铺捐、烟酒捐、赌饷、房捐等在各省层出不穷,使贫困人民苦不堪言。这些新开征的税捐,大多采取包征法,包税人与地方官员相勾结获得大量私利,同时利用政府威势向人民群众加倍勒索。州县一级新开征的税种就更加复杂,全国各州县新开征的税种近百种,且有大量的重复征税。

在财政严重入不敷出的情况下,各省开始滥发货币,导致货币价值快速下跌,物价上涨,财政危机进一步加重,说明这条路走不通。最后的筹款方式就是借债。各省地方政府发行公债,但由于人民已经对政府失去信任,公债发行也难以取得很好的成效。除发行公债外,清王朝还向外国借债,能借到的也是寥寥无几。最终,国家财政在极度的混乱中崩溃。

由于国家财力不足,财政管理混乱,原来管理国家财政的一套制度,如税收制度、奏销制度等,已形同虚设。地方长官不再服从原有的财政管理体制和中央政府的有关命令,这使得财政权力的下降趋势不可逆转。另外,晚清内忧外患给财政带来了巨大的压力。地方长官掌握着地方财权,财政权力的下移必然削弱中央对全国的统治权,迫使清廷进行财政整顿,形成了中央与地方在财政问题上的博弈。正是在这种社会背景下,晚清的财政转型尝试才得以出现。

第一,西方财政学说的引进与财政行政组织的变化。1904年,《时报》发表《论今日宜整顿财政》,已经提出"财政"与"财政学""行政学"的概念,以及"欲整顿财政,先宜改良行政机关"

的说辞。1903 年，在中央设立财政处，在各省则设立财政局或财政公所。1906 年，为适应"新政"的需要，户部改为度支部，不仅"综理全国财政"，而且"可随时派员调查各省财政"，反映了清廷统一财政管理的意图。

第二，由传统奏销制度向预决算制度变化。传统奏销制度在晚清已流于形式，许多财政收支均由本省自行处理。中央政府已无从通过奏销准确掌握全国的财政收支状况。1906 年，度支部议复御史赵秉麟奏制定预算决算表事宜，标志着清末实行预算的肇始。随后，清廷颁布《清理财政章程》《预算册式及例言》等文件，由清理财政处主持编制国家预算。尽管清末的预算变革坎坷多变，但仍反映了传统奏销制度的终结和传统财政体制向现代财政体制的转折。

第三，由"起运""存留"的财政划分到地方财政的形成。中央赋予地方督抚"就地筹饷"之权，意味着地方有了税收——特别是杂税、杂捐之权。为了征收各种杂税、杂捐，各地往往设立各种财政局所，意味着地方有了财政的经营权和管理权。所征之杂税、杂捐，有相当一部分用于地方新政、地方事业的开支，意味着地方有了财政的支配权。

第四，由传统的财政支出到公共财政的出现。清代前期的传统财政支出，主要是军费、俸禄、河工三大财政支出。晚清的财政支出，除新增勇营支出、新军军费支出、外债与赔款支出外，新增加的财政支出，如实业支出（包括军事工业支出、铁路建设支出、电报事业支出、矿山开采与冶炼支出）、教育支出（包括学堂经费、游学经费、书报经费、教育费杂支等）、民政支出（包括各省地方自治、巡警、户口等项）、司法支出、外交支出等，均具有明显的公共财政色彩。

然而，虽然 20 世纪初清政府进行了财政转型的尝试，也的确取得了一定成效，使晚清的财政具备了现代财政的雏形，但由于当时的清政府已病入膏肓，各方面捉襟见肘，实现向现代财政的转型，自然是清政府无法完成的任务。

第二节 马克思主义的传入与中国共产党的成立

一 救国图强运动的兴起

甲午中日战争后,中华民族面对严重的内忧外患,为了挽救民族危亡,中国农民阶级、地主阶级、资产阶级等各阶级进行了一系列的尝试与努力,掀起了救国图强运动的浪潮。

太平天国运动和义和团运动是农民阶级发起的救国图强运动中的典范,太平天国运动是由洪秀全等人领导,为了反清、反封建发起的农民起义,是中国历史上规模最大的农民起义。第一次鸦片战争之后,清政府对广大人民群众巧取强夺,加之部分地区连年灾荒,人民群众苦不堪言,国内各阶级间的矛盾快速上升,直接导致了太平天国运动爆发。太平天国的宗教信仰有"中西合璧"的特点,以"拜上帝教"的形式组织起来的。"拜上帝教"是洪秀全根据基督教的《劝世良言》创立的教派,他能够大胆学习、借鉴、运用西方文化,是历代农民领袖中第一人。同时,太平天国运动组织周密,军队建制完善,并修订了大量军事条例,军队凝聚力较强,有力地打击了清王朝的统治者和西方列强,一定程度上促进了封建王朝的崩溃和阻止了中国殖民化程度。义和团运动是以"反帝"为目的,以农民为主体自发的爱国运动。甲午中日战争之后,西方列强掀起了瓜分中国的狂潮,民族危机十分严重,中华民族与帝国主义之间的矛盾成为当时最主要的矛盾,导致了义和团运动的爆发。义和团的宗教信仰有多元化、本土化的特点,它融合了大刀会、白莲教等组织的信仰,但义和团运动组织松散,各地义和团自成体系,各自为政,没有统一的领导机构,很难形成"合力"。虽然义和团运动维持的时间较短,但一定程度上阻止了帝国主义瓜分中国,保存了中华民族的文化和文明,促进了民族意识的觉醒。由于农民阶级的局限性,太平天国运动和义和团运动均以失败告终。

洋务运动是封建地主阶级发起的救国图强运动中的典范。在两次鸦片战争惨败之后，清王朝认识到必须通过学习西方先进技术才能挽救中国。以李鸿章等人为代表的洋务派人士，主张"师夷长技以制夷"，学习西方先进技术，来维持封建统治，挽救中国。在洋务运动期间，引进了大量西方先进的技术，训练了新式海、陆军，开办了江南制造厂等近代军工企业。同时，兴办了铁路、采矿、纺织等民用工业。除此之外，创办了新式学校，选派学生出国留学。虽然洋务派人士认识到学习西方先进技术的重要性，但他们仍认为封建制度是完美的，主张维持封建统治。由于封建统治本身的局限性，始终无法挽救中国。洋务运动是中国向西方学习先进技术的一次尝试，极大地开阔了中国人的视野，打开了中国迈向现代化的大门，在当时的背景下，具有重要的进步意义，但以"中体西用"为指导思想的洋务运动，仍然是封建地主阶级为了维持封建统治而采取的一系列措施，无法从根本上挽救中国，无法实现自强求富的目标。由此证明，只引进西方先进技术而不改变封建社会的政治经济制度，是不可能成功挽救中国的。

戊戌变法是资产阶级发起的救国图强运动中的典范，是近代中国政治改革的第一次尝试，对近代政治、思想、文化、社会的发展有重要意义。甲午中日战争的失败，标志着洋务运动走向末路，西方列强加速瓜分中国。在这个背景下，康有为等维新派人士感到空前的民族危机。《马关条约》的签订直接导致1000多名举人联名上书，主张拒和、迁都、练兵、变法，戊戌变法由此拉开帷幕。康有为等维新派人士创办大量报馆、学会、学堂，宣传变法维新，全国议政的风气逐渐形成。戊戌变法的内容涉及经济、文教、军事、政治等方面。在经济方面，康有为主张发展工商业，鼓励私人开办企业；在文教方面，康有为主张鼓励开办私人学堂，学习西方文化、科技，选派留学生，奖励科研活动；在军事方面，康有为主张用西方军事训练，裁减老弱病残士兵，训练使用枪炮；在政治方面，康有为主张精简机构，大胆任用有能力的新人，广开言路。在维新派看来，想要挽救中国，不能仅学习西方先进的技术，还要学习西方的政治经济等制度。但由于维新派力量弱小，资产阶级具有一定的软弱性，且没有把改革理论和中国实际情况结合起来，加之守旧派势力强大，导致戊戌变法失败。戊戌变法虽然以失败告终，但戊戌变法是近代中国首次具有资产阶级性质的改良运动，为辛亥革命奠定了思想基础，同时推动了中国思想解放运动，促进了清王朝的自我改革。

辛亥革命是资产阶级民主革命运动中的典范，是近代史上意义重大的民族民主革命，推翻了君主专制制度，建立了共和政体，但辛亥革命的成果被袁世凯篡夺。1840年以后，各个阶级对挽救中国做了各种尝试，但均未成功挽救中国，特别是《辛丑条约》签订后，西方列强加快了瓜分中国的脚步，同时清王朝统治者放弃抵抗外国侵略，社会矛盾激化。在戊戌变法失败后，人们意识到通过政府改良不能挽救中国，在这样的背景下，孙中山等人组织了中国第一个资产阶级革命组织——兴中会，准备发动起义，推翻清王朝的统治，真正解决中国问题。但起义消息被泄露，起义失败，孙中山流亡国外。后来孙中山以"三民主义"为纲领，成立了中国第一个资产阶级政党——中国同盟会，主要在长江中下游开展革命运动，但多次武装起义均失败。随着武昌起义的爆发，革命军占领了汉口、汉阳，并号召各省起义。在接下来一个多月的时间里，湖南、山西、江苏等省份相继宣布独立，重重打击了清王朝。1912年1月，中华民国临时政府在南京成立，孙中山担任中华民国临时大总统。1912年2月，清王朝最后一任皇帝退位，消灭了在中国延续2000多年的封建帝制。但由于没有提出彻底的反帝反封建的纲领，没有充分发动群众，没有建立革命武装，所以辛亥革命仅推翻了清王朝，并没有推翻封建主义和帝国主义的压迫。在封建主义和帝国主义的压迫下，孙中山不得不将革命果实让给袁世凯，1912年3月，袁世凯就职中华民国第二任临时大总统，对帝制进行复辟。因此，辛亥革命是一场反帝反封建的资产阶级民主革命，废除了封建帝制，解放了封建思想，促进了经济的发展，但最终的成果被袁世凯窃取，中国仍然处于半殖民地半封建社会。辛亥革命表明，资产阶级共和国的方案同样不能挽救中国，还需要进行新的探索，为中国谋求新的出路。

1840年以来，农民阶级、地主阶级、资产阶级等各阶级均就挽救中国提出了相应的方案。由于农民阶级、地主阶级、资产阶级等阶级本身的局限性，各种方案均以失败告终，但一定程度上推动了中国经济、社会、思想等方面的发展，为马克思主义的传入和中国共产党的诞生奠定了基础。

二 马克思主义的传入

鸦片战争之后，中国开始沦为半殖民地半封建国家，中国面临着两大问题：一是民族独立与人民解放，二是实现国家繁荣、人民富裕。为了解决这两个问题，中国各阶级都进行了努力和尝试，但均以失败告终。在中国先进分子为寻求解决方案而苦恼时，俄国的十月革命把马克思主义送到了中国，这为解答中国面临的问题带来了新的理论武器。

在五四运动之前的新文化运动，大大冲击了封建思想和文化，但它并不能给中国人民指明挽救中国的道路。在这期间，第一次世界大战暴露出了资本主义固有的矛盾，引发了中国人民对西方文化、制度的思考。这时，俄国十月革命取得成功，建立了第一个社会主义制度国家，开辟了民族解放运动的新道路，为挽救中国指明了方向。受到俄国十月革命的影响，世界各地出现革命的高潮，五四运动也是在这种影响下发起的。十月革命的成功，让中国看到了民族解放的希望，给中国争取人民解放和民族独立指明了方向。此次马克思主义的传入，对中国的影响最为深远。

其实，马克思主义在十月革命之前就已经传播到中国了。最早在19世纪末就传入，主要由欧洲、日本传播而来。在欧洲途径传入方面，目前发现最早的记载是张德彝的《三述奇》，其中描述了一些巴黎公社起义的场景。[①] 宋育仁的《泰西各国采风记》则比较详细地介绍了马克思的学说与生平，但由于出版数量比较少，在中国没

---

① 张德彝：《随使法国记（三述奇）》，湖南人民出版社1982年版，第21页。

有引起很大的反响。此外,《万国史记》《佐治刍言》等书籍中也提到过无政府主义、国际工人运动等与马克思主义有关的内容,但只是零星记载,很难使马克思主义在中国大范围传播。在日本途径传入方面,中国的留日学生是日本途径传播的主力军。梁启超在日本广泛吸收了西方的思想,对马克思主义有了初步的了解,在《中国之社会主义》《进化论革命者颉德之学说》等文章中提到了很多马克思主义理论。其中,最突出的是朱执信的《德意志社会革命家列传》,提到了马克思主义与空想社会主义的差异,还介绍了阶级斗争学说,并且对《资本论》和《共产党宣言》进行概括。孙中山也多次提到过马克思主义,对马克思主义在中国传播有重要意义,他对马克思主义的认同也成为国共第一次合作的基础。总体来说,在十月革命之前,马克思主义没有在中国得到全面的阐释,没有产生很大的影响,没有被人民群众重视起来。这是由于当时中国的经济极度落后,没有让社会主义生存的基础,中国接受马克思主义的条件很不成熟。

在十月革命之后,中国发生了一系列深刻变化,为马克思主义在中国广泛传播奠定了基础。辛亥革命的失败,让人们对学习西方道路产生了疑惑,人们认识到资本主义并不能指明挽救中国的道路。十月革命爆发在与当时中国情况相似的俄国,并取得了成功,对中国人民产生了巨大影响,中国人民认识到马克思主义对挽救中国的指导作用。十月革命证明了经济社会落后的国家,可以通过以马克思主义为指导挽救国家,让长期生活在帝国主义欺辱下的中国人感到了反帝斗争不再是孤独的。在十月革命的影响下,李大钊、陈独秀、毛泽东、李达、董必武等人树立起对马克思主义的信仰,成为中国第一批马克思主义者。

就这样,人们在摸索挽救中国的道路中,通过不同途径认识、了解并选择了马克思主义,说明中国选择马克思主义有历史必然性。人们从十月革命的胜利中看到了群众的力量,并学到了新的革命方法,之后便开始在工农大众当中寻找革命力量。

三 中国共产党的诞生

1840年以来,西方列强在中国发起了鸦片战争、甲午中日战争等多次大规模战争,与中国签订了《南京条约》《辛丑条约》等100多部不平等条约,中国逐步沦为半殖民地半封建社会,中华民族与帝国主义之间的矛盾成为近代中国最主要的矛盾。农民阶级、地主阶级、资产阶级等阶级民众先后发起了一系列救国图强运动,但均以失败告终,没有找到挽救中国的合理方案。在农民阶级、地主阶级、资产阶级等阶级的救国方案失败后,人们把挽救中国的希望寄托到无产阶级的身上,中国共产党是在这种背景下诞生的。俄国的十月革命促进了马克思主义在中国传播,奠定了中国共产党诞生的思想基础;中国工人阶级的发展和壮大以及工人运动的兴起,奠定了中国共产党诞生的阶级基础;再加之五四运动促进了中国工人运动与马克思主义的融合,加速了中国共产党的诞生。

首先来看中国共产党诞生的思想基础。1917年在俄国爆发的十月革命,开阔了中国人的视野,使人们把目光由西方帝国主义国家转向俄国,从资本主义思想转向马克思主义思想。马克思主义是无产阶级为取得自身解放所用的理论武器,也是无产阶级政党的重要指导思想。很多先进分子在十月革命之后开始研究、学习马克思主义思想,李大钊是我国第一个宣传马克思主义的马克思主义者。《新青年》成为弘扬新思潮的主场地,1919年李大钊把其中一部分设为"马克思主义研究"专刊。李大钊的《我的马克思主义观》,非常全面地介绍了马克思主义唯物史观、政治经济学以及科学社会主义的观点,成为系统全面传播马克思主义的标志。同时,成立了马克思主义学说研究团体,有组织地在中国传播马克思主义。中国第一个马克思主义研究会是1920年在北京大学成立的,之后在武汉、上海等地也成立了马克思主义研究会,开展多种多样的学习、宣传活动。《共产党宣言》等关于马克思主义的书籍在中国出版,也推动了马克思主义在中国的传播。陈独秀、毛泽东、董必武、杨匏安、周恩来等人逐渐开始学习、接受马克思主义,从而使马克思主义在中国快速传播，为中国共产党的诞生奠定了思想基础。

其次来看中国共产党诞生的阶级基础。中国的工人阶级是随着外资企业、民族工业等企业的创建逐渐发展起来的。在当时，中国的工人阶级同时受封建势力、外国列强和资本家三方的压迫和剥削，具有强烈的革命性和勇于斗争的精神。同时，中国的工人阶级大多集中在沿海城市和交通便利的大中城市，比较容易团结战斗，形成政治力量。除此之外，中国的工人阶级和广大农民有天然的联系，有利于和农民形成工农联盟。中国工人阶级为了反抗压迫和剥削而发起的罢工运动逐渐增多，中国工人阶级逐渐登上了中国的政治舞台，奠定了中国共产党诞生的阶级基础。

五四运动中，中国工人阶级表现出非常大的革命力量，让共产主义知识分子认识到马克思主义与中国工人阶级相结合的重要性，开始寻求与中国工人阶级相结合。他们通过组织演讲、社会调查和节日纪念活动，初步使中国工人阶级与马克思主义结合起来，在北京、上海、长沙等地成立了中国共产党早期的地方组织，拥有了很多建党骨干，从而中国共产党也就顺理成章地诞生了。

1921年7月23—31日，在上海召开了中国共产党第一次全国代表大会，正式宣告了中国共产党的成立。中国共产党的成立，是中国历史上开天辟地的大事，中国革命的面貌就此焕然一新。

第三节 早期共产党人对中国财政问题的探索

一 马克思主义财政思想的传播

财政是社会生产力发展到一定历史阶段的产物。从17世纪中叶开始，资本主义的发展使得资产阶级和无产阶级之间的矛盾日益突出。英国、法国、德国独立无产阶级运动的陆续开展，创造了科学社会主义产生的客观条件以及马克思主义财政思想的时代背景。英国工业革命开始于18世纪60年代，到19世纪30—40年代实现制造业机械化，工业革命基本完成。1836—1858年，英国工人为争取人民宪章开展宪章运动,目的是通过政治变革,要求获得普选权,从而得到参与国家管理的机会,并且提高自己的经济地位。1831—1834年,法国里昂的工人进行罢工示威和两次武装起义,起因是他们想要提高工资的要求遭到资产阶级政府的无情拒绝。1844年6月,为了反对资本家的残酷剥削,德国西里西亚的纺织工人举行了大规模的武装起义,发出反对私有制的声音,谴责资本家的压迫和剥削。

以这三次主要的工人阶级运动为标志,作为一种独立政治力量的无产阶级登上了历史舞台。至此,欧洲无产阶级反对资产阶级的斗争进入了一个新的阶段。无产阶级的出现为马克思主义的诞生奠定了基础,为科学社会主义和马克思主义财政思想的形成提供了客观必要的社会历史条件。

马克思主义财政思想的理论渊源是英国古典政治经济学。英国古典学派的财政理论存在于英国古典政治经济学中,但尚未成为一门独立的财政学。马克思在参与阶级斗争实践的过程中,批判地继承了英国古典政治经济学的财政理论,进而阐述了自己的财政思想。马克思、恩格斯对财政思想的阐述并没有为我们系统地创立财政学,也没有对财政问题进行全面的论述,但是他们对财政思想的阐述体现在许多著作中,例如《家庭、私有制和国家的起源》《资本论》《新的财政把戏或格莱斯顿和辩士》等。

十月革命后,以陈独秀、李大钊、瞿秋白为首的早期共产党人开始接触马克思主义经济理论。1917—1920年,李大钊发表了《法俄革命之比较观》《庶民的胜利》等文章,又在革命杂志《新青年》上发表了《我的马克思主义观》《由经济上解释中国近代思想变动的原因》等文章。1923—1924年,瞿秋白撰写了《新经济政策之意义》《俄国经济政策与社会主义》《十月革命与经济改造》等大量著作,阐述了生产力和生产关系、经济基础和上层建筑之间的关系。

巴黎和会后,帝国主义与封建军阀勾结,以"强力"压迫中国人民。面对中国劳苦大众的现状,陈独秀立足于马克思主义科学社会主义理论,主张以"强力"维护正义、反抗他人压迫。并且用阶级战争来改造社会制度,用革命手段建设工人阶级的国家,这是服务于现代社会的第一需要。① 陈独秀针对中国当时的现状，通过深度剖析当时的中国经济社会，宣扬马克思主义经济，特别是马克思主义剩余价值学说。陈独秀将价值称为"工值"，"工值"简单来说就是指做工的时间总计的价值。通过剖析"工值"，进一步揭示了资本主义剥削的本质，使劳动人民认识到他们经济政治地位低下的原因，为中国共产党的成立和中国工人运动的进一步发展做了思想准备。

陈独秀对资本主义在中国的现状进行分析，用马克思主义经济原理解决中国问题。陈独秀认为资本主义在经济上的严重弊端主要在于资本主义私有制导致的资本高度集中，剥削剩余价值造成贫富分化；疯狂追逐经济效益不顾社会效益，造成生产过剩，从而引起社会动荡。但是，资本主义制度的性质决定了它本身不能解决这些问题。资本主义私有制导致资本高度集中，资本家只顾追逐经济效益不顾社会效益，疯狂地剥削剩余价值，导致资产阶级和工人阶级之间产生不可调和的矛盾，从而引起社会动荡，长此以往，资本主义私有制必然导致邪恶的帝国主义战争。在资本主义和帝国主义的世界中毫无正义和人性可言，只要资本主义和帝国主义存在，弱小的民族和国家就永远摆脱不了帝国主义、资本主义铁蹄和算盘的蹂躏。世界上最不公平的事，就是少数游手好闲的资本家，利用国家、政治、法律等机器，把多数生活困难的工人阶级压在资本之下，比牛马还不如。资本主义制度不能让多数人都过上像样的生活。② 在这种情况下，陈独秀想当然地认为中国不会搞资本主义。

除了早期共产党人的努力和党的相关政策文件，还有学术界的努力。1919 年，陈启修受蔡元培聘请，任北京大学商学院教授。五四运动后，他经常与李大钊等进步教授在公开场合作爱国报告，积极宣传马克思主义。1920 年，他在北大讲授马克思主义经济学；同年 9 月与李大钊合作，在北大政治系举办现代政治讲座，讲座内容为十月革命后的苏维埃俄国、世界各国工人运动及中国劳工状况等。

---

① 参见陈独秀《独秀文存》，安徽人民出版社 1987 年版，第 91 页。
② 参见《陈独秀著作选》第 2 卷，上海人民出版社 1993 年版，第 154—164 页。

1921年，担任北大马克思学说研究会《资本论》研究组导师，指导学生学习《资本论》。1924年，陈启修在莫斯科学习期间，先后加入中国国民党和中国共产党。回国后，他先后在北大及其他高校讲授马克思主义，宣传革命。1927年后，陈启修流亡日本而发愤著书立说。在此期间，其主要经济学说著作有：1924年由商务印书馆出版的《财政学总论》，1929年由乐群书店出版的《经济现象的体系》《新经济学》。同时也翻译了《经济学大纲》（河上肇著）、《资本论》（马克思著）。

经过陈独秀、李大钊、瞿秋白等人的努力，取得了三大成就，为马克思主义中国化奠定了坚实的基础。一是吸引、影响和聚集了一批中国先进分子，成为马克思主义中国化的领军人物。二是形成了马克思主义中国化的团体，包括马克思主义组织、共产主义团体以及社会主义青年团。三是组织宣传马克思主义，包括马克思主义经济学原理，使其在中国生根发芽。有了这三大成就之后，包括马克思主义经济学中国化在内的马克思主义中国化开始真正实施。[①]

二 早期共产党人对中国财政问题的探索

以陈独秀、李大钊、瞿秋白为首的早期共产党人对马克思主义理论与实际相结合的状况有较深入的了解，他们很好地利用了马克思主义经济学理论来剖析我国未来的社会主义问题，并提出了一系列有价值的观点。

（一）初步设计了未来中国社会主义基本经济制度的总体原则

根据马克思主义经济学理论，在未来社会主义制度下的中国，一切生产资料都归国家所有。李大钊依靠马克思主义经济学理论，构想了未来社会主义社会的经济原则。他指出铁路、银行、矿山、航运公司、大型制造业等资本雄厚的企业以及小型工商、运输机构

[①] 蒋南平、崔祥龙：《陈独秀对马克思主义经济学中国化的探索及其主要贡献》，《当代经济研究》2014年第6期。

要逐步国有化。李大钊指出了未来社会主义社会的性质，所有权形式决定分配方式。关于社会主义国家生产资料的所有权和分配问题，瞿秋白认为国家享有一切大规模生产的工具和机构，还有交通、金融、贸易，只有建立了劳农国家，经济才能真正成为民众经济，生产力的提高才是大多数劳动者的利益所在。[1] 在社会主义国家，经济生活、工农业完全受国家控制，按照社会主义理想原则进行生产和管理。[2] 在这里，瞿秋白阐述了社会主义社会的生产资料公有制的特征以及按劳分配原则的观点。

（二）根据我国小农经济的国情，认识到马克思主义基本经济原理的运用必须中国化

与群众和实践相结合，从一开始就是中国马克思主义思想运动的特点和优势之一。农民土地问题是中国民主革命的基本任务之一。李大钊从我国"三农"和农村生产关系的现状出发，认真分析了当时"三农"问题：首先，农业人口占全国总人口百分之七十以上，农业仍然是国民经济的基础。因此，在估计革命动力时，必须注意农民是革命动力的重要组成部分。其次，我国的农业经营是小农经济，所以他们大多是个体经营户、佃农和自耕农。由此可见，中国农业经济的基础是非常深厚的。虽然经济变化不会突然显现，但其发展趋势是不可阻挡的。李大钊提出了"耕地农有"的口号。他指出国民革命政府成立后，按照"耕者有其田"的原则，确立新的土地政策，使所有耕地归农民所有，使许多小农场逐步连成大农场，管理方式逐步由粗放型向集约型转变，使耕地自给自足，同时又能提高效率，那么长时间以来困扰政府的农民问题都能得到解决。此外，他进一步论证了农业生产效率高低与农业面积大小的关系，得到要提高农业生产效率，必须扩大经营规模，发展多种形式的合作的结论。因此，李大钊解决农民问题的思路是明确的：一是落实"耕地农有"的政策；二是实行个体小农业向集体化大农业

---

[1] 参见《瞿秋白文集（政治理论编）》第2卷，人民出版社1988年版，第357页。
[2] 参见《瞿秋白文集（政治理论编）》第1卷，人民出版社1987年版，第293页。

"联结"的政策；三是改革管理模式，逐步从粗放型经营向集约型经营发展。

（三）未来中国马克思主义经济学中国化的工业化道路是社会主义工业化道路

基于马克思主义经济理论和中国的现状，陈独秀意识到资本主义被社会主义取代是一种必然的历史趋势，并且提出中国经济社会发展必须走社会主义道路。但是，社会主义道路该怎样走，很多人并不关注、不了解，陈独秀预见了社会主义工业化的道路以及具体模式。他指出，中国的生产方式变革，除了社会主义是没有其他办法的。资本主义在欧美已经发展到趋于崩溃的地步了，虽然在中国才刚刚开始发展，但它本质上罪恶的一面已经显露出来了，从而社会主义生产方式将会理所应当代替资本主义生产方式。此外，中国必须发展工业，但同时所有重要的工业都必须是社会主义的，而不是私营的。只有这样，中国的改革才能从西方工业化中获益，从而避免资本主义造成经济危机的不利因素。[①]

（四）在经济落后的中国建立社会主义制度之后应大力发展经济

根据马克思主义经济学原理，陈独秀指出当时中国有四个经济成分：家庭手工业与农业、小生产制、私人资本主义的大生产制以及国家资本主义。在中国经济长期停滞不前的这个时期，农业造成了社会的无知和松懈，商业导致了社会的背叛和盗窃。因此，它的生产力、军事力量和道德文化普遍下降。正是这种情况，使旧社会的抵抗力太强，资本主义工业和文化不易入侵。要改变这种状况，必须实行公有制，大力发展经济。[②] 这些观点表明陈独秀具有很高的洞察力，对马克思主义经济学在中国的实践具有指导意义。

[①] 参见《陈独秀文章选编》中册，生活·读书·新知三联书店1984年版，第287—303页。
[②] 参见《陈独秀著作选》第3卷，上海人民出版社1993年版，第138页。

第四节　中国共产党在创建初期提出的财政纲领

一　中国经济社会的基本特征

鸦片战争以后，中国开始沦为半殖民地半封建社会，这个时期的中国具有一些基本的经济特征。

虽然资本主义工商业在中国有了初步的发展，但传统的农业经济仍然是中国经济的主要形式。封建地主阶级仍然占有大量土地，他们将土地分成若干小块，出租给失地农民和少地农民耕种，这就是传统的农业经济生产方式。中国农村遍布着小农经济，农民占全国人口的绝大多数，他们几乎都是用传统的体力劳动从事个体化生产，所以拥有庞大劳动力的农业生产力依旧低。鸦片战争后，中国开始沦为半殖民地半封建社会，自然经济开始逐渐破坏，但封建地主阶级对农民的剥削，不仅保持不变，而且在中国社会经济生活中具有明显的优势。与封建剥削制度相同，官僚买办资本和高利贷剥削同样也具有明显的优势。官僚买办资本及其所依赖的外资垄断了国民经济的命脉，因为它追求暴利和垄断的本性大大降低了社会经济运行的效率，官僚资本的高利润导致资源集中，进一步加速了垄断，降低了资源配置效率。民族资本主义虽然有所发展，但是力量实在弱小，受帝国主义、封建主义、官僚资本主义欺压，在经济中所占比例极小。加上农业经济始终低下的生产力，总的来说，整个社会生产力的发展水平还很落后。

辛亥革命后，虽然中国半殖民地半封建社会的性质没有根本改变，基本的经济特征也没有改变，但由于国际国内形势的变化导致中国经济形势也发生变化，特别是民族资本主义经济的大发展。

(一) 资本主义工商业兴起

1912年2月18日，孙中山在南北联合后，就向全国宣布全国各族人民同心协力，大兴实业。政府的各有关部门强力支持各界人士组织实业团体。资产阶级革命派和南京临时政府成员也参与了经济团体，以作表率。孙中山、黄兴等革命派领袖纷纷参与，推动实业的发展，到全国各地调研、讲学，号召和支持社会各界人士一起参与发展和振兴实业。

当时的民国政府还颁布了《中华民国矿业条例》《暂行工厂通则》等法令，鼓励民间开矿、办厂。第一次世界大战期间，西方国家忙于参战，对中国的商品输出和资本输出都减少了，中国民族工业受到的竞争压力减小，中国资本主义工商业步入持续10年快速发展的"黄金时代"。

但是，由于辛亥革命并未完成资产阶级民主主义革命反帝反封建的任务，政治和经济领域的封建主义因素依然根深蒂固。同时，北洋军阀统治时期军阀混战，1911—1928年，较大规模的战争即达140余次，此外，第一次世界大战结束后，帝国主义侵略势力卷土重来，西方国家对中国的商品和资本输出增加，多方压迫严重地制约了中国资本主义经济的健康发展，使之从1922年起又转向衰退。

（二）现代金融体系初步形成

民国初期的10年，金融业是发展最快的行业。随着振兴实业热情的高涨，工商业的发展以及北洋政府公债政策的刺激，再加上第一次世界大战爆发，外资银行在华资本输出减少，势力削弱，使中国的华资银行业迅速发展起来。

随着银行业的发展，逐渐形成了华北、江新、华南三大金融财团，分布在银行相对集中的北京、天津、上海、香港、广州地区。这时的中国银行业，除了规模迅速扩大之外，经营内容也由于国家财政和社会经济形势的影响，发生了变化。一方面，它们与国家财政紧密相连，已成为维持国家财政的重要支柱；另一方面，它们与工商贸易业的联系日益密切，开始起到振兴实业的作用。

（三）手工业的现代化趋向

中华民国成立之后，举国上下发展实业的热情对手工业生产的发展产生了巨大的影响，由于第一次世界大战的爆发，西方国家忙于参战，对中国的商品输出和资本输出减少，使中国资本主义的发展得到了前所未有的发展契机。在工业发展的同时，手工业也日渐兴旺。商品化生产逐步扩大，生产技术有所革新，生产方式趋于资本主义化。直到20世纪20年代末，手工业生产一直在不断发展，并向着资本主义商品生产和工场手工业的方向转变，生产技术也有了一定程度的提高。

（四）传统农业的初步改造

中国历朝历代重农抑商，对农业极其重视，但是在农业的生产技术和生产关系上，小农经济的生产方式却一成不变。进入近代以后，随着资本主义工商业的发展，传统农业已不适应社会发展的需要，对农业和农产品生产和供给改革迫在眉睫。清朝末期，政府和有识之士开始意识到传统农业改革的重要性，并颁布了许多促进农业发展的法令。中华民国成立之后，对传统农业进行改革的意识更加强烈，所采取的政策和措施亦趋于全面化和制度化。

但是，辛亥革命没有完成反帝反封建的任务，也没有触动原有的封建土地制度。军阀和官僚取代了清朝的皇室贵族，成为全国最大的地主集团。他们在获得大量土地后，封建的出租经营模式几乎消灭了资本主义经营地主，没有了分地出租的经营模式，农业经济效益也大幅度降低，不能为近代工业的发展提供大量的原始资本。

在制度上没有很好地刺激农业改良，同时政府缺乏足够的财政资源来改善农业改良政策。政府缺乏财政支持和鼓励民间采用先进的生产技术，极大地阻碍了政府农业改良政策的实施。当时中国经济社会的基本特征，具有明显的半殖民地半封建色彩。在这样的大历史背景下，中国共产党的成立，标志着中国共产党担负起为民族谋独立、为国家谋富强、为人民谋幸福的时代重任，建党初期提出的一系列财政纲领，则充分体现了这一时代重任。

二　中国共产党的财政纲领

中国共产党成立初期，党的财税政策主要体现在以下几个方面。第一，坚决反对帝国主义对中国的经济侵略，干涉中国的税收制度，特别是关税，反对军阀、土豪劣绅通过苛捐杂税剥削人民。第二，合理解决农村土地和农民税负问题。第三，提出了改革税制的初步建议，主要是取消厘金等附加税，开征累进所得税。①

1921年7月中国共产党诞生之时，党的一大通过《中国共产党纲领》。纲领明确提出要把工人、农民和士兵组织起来，并确定党的根本政治目的是实行社会革命。其中消灭资本家私有制，没收机器、土地、厂房和半成品等生产资料归社会共有等，为中国共产党的早期财政纲领，为后来中国共产党财税制度的建立指明了方向。

1922年6月15日，中共中央发表了《中国共产党对于时局的主张》，分析了辛亥革命后帝国主义与封建军阀相互勾结压迫中国人民的残酷现实，指出帝国主义和封建军阀是中国内忧外患和人民祸乱的根本原因，提出了和国民党民主派以及其他革命团体建立民主主义的联合战线，向帝国主义和封建军阀做坚决斗争的具体主张。党的当务之急，就是革命，通过革命消灭军阀，没收军阀官僚的财产分给贫农，保护人民的自由和权利。为了完成这一任务，中国共产党主张同国民党等革命党和其他革命组织建立民主统一战线，共同反对帝国主义列强和封建军阀的双重压迫。同时制定限制租金的法律，废除厘金和其他额外征税，征收累进所得税，以及纠正协定关税制度。同年7月，党的第二次全国代表大会宣言再次主张：废除丁漕等重税，规定全国城乡土地税；废除厘金及一切附加税，规定累进所得税；规定限制田租率的地租法。

1923年6月召开的中国共产党第三次全国代表大会通过的《中国共产党党纲草案》指出：废除帝国主义列强与中国之间的一切不平等条约，实行保护税，废除厘金，征收所得税和遗产税，每年审批一次，统一和减少土地税，破除陋规。《关于农民问题的决议案》指出，帝国主义强行进口洋货以来，一般生活必需品的价格上涨率远远高于农产品，以前农民的副业，如手工纺织，也受到严重打击了。军阀争夺地盘多年，土匪横行，贪官贪赃枉法，地方地痞、恶

---

① 刘佐：《中共税收政策的发展——为庆祝中国共产党成立90周年而作》，《经济研究参考》2011年第55期。

绅一直控制着他们，农民的生活越来越困难。因此，要把小农、佃农、雇工联合起来，抵抗压迫，保护农民利益，推动民族革命运动。反对苛捐杂税成为中国共产党发动农民暴动十分重要的理由之一。

在建党初期，财税政策是重要内容之一。这些政策是根据中国的政治、经济和社会情况制定的，并借鉴了一些苏联税收制度和政策。国民革命统一战线建立后，中国共产党掀起了一场前所未有的中国农民运动。北伐战争期间，中国共产党也多次提出废除苛捐杂税。这一时期，中国共产党税收政策符合广大人民的愿望，深得被剥削阶级的拥护。

三 第一次国共合作时期中国共产党的理财理念

经过长时间的筹备，1924年1月20—30日，在中国共产党的积极支持和帮助下，中国国民党第一次全国代表大会在广东召开。大会通过了新的党章，改组了国民党组织以实现联共，选举了有共产党员参加的新一届中国国民党中央领导机构，实现了第一次国共合作，广东是国共合作的首发地。1月23日，大会通过了《中国国民党第一次全国代表大会宣言》，总结了过去革命的经验教训，指出中国的唯一出路就是实行国民革命和三民主义，国民党"一大"所宣扬的三民主义，也包含了"联俄、联共、扶助农工"等重大政策。《中国国民党党纲草案》提出：废止厘金和协定关税，由中国自定海关税则；严定田赋地税的法定额，禁止一切额外的征收，中国共产党中央局和中国社会主义青年团中央局对于该草案表示赞同。

1924年11月发表的《中国共产党对于时局之主张》中，关于财政理念，中国共产党提出：废除一切不平等条约，最重要的是收回海关，把协定海关制度改为国家关税制度，因为这是整个民族经济解放的关键；规定最高租金，取消土地税以外的附加税和不良规则，寻求农产品与其他工业产品的价格平衡，发展专业组织（农会）和武装自己，是当前农民的迫切要求；限制城市租金上涨，支持劳动人民建房；厘金牙税等城镇杂税，对财政收入贡献少，而小本经营者负担重，应该都废止；取消盐税、大米税，以支持老百姓生计；

增加海关进口税，对国有企业收入进行梳理，征收遗产税、城镇土地税等一大笔税收，不仅可以弥补取消旧税的损失——厘金牙税、盐税、大米税、土地税、附加税等杂税，而且可用于资助失业人员和退伍军人，也可以作为扶持贫困人口和促进教育的资金。为了让知识阶层和失学青年获得保障，国家预算不应将教育经费挪作他用，应收回庚子赔款，用于免费优待小学教师，促进平民教育。①

1925年1月，中国共产党第四次全国代表大会通过的《对于农民运动之议决案》中指出："农民问题，在无产阶级领导的世界革命，尤其是在东方的民族革命运动中，占一个重要的地位。"②自从帝国主义以武力向中国强迫出售外国工业产品以来，农民破产和失业的速度非常之快。辛亥革命后，帝国主义挑起的军阀战争连年进行，农民的生活越来越困难。中国农民长期受到帝国主义、军阀政治、重租、苛捐杂税、高利贷等的影响。把农民的反抗引向有组织的经济和政治斗争，而不是土匪横行的农民抵抗运动，是中国共产党的责任。中国共产党应该重视地方政府征收土地税。同时要反对预收钱粮，拒绝支付的不良规则和一切非法收缴行为。要反对佃农与个体工商户、兼佃农的苛捐杂税。国民党政府领域之内，除上述宣传外，还应兴修水利，成立农民借贷银行，以避免高利贷之苦。

1925年7月发表的《中国共产党中国共产主义青年团宣言》中提出：废止厘金和一切苛捐杂税；限制享有土地的最高限额，把大地主的多余土地分给贫农和无地农民，限制地租的最高限额；尽量降低承租人的地租，禁止预收钱粮。③国共合作以后，林伯渠开始担任国民党中央农民部部长。1924年7月到1925年12月，在广州开办了五次农民运动讲习所。1925年10月，中共中央召开扩大会议，提出《告农民书》，指出农民受地主、外国资本家、军阀、贪官和劣绅的压迫剥削，生活艰难甚至弃农改业。要从根本上解决农民困苦，

---

① 《中国共产党对于时局之主张》，《向导》1924年第92期。
② 《第一次国内革命战争时期的农民运动资料》，人民出版社1983年版，第18页。
③ 《中国共产党中国共产主义青年团宣言》，向导周报社1925年版。

必须要实行"耕地农有"的办法，农民与工人应当联合起来革命。中共主张：组织农协，农协拥有商议最高租额和最低谷价的权利，给予乡村农民无利息借贷的便利，反对各种苛捐杂税和预征钱粮，禁止私人积谷居奇。毛泽东在《国民革命与农民运动》一文中指出："农民问题乃国民革命的中心问题，农民不起来参加并拥护国民革命，国民革命不会成功；农民运动不赶速地做起来，农民问题不会解决；农民问题不在现在的革命运动中得到相当的解决，农民不会拥护这个革命。"[1] 在党的组织和领导下，农民运动开始广泛地在湖北、江西和福建展开了。

1926年7月发表的《中国共产党对于时局的主张》中提出：收回海关，改协定税制为国定税制，收回会审公堂，废除领事裁判权；解除直奉两系军阀的武装，并没收其财产分给老弱不能继续服役的兵士及无业游民；禁止军票、滥发纸币、敲诈国债、军饷；停止预收钱粮、征收规章和各种过高的税收；拨付国家财政、省财政用于抗洪抗旱、控制米价的资金；制定工人最低工资和农民最高税租的法律；确定中央和地方政府所属学校的经费，免除学费。各阶级的民众联合战线，必须要有一个共同的政纲，参加这一联合战线的民众，都忠实于这共同政纲，共同奋斗，不只顾自己阶级的利益，这一联合战线才能巩固持久，才能奋斗到底，获得最终胜利。[2]

1927年4月27日至5月9日召开的中国共产党第五次全国代表大会通过的《政治形势与党的任务议决案》中提出，为了实现工人在革命中的领导地位，我们要努力落实工人的八小时工作制、生活工资、劳动保护法、失业救济、失业人员就业、劳动保险和抚恤、女工和童工的保护。对于解决财政困难唯一的、稳当的方法，便是农民革命。因大地主的土地被没收，则以往交付给地主的地租，便可以有一部分以地税的形式交给国家，使国家增加了一大批财富。

---

[1] 《毛泽东文集》第一卷，人民出版社1993年版，第37页。
[2] 参见《共党史参考资料（二）第一次国内革命战争时期》，人民出版社1979年版，第306—308页。

解决财政的方法还有两点：征收很重的财产税；发行革命战争的公债，而把公债的负担加于不劳而获的阶级身上。

1927年7月13日，中共中央在《中国共产党中央委员会对政局宣言》中提出：中国共产党将继续不屈不挠的反帝斗争，争取废除一切不平等条约，收回租界，取消治外法权，实行关税自治，解放中国。继续反对军阀，争取民族团结，在地方和中央建立民权政治。坚持八小时工作制，严格确定最低工资标准，改善劳动条件，救济失业人员，保护女职工和儿童，争取罢工、集会、结社、言论、出版自由，以及工人的武装自卫。继续解放农民的斗争，把地主的土地无偿地交给农民，保护小地主的土地使用权。如果不没收土地，就要大幅度地减少租金，取消过多的税费。建立农民的武装自卫权、自治权，建立农民合作社，要求国家对农业提供足够的经济支持，并提供资金向农民借款。为城市小资产阶级的利益而战，废除一切直接和间接的苛捐杂税，制定统一稳定的货币，反对新旧军阀阻碍商业往来，保护国内工商业抵抗帝国主义的经济压迫。

1927年，国民党右派不顾国民党左派代表宋庆龄等的反对，宣布与共产党决裂，蒋介石和汪精卫发动"四一二""七一五"政变，公开叛变革命，疯狂屠杀共产党员、革命群众和国民党左派，国共合作宣告破裂，国民大革命失败。第一次国共合作基本上推翻了北洋军阀的反动统治，沉重地打击了帝国主义的侵略势力，广大人民群众受到一次革命洗礼，加快了中国革命前进的步伐。虽然中国共产党在反革命斗争中损失惨重，合作失败后，中国共产党开始成长成熟，开始意识到进行土地革命、掌握革命武装和政权的重要性。

中国共产党对革命阶级的经济政策是统一战线的重要组成部分。历史表明，中国共产党对革命阶级的经济政策与大革命的成败密切相关。经济政策与政治关系是息息相关的。利益是人们形成政治关系的出发点，没有共同的利益就没有政治关系。因此，两者不能分离。经济政策的制定和实施离不开政治活动的发展。在国共合作之前，中共中央认识到，劳动群众要由日常生活中的斗争转向政治上的斗争。通过政治斗争，中国无产阶级加速了民族觉醒，争取解放运动的领导权，从而可以为了自己的自由权利和解放努力奋斗。习近平总书记在党的十九大报告中指出，不忘初心，方得始终。中国共产党人的初心和使命，就是为中国人民谋幸福，为中华民族谋复兴。这个初心和使命是激励中国共产党人不断前进的根本动力。中国共产党永远把人民对美好生活的向往作为奋斗目标，以永不懈怠的精神状态和一往无前的奋斗姿态，继续朝着实现中华民族伟大复兴的宏伟目标奋勇前进。

第 二 章
土地革命时期的财政探索
（1928—1937 年）

中国的新民主主义革命先后经历了土地革命、抗日战争和解放战争三个历史时期，完成了旧中国向新中国的过渡。土地革命时期革命根据地的财政探索，是共产党人根据建党以来各种经验教训以及不同时期政治、军事和文化发展的需求和中国共产党的政策方针进行的，它具有鲜明的战时特征，并且随着革命形势的发展而不断变化。经历了一个从无到有、由自筹给养到财政统筹、从各区自理到全国统一的漫长发展过程。随着革命形势的成功发展，各种财政体系和财政思想的建设逐步完善和丰富起来，为新中国的财政建设做出了积极贡献，并提供了许多宝贵的历史经验。

第一节 大革命后农村革命根据地的创立

一 国共合作破裂后的政治经济背景

1927 年，国民党新右派发起四一二反革命政变，开始疯狂杀害共产党员、革命群众和国民党左派，严重摧残了大革命的成果，意味着大革命就此走向失败。以蒋介石为首的国民党建立了大地主资产阶级政权，成为西方帝国主义列强在中国的代理人，革命由此进入低潮时期。由于民族资产阶级十分恐惧国民党反动统治的白色恐怖和工农革命风暴，民族资产阶级也逐渐倾向于支持大地主资产阶级。① 大革命的失败，意味着中国处于半殖民地半封建社会的情况下，民族资产阶级不能挽救中国，不能带领中国人民完成反帝反封建的任务。由此，挽救中国，带领中国人民彻底推翻帝国主义和封建统治的任务，就落在中国共产党的身上。

在政治方面，国民党统治集团实行一党专政的独裁统治，也就是以蒋介石为首的军事独裁统治。蒋介石主张实行法西斯主义，多次组织人员去意大利、德国学习，还聘请了很多德国法西斯主义人士作为顾问。蒋介石等国民党反动派很重视自己的军事力量，截至1929年3月，国民党的军队人数超过200万。② 1928年之后，国民党反动派还组建了庞大的特务组织，主要用来打击中国共产党组织，抓捕和暗杀中国共产党人、民主人士等，在全国营造出严重的白色恐怖氛围。

国民党统治集团对外实行亲近美、英等帝国主义国家，反对苏联的外交政策。对于美、英等帝国主义国家在中国犯下的滔天罪行保持沉默，并维护他们在中国的特权；驱赶、杀害苏联在中国领事。与此同时，国民党为了加强对农村地区的统治，实行保甲制度。通过设置"甲""保""乡镇"，将各户联结起来，相互担保不"通共"。"甲长"除了控制农村地区民众，还承担"政治警察"的责任。

在经济方面，国民党南京政府成立后的一段时间里，中国国内的交通得到一定程度的恢复，促进了国内商品的流通以及经济的发展。同时，国民党南京政府一定程度上实行关税自主、废除部分厘金等政策，促进了中国商品的出口，使得中国民族资本主义经济有了一定程度的发展。由于蒋介石在背叛革命后继续打着孙中山"三民主义"的旗号，同时西方帝国主义还对国民党南京政府做出一定的让步，让一些民族资产阶级对国民党南京政府产生能够挽救中国的希望，但这种希望是不可能实现的。国民党南京政府需要民族资

---

① 严中平：《中国近代经济史》，人民出版社2012年版，第217页。
② 中共中央党史研究室：《中国共产党历史》第一卷，中共党史出版社2011年版，第265页。

产阶级对财政的支出,所以起初对民族资产阶级进行利用和拉拢。当国民党南京政府政权稳定后,便开始发展官僚资本主义,压迫民族资本主义。因此,民族资产阶级对国民党南京政府的不满与失望逐渐增加。

这一时期,西方帝国主义在中国的投资也在迅速增加,美、英等帝国主义国家对中国经济的渗透不断加深,中国经济对美、英等帝国主义的依赖性越来越强。这也压抑了民族资本主义经济的发展。首先,民族资本主义在技术、设备、资金等方面,无法和美、英等西方帝国主义国家竞争。其次,民族资本主义不能像买办资本主义一样,得到国民党政府的保护和西方帝国主义国家的支持。再次,中国广大农民群众生活极为困难,购买力很低,束缚了民族资本主义的发展。最后,国民党南京政府的军费支出迅速增加,还要承担北洋军阀所有的外债,导致国民党南京政府不断向民族资本家勒索,妨碍了民族资本主义的发展。因此,1927年之后,民族资本主义经济虽然有一定的发展,但发展速度越来越慢。

由此可见,国民党南京政府是代表地主阶级和买办资产阶级利益的反动政权,没有带领中国发展资本主义,使中国仍处在半殖民地半封建社会。

二 农村革命根据地的创建

大革命失败以后,内战代替了团结,独裁代替了民主,黑暗的中国代替了光明的中国。但是中国共产党和中国人民没有被吓倒,被征服,被绝杀。[①] 在共产国际的帮助下,中国共产党调整了中央领导机构,成立了临时政治局常委会,明确了进行土地革命和武装反抗国民党反动统治的方针,还组建工农红军,开始实施从城市到农村的战略转移,以及建立农村革命根据地和工农革命政权。同时,中国共产党把农民阶级作为最强大和最可靠的同盟军,以解决农民的土地问题为革命中心,由此进入了土地革命时期。

---

① 参见《毛泽东选集》第四卷,人民出版社1991年版,第1036页。

1927年7月20日,中共中央临时常委会发布《目前农民运动总策略》,提出要在农村地区进行土地革命,推翻封建地主阶级在农村的统治,并根据各省的实际情况制定了土地革命的策略。[1] 1927年7月24日,中共中央临时常委会发布《中央对于武汉反动时局之通告》,对武汉国民党中央和国民政府进行了谴责,鼓励农民夺取乡村政权,没收地主的土地。以上两个通告为后来的土地革命奠定了基础。[2]

1927年8月1日,在中国共产党的带领下,发起了南昌起义,打响了武装反抗国民党反动统治的第一枪,开始组建工农武装,从此,革命的重心从城市逐渐向农村转移。南昌起义之后的两年多的时间里,在中国共产党的领导下,先后进行了秋收起义、广州起义以及湘鄂赣、皖西、左右江等地区100多次武装起义,建立了十多处农村根据地。到1930年,工农红军已有10万人,逐渐形成以井冈山中央革命根据地为中心的十几个革命根据地。[3] 但这些农村革命根据地面积较小,且较为分散,为了不让国民党军队包围、击破,中国共产党不断发展壮大各农村革命根据地,并不断彼此靠拢连接,最终以江西为中心,建立了中央根据地。

1931年11月7日,中国共产党召开了中华工农兵苏维埃第一次全国代表大会,成立了中央工农民主政府,其他革命根据地也逐渐成立了地区工农民主政府,建立了革命政权。中国共产党革命根据地的不断扩大,让国民党统治集团十分恐慌,于是,从1930年12月到1934年10月,国民党统治集团组织了五次大规模的"围剿"行动。1934年10月,由于王明"左"倾机会主义的错误领导,红军第五次反"围剿"斗争失败,开始战略性转移——长征。1935年1月,党中央在贵州遵义召开政治局扩大会议,集中解决当时具有决定意义的军事和组织问题,事实上确立了毛泽东在党中央和红军

---

[1] 中央档案馆:《中共中央文件选集:第三册(一九二七)》,中共中央党校出版社1989年版,第215页。

[2] 李新、陈铁健:《中国新民主革命通史》,《编辑学刊》2001年第4期。

[3] 贾康:《中国财政思想史》,立信会计出版社2008年版,第300页。

的领导地位。1935年10月,中共中央和红军胜利到达陕北。

随着农村革命根据地的建立,中国共产党提出了"打土豪,分田地"的经济主张,在各革命根据地相继开展土地革命。没收地主、不法商人等人的土地、财产分给贫苦农民,消灭了封建地主土地所有制以及封建剥削,解放了农村地区的生产力,激发了广大农民群众革命和生产的积极性,加速了农业生产的发展,推动了革命根据地经济的发展。土地革命的开展与革命根据地苏维埃政权的建立,使得革命根据地的新民主主义经济开始萌芽。根据地的新民主主义经济,由私人经济、合作社经济和国营经济三个部分组成。私人经济主要存在于农业、手工业和部分商业领域,中国共产党对私人经济的政策是,只要不出于政府法律范围之外,不但不加阻止,而且加以提倡和奖励。[①] 合作社经济包含社会主义因素,主要存在于手工业领域。国营经济是具有社会主义因素的经济成分,主要存在于军需工业,是苏区经济的领导力量。

苏区手工业和工业也得到发展。苏维埃政府发展手工业和工业的方针是,在鼓励和扶持个体手工业的基础上,重点发展国营工业和手工业生产合作社。赣西南、湘鄂西等革命根据地政府出资支持国营工业的发展,或者把没收来的作坊等工厂,交给集体群众来经营。苏维埃政府还创办了很多工矿企业,为革命根据地工业的发展奠定了基础。同时,苏维埃政府还把工人的供给制改成工资制,并根据技术的高低确定工资,极大地激发了工人的生产积极性。

苏维埃政府很重视根据地的商业贸易,推动国营、集体和私营企业共同发展,促进监督管理和交易自由相结合。苏维埃政府鼓励中小商人进行合法贸易,促进商品流通,发展农村的集市贸易活动。合作社商业主要经营粮油、布匹文具等日常工业用品和生活用品,合作社在经营、运输等方面都有政府的保护与协助。国营商业直接由政府经营,经营范围和商品种类十分广泛,还专营药品、食盐、粮食等生活必需品,起着保障生活必需品供应、稳定物价等作用。

---

① 参见《毛泽东选集》第一卷,人民出版社1991年版,第133页。

苏区新的金融和银行体系也逐渐确立。中华工农兵苏维埃第一次全国代表大会后，成立中华苏维埃共和国国家银行，各省分行也逐渐成立。随后，便开始发行货币，处理以前的货币，稳定金融市场。这集中了社会上的零散资金，并在农民有困难时，将资金借给贫苦农民，一定程度上解决了农民困难，抵制了高利贷剥削。大革命失败后，中国共产党带领工农大众，发起了土地革命，彻底推翻了封建制度，建立了具有社会主义因素的新民主主义经济。新民主主义经济的诞生与发展，解放了生产力，使农村革命根据地的社会与经济面貌焕然一新，显示出强大生命力，为土地革命的进一步发展和今后社会主义经济的建设积累了经验。

三 中国共产党的财政主张

大革命失败之后，从1927年9月到1929年12月，中国共产党发起了100多场武装起义，建立了多个革命根据地和工农政权。在武装起义的过程中，中国共产党始终十分重视满足广大农民群众的土地需求、开展土地革命、恢复和发展根据地经济。中国共产党没有自己的武装力量和革命根据地是大革命失败的根本原因，建立中国共产党自己独立的武装力量和根据地，是挽救中国的唯一途径。1927年8月1日，在周恩来、朱德等人的领导下，中国共产党人在南昌发起起义，歼灭守备南昌的国民党的反动统治势力，中国共产党领导的第一支军队就此诞生。

在起义军到临川休整时，由于军饷越来越难供给，中国共产党内部对财政政策进行了讨论。在讨论中有两种方案出现：一是主张每到一地，利用地主、土豪、乡绅来筹款，向当地土豪乡绅派款、借款。但这种做法最终会将负担转嫁给广大困苦农民、工人和商人身上。二是主张征收地主、土豪、乡绅的粮食和财产来取得财政资金。由于第一种方案不符合南昌起义后的政策，经过讨论后决定采用第二种方案作为新的财政政策。

1927年8月3日，中共中央发布了《关于湘鄂粤赣四省农民秋收暴动大纲》，提出暴动的战略要"以农会为中心"，并对湘鄂粤赣四省农民暴动做了部署。值得注意的是,文件中提到了"对祠堂、庙宇,一切公地及五十亩以上之大地主一律抗租不缴,对五十亩以下之地主实行减租,其租率由农民协会规定,以佃七东三为大致的标准","实行对反动政府拒绝交纳任何税捐,并实行对于反革命势力的经济封锁如阻禁拒卖军米等","自耕农土地不没收,自耕农及已取得大地主田地之佃农应对其革命政权(农会)交纳田税,税额由农民协会决定之"等与财政相关的政策。①

紧接着,1927年8月7日,中共中央在汉口召开了"八七会议",通过了《最近农民斗争的决议案》,提到中国共产党应尽可能地在广大区域中准备、发起农民的暴动,同时还确定了土地革命和武装反抗国民党反动统治的总方针。值得注意的是,文件中提到了"肃清土豪乡绅与一切反革命分子,没收他们的财产""没收大地主及中地主的土地,分这些土地给佃农及无地的农民""对于小田主则减租,租金率由农民协会规定之""对于一切新旧军阀政府的税捐实行抗纳,并实行抗租"等与财政相关的政策。② 该《决议案》提出的没收地主阶级、土豪乡绅的土地、祠族宇庙等"公产",分给佃农及无地的农民,对未来农村革命根据地财政的建设起到了很好的示范作用。1927年11月,中共临时中央政治局扩大会议通过了《中国共产党土地问题党纲草案》,提出"一切私有土地完全归组织或苏维埃国家的劳动平民所公有",也就是没收所有的土地,归国家所有。③

从1927年8月到1928年12月,中国共产党先后在井冈山、海陆丰、闽西等根据地进行了土地革命。起初执行的土地政策是"八七会议"中提出的没收中、大地主土地,对于小田主减租的政策。

---

① 中央档案馆:《中共中央文件选集:第三册(一九二七)》,中共中央党校出版社1989年版,第240页。

② 张秋实:《瞿秋白与"八七"会议召开前后的中共组织建设》,《甘肃理论学刊》2008年第1期。

③ 中央档案馆:《中共中央文件选集:第三册(一九二七)》,中共中央党校出版社1989年版,第487页。

1927年11月后，执行的是《中国共产党土地问题党纲草案》中的没收所有土地，归国家所有的政策。在各个根据地进行土地革命的过程中，体现了"八七会议"上确定的土地革命总方针是正确的，广大农民群众十分欢迎和拥护这一政策。土地革命让农民成为土地的主人，调动了广大农民群众的积极性，也为革命积累了一定的财政收入，为农村革命根据地的财政工作奠定了基础。

第二节　根据地财政工作的初步探索

一　取之于敌为主的财政收入

在革命根据地发展的初期，红军在各地转移，没有稳定的经济来源，加之人民群众生活艰苦，不能承担革命的军费，这决定了革命根据地的财政收入主要来自敌人，由战争中缴获的物资以及没收地主乡绅的财产两部分组成。

在土地革命时期，战争中缴获的物资是红军武器弹药的主要补给来源。这是由于当时的革命根据地大多在经济落后的农村地区，机器工业很不发达，不能够靠自己的力量生产武器装备，所以红军的大部分武器装备都是从敌人手中夺取来的。例如，醴陵农民暴动起初只有两支枪，后来经过"南四区""泗汾"等战斗，从敌人手里抢来了300多支枪，建立了醴陵革命根据地。[1] 海陆丰人民在长达四个月与国民党的割据期间，利用在战争中缴获的武器装备，武装了上千人的工农红军。毛泽东在湖南领导秋收起义时，与朱德的队伍会合，先后缴获了武器装备2700多件以及其他物资装备，扩大、武装了红军队伍。[2]

除了在战争中缴获武器装备外，革命根据地的财政收入主要还来自没收和征收地主乡绅的财产，也就是通常说的"打土豪筹款"。

---

[1] 唐正芒：《关于醴陵暴动的历史定位》，《中共党史研究》2004年第3期。

[2] 板章编写：《秋收起义》，新华出版社1991年版，第110页。

这不仅仅保障了红军物资的供给，还在一定程度上打击了地主乡绅等人的经济势力，调动了农民参加革命的积极性。"打土豪筹款"是在战争中总结出来的。在南昌起义的过程中，起义军内部财政困难，在汀州时，起义军通过老办法筹款，也就是通过商会筹款，但商会把负担转嫁到农民群众身上，引起了农民群众对起义军的不满。因此起义军立即取消老办法筹款，通过打土豪乡绅筹款。在中共湖南省委给在湘赣边界红四军的信件中提到，暴动的经费和革命政府的经费都要靠战争缴获和没收地主乡绅的物资解决。[①] 于是，"打土豪筹款"就成为各革命根据地财政收入的重要来源。筹款的方式主要有征收、派款、罚款、没收和捐献等方式。征收一般指对药品、食物等物品的征收；派款一般指对货币的征收；罚款主要用于游击区，在摸清地主乡绅具体情况后，根据罪恶程度和财产情况，宣布罚款金额，责令地主乡绅限期将罚金送到指定位置，否则对地主乡绅严惩不贷；没收主要是在发动群众为分田做准备时运用的。1927年11月，在武装起义群众占领海陆丰县城后，没收了反动军阀60多间楼房，增加了革命军的财政收入。

取之于敌不仅仅能快速地筹集物资，解决红军的物资供给问题，还一定程度上打击了地主乡绅，在政治上和经济上均有重大意义。但取之于敌也存在一定的局限性，革命根据地内地主乡绅的物资是有限的，并且战争缴获的武器装备具有不确定性，不能完全解决革命根据地的物资供给。取之于敌的筹款方式之所以比较顺利，一是由于这项工作一直是在各级党委和政府的领导和配合下进行的，并且得到广大人民群众的支持；二是由于制定了正确的筹款方式，规定筹款的对象主要是地主阶级，富农只捐款，不没收财产，且根据经济能力决定捐款数量。同时还强调不侵犯中农、小商人和城市平民的利益，不得随意违背政策。正是因为这样优秀的领导、鲜明的政策和严格的纪律，红军取之于敌的筹款方式才能顺利地进行下去。

---

① 刘克祥、吴太昌：《中国近代经济史（1927—1937）》（下册），人民出版社2010年版，第2259页。

除了取之于敌的财政收入，革命根据地还有一部分财政收入来自于民。主要包括人民群众的捐献、"红军公田"的收入、商业税、土地税和其他收入。

群众捐献是城镇贫民和已经获得解放的农民对革命政府和红军的物资支持。1927 年 11 月，第三次海陆丰起义成功后，工农群众对革命的热情高涨，在不到 10 天的时间里，海陆丰工农群众筹款近三万元。[①]"红军分田"，是为了保障革命根据地和红军的急需设立的，也是革命根据地财政收入的一个来源。"红军分田"起初由苏维埃政府雇人来耕种，后来由农民群众帮忙耕种，收获的谷物待红军急需时调用。随着土地革命的进行，农民群众可以从土地中获得一些经济收益，有些革命根据地开始建立土地税制度。各根据地根据实际情况采取适宜的税率，比如海陆丰为 10%，井冈山革命根据地宁冈县为 20%。[②]有些革命根据地还保留了商业税。海陆丰革命根据地在废除了苛捐杂税的同时，保留了酒税、烟税和屠宰税等。此外，在井冈山、湘南和海陆丰等革命根据地，建立公营商店、兵工厂、公卖处等机构，它们的收入也是革命根据地财政收入的一部分。

因此，在革命根据地形成初期，财政收入主要来自敌人，其次来自农民群众。

二 保障革命战争需要的财政支出

革命根据地的财政支出，主要用在红军的战争供给上，还有小部分用于各级政府工作人员的办公费用、生活费用、教育费用和交通运输费用，以及兴办各种事业的投资和对敌军俘虏遣散的费用等。保证战争的供给，是革命根据地财政最重要的任务之一，在这个前提下，再去兼顾财政其他方面的需求。土地革命时期，革命根据地大多处于战争状态，受到敌人的包围和封锁，财政十分困难，财政收入和物资十分紧张。在如此艰苦的情况下，合理地安排财政支出，

[①] 李立功等整理：《毛委员在井冈山》，江西人民出版社 1977 年版。
[②] 杨会清：《中国革命的农村战略与井冈山的斗争实践》，《党史研究与教学》2007 年第 6 期。

使物资发挥最大作用，保障革命战争所需的各项经费，是革命根据地在财政支出管理上必须解决的问题。革命根据地财政支出的原则之一就是：先前方，后地方；先红军，后地方。

在革命根据地财政支出占比最大的是红军的给养和经费供给。为了使有限的物资满足战争的需要，革命根据地实行低标准、基本平均的战时供给制。井冈山革命根据地建立之前，红军物资的供给主要由打土豪和战争缴获来获取，没有固定的收入来源，红军的供给也没有统一的标准。井冈山革命根据地实行的就是供给制，红四军除了每天的口粮外，每人每天发5分的油盐柴菜钱，仅这一项每月就需要一万多元的现大洋。① 在财政比较富裕时，每人发一两元零用钱，在财政紧张时，零用钱便不再发放，可能伙食费都会相应减少。革命根据地如此节俭，对克服财政困难、支援革命战争起到了重要作用。中央革命根据地在第二次反"围剿"时，计划筹足三个月的经费，但只筹到了两个半月的经费，所缺的经费就是在红军和各级政府的节俭中解决的。由此可见，当时红军的生活是十分艰苦的。

革命根据地的政府行政支出也是革命根据地财政支出的重要组成部分。中央革命根据地的各级政府公用经费分为经常费用、临时费用和特别费用三个部分，根据实际需要和财政情况，严格规范了不同供给的经费标准。由于财政收入不稳定，无论是经济比较发达的地区还是经济比较贫困的地区，政府工作人员的物资供给都是没有保障的。井冈山革命根据地为了节省开支，曾要求乡政府工作人员自带伙食，区以上的干部供给标准要比红军官兵低，除了口粮外，每人每天发3分的油盐柴菜钱，有的革命根据地实行"一半吃公家，一半吃自己"的办法。井冈山革命根据地对各级政府的办公经费进行了规定，乡级政府每月20—40元，区级政府每月50—60元，还规定县、区、乡政府的办公经费不能超过当地"打土豪筹款"的5%，医药费、交通费等其他费用以节约原则严格控制。②

---

① 杨会清：《中国革命的农村战略与井冈山的斗争实践》，《党史研究与教学》2007年第6期。
② 赵效民编：《中国革命根据地经济史》，广东人民出版社1983年版，第217页。

关于运输费方面。为了巩固革命根据地、防止敌人进攻，各个革命根据地几乎都建立了后方基地，比如井冈山革命根据地的茨坪地区，海陆丰革命根据地的朝面山、大安洞、激石溪等地区。为了在后方基地储备物资，或者为了把物资运往前线的部队，各个革命根据地都需要预留一部分运输费。比如，海陆丰革命根据地把油、盐等物质运输到后方基地，就花费了大量的车费和脚力费。在井冈山革命根据地攻打遂川县城时，缴获了敌人大量的物资，需要雇用民夫来运送到后方基地。按当时的物价，由遂川运送到黄坳，每一担银元需要支付1000文，每一担布匹要支付30尺。

关于文教费方面。在土地革命初期，革命根据地处于起步阶段，受客观环境限制，并没有举办过多的文教事业。1927年11月，井冈山革命根据地在宁冈县的砻市创办了红军教导队，有100多位学员。宁冈县等地方政府还创办了一些女子公读学校和小学。这些学校的创办，都需要财政经费支出。

关于其他费用方面。有些革命根据地还建立了兵工厂、印刷厂、红军医院等企业，相关资金由革命根据地财政承担。红军实行优待俘虏的政策，对于不愿意留下参加红军的俘虏，发放3—5元路费，因此财政还要承担一定的遣散费。在社会福利方面，有些根据地创办了养老院等社会福利机构，设立社会救济金，其所需的资金也需要财政承担。

三　集中统一的财政管理

随着革命根据地的发展和红军的发展壮大，财政支出越来越复杂，需要加强财政收支的计划性，才能保障革命战争的各种需要。因此，需要集中统一的财政管理。与此同时，随着土地革命的发展，解放了革命根据地农村地区的生产力，农民群众分到了田地，激发了农民群众生产的积极性，革命根据地的经济随之得到恢复和发展，奠定了征收各种税的基础。随着对土地税等税种的开征，革命根据地有了固定的财政收入，这也需要实现集中统一的财政管理。除此之外，财政分散管理暴露出了自身的严重缺点，不能适应革命根据地发展的客观需要,因此需要进行集中统一的财政管理。总之,集中统一的财政管理是革命发展的客观需要。只有实行集中统一的财政管理,严格遵守财政纪律,才能避免各自为政、贪污浪费行为,更好地为革命战争和革命根据地的建设服务。具体来说,有以下几点。

第一,逐步实行集中统一的财政管理。这里的财政统一指的是局部的统一,也就是一个县或者特区的统一。在革命根据地初期,各个县、区乡政府以及暴动队的经费都是实行自筹自支的办法,因此会产生各根据地各自为政、分配不均,甚至会出现贪污浪费的现象。为了加强财政管理,中央要求在县级以上的政府实行财政集中管理。早在1928年5月,广东省委给东江同志的信里提到,县级以下政府所有的财政收支,都要归县政府统一管理。1928年12月颁布的《井冈山土地法》中规定,县苏维埃政府负责征收土地税,统一交由高级苏维埃政府支配。[①] 1930年2月,永定县第二次工农兵代表大会通过了《税收问题决议案》和《整理财政问题决议案》,其中提到区、乡级政府每月都要制定预算和决算,按月进行报告和公布;还规定了土地税、山林税都由县级政府统一征收;同时规定了各级政府经费的标准。1930年8月,闽西第一次工农兵代表大会通过了《财政问题决议案》,其中提到所有税收都由县级政府统一征收,各区、乡级政府的经费由县政府负责分配。其他革命根据地也逐渐召开财政会议,讨论和整理了统一财政问题。

第二,"打土豪筹款"政策。在井冈山革命根据地,"打土豪筹款"的标准是:根据不同对象的罪恶和民愤程度,区别对待。对于大土豪和恶霸地主,采取的政策是没收全部财产和罚款的办法,对于中等地主,首先采取派款或捐款的方式,分田时再没收其财产;对于小地主和富农,一般令其适当派款或捐款,防止对地主阶级实行无区别的烧杀政策。

第三,整顿财政,开源节流。为了保障红军和苏维埃政府的财

---

① 王礼琦、李炳俊:《土地革命时期革命根据地的财政》(中),《财政》1981年第1期。

政需要，革命根据地逐渐纠正了取消税收的倾向，开始逐步增加税收收入。1928年5月，中共广东省委给东江同志的信里提到，海丰县革命根据地应整顿财政，增加财政收入，具体为：应适当降低出入口征税点，提高税率；还应按月征收市镇地税，对城市的房屋也应按月征税；对提前缴税和对政府捐输的人员进行奖励，降低政府工作人员的生活费。同时，革命根据地还十分重视财政支出的节俭问题。中共广东省委曾经要求海陆丰根据地降低政府机关人员的生活费。在井冈山根据地，为了节省灯油，毛泽东同志曾经规定：红四军连以上干部开会和学习只能点三根灯芯，平时只能点一根灯芯。毛泽东同志以身作则，学习和办公都只点一根灯芯，为了节省开支，他还亲自带头编草鞋，在全军掀起了编草鞋的高潮。红军艰苦奋斗的作风由此形成。

第四，严肃财政纪律。在毛泽东为红四军制定的《三大纪律六项注意》（后发展为"三大纪律八项注意"）中提到，打土豪所得的物资要归公。红四军对财政纪律要求十分严格，曾经规定：乱烧乱杀、毁坏人民财务者均处死刑。[1] 中共湖北省委也曾规定：在暴动中缴获的物资，不上交到政府的人员处以死刑。在革命根据地严格的财政纪律下，很大程度上减少了革命根据地内部贪污腐败及浪费现象，使得财政收入发挥了更大的作用。

综上所述，随着土地革命的发展和革命根据地的建立与扩大，革命根据地的财政收入、财政支出和财政管理体系逐渐形成，但各个革命根据地处于分割状态，还没有统一的财政政策。一般都是根据各个革命根据地的实际情况，采取对应的应急措施，解决革命根据地的财政供给问题。其财政收入主要来自战争中缴获的物资、"打土豪筹款"、没收地主乡绅财产。除此之外，还向分田地区的农民征收土地税，向城镇工商业者派款。革命根据地财政支出的重点是保障战争需要，行政开支等方面厉行节约，还兴办了学校、养老院等

---

[1] 项怀诚、冯田夫、李炜光：《中国财政通史之十：革命根据地卷》，中国财政经济出版社2006年版，第33页。

社会福利事业。

第三节　中华苏维埃共和国时期的财政工作新发展

一　中华苏维埃共和国的成立

十月革命后，俄国建立起无产阶级专政式的苏维埃政权。这次革命不仅仅给中国送来了马克思列宁主义，还有它所创造的苏维埃运动模式。这种政权被中国人民称为"劳农政府"，中国的进步知识分子对其展示了高度的热情，并且积极地参与宣传。1918年，李大钊开始宣传十月革命和马克思主义，他认为十月革命把现在的社会主义的障碍的国家界限打破，把资本家独占利益的生产制度打破[1]，资本主义失败，劳工主义战胜。[2] 同年年末，李大钊同陈独秀创办了《每周评论》。1919年，李大钊在《新青年》开辟了"马克思研究专号"，这些都是介绍马克思主义和十月革命的阵地。

1920年3月，在莫斯科苏维埃纪念共产国际成立一周年庆祝会上，列宁表示，革命并没有以这样快的速度获得成功，而必须走完我们走过的发展道路。开始革命愈容易，要把革命进行下去就愈艰难。在工人水平较高、工业较发达、工人人数较多的其他国家中，革命的发展要较为缓慢[3]，这意味着共产国际的策略方针要做出一些调整。于是列宁开始将目光转向东方国家，向东方各国派遣了自己的代表，积极帮助各国进步的共产主义者建立共产党。维经斯基作为共产国际派到中国的代表，与李大钊、陈独秀建立了联系，着手建立共产党，遵循了两大原则：坚持马克思主义必须同工人运动相结合；坚持无产阶级专政，赞同俄国式的暴力革命。[4]

---

[1] 参见李大钊《李大钊选集》，人民出版社1959年版，第114页。
[2] 参见《李大钊选集》，人民出版社1959年版，第110页。
[3] 参见《列宁全集》第三十八卷，人民出版社1986年版，第214页。
[4] 张启安：《共和国的摇篮：中华苏维埃共和国》，陕西人民出版社2003年版，第9页。

1921年7月，中国共产党成立。在中国共产党第一个党纲中规定：革命军队必须与无产阶级一起推翻资产阶级的政权；承认无产阶级专政，直到阶级斗争结束，消灭阶级的社会区分；承认苏维埃的管理制度，把工人、农民和士兵组织起来，并承认党的根本政治目的是实行社会革命。[①] 见证了十月革命的胜利和苏维埃政权的建立，让中国共产党也十分有信心在中国将苏维埃政权变为现实，这就是中国的劳动群众改变命运的机会。自中国共产党成立，工人运动的热情日益高涨，1922—1923年，大大小小的罢工就有数百次，参与罢工的也有几十万人。

1924年1月至1927年7月第一次国共合作时期，共产国际对国共两党都提供了帮助，在初期和中期积极地推动了大革命的发展。但是在大革命后期，共产国际在无产阶级领导权问题上的右倾思想影响了其指导方针，共产国际对国民党期待过高，寄希望于蒋介石、汪精卫，误认为他们是小资产阶级的代表。同时，陈独秀对大革命失败也有不可推卸的责任，他的思想源于18—19世纪欧洲资产阶级民主革命，被称为"二次革命论"。他认为反帝反封建的资产阶级民主革命必须由资产阶级来领导，待革命胜利以后，建立起资产阶级政权，发展资本主义；而社会主义革命只能由无产阶级来完成，就要等资本主义发展起来，再由无产阶级战胜它。

1927年，国民党右派蒋介石发动四一二政变，汪精卫发动七一五政变，公开叛变革命，疯狂屠杀共产党员、革命群众和国民党左派，国共合作宣告破裂，国民大革命失败。合作失败后，中国共产党开始意识到进行土地革命、掌握革命武装和政权的重要性。从此，中国共产党领导中国人民走上了长达十年的武装反抗国民党反动统治的苏维埃革命之路。

1927年8月1日，中国共产党在江西南昌打响了武装反抗国民

[①] 中央档案馆：《中共中央文件选集：第一册（一九二一—一九二五）》，中共中央党校出版社1991年版，第3页。

党统治的第一枪，标志着中国共产党独立地创造革命军队和领导革命战争的开始。8月7日，中共临时中央政治局会议在汉口秘密召开，会议上结束了陈独秀对中共中央的领导，分析了国民党右派集团背叛革命以后的形势，提出了新形势下党的任务。瞿秋白指出：农民要求暴动，各地武装力量仍然很多。我们必须点燃这条火线，用军队发展土地革命。①

八七会议后不久，党组织领导的武装起义先后在湖北、广东、江西爆发。还有1927年10月的陕北清涧起义；同年10月下旬中共北方局的直隶玉田起义；同年11月1日确山刘店起义等。从1927年11月到1928年夏，中国共产党在全国一些地区先后发动和领导了多次武装起义。这些起义的情况不同，结果也不同。有些起义失败是因为事先准备不好，没有充分动员群众，客观条件不具备；有些起义失败是因为领导人不关心强敌的实际情况，主观上犯了错误，最后遭受失败；只有少数起义条件比较成熟，领导者善于抓住有利时机，实行相对正确的政策，取得了成功。

1928年，中国共产党认真总结了八七会议后各地武装起义失败的教训，批评了党内的盲动主义。八七会议后，中国苏维埃革命逐步走上建立农村革命根据地的道路。1929年，国民党新军阀开始了混战，中国共产党抓住时机，开展大规模的游击战，巩固和扩大了苏维埃割据区域（简称"苏区"）。1930年，全国基本形成了五大苏区：赣南闽西苏区、湘鄂赣苏区、鄂豫皖苏区、闽浙赣苏区、洪湖湘鄂西苏区。五大苏区的基本形成，让全国范围内的工农武装割据都发展起来。然而，仍有人对建立农村根据地、革命重心在农村等提出质疑，为此，毛泽东撰写了《中国的红色政权为什么能够存在》《井冈山的斗争》《星星之火，可以燎原》3篇文章，他认为红军和红色区域的巩固和扩大，"是半殖民地中国在无产阶级领导之下的农民斗争的最高形式"，"是半殖民地农民斗争发展的必然结果"，"是

---

① 中共中央党史征集委员会、中央档案馆：《八七会议》，中共党史资料出版社1986年版，第69页。

促进全国革命高潮的最重要因素"①。此后，随着革命经验的丰富，毛泽东进一步完善了上述理论，提出了中国革命必须走农村包围城市的道路。

1930年5月，中共中央开始准备建立苏维埃政权。8月，在湘、鄂、赣三省苏区建立苏维埃区域中央局。然而此时，蒋介石开始对苏区进行大规模"围剿"，粉碎了敌人三次"围剿"后，苏区形成了新的割据局面，形成了以瑞金为中心的中央苏区，为接下来中华苏维埃共和国的成立打下了基础。

1931年11月7日，在赣南偏僻的山坳小城瑞金，举行了中华苏维埃共和国"开国大典"。在叶坪村的谢家祠堂，中华苏维埃共和国第一次全国代表大会在此召开，后面的广场上人山人海、欢声雷动，还有来自各大苏区的工农代表、红军各军队等代表610人，都聚集到这里。下午，中华苏维埃第一次全国代表大会开幕，大会议程是：毛泽东、项英、张鼎丞、王稼祥、邓广仁等人作报告，制定苏维埃宪法大纲、劳动法、土地法等；选举产生中华苏维埃共和国中央执行委员会，成立苏维埃临时中央政府。9日，代表大会正式开始。会议报告了各处的贺信，向前线工农红军、全国工农群众通电，毛泽东作《政治问题报告》。12日到18日，大会通过了《中华苏维埃共和国宪法大纲》《中华苏维埃共和国劳动法》《中华苏维埃共和国土地法》。19日，大会发表了《中华苏维埃共和国临时政府对外宣言》，向全世界宣告中华苏维埃共和国正式成立。27日，中华苏维埃共和国中央执行委员会举行第一次会议，选举毛泽东为苏维埃中央政府主席，设人民委员会为中央行政机关，下设九部一局。主席团和人民委员会的产生，宣告了苏区临时中央政府的成立，这是中国共产党领导广大群众建立政权的一次伟大尝试，也是新中国的雏形。②

---

① 鲁振祥：《略谈"农村包围城市"道路理论的形成与确立》，《中共党史研究》1990年第6期。

② 左玉河：《山坳里的伟大预演——中华苏维埃共和国成立前后》，《百年潮》2001年第10期。

二 共和国财政的雏形

革命根据地创建初期,财政收入主要来源于敌人,其中包括没收地主和战争缴获两部分。1931年11月,中华苏维埃共和国临时中央政府成立后,制定了各种财政法规,建立了各级财政机构和税收制度,财政收入由取之于敌转变为税收。

在中华苏维埃共和国成立之前,根据地财政收入的主要来源是土地税和红军筹款。1931年11月建立中央工农民主政府后,在中央根据地开始实行统一财政,停止了红军的筹款任务,全面建立了各项税收制度。税收主要分为三大部分:农业税、商业税、关税。关于农业税的征收,赣西南和闽西苏区的一些地区在"一苏大"召开以前就存在了,但税则并不统一。为了统一税则,苏维埃临时中央政府于1931年11月28日颁布《暂行税则》,它规定:农业税按每户收获的平均稻谷量征收累进税;农业税只征收生产税,不征收农副产品税;红军家属和雇农免税,贫农税轻,富农税重;遇灾时可根据灾情轻重减免税收;良种增加的农业收入免税;荒地复垦三年免税;纳税方式可以是农产品或现金,根据农民的意愿决定。

随着反"围剿"战争的发展,红军规模的扩大,根据地财政所面临的困难越来越严重。为此,临时中央政府于1932年下半年修改暂行税则,提高了农业税和商业税的税率,恢复主力红军在新发展区域的筹款任务。农业税起征点虽然降低,但是税率的提高增加了农民的负担,特别是贫苦农民的负担。在土地革命时期,农业税一直是财政收入的重要组成部分。这是广大农民群众对革命战争的重要贡献之一。

商业税是苏维埃政府财政收入的另一重要组成部分。在1931年颁布的《暂行税则》中,规定了商业税的相关制度。首先,规定商业税税率和征收办法。根据财政部门核准登记的资本额,找出适用的税率,然后按税率征税。同时为了鼓励工业的发展,在《暂行税则》中规定:经政府批准,生产合作社可以免征税款;工业产品暂免征收出厂税;工业所得税税率按资本规模确定,低于商业税率。

此外,《暂行税则》对下列项目提供优惠或豁免。第一,依法成立的消费合作社,经由县政府报告给省政府批准可免税;第二,肩挑小贩及农民直接出售其剩余生产品者免税;第三,资本额在200元以下的免税;第四,经政府核实确定商人遇险或遭意外损害,准予免税;第五,对生活必需品、军需品,由政府下令免税。《暂行税则》的各项规定,体现了苏维埃政府将税负主要放在剥削者身上,从而保护了小商贩、小业主的利益,有利于鼓励合作社经济的发展。[①]

关于关税,1933年3月,中央人民委员会颁布了《关税条例》和《关税税率表》,中央财政人民委员部发布了《关税征收细则》和《关于建立关税制度》的第十五号训令等文件,开始征收关税。征收关税的目的是保护苏区经济,增加政府财政收入。关税分为出口税、进口税和通过税三种。对于进口货物,根据地不需要的收重税,需要的收轻税,急需的免税。比如盐、洋油、洋火、棉布、米谷、石灰、铁等,都是苏区急需的,所以全部免进口税;其他洋布、洋袜等不是十分需要的,所以收些税;纸、烟、番茄等都是苏区大宗出产,所以这些商品收重税;凡不必要的无益奢侈品进口,都收重税。对于出口货物,根据地有多余的收轻税,短缺的收重税,必需的禁止出口。此外,对根据地紧缺物资,如盐、洋油、火柴、棉布、石炭、铁器等,准予免税;对根据地军需、公需物资,如药材、办公用品、油墨、蜡纸等进口准予免税。[②]

如何利用好苏区的财政支出,是根据地财政的一项重要任务。苏区在战乱频繁的时期,财政状况比较困难。为了保证革命战争和各种革命费用的供给,要合理分配和节约有限的资源。中央苏区财政支出的主要项目有:军费支出、政府支出、经济建设以及文教卫生事业支出等。

军需支出经常用于红军物资和战争经费,是苏区最大的财政支出。井冈山时期,根据地财政困难导致红军物资短缺。红四军进军

[①] 王明前:《中央革命根据地财政体系演变新探》,《中国经济史研究》2011年第2期。
[②] 曾耀辉:《中华苏维埃共和国税收法制建设及其启示》,《苏区研究》2015年第4期。

赣南、闽西后，供给形势有所好转，但仍有不少困难。在中华苏维埃政府成立前，各根据地红军的供给和支出都是自己决定的。1932年，中央军委制定了红军供给标准和军费供给标准。此外，不定期地发给红军指战员相等数目的零用费。

政府各项费用支出用于供给苏维埃政府中的工作人员，各根据地政府工作人员和红军一样过着战时军事共产主义的供给制生活。乡以下的工作人员自带伙食，县、区以上人员只供给伙食费和较少零用钱，只够维持最低生活需要，一般低于红军部队。此外还有临时费、特别费，临时费包括医药费、各种纪念会用费、临时交通费和招待费等；特别费包括修理费、文化教育费、印刷费、党的用费等。支出没有固定标准，需要支出时，须将支出数目报告县政府批准。

经济建设支出主要用于促进苏区经济的建设。首先，苏区政府支持公营经济。根据地之初的公营工商业，是用战争夺取、打土豪和没收地主的资金发展起来的。随着政府通过税收、发行债券等方式从人民群众中获得稳定的财政收入后，就通过投资、拨款等方式支持公营经济的发展。其次，苏区政府对合作社经济给予了大力的财政支持。在税收方面，依法成立的消费合作社，经县政府报省级政府后，准予免税。再次，在财政困难的情况下，中央临时政府尽力支持农业的恢复和发展。一方面，政府和红军把没收地主的牛和农具，以及富农多余的牛和农具，交给合作社使用和管理。另一方面，政府还从筹款中拨出一部分资金借给合作社购买耕牛，以支持犁牛合作社的建立和发展。政府还提供低息贷款帮助农民克服农业生产过程中产生的耕牛、农具、化肥、种子等困难。

关于文教卫生事业费的支出，苏维埃文化教育的中心任务是实行全部义务教育，努力扫除文盲。这就需要政府给予物质支持。当时的教育经费来源有两种：一是政府提供教育经费，政府统一支出；二是在一些地区，政府和群众分担教育费用。教育经费和学校职工生活费的支付标准取决于各地区的经济发展情况。在卫生事业方面，中央苏区建立了许多部队医院和地方医院。其中，部队医院的经费从军费中支出，地方医院的经费除医院收入外，其他由地方政府拨付。①

三　中国共产党财政思想的新发展

这一时期，党的财政思想发展与苏维埃政权的财政实践紧密相连，苏维埃政权的财政实践极大地推动了党的财政思想的发展。总体来看，这一时期，党把多策并举积极筹资摆在特别重要的位置，通过划分财政收入、拓宽财政收入来源和调整财政收入结构，全面服务于土地革命战争的需要。

1931年12月，苏维埃临时中央政府颁布《中华苏维埃共和国暂行财政条例》和第二号训令。在训令中对苏区财政机构作了指示：各级财政机关，应由上而下指挥和监督下一级的财政机关，各下级财政机关应迅速执行上级的命令。同时各下级机关要经常检查自己工作的执行程度，并每月向上级报告，有财政上的新财源更要随时报告上级财政机关。②同时，各级财政机关不只受其上级的领导，也受同级政府和军事负责人的领导，形成一个完整的体系。人民委员会领导中央革命军事委员会和财政部，财政部下属总经理部，省、市、县、区财政部，总经理部也受中央革命军事委员会的领导。为了健全各级组织机构，1932年8月通过了《财政部暂行组织纲要》，规定：最高财政机关是中央财政部，下设会计处、审计处、总务处、税务局、公债管理局、货币管理局等部门，管理国库、税收、公债、货币等事宜，执行国家政策。

关于财政收入体系的建设，分为税收、国营工商业的利润收入、筹款、发行公债和捐献等。税收具有强制性、无偿性和固定性的形式特征，构建新型的税制将使苏维埃财政建立在可靠和稳固的基础上。所以，"一苏大"以后，苏维埃政府集中精力整理税收，建立新

---

① 张启安：《共和国的摇篮——中华苏维埃共和国》，陕西人民出版社2003年版，第213页。
② 江西省税务局：《中央革命根据地工商税收史料选编：1929.1—1934.2》，福建人民出版社1985年版，第67页。

型税制，这一举措在中国根据地财政发展史上具有极为重要的意义。临时中央政府于1931年11月28日颁布了《关于颁布暂行税则的决议》（简称《决议》）和《中华苏维埃共和国暂行税则》（简称《暂行税则》）。《决议》和《暂行税则》规定废除国民党军阀政府的一切田赋、丁粮、厘金、苛捐杂税，实行统一的累进税制，税种包括商业税、农业税和工业税。此后，江西省苏维埃政府根据《决议》和《暂行税则》的精神，制定颁布了《农业税征收办法》。此办法经临时中央政府批准，转发各地参考。接着，其他各根据地亦根据本地区的实际情况，制定了实施《暂行税则》的具体办法或条例。①

"一苏大"以后，特别是从1933年开始，根据地地区的国有工商业发展迅速。1934年3月，中央苏区拥有32家国有工厂，一家拥有数千名工人的钨矿开采公司。苏维埃政府成立了对外贸易局和粮食调剂局，并成立了中华商业公司，该公司直接在苏区经营进出口贸易和一些商品流通。这些工商业企业创造的利润也构成了苏联政府的财政收入。

筹款，是指土地革命时期根据党的"打土豪分田地"的政策，对地主、土豪和富农实行的强制性措施，适用于新解放区或游击区。由于尚未在这些地区划分土地，因此地主、土豪和富农拥有大量资源。对他们处以罚款和捐款可以迅速解决财政困难。但是，这种罚款和捐款只能是一次性的，这是战争期间采取的一种特殊的财政措施，在已划分农田的地区，此方法不适用。毕竟打土豪筹款只是解决战争期间粮食供应问题的紧急措施。毛泽东在抗日战争时期的《论政策》一文中，曾严厉地批评了筹款过程中过"左"的错误做法，指示予以制止。

土地革命战争时期，战争费用巨大，而根据地位于经济落后的农村地区，财政收入的主要来源是农业税，但依然无法满足战时财政的需要。因此，不得不采取向群众发行公债的办法，以减轻当时地方政府面临的财政困难。发行公债后，得到了广大群众的响应。

---

① 具体条例见本章第三节。

有些人缺乏购买资金，政府还规定群众可以用粮食购买公债，解决了群众认购公债的资金困难。公债的发行促进了中央苏区的经济和对外贸易的发展，为支援战争和发展根据地的各项经济事业做出了积极的贡献。

土地革命是广大工农群众和仁人志士的共同事业，他们不仅积极参加革命斗争，而且在财力和物力方面为革命做出了贡献。1933年和1934年，中央苏区、湘赣苏区和闽浙赣苏区等地的群众开展了各种形式的捐赠运动，以支援革命战争和维护地方革命的胜利成果。群众归还公债和借谷票反映了群众拥护革命和热爱红军的革命热情，对政府的财政有很大帮助。但是一般而言，这种方法是不可取的。在其他根据地，群众主动向红军捐赠了各种物资和慰问品。成千上万的人支援战争，运送军事物资，营救伤员，并慰问红军。

在"一苏大"以前，苏区财政收入的来源主要是"打土豪筹款"和战争缴获，取之于敌为主；"一苏大"以后，红军发展迅速，根据地随之扩大，红军和政府支出也大量增加。随着土地革命的深入，苏区的土豪几乎都打败了，敌人改变了后勤供应的形式，取之于敌的财政来源大大减少。因此，为了应对财政支出不断增长的压力，我们必须拓宽财政来源，调整财政收入结构。"一苏大"后根据地地区的相对稳定和农民群众生产积极性的提高，也为建立新的财政收入体系创造了条件。[①]

第四节　根据地财政建设进入新阶段

一　革命根据地的进一步扩大

1931年11月1日至5日，在江西瑞金召开了中国共产党苏区第一次代表大会。会议决议认为，中央根据地在转变为国际路线后，

[①] 项怀诚、冯田夫、李炜光：《中国财政通史之十：革命根据地卷》，中国财政经济出版社2006年版，第34页。

仍然没有纠正缺乏阶级路线的问题；领导集体盲目相信狭隘的经验论，主张右倾机会主义论；干部队伍中有很多"阶级异己分子"，没有以肃清地主富农商人为中心；在土地改革中存在着"富农路线"的问题；红军的游击主义思想仍未脱离，忽视阵地战、街市战等。会议主张反对富农、反对民族资产阶级等中间势力；在土地改革中实行"地主不分田""富农分坏田"①；根据地和红军的干部队伍要做到无产阶级化；红军应当在一省或数省首先取得胜利，等等。

随着三次反"围剿"战争的胜利，红一方面军也得到了发展和壮大，中央革命根据地得到了进一步的巩固和发展，赣南、闽西与周围的革命根据地连成一片，此时是中央革命根据地最繁荣的时期。随着之后战争的发生，革命根据地的面积会有些许变化，但是核心区域并没有大的变动。为了巩固中央革命根据地，除了开展一系列的政权建设和经济、文化等建设外，毛泽东、朱德等又利用第三次反"围剿"胜利后和第四次反"围剿"开始前的时期，领导红军努力消除根据地的白色武装据点。

根据地内的白色武装据点，是在革命根据地迅速发展的过程中遗留下来的。国民党军队围攻根据地时，白色武装据点中的地主武装凭借坚固的围墙和山寨。乘机采取行动，进行疯狂的阶级报复，严重影响了革命根据地的巩固和发展。因此，消灭这些白色武装据点对于巩固和发展根据地有着重要作用。

消灭白色据点的斗争，在第一次反"围剿"胜利后即已开始，斗争的成功使兴国、于都、宁都三县根据地连成了一片。第二次反"围剿"胜利后，江西红军地方武装又继续进行这一工作。但是，大规模地消灭根据地内部白色武装据点的斗争，是在第三次反"围剿"胜利以后，即从1931年10月起到1932年2月基本结束。四个月间，红三军及江西红军独立第三师，在根据地群众配合下，消灭了于都、宁都、石城等地的白色武装据点大小200余处，其中比较大的有七

---

① 赵增延、赵效民、李炳俊：《土地革命中阶级政策的变化与共产国际的关系》，《历史研究》1983年第3期。

坊、上堡、翠微峰等。于都、兴国、赣县三县交界的上堡土围是几县逃亡土豪劣绅的聚集之所，有1000多条枪的反动武装。在南昌，有一个地方土豪劣绅组织的"旅省同乡会"，非常反动和顽固，三县人民深受其害。后经部分红三军和红色地方武装的连月围攻，攻破了土围，全歼围内的土豪劣绅和反动靖卫团。1932年，江西省苏维埃政府在这里设立了胜利县，使兴国、于都、赣县三县根据地连成了一片。

消灭白色武装据点之后，中央根据地还进行了消灭反动大刀会的斗争。大刀会是一种以封建迷信为幌子的反动地主武装，活动于广昌、石城、宁都和福建建宁一带。他们设坛收徒，屠杀革命干部和群众，袭击当时的苏维埃政府并进行了抢劫活动，严重地影响到上述地区苏维埃政权的巩固和群众生活。从1932年年初到1933年年底，在根据地军队和人民的强烈围攻下，大刀会匪徒也全部被消灭。

消灭白色武装据点和肃清大刀会匪徒的斗争，进一步巩固和发展了中央革命根据地。三次反"围剿"胜利以后，除中央根据地得到巩固和发展外，全国其他革命根据地也得到了发展和壮大。在江西省、福建省苏维埃成立前后，又相继成立了湘赣省苏维埃，湘鄂赣省和赣东北省苏维埃政府。红军总兵力已有13万以上，红一方面军总兵力达5万人，与此同时，地方武装力量也得到进一步发展。

二 中国共产党对财政工作的领导

北伐战争取得胜利后，国民党内部的新军阀之间爆发了矛盾，新的军阀战争接连发生。这为中国共产党领导的武装斗争的发展和根据地的扩大提供了难得的机遇。

1928年7月，中国共产党第六次代表大会在莫斯科举行。会议分析了中国乃至世界的革命形势。大会认为，现阶段中国革命的性质是资产阶级民主革命，并指出认为中国革命现阶段已经转变为社会主义革命的观点是错误的。大会认为：首先，国家的真正统一尚未完成，中国还没有从帝国主义的铁蹄下解放出来。其次，地主阶级私有土地制度没有被推翻,一切半封建余孽并没有肃清。再次,现有政权是地主、军阀、买办和民族资产阶级的国家权力,这个反动联盟依靠的是国际帝国主义的政治和经济权力。因此,革命的目的就是要解决这些问题。当前中国革命的中心任务是:第一,驱逐帝国主义者,实现中国的真正统一;第二,彻底推翻地主阶级的私有土地制度,进行土地革命。[①]

会议进一步指出,这两项任务没有超出资本主义生产方式的范围。但是要完成这项任务,必须以革命性的武装起义推翻帝国主义的统治以及地主军阀和资产阶级国民党的政权,并在工人阶级的领导下建立苏维埃工农民主政权,然后我们才能完成这两个任务。[②]

1931年,中国工农红军在中央苏区取得了第三次反"围剿"战争的胜利,在鄂豫皖和湘鄂西等苏区也击退了国民政府军队的"围剿",革命根据地得到进一步的扩大和发展,中央苏区和湘赣苏区还出现了相对稳定的局面。在这样的形势下,中华工农兵苏维埃第一次全国代表大会于1931年11月7日在江西瑞金召开。大会宣告中华苏维埃共和国成立,会议选举毛泽东为中央执行委员会主席和中央人民委员会主席,项英、张国焘任副主席。会议还通过了政纲、宪法、土地法、劳动法、红军问题、经济政策等重要法令,确定了夺取全国政权的战略和行动准则。"一苏大"的召开和中华苏维埃共和国的成立,也为制定和实施统一的财政和经济政策,加强对苏区的财政和经济工作的组织和指导奠定了基础,从而促进了苏区的财政建设。

"一苏大"通过的《中华苏维埃共和国土地法》《中华苏维埃共和国劳动法》以及《关于经济政策的决议案》,是苏维埃政府领导苏区财政工作的纲领性文件,对苏区经济工作的进一步发展具有重要而深远的影响。其中《关于经济政策的决议案》对工业、商业、

[①] 欧阳军喜:《20世纪30年代两种中国近代史话语之比较》,《近代史研究》2002年第2期。
[②] 中共中央党史研究室:《中国共产党历史:第一卷(1921—1949)》,中共党史出版社2011年版,第259页。

财政、金融和市政建设等规定了基本方针和政策依据。该决议提议将阶级原则作为制定财政政策的基本依据，消除国民党军阀政府的所有税制和一切过度征税，苏维埃政府应制定统一的累进所得税法免除红军士兵、工人、城乡贫困人口的家属缴税。万一发生意外灾害，应酌情免除或减少所有税收。这样的财政政策原则上是正确的，阶级原则在财政政策和税收体系中的实施体现了根据地财政的性质和优越性。在这之后，临时中央政府根据"一苏大"规定的经济政策原则，陆续颁布了《暂行税则》《工商业投资暂行条例》《借贷暂行条例》和《矿山开采权出租办法》等，并开展了群众性的查田运动。

中华苏维埃共和国第二次全国苏维埃代表大会于1934年1月22日至2月1日在江西瑞金召开。这次会议比较系统地总结了"一苏大"之后两年来苏区经济工作所取得的成绩和经验，进一步明确了根据地经济建设的基本方针和任务。这些内容主要反映在毛泽东代表中央执行委员会和人民委员会向大会作的报告、他关于这个报告的结论以及"二苏大"通过的《关于苏维埃经济建设的决议》中。

大会充分肯定了苏区经济建设取得的成就。随着土地革命的发展，广大农民获得了土地，废除了高利贷，取消了各种高昂的税费，并在政治上和经济上得到了解放。在苏维埃政权的劳动政策下，保护了工人的利益，改善了他们的生活。苏区的农业、工业和对外贸易也大大增加。毛泽东阐述了苏维埃财政的基本思想和原则。

第一，明确提出苏维埃财政的目的和性质。毛泽东指出：苏维埃财政的目的是确保提供所有革命费用的支出。苏维埃共和国在该国一些经济落后的地方，进行大量的战争和革命工作时，实行了对公众有利的税收政策，外面的人不知道苏维埃财政的出路在哪里。然而国民党占领大片土地并夺取大量民脂民膏，却财政破产。这毫不奇怪，因为苏维埃的财政政策与财政的使用同国民党有根本的不同。

第二，苏维埃的财政是建立在阶级和革命的原则之上，有着广泛的财政来源。毛泽东在"二苏大"上指出，苏维埃政府的财政政策，是基于阶级与革命的原则之上的，它的财政来源是：对所有封建剥削者进行没收或征收税款，以发展国民经济。"打土豪筹款"的收入通常占据主要地位，是根据地最重要的财政来源之一。这与国民党的财政政策完全相反。苏维埃政府把主要的税收负担放在了剥削者身上，而国民党则将主要的税收负担放在了工人和农民身上。在中国，只有苏维埃实行完全自主的关税制，不受外国干涉，而国民党对于厘金层层抽剥。此外，苏维埃征收累进的营业税，资本少的税轻，资本大的税重，资本少于百元的群众合作社和农民直接卖出产品的，都实行免税。而国民党区域内，捐税项目数量高达1756种，四川的田赋甚至预征到1987年，陕西的田赋增加了25倍。

第三，苏维埃财政政策的基本原则是通过发展国民经济增加财政收入。其明显的效果已经在闽浙赣苏区表现出来，并且也开始在中央苏区展现出来。苏维埃的财政和经济机关有责任重视这一方面。毛泽东着重指出：国家银行应根据国民经济发展的需要发行纸币，而财政收入的需求只能放在次要位置。

第四，苏维埃的财政支出必须坚持节省的原则。毛泽东提出了这一财政原则：财政的使用应以节省为基础，所有苏维埃人员都应明白腐败和浪费是极大的犯罪。尽管我们过去取得了一些成就，但将来我们应该加倍努力。节省每个铜板，为着战争与革命事业，是苏维埃会计制度的原则。苏维埃对于财政的使用，应该与国民党的使用有绝对的差别。[①]

第五，苏维埃克服财政困难的根本途径是革命战争的胜利。毛泽东指出：随着红军的扩大和战争的发展，苏维埃政府确实面临着巨大的财政困难。进行革命战争，改善苏维埃工作，将财政收入扩大到国民党所有地区，将苏维埃财政负担加到所有剥削者身上，抱着发展国民经济的目标来增加苏维埃国民收入。

---

① 毛泽东：《中华苏维埃共和国中央执行委员会与人民委员会对第二次全国苏维埃代表大会的报告》，《江西社会科学》1981年第S1期。

毛泽东的上述论述，高度概括了苏维埃财政工作的基本原则。从"一苏大"到"二苏大"，苏维埃中央政府正是遵循毛泽东的这一财政思想，建立和发展苏维埃红色政权的财政事业的。[①] 广大人民群众也十分支持苏维埃财政工作，节衣缩食、及时缴纳土地税、认购公债、参与借谷和捐助活动，以保障战争的革命供给。

三 国家财政体系的构建

在苏维埃临时中央政府成立前，由于没有固定的财政收入来源，红军和各级苏维埃政府在财政方面还没有统一。他们通常是自负盈亏、自我支持和分散管理，这种管理制度和方法是基于根据地初创时期的状况。随着苏区的发展，其弊端越来越明显，很容易产生一些问题，例如乱收滥支、各自为政、下级埋伏和漏报、上级未能筹集资金，整个苏区的财政管理没有形成一个完整的系统，这使得它很难适应革命形势的需要。因此，在苏维埃国家财政体系的构建中，财政制度建设排在首位。

苏维埃临时中央政府成立后，建立和完善各级财政管理机构，统一财政制度是重要任务。1931年12月，苏维埃临时中央政府颁布《中华苏维埃共和国暂行财政条例》（简称《财政条例》）。该条例是临时中央政府的第一部财务法规，是实现财政统一、加强财政管理的标准。其内容可以总结如下：

第一，统一税收。《财政条例》规定，所有税款由国家财政机关按照临时中央政府颁布的税法规定收取，地方政府不得自行开征或收取。必须收到中央财政部关于收税时间和程序的总命令后才能征收。通过统一税收，国家税收完全集中在中央财政部，这是统一财政的重要手段。

第二，统一收支。各级苏维埃政府的财政收入，包括税收和营业收入、罚金、没收财产和其他收入，必须转移或直接交给中央财政部或由财政部指定的银行。各级财政机关不得自行支配、扣用、

---

① 余伯流：《中央苏区经济建设的历史经验及其启示》，《江西财经大学学报》2008年第3期。

抵销，也不得延迟付款。

第三，建立预决算制度。各级政府的行政经费和军事经费，由各级财政部门汇总，并在每月20日前报送上级财政机关审批，然后按照批准的金额支付，上个月的决算应在每月的10日之前报送上级财政机关审批。

第四，建立统一的记账制度。各级财政机关对与财务有关的所有会计账簿、表格、单据等，应当使用中华人民共和国财政部规定的统一格式，不得使用旧的会计账簿。所有用于记账的现金单位应转换为大洋，并应清楚记录当前转换的价格。

《财政条例》和财政训令颁布执行后，苏区政府又根据实际情况和统一财政管理的要求，陆续颁布一系列新的规章制度。主要有：第一，国库制度。国库负责国家一切款项的收入、保管和支出。1932年10月，临时中央政府颁布了《国库暂行条例》，规定国库由财政部国库管理局管理，其金库由国家银行代理。总金库设于总行，分、支金库分别设于分、支行，在没有分支行的省县，分支库由财政部指定的专人组织，隶属省县财政部，但不受省县财政部的控制。国家税收及一切收入之款，必须缴纳国库，分、支金库，任何收款机关不得隐瞒不缴，违者以贪污舞弊论罪。各项支出的预算，由各部门制定，报财政部审计部门审批后，报财政部批准，再交国库管理局签发支票。所有的金库收到支票后，应立即按照账单付款，没有支票的则不付款。国库总金库每日应制收支日报表、库存表，呈报财政部；分金库每三日填写两份呈报总金库及财政部；支金库每五日填写三份呈报总、分金库及财政部。

会计制度。苏维埃临时中央政府下达统一财政训令后，由于各级政府和红军不了解财政统一的意义，没有建立会计制度，从而财政也没有彻底统一。因此，中央财政部要求建立健全的会计制度，做好财政统一的基础工作。新会计制度的主要内容是将收集、管理、接收和支配货币的机构分开，各级收入和支出分为不同的系统。例如，行政费用属于财政部，教育费用属于文化部，司法费用属于司法部，租金税属于税务局。确定新的会计科目，对各项收入及开支项目规定一定名称与一定范围,采用新式簿记和新的记账方法。①

  审计制度。审计制度是加强财政监督的必要制度。1933 年 9 月,临时中央人民委员会决定成立中央审计委员会。任命高自立、梁柏台、吴亮平为委员,负责审查政府的预决算是否合理,检查和监督各级机关、企业、事业单位的账目单据和收支情况。同时在地方各级政府和红军中也成立了审计委员会。②

  苏维埃政府采取了一系列加强财政管理的措施,这有助于合理地节省和使用有限的财政资源,从而确保了红军和政府的供给以及苏区各项事业的发展。

---

① 王明前:《中央革命根据地财政体系演变新探》,《中国经济史研究》2011 年第 2 期。
② 《精筹帷幄 业迹长存——中华苏维埃共和国财政史简述》,《中国财政》2016 年第 17 期。

第 三 章
抗日根据地时期的财政建设
（1938—1945 年）

中国共产党领导的抗日武装和根据地建设在抗日战争中发挥了中流砥柱的作用。抗日根据地时期的财政政策总体表现出"两个目标、三个途径和五项措施"的特征，具体为：保障供给、支持抗战两个目标；力争外援、发展经济、大生产运动三个途径；税收、债务、公营经济、货币金融和强化财经纪律五项措施。上述财政政策在抗日根据地时期得以良好建立、调整、完善、规范，为保障我党、我军打赢抗战，抵御国民党的摩擦和封锁，发展根据地的经济，提升根据地人民的生活做出了重要贡献。在分析抗日根据地时期的财政建设时，总体上按照陕甘宁边区政府和敌后抗日根据地建设两个层面展开，总结历史经验，凝练发展主线。

第一节　为建立抗日民族统一战线而斗争

1931 年 9 月 18 日，日本侵略者在东北沈阳阴谋发动了九一八事变，震惊世界，揭开了中华民族抵御日本侵略战争的序幕。1937 年 7 月 7 日，侵华日军在北平发动了卢沟桥事变，抗日战争全面爆发。在民族存亡的关键时刻，中共中央捐弃前嫌，以民族独立、国家统一、抵御日本侵略作为第一要务，发表了《中共中央为公布国共合作宣言》，并在政治、经济、军事上形成了《抗日救国十大纲领》，为全民族统一抗战打下了坚实的基础,并发挥了团结进步力量、形成抗日中坚的关键作用。这一时期,中共中央重大战略部署包括以下几点。

一 九一八事变后的中共中央《宣言》

1931年9月20日,中国共产党中央委员会发表了《中国共产党为日本帝国主义强暴占领东三省事件宣言》(以下简称《宣言》),号召反对日本侵略。《宣言》指出,"日本帝国主义显明的目的显然是掠夺中国,压迫中国工农革命,使中国完全变成它的殖民地"[①],因此,"革命浪潮的高涨,必然要根本推翻外国帝国主义及中国豪绅地主资本家国民党的反动统治,建立工农兵苏维埃政权"。并且认为,九一八事变不是偶然的、孤立的,其目标是摆脱"各国帝国主义内部互相矛盾冲突",避免"经济恐慌与政治危机更剧烈发展","必然引导它们到第二次公开的厮杀,尤其是太平洋日美冲突的风云甚嚣尘上,中国便是它们这冲突火并不能放过的战场"[②]。

面对这种情况,全国人民不能再去幻想依赖国民党及其各派军阀,因为"任何一派的国民党与军阀都只能压迫红军与苏维埃,实行军阀战争,加工制造灾荒,及投降帝国主义,出卖民族利益"。全中国工农兵士劳苦民众"必须在反对第二次世界大战,推翻帝国主义统治,争取中国民族解放的利益之下实行坚决的斗争,一致反对日本强暴占领东三省,实行变帝国主义压迫中国的战争,为拥护苏维埃中国反帝国主义反国民党的革命战争,以解放中国"。

《宣言》揭露了日本侵华的野心本质、主要目标、影响范围,明确提出了中国共产党在抗日战争中的宗旨和决心,明确了中国共产党带领全国工农兵士劳苦民众打赢抗日战争的目标、方法和手段。中国共产党在九一八事变后,担负起号召和领导全国人民抗日的历史责任。全民族抗战的领导力量和斗争中心逐步形成。

---

① 《中共中央文件选集》第7册,中共中央党校出版社1991年版,第396页。
② 《中共中央文件选集》第7册,中共中央党校出版社1991年版,第397页。

二 1935 年中共中央的《八一宣言》

1935年8月1日,中国共产党驻共产国际代表团草拟了《中国苏维埃政府、中国共产党中央为抗日救国告全体同胞书》(即《八一宣言》),10月1日以中华苏维埃共和国中央政府和中国共产党中央委员会的名义在法国巴黎出版的《救国报》上发表。《八一宣言》深刻揭露日本帝国主义侵略中国的罪行和蒋介石国民党政府卖国内战政策所造成的民族危机,论述"九一八"以来爱国将士、民族英雄前仆后继,英勇作战,救亡图存,比较完整地阐述了党的抗日民族统一战线的策略战线。在加强抗日战争统一战线、完善财政制度和政策等方面,《八一宣言》提出"有钱出钱、有枪出枪、有粮出粮、有力出力、有专门技能出专门技能"的口号,把地主、资产阶级、一切军队都包括在统一战线之中,并且确定了政权、军事、经济和财政相统一的原则。

《八一宣言》所主张的联合抗日,已经向机制、制度、机构和行动的方向延伸,不再是简单地提出订立协定、停止冲突、互相支持的主张,而是建立"统一的国防政府""统一的抗日联军""组成统一的抗日联军总司令部",要求更有成效、更具融合力和统一性的联合。

《八一宣言》虽未把蒋介石及国民党右派力量包括在统一战线内,但却号召党派抛弃过去的成见,以"兄弟阋于墙,外御其侮"的精神,从而"为抗日救国的神圣事业而奋斗"。

《八一宣言》的发表,不仅是出于策略上的考虑,更重要的是要即刻付诸实践,倡议各界立即进行协商、谈判,召开覆盖各进步力量的代表大会,讨论抗日救国的实际工作,并马上投入实施。中共中央明确表示,愿意作为抗日联合力量的发起人和抗日战争的坚强领导者。

《八一宣言》的发表,标志中国共产党建立抗日民族统一战线的策略战线基本形成。在实践中,它获得全国人民和各界人士的热烈支持,在国民党统治区产生了巨大政治影响,统一了"匹夫之责"和"民族之力"的内涵,有力地鼓舞和推动了抗日救亡运动的发展。

三 1937年《中共中央为公布国共合作宣言》

1937年7月15日,中共中央将《中共中央为公布国共合作宣言》(以下简称《合作宣言》)正式交付国民党。《合作宣言》首先表示了与国民党当局的关系,即"当此国难极端严重民族生命存亡绝续之时,我们为着挽救祖国的危亡,在和平统一团结御侮的基础上,已经与中国国民党获得了谅解,而共赴国难了"。并决定要实现更加有效、有利的合作,国共之间的合作将从政治、军事和社会三个方面展开,主要内容包括:"一是孙中山先生的三民主义为中国今日之必需,本党愿为其彻底的实现而奋斗;二是取消一切推翻国民党政权的暴动政策及赤化运动,停止以暴力没收地主土地的政策;三是取消现在的苏维埃政府,实行民权政治,以期全国政权之统一;四是取消红军名义及番号,改编为国民革命军,受国民政府军事委员会之统辖,并待命出动,担任抗日前线之职责"。

国共合作是全民族统一战线、统一力量的基础。《合作宣言》进一步指出,"在民族生命危急万状的现在,只有我们民族内部的团结,才能战胜日本帝国主义的侵略"。在全民族统一战线和国共合作的基础上,"现在民族团结的基础已经定下了,我们民族独立自由解放的前提也已创设了",但"要把这个民族的光辉前途变为现实的独立自由幸福的新中国,仍需要全国同胞,每一个热血的黄帝子孙,坚韧不拔地努力奋斗"。

《合作宣言》明确提出了抗日战争时期的财经战略和经济发展要求,即"实现中国人民之幸福与愉快的生活"。而在财政政策端,则首先"须切实救济灾荒,安定民生,发展国防经济,解除人民痛苦与改善人民生活"。中共中央认为,财经战略和财政政策安排"为中国的急需",并"以此悬为奋斗之鹄的,我们相信必能获得全国同胞之热烈的赞助","愿在这个总纲领的目标下,与全国同胞手携手地一致努力"。

财经战略、经济发展和财政政策作为民生建设的核心内容,首次被列为保障抗日战争胜利的"三大基础"之中,与民族革命、民权政治相并列，成为国共合作的基础，全民族抗日统一战线的基础和新民主主义革命纲领与"三民主义"统一的基础。

四 1937年洛川会议《抗日救国十大纲领》

为了正确贯彻执行党的统一战线政策，制定党在抗战时期的行动方针和具体政策，形成全民族抗日的力量基础和物质基础，中共中央于1937年8月22—25日在陕西洛川召开了政治局扩大会议，即洛川会议。会议通过了《中共中央关于目前形势与党的任务的决定》《抗日救国十大纲领》和毛泽东为此起草的宣传鼓动提纲《为动员一切力量争取抗战胜利而斗争》。

《抗日救国十大纲领》（以下简称《纲领》）全面地概括了中国共产党在抗日战争时期的基本政治主张，构建全民族抗战的领导力量和基础力量，提出了争取抗日战争胜利的具体政策。《纲领》从根本上保证了无产阶级在统一战线中的独立性和原则性。

《纲领》对抗日战争的性质、对日关系、国内经济社会发展、抗日民族统一战线的建设、巩固抗日后方等问题给出了明确的回答，提出了目标要求和政策部署。内容涵盖全面，政策措施得当，集中力量解决中华民族面临的最为突出的民族矛盾和历史问题，发挥无产阶级政党在关键历史时刻的责任担当和领导核心作用。

《纲领》在明确要"动员一切力量，争取抗战胜利而斗争"的目标中，对经济社会发展和财政经济建设也提出了具体的目标。《纲领》在第六条中明确要求，"战时的财政经济政策：财政政策以有钱出钱和没收汉奸财产作抗日经费为原则"。这种安排一方面改变了原来把税费负担完全加在少数剥削者、富有者身上的做法，除汉奸财产处以没收惩治外，总体使税费安排更具有社会性和广泛性，并通过"有钱出钱"确定了公平负担的原则，尽可能使有钱人和穷人都形成自己的合理负担，统筹好保障供给和保障民生的关系。《纲领》也明确了保障民生的基本要求，即"改良人民生活：改变工人、职员、教员和抗日军人的待遇"。这种改良除了建立合理的薪酬制度以外，由财政所建立的转移支付制度和社会保障制度也发挥着重要的作用。

五 抗日民族统一战线是抗日战争取得最终胜利的根本保证

在中国人民艰苦卓绝的抗日战争中，抗日民族统一战线是中国最终赢得近代以来抗击外敌入侵的第一次完全胜利的根本保证。正如习近平总书记指出的："在中国共产党倡导建立的抗日民族统一战线旗帜下，'四万万人齐蹈厉，同心同德一戎衣'，中国人民以血肉之躯筑起拯救民族危亡、捍卫民族尊严的钢铁长城，用生命和鲜血谱写了中华民族历史上抵御外侮的伟大篇章。"[①]

（一）抗日民族统一战线是引领抗日战争走向胜利的光辉旗帜

1936年，中共中央提出"联蒋抗日"的政策，成为抗日统一战线形成的基础，随后促成西安事变的和平解决，国共内战宣告结束，抗日统一战线得到有效推进。1937年年初，中共中央向国民党五届三中全会提出"五项要求"和"四项保证"。卢沟桥事变后，中共中央向国民党提交《中共中央为公布国共合作宣言》，国共合作成为历史发展的大势所趋。

中国共产党的民族义举和全国军民的抗日浪潮，汇成推动国民党走向抗日的历史洪流。面对日本发动全面侵华战争的威胁，国民党最终放弃"攘外必先安内"的误国政策，由妥协转趋强硬。西安事变后，国民党开始采取联共抗日的政策。卢沟桥事变后，国民党发表《中共中央为公布国共合作宣言》，蒋介石发表对中共宣言的谈话，事实上承认了中国共产党的合法地位，从而宣告第二次国共合作正式建立，标志着以国共合作为基础的抗日民族统一战线正式形成。

（二）抗日民族统一战线是抗日战争克敌制胜的法宝

抗日民族统一战线没有统一的政治纲领，也没有固定的组织形式。但是，在统一战线的协调和推动下，国民党和共产党分别主导

[①]《习近平在纪念中国人民抗日战争暨世界反法西斯战争胜利70周年系列活动上的讲话》，人民出版社2015年版，第9页。

正面战场和敌后战场对日作战，形成两个战场既互相区别又互相依存的共同抗日的战略格局。这是国共合作的主要内容和基本形式，也是抗日民族统一战线的显著特点。

抗日战争防御阶段，正面战场是抗日主战场。相持阶段，正面战场主战场的地位虽然逐渐为敌后战场所取代，但是在抗击和牵制日军、从战略上支持和配合敌后战场方面，仍然发挥着积极作用。反攻阶段，正面战场局部反攻与敌后战场全面反攻互相配合，成为打败日本侵略者的最后一击。从抗日战争进入相持阶段到抗战胜利，中国共产党领导的抗日武装开辟的敌后战场逐渐成为抗击侵华日军的主战场，抗击着58%到75%不等的侵华日军和几乎全部的伪军。从1938年10月到1942年11月，华北各敌后根据地遭受日军"扫荡"的时间合计为2430天，平均每两天就有3块根据地遭受日军"扫荡"。从战争的强度、密度和艰苦性、残酷性、辐射区域、人员伤亡、物资损耗方面相对于战果和产生的影响来看，敌后战场明显优于同期的正面战场。

两个战场的通力合作，是抗日战争胜利的独特战略举措，创造了世界反法西斯战争中乃至中外战争史上的奇观。

（三）中国共产党是维护、巩固和发展抗日民族统一战线的中坚力量

抗日民族统一战线，既包括中国共产党领导的工人阶级、农民阶级和小资产阶级，又包括以民族资产阶级、开明士绅和地方实力派为主体的中间势力，以及广大港澳台同胞和海外侨胞中的爱国人士，更有英美派大资产阶级。参加统一战线的各阶级和各阶层，既有合作抗日的共同愿望，又有各自不同的利益诉求，甚至在思想观念和价值目标方面存在着一定程度的冲突。中国共产党和国民党分别代表着抗日民族统一战线的两翼，国共之间的合作、分歧与斗争的状况直接关系到抗日民族统一战线能否巩固与发展，决定着抗日战争的前途和中华民族的命运。

中国共产党在抗日民族统一战线中，坚持既团结又斗争、以斗争求团结的原则。在处理各党派相互关系上，实行"发展进步势力，

争取中间势力，孤立顽固势力"的策略方针。在同国民党顽固派斗争时，贯彻"有理、有利、有节"的原则，通过联合其他进步力量对国民党的妥协、分裂和倒退行径进行监督、批评和斗争，有效地阻止时局出现的逆转，维持国共合作抗日到底的局面。

在战争之外，随着抗日民主根据地和人民抗日武装力量的不断发展壮大，中国共产党的"发展经济、保障供给"的财经战略和财政政策也对全国各阶层、各领域产生了巨大的影响力，对国民党统治区、国民党军队及国民党本身，都产生了积极的影响。与此同时，中国共产党践行把中国抗日民族统一战线与世界反法西斯统一战线相结合的主张，获得了全球主要反法西斯大国的关注和支持，积极借助国际力量的积极因素维护和发展抗日民族统一战线，维持经济社会的平稳运行，为中国人民抗日战争营造了有利的外部条件。

在整个抗日战争中，中国共产党坚持国共长期合作抗日的政策，维护、巩固和发展抗日民族统一战线，以自己的政治主张、坚定意志、模范行动，支撑起全民族救亡图存的希望，引领着夺取战争胜利的正确方向，形成了支持战争长期进行的物质基础，成为夺取战争胜利的民族先锋。

第二节　陕甘宁边区政府的建立及边区财政

本节主要对陕甘宁边区的经济社会发展和财政体系的建立与完善进行分析。其他敌后根据地的财政体系建设将在下一节述及。

一　边区政府的建立及运转与职能

西安事变以后，1937年5月，中国共产党为坚持国内和平，团结抗日，将陕甘宁苏区改为陕甘宁特区。1937年9月20日，工农民主政府遵照中共中央代表与蒋介石的共同决定，正式更名为陕甘宁边区，归国民政府领导。抗日战争时期的陕甘宁边区，在党的历史上具有特殊的贡献和重要地位。

1937年10月12日，国民政府行政院第333次会议通过决议（未正式公布），承认陕甘宁边区，直属行政院领导，并任命行政长官。1937年12月，蒋介石正式认可了国民政府行政院通过的陕甘宁边区管辖范围。国民政府划定陕甘宁边区政府管辖范围是：陕西绥德、米脂、佳县、吴堡、清涧、神府、延川、延长、肤施、甘泉、安塞、保安、鄜县、旬邑、淳化、靖边、安定、定边，甘肃庆阳、合水、宁县、正宁，宁夏盐池，共23个县；后国民党军委又划定甘肃镇原、环县和宁夏豫旺3个八路军募补区，总面积为129600余平方千米，人口200万。

边区政府的组建要满足三个目标的要求，即强化经济社会的动员能力，为边区发展和战争保障提供基础；节约行政成本，确保有限的资源主要用于革命和战争；推进政治民主化进程，保障人民的民主权利，提高人民的生活水平。这样就决定了边区政府的组织层级不宜过多，人员数量不能超编，财政资金必须严格按照概算进行使用和管理。

二 边区政府的财政收入制度建设

陕甘宁边区政府是国民政府正式认可并拥有法定管理区域范围和行政权的行政区，因此，陕甘宁边区的财政收入制度总体由三个部分构成：第一，国民政府的拨款，作为一级地方行政区，中央政府理应拨付行政管理和社会治理所需的款项；第二，建立边区税收制度，对边区相关主体照章课税；第三，开展大生产运动，由部队、机关工作人员、学校教员等参加生产，一方面保障自身供给，另一方面形成财政的收入积累。

（一）力争外援，获得国民政府和社会各界的支持

陕甘宁边区的财政外援主要来自国民政府发给八路军的抗日经费、陕甘宁边区的行政开支以及国内外进步民主人士的援助。国民政府对八路军的发饷数目，是根据协议对八路军三个师按4.5万人计算。每月发给军饷，其中生活费30万元，战务费20万元，补助5万元，医疗补助费1万元，米津贴补助及兵站补助费7万元等，至

完全停发之前，每年略有小小增减。军饷的领取，由八路军驻西安办事处向军需局领取。从 1937 年 7 月到 1940 年 10 月，陕甘宁边区收到国民政府发给八路军的军饷计 16405340 元（法币）[1]，平均每年在 400 万元（法币）左右。

从国内外进步民主人士的援助情况来看，1938 年 11—12 月，香港汇款 50 万元（法币），宋庆龄先生汇款 6 万元（法币），重庆转来汇款 8 万元（法币），西安 1939 年 1—2 月汇款 59.0948 万元（法币），其他汇款 7 万元（法币），5 个月内，捐款达到 130 万元（法币）。[2] 1937—1940 年，陕甘宁边区共收到国内外进步人士的捐款法币 8120234.39 元。

1940 年以前，上述外援占陕甘宁边区财政收入的大部分。1937—1940 年外援金额及占当年边区财政收入比率为（法币）：1937 年，4563.9 万元，占年财政收入 77.20%；1938 年，46.8 万余元，占年财政收入 51.69%；1939 年，566.4 万余元，占年财政收入 85.79%；1940 年，755 万余元，占年财政收入 70%。4 年来，整体均值占 80% 左右。

在大力获得外援的情况下，边区政府具备减轻人民负担的条件，实行休养民力的方针。历史表明，休养民力的方针取得了良好的结果：人民的生产积极性提高了，边区经济得到了恢复，并逐年有所发展；耕地面积扩大，粮食产量增加；农民的生活也有了较大的改善。

（二）开展大生产运动，独立自主、自力更生

毛泽东同志在 1937 年提出"自己动手、丰衣足食"的号召，但并没有普遍推广到广大的农村地区。1940 年 9 月，国民政府对八路军的抗日经费拨款出现了停发的局面，每个月减少 60 万元的经费拨付，再加上物价上涨，导致了边区政府的财政状况出现明显紧张。

---

[1] 张扬：《陕甘宁边区是怎样"休养民力"的》，载财政部科学研究所编《抗日根据地的财政经济》，中国财政经济出版社 1987 年版，第 91 页。

[2] 贾康、赵云旗：《论抗日战争初期的财政政策与方针》，《预算管理与会计》2005 年第 8 期。

1941年1月皖南事变爆发，国民党反共反人民的本质全面暴露。国民政府完全停发了八路军的经费，对陕甘宁边区实行严厉的军事包围与经济封锁，50万名国民党军从抗日前线调回转围困陕甘宁边区，再加上物价上涨，支出膨胀，使边区财政陷入极端困难的状况。

面对这一情形，毛泽东同志提出了"自己动手，自力更生"的方针，在陕甘宁边区开展了轰轰烈烈的大生产运动。主要措施如下：

第一，确立"统一领导，分散经营"的原则，给各机关部分一定的生产资金，各自经营，自行解决经费困难。

第二，大力开发和运销食盐，其收入作为军费和军委生产自给的保证。

第三，征收救国公粮20万石，公草2600万斤，以作为大生产运动的投入基础和保障战争和政府管理运行的基础。

第四，发行建设救国公债500万元，保证生产建设事业的发展。

第五，发行边区货币1054万元，逐步代替法币流通，打破国民党反动派的封锁，稳定边区物价金融，促进商品流通和产业发展。

至1943年，大生产运动取得了巨大成绩。陕甘宁边区机关和部队需细粮（小米）3900万公斤，自己生产的就达到1500万公斤。同年年末，陕甘宁边区已建有公营工厂82个，合作工厂200多个，公营工业职工达万人，并能炼铁、炼油、修理机械、制造某些军火。农业得到了大发展，1943年有80%的劳动力参加了互助合作组织，粮食产量为184万石，除总消费量162石，可余22万石；棉花生产自给率达50%。这样，缺衣少食的边区呈现出一派丰衣足食的景象。在大生产运动的支持下，边区的部队、工作人员和学生都有效地参与生产，增加产出，有的实现了部分自给，有的实现了完全自给，有的不仅能够做到完全自给，还向政府交纳公粮。

毛泽东同志在1945年1月10日的陕甘宁边区劳动英雄和模范工作者会议上再次指出，"我们不能学国民党那样，自己不动手专靠外国人，连棉布这样的日用品也要依赖外国。我们是主张自力更生的。我们希望有外援，但是我们不能依赖它，我们依靠自己的努力，依靠全体军民的创造力。那末，有些什么办法呢？我们就用军民两方同时发动大规模生产的运动这一种办法"①。

（三）改革优化税制，实行合理负担

抗战初期，中共中央在《抗日救国十大纲领》中指出，"财政政策以有钱出钱和没收汉奸财产作为抗日经费为原则。"1940年12月25日，毛泽东同志在《论证策》中明确指出，"关于税收政策。必须按收入多少规定纳税多少。一切有收入的人民，除对最贫苦者应该规定免征外，百分之八十以上的居民，不论工人农民，均须负担国家赋税，不应该将负担完全放在地主资本家身上。捉人罚款以解决军饷的办法，应予以禁止"②。

陕甘宁边区在抗日战争前就已经废除田赋，并于1937年秋开始征收救国公粮。这是边区农民最大的一项抗战物力负担，边区农民80%都有交纳公粮的义务。救国公粮具有土地所得税与农业税的性质，总体体现出平衡负担的特点，与田赋和其他封建摊派相比具有明显的进步性和民主化的特点。

在救国公粮的基础上，1943年起陕甘宁边区开始研究与制定农业统一累进税则，以代替救国公粮的征收办法。主要内容是：第一，由救国公粮的临时分配安排，改为正规的定率税，克服分配税的临时性、变动性的弊端；第二，由按临时收入量作征收标准，改为以土地的常年产量作征收标准，以克服不能有力刺激农民生产情绪的毛病；第三，由纯粹征收收益税，改为除征收收益税外，并征土地财产税——"凡有土地者，均须负担土地财产税，凡经营农业者均须负担农业收益税"。两种税采取分别计算、合并统一、累进征收的办法。同时，对农民的农业生产收入，扣除一定的生产消耗，克服不同性质收入同样征税的弊端；第四，降低下层标准与采取跳跃式的累进税，可提高上层标准，使各阶层负担更臻合理；第五，农村副业凡属政府奖励发展者，给予减免税照顾，以激励农村副业发展，丰富商品供应，提高农民收入。

---

① 《毛泽东选集》第三卷，人民出版社1991年版，第1016页。
② 《毛泽东选集》第二卷，人民出版社1991年版，第767页。

陕甘宁边区的税收和罚没数据暂缺1937年和1938年的，其他如下：1939年税收65.8万余元，没收款9.5万余元，罚款近1.9万元，土地登记手续费0.37万元，杂项2万余元，总计占年财政收入的9.17%；1940年税收196.4万余元，企业盈余42.7万余元，公产收入0.5万元，寒衣代金42.7万余元，罚款28.5万余元，杂项29.2万余元，总计占年财政收入的24.87%。[①]

三 边区政府的财政支出制度建设

随着边区民主政治的发展，边区政府的财政支出制度的制度化、规范化水平显著提高。从"节省运动"中的行政命令式要求，到大生产运动中的自收自支、规定上缴，再到精兵简政阶段的财政保障能力和行政管理能力相平衡，边区政府的财政支出制度建设不断完善。

（一）边区政府延续土地革命时期的"节省运动"

1934年3月，中央工农民主政府正式提出"节省运动"，要求在9个月内节省80万元的经费，在政府方面掀起了节省行政经费、节省粮食、自带伙食等运动。特别是中央政府各部的行政经费一般做到当年3月比2月减少40%以上，普遍地实行每人每天节省二两米、一分菜钱，又一个铜板。"节省运动"在当年节约的经费达到609万元，大大超过了人民委员会提出的要求。

陕甘宁边区政府继续倡导"节省"的要求，以保障边区财政收入的合理使用，厉行节省，充裕革命战争经费，严格财政纪律，反对贪污浪费。

（二）边区政府的精兵简政及节约财政支出

大生产运动已经在前述涉及，本处就不过多涉及。在大生产运动取得重大成就的同时，为了贯彻节省的方针，除继续实行生活费供给制和开展节约运动外，实行精兵简政。精兵简政是1942年中共

[①] 边区财政厅：《财政工作报告》1941年10月26日，参见《抗日战争时期陕甘宁边区财政经济史料摘编》（第六编 财政），陕西人民出版社1981年版，第41、45页。

中央提出的克服物质困难的一个极其重要的政策，对克服财政经济困难和保障休养生息发挥了重要的作用。

1937年卢沟桥事变前后，陕甘宁边区仅有年脱产人员14000余人，1938年为16000余人，1939年增加到49686人，1940年增加为61144人，到1941年则高达73117人，占边区总人口的5.37%。随之而来的是，老百姓公粮负担也年年加重。1937年是13895石，人均负担1升；1938年为15972石，人均负担1升2合；1939年是52250石，人均负担4升多；1940年为97354石，人均负担7升多；1941年是200000石，人均负担1斗5升。①

非生产人员的增加，加重了边区的财政困难。就粮食一项来说，除征收救国公粮，缺额部分由财政拨款购粮。1938年购粮款6.8万元，占年财政收入8.3%；1939年购粮款52.4万余元，占年财政收入8%。1940年购粮款大幅度增长，购粮款183.5万余元，占年财政收入18.86%②，分别比1938年增长了26倍和10个百分点，比1939年增长了3倍多和10个百分点。

毛泽东同志于1942年12月在陕甘宁边区高干会议上对精兵简政的重要性进行了全面论述，并阐明了精兵简政的财政目的。他指出，"这次陕甘宁边区高级干部会议以后，我们就要实行'精兵简政'。这一次精兵简政，必须是严格的、彻底的、普遍的，而不是敷衍的、不痛不痒的、局部的。在这次精兵简政中，必须达到精简、统一、效能、节约和反对官僚主义五项目的。这五项，对于我们的经济工作和财政工作，关系极大。精简之后，减少了消费性支出，增加了生产的收入，不但直接给予财政以好影响，而且可以减少人民的负担，影响人民的经济"③。

随后，毛泽东同志又从财政经济领域对上述五项目的进行了进

---

① 《陕甘宁边区史》（抗日战争时期，中下篇），西安地图出版社1993年版，第61页。

② 西北财经办事处：《抗战以来的陕甘宁边区财政概况》（1948年2月18日），载于《抗日战争时期陕甘宁边区财政经济史料摘编》（下称《史料摘编》）第六编《财政》，第13—16、20、48、236、367、374—375、426—427页。

③ 《毛泽东选集》第三卷，人民出版社1991年版，第895页。

一步的阐述。指出,"经济和财政工作机构中的不统一、闹独立性、各自为政等恶劣现象,必须克服,而建立统一的、指挥如意的、使政策和制度能贯彻到底的工作系统。这种统一的系统建立后,工作效能就可以增加。节约是一切工作机关都要注意的,经济和财政工作机关尤其要注意。实行节约的结果,可以节省一大批不必要的和浪费性的支出,其数目可以达到几千万元。从事经济和财政业务的工作人员,还必须克服存在着的有些还是很严重的官僚主义,例如贪污现象,摆空架子,无益的'正规化',文牍主义,等等。如果我们把这五项要求在党的、政府的、军队的各个系统中完全实行起来,那我们的这次精兵简政,就算达到了目的,我们的困难就一定能克服,那些笑我们会要'塌台'的人们的嘴巴也就可以被我们封住了"[①]。

四 边区政府的财政管理体制

抗日战争根据地时期,财政管理体制最初来自国民政府对八路军抗日军费的拨款和社会捐助,总体属于集权体制,随后根据战争的推进和形势的变化,形成了对财政集权与分权程度的不断调整。具体有:

(一) 统一领导,分散经营

1941年,在皖南事变发生后,国民政府的军费拨款中断,边区政府的财政开始由努力争取外援的半自给模式,转向完全自给的模式,确立了"独立自主,统一领导,分散经营"的原则,陕甘宁边区政府及下辖的县乡两级政府都认真贯彻执行了这一原则,并取得巨大成绩。

(二) 统筹统支为主,生产自给为辅

分散经营在带来一定积极性的同时,也给财政管理带来了一些混乱现象。因此,1942年陕甘宁边区财政工作方针又改为"统筹统支为主,生产自给为辅",即保证粮食、草料、被服、食盐、纸张等

---

① 《毛泽东选集》第三卷,人民出版社1991年版,第896页。

项实物，由边区政府统筹供给，以减轻机关部队、学校生产自给的任务，减少各自为政和苦乐不均的现象，同时继续支持部队、机关、学校的生产自给，以弥补财政经费的不足。1941 年和 1942 年，部队、机关、学校开垦了几万亩荒地，增产了大量粮食，开办了许多工厂、商店和运输队，不但解决了 3 亿多元的供给，还积累了 1 亿元以上的资金。毛泽东同志指出，"在目前条件下，发展生产的中心关节是组织劳动力。每一根据地，组织几万党政军的劳动力和几十万人民的劳动力……以从事生产，即在现时战争情况下，都是可能的和完全必要的。"①

（三）统一领导，分区统筹

1943 年，为了贯彻毛泽东同志在 1942 年冬提出的"发展经济，保障供给"的财经工作总方针，并为了改进统筹统支过于集中的缺点，陕甘宁边区财政工作实行"统一领导、分区统筹"的方针。这一方针要求，政策、标准、制度由边区统一制定、统一执行，在统一的政策、标准、制度下，以分区为单位进行统筹，边区政府根据分区脱产人员的多少、生产基础的强弱及地方税收的多少，分别给予一定补助（或不予补助），包干给各分区统筹供给。

1943 年年初，为了统一领导陕甘宁边区和晋绥边区财经工作，成立西北财经办事处。两个抗日根据地协同步调、相互支援，取得了财政经济建设的重大胜利。这一年，边区不仅群众生产有很大发展，部队、机关、学校的生产也取得了重大成果，仅粮食一项就上交 86000 多石，这一年成为边区财政抗日战争时期生产产出最大、日子最好过的一年。年底召开的边区劳动英雄大会，根据这一大好形势，提出了争取实现"耕三余一"的号召，边区财政情况开始好转。

五　边区财政的平衡管理

随着抗日战争形势的发展，财政的收入和支出的变动性较大，

---

① 毛泽东：《开展根据地的减租生产和拥政爱民运动》，《毛泽东选集》第三卷，人民出版社 1991 年版，第 912 页。

解决财政困难的根本途径是发展生产，厉行节约。但有时候需要做适时适度的调整，量出为入与量入为出相结合，正确处理需要与可能的关系，但有时会缓不济急，需要安排相关的债务机制，弥补缺口，保障供应，满足支出需要。

（一）量出为入与量入为出的结合与协调

1941年，受到国民党政权的封锁等影响，陕甘宁边区的一切外援基本断绝，边区财政转为基本依靠自己力量实现自给之后，为了抗战和边区建设，除了发展公营经济以外，还必须做好边区的税收工作。这时，边区的财政收支组织原则就相应地从量入为出转变为以量出为入为主、量入为出为辅。在开始转变的时候，由于过多地考虑量出为入，陕甘宁边区征收公粮超过20万石，影响了人民的生产情绪，导致移民减少，开荒减少。高干会以后，才根据"公私兼顾，共同发展"的方针，正确地执行了量出为入与量入为出相结合的原则，适当减征了公粮，生产也恢复了起来。

（二）加强公债管理，弥补平衡缺口

抗日战争时期，陕甘宁边区政府为壮大抗战的财力，发展生产而发行建设公债。该项公债于1941年首次发行，发行总额为500万元。债券票面分5元、10元、50元三种，年息7.5厘，规定从1942年起分10年全部偿清本息。后由于边区经济建设发展较快，财力日渐充裕，于1944年7月便全部偿付本息。该举措树立了边区政府信誉，维护了债权人利益，保障了重大项目的有效进行，巩固了财政经济基础，坚守了财经纪律。

第三节 主要敌后根据地的开辟与财政工作

随着抗日战争形势的不断发展，中国共产党领导的敌后抗日根据地不断发展壮大，越来越多的沦陷区的人民加入敌后抗日根据地的建设中，并推动敌后战场成为抗日战争的主战场。随着中国共产党领导的敌后抗日根据地政权的不断建立，财政制度和财经建设也取得了重大进展，总体形成以华北、华中、晋冀鲁豫、晋察冀、华南等根据地各具特色，又统一领导、统一方针的财政经济体系。

一　华中抗日根据地的财政制度建设

华中抗日根据地包括江苏、安徽、湖北的大部分，河南、浙江的一部分和湖南的一小部分，分苏北、苏中、苏南、淮北、淮南、皖江、鄂豫、浙东八个战略区，是敌后的主要抗日根据地之一。华中抗日根据地位于江淮之滨、汉水之侧，是我国富庶的地区，物产丰富，人口稠密，金融、贸易活跃，田赋和工商税收较多。中共中央华中局对各块根据地的财经工作，实行集中与分散相结合的领导，各根据地从实际情况出发，逐渐制定了各项财经制度和税收法规。本章以江苏抗日根据地作为主线，将华中抗日根据地的财政制度和经济建设融会其中。

（一）建立华中根据地工商业税制

财政的基本任务是保证抗战经费，实行合理负担，废除苛捐杂税，改善人民生活。为实现这一目标，华中抗日根据地建立了较为完善的税收制度，并对筹集收入、保障供应、支持抗日作战打下了坚实的物质基础。

1. 货物检查税（即进出口货物税）

货物检查税的征收原则主要包括以下四个方面：一是与敌人作经济斗争；二是与敌伪顽争夺税源；三是保卫根据地的工商业发展；四是改善人民生活。

货物检查税的免税入口与禁止出口的政策优惠范围是：一是直接的军用品及自给不足之物产暨足以影响民生之物产均应禁止出口；二是为我军事上或工业必需之用品（如五金、机器、电料等），又为敌人所禁止者应免税入口；三是为群众必需而又大量之物品（如粮食）应减征，或尽量免征税款。

货物检查税的税率标准相对复杂，但根据与老百姓生活和根据地生产的相关程度，相应地调低或降低税率。主要税率情况如表3-1所示：

表 3-1　　　　　　1942 年货物检查税的税率统计情况　　　　　单位：%

项目	最高税率	最低税率	属性
奢侈品	30	15	从价税
消耗品	15	10	从价税
日用品	10	5	从价税
农产品（允许出口类）	10	5	从价税
必需品	5	2	从价税
特种物品（不能利用的军用原料）	200	50	从价税

资料来源：1942 年《华中抗日根据地财政经济政策草案》。

此外，相关实施的税率除表 3-1 所列示的外，中共中央华中局还认为应该"注意某种税率高的物品，我们是否能够控制，如果不易控制的货品仍应该适当地减低（但不是严重地影响征收原则）以免造成大量的逃税"。

税收优先原则和避免重复征税。考虑到各抗日根据地内部的物资流通和保障的要求，应对货物检查税设定税收优先原则，并采取有效措施避免重复征税：一是在同一区域内（指一战略单位）应保证税不重征（即各货只征税一次）；二是各区如与其邻区在商业上有密切联系（如苏中与盐阜，淮北与淮南），其税率与办法应尽可能求其统一，万一有两种货物情形特殊，税率不能统一时，对其税率之差额应互不补税；三是各区间一般应互相承认其税票有效，但如有一两种商品（如盐），为该地区的主要税源，在不影响其税源的原则下，可适当地再征税一次，但必须在技术上尽可能减少因重征所引起的坏影响。

货物检查税漏税的处理方案本着惩戒和教育并举的原则，主要有：一是处罚漏税商人是为了能教育商人下次不再漏税，并不是为了多收罚金，因此惩罚漏税的主要目的是教育，收取罚款只是辅助的；二是偷税的罚金最高不超过其应纳税款的 20 倍，最低按 1 倍处罚，但罚款总数不能超过其总货值的 60%；三是禁运资敌物品的处罚，应取消没收政策，其处罚可相应加重一些，但主要仍应以教育为目的。

2. 田赋（以农村土地为基础的直接税）

田赋在华中抗日根据地建立前是国民政府和汪伪政权普遍征收的税种，华中抗日根据地承袭了这一税种，并按照农村土地的所有权优化了征税对象和税负水平，成为华中抗日根据地的重要财政收入来源。

第一，课税对象是农村土地所有者，主要指登记在册，且权利明确的耕地。

第二，税率标准是按照土地每年总收获量作为税基，将税率设定为1%—2%，税率水平较低。

第三，田赋的征收原则是由各根据地按照其需要情形与客观环境及主观力量，按照百分率征收实物或货币，如游击区改革困难，仍可暂时维持原有办法。

第四，田赋设置了累进率，并且明确，如果各地有条件征收累进税，最高适用税率可以累进到5%。

第五，对属于封建残余的征收方法应予以废除，如征收办法应废除册书，以乡为单位，由政府直接进行征收。

除上述主要税种外，华中抗日根据地还有契税（财产交易税）、屠宰税（屠宰营业税）、普通营业税（间接税）、牙税（佣金营业税）、烟酒牌照税（行为税）、烟酒印花税（交易行为税）等。

(二) 华中抗日根据地的财政支出管理

华中局对财政支出的管理主要是做好经费保障和厉行节约两项工作。具体内容如下：

1. 经费的保障和支配

第一，为了保证部队的给养，各个根据地一般的办事费与行政费（包括文教、社会事业等）的比例应该是7∶3。

第二，各根据地的行政、文教、财务、建设、卫生及社会事业等收费，应按照其实际情况作一般的百分比规定，以免事业的偏废。

第三，各根据地对相关经费开支标准，应有具体和明确的规定，且应合乎实际并满足工作需要。

2. 节约与反对浪费

第一，为了响应中央精兵简政和积蓄力量、准备反攻的号召，华中局要求在财政上不但应该做到不虚耗一文公帑,并且要做到一个钱都不浪费。

第二,严格执行预决算制度。

第三,各根据地应进行节约教育,使节约运动形成态势,养成习惯。

第四,根据地的干部尤其是党员干部应成为节约的模范。

第五,各根据地应具体规定节约的办法。

第六,各根据地应坚决与贪污浪费作斗争,并应规定严格的经济纪律。

(三)财政机构与关系框架

第一,各根据地在区级军政党委员会下组织财政经济委员会负掌握政策及决定分配各项经费暨其他有关财政重要事件之责任,并指导该区财经处工作。

第二,各根据地在区行政公署设财经处负领导全区财经工作之责。

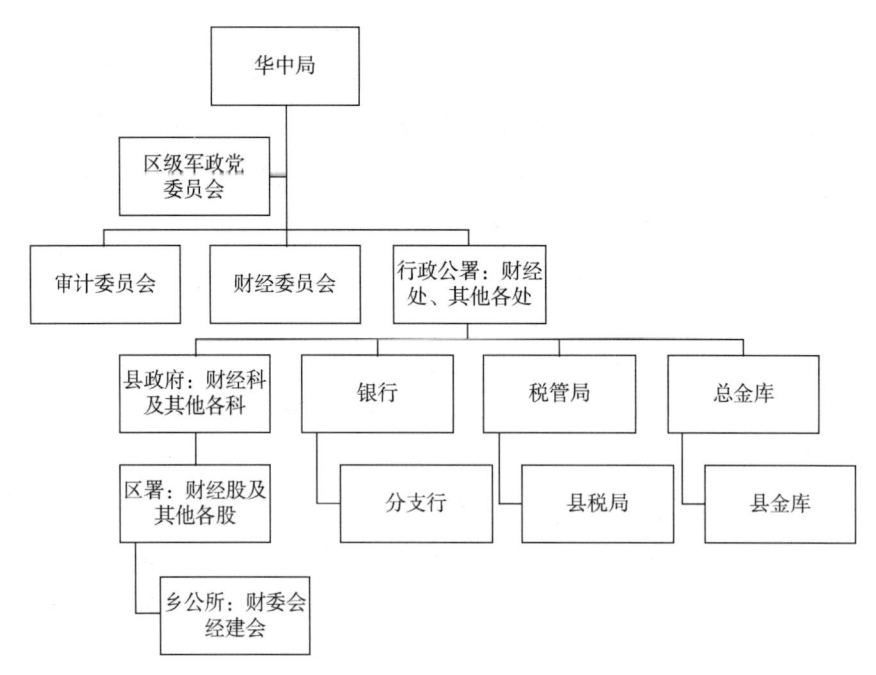

图 3-1 华中抗日根据地财政制度和组织体系

二 晋冀鲁豫抗日根据地的财政制度建设

晋冀鲁豫抗日根据地包括太行、太岳、冀鲁豫、冀南四个区，主要包括位于同蒲路以东，津浦路以西，陇海路以北，正太、石德路以南的广大地区。根据地拥有县城105座，面积60万平方千米，人口2550万。晋冀鲁豫抗日根据地始建于1938年5月，八路军一二九师主力进入冀南并建立冀南抗日根据地。同年8月20日，宣布成立中共晋冀鲁豫中央局（归属中共中央北方局领导）和晋冀鲁豫军区，驻河北省涉县，后迁至邯郸市。

中共中央北方局在1940年4月做出了"关于建政问题的结论"。对财政经济工作做出了"统筹统支，严格预决算制度""合理负担累进税""建立检查制度"等一系列安排。晋冀鲁豫抗日根据地的财经工作进入制度化、规范化和统一化的发展阶段。相较于其他抗日根据地，晋冀鲁豫抗日根据地的财政建设与发展的主要亮点在财源建设和财政管理体制上。

（一）经济发展与财源建设

北方局对晋冀鲁豫抗日根据地经济建设的指示是"一切做到自给自足"，从而为根据地的供应保障、财政稳定和人民生活提供坚实的基础。晋冀鲁豫根据地按照北方局的指示，提出"达到自给自足最基本办法，就是增加各方面的生产"的要求，并提出在农业、工业和贸易三个方面的重点发展。

1. 增加农业生产

晋冀鲁豫根据地对增加农业生产的措施主要包括：

第一，消灭熟荒，开垦生荒，规定垦荒应享权利，如五年不定粮、不送租，保持永佃权，保障租粮不过一定百分数等。

第二，提倡和奖励农业副业生产，包括猪、羊、牛、鸡、蔬菜、棉、麻、造林，按照具体情形，定出具体要求和增加的数字。

第三，对于熟地须具体规定增加生产量及增加生产办法，如解决肥料、改良种子、深耕、多锄、增加水田等办法。

第四，如欲使生产品增加达到具体要求，必须有深入的政治动员工作，使广大人民了解增加生产的意义，提高男妇老少的生产热忱，尤其需要有具体的分工与精密的组织工作，同时事先必须有充分的具体准备。

2. 发展工业生产

第一，有计划地集中领导，并对工业分散建设。

第二，敌后是艰苦斗争的环境，发展工业，必须军政民互相帮助，要坚持"帮助别人，就是帮助自己"的理念。

第三，工业生产的技术工具要适合环境，工厂应考虑到原料供给的能力和条件。

第四，改良手工业工具，形成良好的工具和技术保障，是目前增加工业生产的重要工作之一。

3. 正确的贸易政策

彭德怀同志指出，"贸易是今天我们所处的社会分配商品的必要手段，敌后贸易政策是与敌封锁及其'以战养战'计划作斗争的重要武器"①。要打破敌人封锁，破坏敌人的"以战养战"的计划和发展抗日根据地的经济，没有正确的贸易政策是不可能完成的。

第一，对外贸易统制。主要包括：一是我根据地内之出口品，必须有计划地收集，向外输出，换回抗日根据地之必需品，商人运货出口，亦须换回根据地之必需品；二是破坏敌人操纵农业品，原料出口由根据地统制，使敌人经济势力无法侵入。

第二，对内贸易自由。北方局明确表示，抗日根据地内部准许自由贸易，但是不能贩卖毒品及其他违禁物品。一切限制排斥"自由营业"的做法，都是错误的；幻想以"官办营业"代替"自由营业"，必然要造成自己封锁自己的后果，这是因为根本不了解自由贸易是现在社会生产方式下必然存在的分配商品的手段。此外，北方局还表示，要组织商业联合会，从而平抑物价，贸易局、合作社均可参加。

---

① 彭德怀：《财政经济政策》，载《在北方局党的高级干部会议上的报告提纲》，1940年9月25日。

4. 生产技术奖励办法

为推进抗日根据地的生产技术改良和促进发明，晋冀鲁豫抗日根据地制定了生产技术奖励办法。具体奖励范围包括：一是对工农业生产工具或方法有所改良与发明者；二是以本根据地之原料制成代替仇货及舶来品者；三是对各种日用必需品之制造有所发明与改良者；四是首次引用其他地区进步之工农业工具或方法者。

晋冀鲁豫抗日根据地根据生产技术的进步情况，凡符合第一、第二、第三条者，给予50元以上、2000元以下的奖金；对于第四条者，给予10元以上、200元以下的奖励。

对于有重大发明，且对根据地的贡献极大的情况，给予特别的奖励，由抗日根据地政府临时核定，确定奖励方法和标准。

5. 工业生产奖励办法

为发展抗日根据地的工业生产，晋冀鲁豫抗日根据地规定，凡投资于抗日根据地各种工业生产的资本均免征其资产负担，并对以下情况实施奖励：一是大量制造或开采军用品及原料者；二是制造输出货物者；三是使用土货原料制造代替仇货及舶来品者；四是从事制造经政府特别指定的日用必需品者；五是应用机器或改良手工业制造各种工具及日用品者；六是其他开办各种工厂作坊及各种流动手工业者。

具体的奖励办法包括：第一，享受政府提供的低利率贷款；第二，减免其原料进口税与成品出口税；第三，公营贸易机关帮助运销成品及采购原料；第四，给予奖励金或补助金；第五，颁发奖状。

（二）优化财政体制，奖励财政超收

在财政管理体制方面，抗日根据地的总体目标是保持财政体制的总体稳定，激励基层加强经济建设，争取规范超收，并实施适当奖励，形成类似于税收返还属性的制度安排。晋冀鲁豫抗日根据地出台了《关于超额完成财政任务的奖励办法》，指出"为多方开源，保证收入，更加发扬积极创造精神，特决定完成超过计划的奖励办法"，并要求"在正确执行政策法令制度的原则下"，除按期完成计划者，按照一般行政奖励办法（精神的物质的）奖励外，对超过计划收入安排者执行以下奖励安排：

第一，清理税收、司法收入、公营收入三项，不论年底或年中，均按照以下标准奖励：一是超过原有计划1%—10%的，按照超过的部分提取2%的奖励；二是超过10%—25%的，提取奖励3%；三是超过25%—50%的，提取奖励3.5%；四是超过50%以上的，提取奖励3.7%。此项奖金的最高额按照各部门原计划及全体干部人数比例规定如下：税收部门最高额为3万元，公营部门为2万元，司法部门为1万元，全年（累计）个人奖金最高额不超过200元。

在奖金的分配方面，应由该部门主管人员按各地区及干部个人情况与成绩，具体分配，不要搞平均主义。

第二，关于契税的奖励办法。抗日根据地政府对契税的奖励规定是：一是全区契税总数超过的，按照正常税收奖励的规定执行，相关提取比例也一致；二是如果不是全区，而是个别区域超过的，以行政办法进行奖励；三是在换契或检查契税时，可按工作需要，临时聘用人员进行帮助，由各县编制空额报销。

第三，关于公产的奖励办法。对于整理公产，抗日根据地要求可按各县具体情况聘请若干专人负责整理，每日生活费以两元为标准，由公产项下开支，并且要求"唯有此项开支，不得超过所整理公产之收入的二分之一"。对于各级机关单位的公共财产，须填写标准的财产登记表，并于规定期限（一般为每年的5月20日）以前填报，过期不报者，一经揭发，即以隐瞒贪污论处。

第四，关于田赋的奖励办法。田赋原计划于1942年5月由县组织临时征收，现在由军政各单位抽人突击征收，不得另行开支，事毕撤销。为了保证军费，各区政府如果能按照原计划实行的继续按原计划实行，如果不能实行的，采用尾欠办法或契税办法也可以，用上述办法来收取合理负担。为防止收税上的过度随意性，抗日根据地规定"本条不能无限援用，甚至对故意不完成今年任务拖到明年的恶劣意识必须防止"[①]。

---

① 《晋冀鲁豫边区政府关于超额完成财政任务的奖励办法》（财赋字第61号），http://handandangshi.com/index.php/wenxianziliao/2019/02-01/1295.html。

三 晋察冀抗日根据地的财政制度建设

1938年1月，晋察冀抗日根据地建立，并成立晋察冀边区行政委员会。起步阶段仅包括平汉路以西、同蒲路以东、正太路以北、平绥路以南的山区和半山区。到抗日战争结束时，已经发展成包括北岳、冀中、冀东、平北区108个县在内的抗日根据地，拥有80万平方千米，2500万人口的敌后重要战略基地。

在根据地的建设和抗日战争的保障上，彭真同志明确指出，"广大群众的财政动员和前线军事的进展有密切的关系，和军事同等的重要，这是人所共知的事实"[①]。本书根据晋察冀抗日根据地的财政经济发展情况，从财政政策发展历程的视角进行总结。

(一) 第一个阶段：动委会阶段

这是边区政府尚未完全成立，边区财政仍属于各自为政的阶段。这一时期的根据地财政政策总体来说是杂乱的，税收制度、税率水平均较随意。任何机关都可以要粮要草，都可以漫无标准地筹款或滥打汉奸，一切正常的开支都靠临时的合理负担——派款来解决。在根据地政府开支方面，也没有任何预决算制度，一般都是随筹随支、坐收坐支。在这样的财政制度下，个别的贪污和严重的浪费将会形成并影响根据地建设。主要表现是：公家虽筹款筹粮没有多少，却惹得天怒人怨，部分富户和地主逃往敌区，给根据地的建设和抗日民族统一战线的形成带来了不少影响。

但这一阶段也有其重要的成绩，主要表现为：废除了长期存在的苛捐杂税，并且依靠合理负担解决了当时军政民的抗日需要，从经济方面支持了当时的群众抗日高潮。较为常见的矛盾现象是：有不少地方的村公所天天支着大锅开公饭，在财政上导致了严重的浪费，但是吃了"大锅饭"的人们，又到处雷厉风行地去开展抗日动员工作，推动了抗日运动。

这个时期的经验证明：第一，漫无限制的、零碎的、频繁的、

---

① 彭真：《论晋察冀边区抗日根据地的政权》，《解放》1938年10月30日。

随征随用的办法,是最糟糕的办法,是使人民不胜其苦,而公家却收入无几的办法;第二,打汉奸不能列入财政计划,否则流弊影响极大,在操作上会成为变相的打土豪,极大地影响统一战线的稳定。

(二) 第二个阶段:初步建立的阶段

这个阶段的时间大致在1938年1月至1940年秋,边区政府成立,边区财政制度得以初步建立的阶段。其主要特点是:

第一,逐渐实行统筹统支,除政府外,一切机关均停止了直接的筹款。部队经费粮食概由政府统筹统发,县区以上各级政府由边区政府统筹统支。群众团体开支,则基本上依靠会员的会费。

实事求是地说,这个时候的统筹统支还不够彻底,县区政府仍可酌派一部分地方款,村财政尚不在统一之列。

第二,停止了县合理负担,开始试行村合理负担,并依照合理负担的原则,征收救国公粮。

第三,一方面废除苛捐杂税,另一方面仍保持旧税中部分比较合理的税收,如田赋。田赋具有明显的不足:税率不是按土地的生产量来厘定,没有免征点,也没有累进,没有正确的地亩(钱粮)册子,征收的时候"黑地""空粮"现象较多,导致负担的极不均衡。但在新的税制还未有效推行之前,田赋在旧税中,还算是比较合理而又可靠的财源。此外,根据地政府保留了烟酒税、烟酒牌照税和印花税等,但总体规模较小。

第四,新征收了出入口税。首先只对外货的入口征税,根据形势的发展,又征收了土产出境税,实际上是敌我区域之间的关税。

第五,1940年恢复了田、房的契税。

在这个时期中,关于公粮公草的征收和公债的募集是成功的,其他税收的管理总体是失败的,管理不严、收入较少,而且党员和机关工作者都不愿意做税收工作。

(三) 第三个阶段:统一累进税阶段

统一累进税阶段是从1941年起到抗日战争胜利。主要特点是:

第一,以粮秣款三种形式征收统一累进税。全年所需粮秣款一次征足,原则上每年只收一次统一累进税,此外任何机关不得再征粮、款、柴、草。

第二，统一累进税实行后，除调剂出入口贸易保护边区经济的出口税和带有财产登记性质的田房契税外，其他捐税一律废除，田赋也同时停征。

第三，主力及地方部队，区级以上政权主体一律由边区政府统收统支，县区政府不得再征地方款或任何附加，也不得通过罚款来弥补缺口。

第四，村级的政府开支，暂仍由村合理负担解决。但在工作中，须实行严格的预算决算制度，并准备逐渐走上村级财政也由边区政府统收统支的轨道。

第五，所有军队（主力与地主武装）及政府机关一律吃公粮，马发公草，经费由政府统发。

第六，村级党、政、民及一切武装工作人员，一律不脱离生产、不吃公粮、不领津贴、不受优待。但贫苦之村可按照"优待抗日军人家属条例"，给予优待。

第七，群众团体干部一律穿便衣，没有马匹，群众团体经费基本上靠会员缴纳会费。但对于群众干部学校训练班，对于武委会及工作尚在开辟的地区之群众团体，政府得酌量给予补助。

四 山东抗日根据地建设与财政工作

山东抗日根据地包括津浦路以东的山东大部地区和江苏、安徽、河南三省边界的部分地区，东濒黄海、渤海，西临津浦路与冀鲁豫区毗连，北迄天津与冀中、冀东两区相连，南至陇海路与华中的苏北区相连，是中国共产党在抗日战争时期领导的重要根据地之一。

山东抗日根据地的特点是先通过武装起义等方式，拥有了党直接领导的抗日武装，但没有根据地作为支撑和依托，因此在初期表现出明显的临时性征集给养的特征。随着抗战局势的变化，战争的残酷性与持久性日益明显，这种模式越来越显示出它的不足。1938年9月，苏鲁豫皖边区县委书记联席会提出，必须统一收入统一支出，建立统一的财政制度。山东抗日根据地财政工作的突出之处是统一财政收支工作、整理规范村镇财政和大力发展公营经济等。

(一) 统一财政收支工作

1939年年初，山东分局开始提出一些指导财政经济工作的意见，要求根据地建立统一的、有计划的供给制度，取消苛捐杂税和摊派制度，实行合理负担。1939年8月，山东分局决定实行统一的财产所得累进税制度。其基本原则是"钱多多出，钱少少出"。累进税率原则上按阶级规定，中农贫农不超过所得的5%，富农不超过10%，小地主不超过20%，中地主不超过30%，大地主不超过35%。

1940年8月，山东省委战时工作推进委员会（以下简称战工会）颁发的《山东省战时施政纲领》，提出了财政经济工作的施政内容。9月，山东省第一次行政会议把财政经济问题作为重要议题进行了研究，并把财经工作列为中心工作之一。提出要执行正规的财政经济政策，按公平负担办法，实行统一征收救国公粮，实行粮食支票制度，统一支付给养，节省粮食。实行统一财政收支，建立严格预决算制度，肃清贪污浪费。

1940年11月7日，战工会又做出《关于统一财政之决定》（以下简称《决定》），对统一山东财政工作做了一系列具体规定。《决定》指出，凡各项税收、田赋、官产、逆产、行政罚金、募捐等款项一律为国家收入，非经每个地区最高政权及财政负责人允许，概不得动用。至年底，又陆续颁发了有关财政经济工作的多项法规、条例，全省财政收支、赋税征收等，都有了明确规定与实施细则。

1942年5月30日，战工会下发一系列关于统一财政建设的文件，包括《关于统一村镇财政及人民负担的决定》《关于配合减租减息整理村镇财政工作的指示》《山东省经管收支款项统一处理办法》《关于罚款募捐及没收代管的决定》《关于税务问题的决议》等，对于统一财政收支和人民负担做出了具体规定。战工会确定，财政收入项目为田赋、税收、矿务税、契税、司法行政罚金、官产收入、公营企业盈余、杂项收入，其中田赋、税收为主要项目。同时取消苛捐杂税、零星税收40余种，在征收办法上废除了中间剥削。确定支出分为军费、行政费、群众团体补助费，并划分省款与地方款的界限。同时建立了预决算、会计、审计、金库、开支报销、解缴等制度。山东抗日根据地的财政经济政策进一步统一和规范。

(二) 整理规范村镇财政

抗战初期，由于对村镇财政工作重视不够，各地村镇财政收支紊乱，人民负担偏重，贪污浪费现象普遍存在。为了减轻人民负担，改善人民生活，巩固民主政权，保证战争需要，1942年5月30日，省战工会做出《关于统一村镇财政及人民负担的决定》，发出《关于配合减租减息整理村镇财政工作的指示》，要求对村镇财政进行整理。整理的办法，首先是把各村镇过去的财政收支情形、村镇长好坏程度及其在群众中的威信等做详细的调查统计，其次根据当地具体情况，斟酌轻重缓急，决定处理办法。一般以积弊最深、贪污最多、群众最痛恨者为主。在此基础上，发动群众进行清算工作。

1942年7月1日，山东分局也做出《关于整理村镇财政的决定》。在此前后，各根据地先后召开会议，研究整理村镇财政问题，并根据各地情况制定统一与整理村镇财政的具体办法。整理村镇财政工作在各地相继展开。到1943年9月，山东抗日根据地内有2200余村进行了财政整理。通过整理，各地发现大量的贪污、浪费问题，并分情况给予处理。对一般贪污村长，大都是令其吐出私吞款项，教其改过自新；对个别情节严重的，则给予严厉惩处。

(三) 大力发展公营经济

在山东根据地生产建设中，公营工厂是一支骨干力量。公营工厂最早主要是兵工厂，1942年后逐步扩大到染织、鞋袜、造纸、印刷、制皂、卷烟、文具等行业。随着公营工厂规模的扩大，经营管理和分配制度上的不完善也日益显露出来，经营管理上的机关化束缚了工厂的活力。所谓机关化，就是忽视工厂生产物质产品的特点，把工厂当作党政机关来办，或用管理部队的办法来管理工厂。结果，工厂中生产任务不突出，行政管理机构庞大，人浮于事，官僚主义严重，非生产人员多于生产人员，非生产活动多于生产劳动，劳动纪律松弛，生产效率低；生产缺乏计划，生产成本高，经济效益差；政治思想工作与经济工作脱节，收效不大。在分配制度方面，供给制妨碍了工人生产积极性的提高。由于报酬不与劳动实绩挂钩，工人缺乏主人翁的责任感，对工厂的经营状况不够关心。

1943年秋，山东省工商局成立后，除兵工厂由山东军区领导外，其余公营工厂均划归工商局统一领导。在大生产运动的推动下，省政委会工商管理处认真总结过去办厂经验，以实行企业化管理和打破平均主义的分配制度为中心，对公营工厂实行了大胆改革。对企业管理方面，基本要求是，主要用经济手段代替行政手段来管理工厂，使每个工厂都成为拥有固定资金的经济实体，自负盈亏，提高经济效益。

在分配制度方面，1943年秋，有的工厂开始实行工资制，一般为计时工资，供给制仍部分保留，工人按其技术水平的高低确定等级。这一改革突破了传统的供给制，刺激了工人的生产积极性。缺点是工人的积极性往往局限于完成上级规定的生产指标，因为超定额部分得不到应有的报酬。有的工厂在实行计时工资的基础上又前进一步，试行计件工资制，体现多劳多得、按劳取酬的原则，对鼓励工人努力增产起了很大作用。缺点是工人只注意提高个人生产技术，只追求个人超额完成生产任务，但对整个工厂如何改善经营管理和提高经济效益仍不甚关心。1944年4月17日，山东分局提出公私两利的原则。按照这一原则，部分工厂开始实行供给制、工资制和分红制相结合的混合型分配制度，使公营工厂管理制度得到进一步完善。

通过经营管理改革，调动了工人的积极性和创造性，提高了生产效率，从而促进公营企业的蓬勃发展。到抗战胜利前夕，根据地共有工厂88处，资金3000万元，工人3000余名。随着公营企业的发展，产品质量明显提高，花色品种不断增加，活跃了根据地市场，增强了与外来商品的竞争力，保障了根据地财政持续稳定增长。

五 其他抗日根据地的建设与财政工作

除上述主要敌后抗日根据地外，中国共产党还在东北、山东、琼崖、东江、晋绥等地区建立了政权体系完善、根据地核心区域稳定、财经政策体系完整、社会治理有效的抗日根据地和相应的边区政府。由于上述根据地在财政制度建设和财政管理规定方面与陕甘宁边区和华中、晋冀鲁豫、晋察冀等敌后抗日根据地具有较高的一致性，本处仅对上述根据地财政制度和财政管理规定中的特殊背景和特定做法进行介绍和总结，共同的财政政策措施和安排就不再赘述。

（一）东北抗日根据地财经工作

1937年进入全民族抗战之后，东北抗日根据地的环境日益复杂和艰难，部分东北抗日联军退守苏联一侧，抗日根据地的范围和人口明显减少。但即使在最困难的时期，东北抗日根据地仍在推进财经制度和规则建设，努力保持根据地经济社会的有序发展。从这一时期中国共产党对财经工作领导的要点来看，主要包括争取援助、负担合理和城市贸易三个方面。

第一，争取援助主要是争取苏联的经济和军事援助。1939年9月，北满省委常委冯仲云同志向苏联方面提出，要求"提供武器援助"，苏联方向同意了这一要求，表示"赵尚志率队回国时所携带的步兵武器全都是日本的最新武器，今后会继续这样做"。1942年7月22日苏联远东总司令阿帕纳先科接见周保中、李兆麟，委任二者分任教导旅旅长、政委，授予苏军正式番号。这一安排成为重要的供应保障的方式，教导旅的军需财务、武器供应都将正式列入苏军的预算之中，军官和士兵都享受与苏军同等的待遇，如授予军衔、发薪金等。

第二，负担合理主要是战斗人员与根据地经济之间承载匹配合理。东北抗日联军自苏联返回国内的游击队在赵尚志的领导下，在攻打了日满的乌拉嘎金矿后，根据战争的形势和根据地的承载能力情况，决定分兵三路，分别在不同的区域坚持游击作战。

第三，利用日满工业化、城市化的有利时机，积极开展与城市地区的贸易，获得物资积累。东北抗日根据地范围变动频繁，对粮食等农产品的生产不宜得到有效的保障，更多的是通过狩猎产品、山林珍品等与城镇进行贸易,并换取活动经费和物资保障。这一策略与东北地区游击战的目标设计是统一的,战时财政依托贸易交易来获取基础保障,成为东北抗日根据地财政的重要特点。

(二) 晋绥抗日根据地财经工作

从财政制度的建设看,晋绥抗日根据地的资产管理工作是较具特色的,特别是其财政预决算制度,对根据地的财政管理和保障供给发挥了重要的作用。

1940年3月,晋绥抗日根据地颁布了《编制支出预算章程》,开始建立预决算制度。《章程》中对于支付预算科目的细则、支付预决算书的编制、支付预决算的单位机关、支付预决算的日期以及注意事项等都有详细的要求。

为了进一步推动根据地财政工作的发展,根据地政府召开了第一次晋西北临时参议会,再次强调了财政预决算制度的重要性,并颁布了《晋西北三十二年度概算的决议》,进一步完善了根据地的财政预决算制度。决议中再次强调了收支平衡、统收统支的重要性,还强调了精兵简政、厉行节约、禁止贪污浪费的主要思想。为了更好地在财政管理上体现这一精神,行署又颁布了《军政民预决算制度规定》以及《军政民1944年度经费粮秣开支规定》,对于预决算书的科目、种类、表式、编造程序、报送日期及注意事项做出了细致规定。

1945年,晋绥抗日根据地颁布了《关于1945年度财政预算的决定》,在此基础上更加清晰地概括出了八项方针,包括:"首长负责,确定预算,生产自给,民办公助,公私分明,具体分配,精兵简政,厉行节约"。这八项政策的制定不仅包含执行财政预决算制度的具体要求,也包括对于财政预决算执行过程的整体要求,可以说是结合根据地近几年开展财政预决算制度的经验教训所总结出来的,对今后财政预决算制度的执行起到了一定的指导作用。

(三) 东江抗日根据地的财经工作

东江抗日根据地的发展始终得到群众的慷慨解囊及爱国团体的资助,还通过截击夺取日、伪军的物资,偷袭敌人仓库的军用物资,没收汉奸、反动地主的财产等手段取得经济收入。在根据地的财政制度建设和财经工作的发展上，东江抗日根据地着力推进建立税站、发展地方经济两个方面的工作。具体包括：

1. 建立税站

建立税站的目的是以正常的税收保证供给。东江抗日根据地在宝安布吉的上下坪会议上，确定了深入敌后打击日寇，回击国民党反动派，建立巩固的抗日根据地的方针，决定以设立游击区税站的方式解决部队的经济来源问题，首批税站设在梅林坳、水径和白芒三个地方。东江游击区毗邻香港，内地群众进出香港，此三地为必经之路，贸易极为频繁。而这些区域土匪出没，商旅安全普遍受威胁，税站就以护路的形式，打着"抗日经费自由捐助"的旗子，向进出香港办货的商人征税。因为税站的保护，过往的商旅可免除匪患的灾难，又可表现爱国心，都乐意捐助，"大商旅有的一次给二三十元，小的商旅也给一二元，每天进出有上千人次，税收收入千元以上"。后来由自愿捐改为论担收钱，以货定税，税站也由流动收税转为相对固定地收税。1942 年"广东人民抗日游击总队"下属的四个地方大队都在各自的活动范围内建立起税站，并派短枪队协助税站执行各项税收任务。

1943 年 12 月，东江纵队成立后，对税务机构作了调整，税收制度上也作了完善。抗日战争胜利前夕，东江抗日根据地共设有路西、路东和惠东三个税务总站和一支海上收税队，各税总站都设有支站、分站的下属机构，拥有二三百人以上的税收队伍，在抗日根据地各市场和交通要道、边沿地区等处负责税收工作。财政税收政策施行后，部队再没有遇到经济上的干扰，能全力以赴地投入轰轰烈烈的抗日事业中。

2. 发展地方经济

游击区财政经济工作的总方针是"发展经济、保障供给"，在兼顾公私、兼顾军民的前提下，提出减少人民负担 10% 的口号，努力救济贫困，发展与人民生活有关的行业。1944 年，抗日民主政权"集中了 200 余万资金，组织生产救济会，救济贫困农民、失业小商人，优待抗属"。发展经济方面以农业为主，生产上积极开荒，扩大耕地，修兴水利，改良农作法，并发展农村副业；手工业方面，鼓励增加日用品的生产与从业人数，发展小规模的工业生产与商业流动，实行自由贸易，反对垄断统制，发展人民的合作事业；金融方面，发行生产建设公债和军用券，促进流通。《东江纵队政治部对于建设惠东宝路东区的施政纲领》提出为巩固与发展东江解放区，坚持敌后抗战，废除过去一切对人民不平等的待遇，彻底贯彻中共中央的土地政策，积极进行生产建设，发展农业、手工业、运输业、盐业、渔业，推进合作社生产经营方式发展，奖励正当贸易之自由，调剂粮食和物价，切实贯彻抗日经费合理负担的原则。

（四）琼崖抗日根据地的财经工作

琼崖抗战初期，经济主要依靠独立队每月8000元的军饷、向地主富商预借粮款、发动华侨和人民群众募捐、打击并没收汉奸反动派、游击缴获日伪军补给等方式支撑。1939年冬，成立了琼文经济委员会，意图从根本上解决战争经济供给的问题。琼文经委会开始征税时，主要征收来往于北冲溪（南渡江）的商船货物税。这一时期，"琼山县三民乡征收集市屠宰税、米税"；"文昌县征收屠宰税、糖税、水产品税、盐税、临商税等"；"昌江县在港门、墩头、昌化港征收盐田税、屠宰税、渔船税、商行税等"。从此，中共领导的琼崖税收工作开始恢复起来。

"美合事变"后，为了克服独立队军饷由逐步被削减到停发而引起的经济困难，1941年春，琼崖特委决定成立琼崖税务局，同时，琼山、文昌、琼东、万宁四个县也相应成立税务局；定安、昌江两县成立稽征处；儋临办事处成立财政科，开展税收工作。各县税务局都配有驳壳班或短枪队，以配合征收员收税和开展缉没走私工作。琼崖税务局成立后，张贴布告，公布税收条例，开展税收宣传，号召商人自觉按规定缴纳捐税，并加强琼山、文昌、琼东、万宁、定安等县的税收及打击没收工作。"各县税务局征收的税款，实行三七分成，即三成留在县内使用，七成上缴琼崖特委和独立总队。"各县税务局由琼崖税务局领导，征税收据和印花票证由琼崖税务局统一版式印制，发给各县税务局进行征收时使用。

为了适应形势发展的需要，琼崖特委根据中共中央关于"征收各种捐税"的指示和"抗日救国十大纲领"的精神，在1941年2月15日召开的琼崖特委第三次执委会上，对财政税收政策作了修订，并做出几项决定：第一，保障贸易自由，不损害商人利益，禁止米粮出口；第二，奖励生产，发展手工业（如文昌琼山）；第三，组织生产消费合作社（对有政权的地区展开）；第四，凡是一切公民须有纳税义务，纳税人不要完全放在资本家和地主身上；第五，改善人民生活，尽量减轻人民负担，实行二五减租，统一累进税，禁止没收地主土地；第六，坚决没收汉奸财产，作为抗日经费；第七，在抗日过程中，私人财产放弃荒芜的归政府管理；第八，统一税收；第九，宣布优待抗日军人家属及救济难民。

1940年11月以后，在文昌、琼山、琼东、乐万、昌江、澄迈、儋临等县先后成立了县或联县（办事处）抗日民主政府。1941年11月10日，琼崖东北区抗日民主政府成立。这是全海南由中共琼崖特委领导的最高级别抗日民主政权机关。1942年10月，《琼崖东北区民主政府抗战时期施政纲领》被琼崖东北区抗日民主政府颁布，其中第二十四条规定，在琼崖抗日根据地内"实行统一累进税，废除苛捐杂税，减租减息，实行合理负担"。延续了此前琼崖第三次执委会上关于经济政策的决定，据此精神，随后修订并颁布了《税收条例》，规定，一切公民都有纳税的义务，凡是有生产和经营收入的工人、农民、地主、资本家均按累进原则合理缴纳国家赋税，实行合理负担政策。

第四节 抗日战争时期的财政政策探索

中国共产党在领导抗日战争取得重大胜利，抗日根据地的政权建设和财政制度建设取得重大发展的同时，在财政经济理论的积累、创新和创造性应用上取得了一系列重大成果。

一 毛泽东《抗日时期的经济问题和财政问题》中的财政思想

在抗日根据地时期，中国共产党在坚持敌后抗战的同时，抗日根据地的财政经济发展和民主政治建设都取得了重大成绩。毛泽东同志于1942年12月在陕甘宁边区高级干部会议上作了《经济问题与财政问题》的报告，并将第一章独立发表为《抗日时期的经济问题和财政问题》（以下简称《报告》）。《报告》认为1941年和1942年是抗日战争期间根据地最困难的时期，由于日本侵略军的野蛮进攻和国民党的包围封锁，根据地的财政发生了极大的困难。《报告》指出党必须努力领导人民发展农业生产和其他生产事业，并号召根据地的机关、学校、部队尽可能地实行生产自给，以便克服财政和经济的困难。

毛泽东的《报告》，以及《开展根据地的减租、生产和拥政爱民运动》《组织起来》等文，就是当时中国共产党领导抗日根据地生产运动的基本纲领。《报告》所总结的主要财政思想内容如下：

第一，发展经济，保障供给，是我们的经济工作和财政工作的总方针。这一方针搞清楚了经济发展和政府财政的关系，政府财政是国民经济的一部分，经济规模越大，财政收入才会越多，对抗日战争和根据地建设的保障才会越强。相反，如果只重视财政，而忽视了经济发展，其结果只能使财政收入越来越少，经济产出越来越少。毛泽东同志一针见血地指出，"未有经济无基础而可以解决财政困难的，未有经济不发展而可以使财政充裕的"，"财政困难，只有从切切实实的有效的经济发展上才能解决"。并且明确了财政与经济的辩证关系，即"财政政策的好坏固然足以影响经济，但是决定财政的却是经济"①。

第二，自己动手，自给自足。这一原则是我们应对困难、艰苦奋斗的实践总结。在1940年和1941年最困难的阶段，根据地和人民军队"曾经弄到几乎没有衣穿，没有油吃，没有纸，没有菜，战

---

① 《毛泽东著作选读》（下册），人民出版社1986年版，第558页。

士没有鞋袜，工作人员在冬天没有被盖"。我们渡过困难的方法就是自己动手，自给自足。边区政府和根据地武装队伍下决心自己动手，建立了自己的公营经济。边区政府办了许多的自给工业；军队进行了大规模的生产运动，发展了以自给为目标的农工商业；几万机关学校人员，也发展了同样的自给经济。虽然我们用这些办法战胜了困难，但毛泽东同志也做了深入的反思，指出，"军队和机关学校所发展的这种自给经济是目前这种特殊条件下的特殊产物，它在其他历史条件下是不合理的和不可理解的，但在目前却是完全合理并且完全必要的"①。

第三，立足实际，脚踏实地。这一要求指出，发展是正确的，但发展讲求方式方法，讲求路线模式，脱离实际地谈发展，其结果不仅会导致目标的落空，还会导致经济基础的损害。毛泽东同志指出，"发展不是冒险的无根据的发展"②。有些同志不顾此时此地的具体条件，空嚷发展，例如要求建设重工业，提出大盐业计划、大军工计划等，这在当时都是不切实际的，不能采用的。党的路线是正确的发展路线，这个路线需要做好财政经济工作中"两条战线上的斗争"：一方面要反对陈旧的保守的观点，另一方面又要反对空洞的不切实际的大计划。

第四，取之于民，用之于民。这一模式强调政府财政与民生发展的统一性。没有财政提供的抗战和根据地建设的保障，老百姓无法获得安居乐业的生活，因此，"为了抗日和建国的需要，人民是应该负担的，人民很知道这种必要性"③。甚至在公家极端困难时，要人民多负担一点，也是必要的。有些同志不顾战争的需要，单纯地强调政府应施"仁政"，以少负担甚至无负担为施政的目标，这将导致抗日战争的供给保障不足，最终损害国家和人民的根本利益，是错误的观点。毛泽东同志指出，"我们一方面取之于民，一方面就要

---

① 《毛泽东著作选读》（下册），人民出版社1986年版，第558页。
② 《毛泽东著作选读》（下册），人民出版社1986年版，第559页。
③ 《毛泽东著作选读》（下册），人民出版社1986年版，第559页。

使人民经济有所增长,有所补充"①。对人民的农业、畜牧业、手工业、盐业和商业,采取帮助其发展的适当步骤和办法,使人民有所失同时又有所得,并且使所得大于所失,才能支持长期的抗日战争。当然,不顾人民困难,只顾政府和军队的需要,竭泽而渔,诛求无已,更是错误的观点。

第五,精兵简政,务求实效。毛泽东同志指出,这一次精兵简政,必须是严格的、彻底的、普遍的,而不是敷衍的、不痛不痒的、局部的。在这次精兵简政中,必须达到精简、统一、效能、节约和反对官僚主义五项目的。这五项,对于我们的经济工作和财政工作,关系极大。精简之后,减少了消费性的支出,增加了生产的收入,不但直接给予财政以好影响,而且可以减少人民的负担,影响人民的经济。经济和财政工作机构中的不统一、闹独立性、各自为政等恶劣现象,必须克服,从而建立统一的、指挥如意的、使政策和制度能贯彻到底的工作系统。这种统一的系统建立后,工作效能就可以增加。节约是一切工作机关都要注意的,经济和财政工作机关尤其要注意。此外,从事经济和财政业务的工作人员,还必须务求工作实效,克服存在着的有些还是很严重的官僚主义,例如贪污现象,摆空架子,无益的"正规化",文牍主义,等等。

上述把毛泽东同志《报告》中的主要内容进行了摘录分析。在《报告》中,毛泽东着重地批判了那种离开发展经济而单纯在财政收支问题上打主意的错误思想,和那种不注重动员人民帮助人民发展生产渡过困难而只注重向人民要东西的错误作风,提出了党的"发展经济,保障供给"的正确方针。在这个方针之下发展起来的陕甘宁边区和敌后各抗日根据地的生产运动,取得了巨大的成绩,不但使根据地军民胜利地渡过了抗日战争的最困难时期,而且为中国共产党在后来对于经济建设工作的领导积累了丰富的经验。

---

① 《毛泽东选集》第三卷,人民出版社1991年版,第893页。

二 陈云《陕甘宁边区的财经问题》中的财政思想

《陕甘宁边区的财经问题》是1944年12月3日陈云同志（时任西北财经办事处副主任兼政治部主任）在陕甘宁边区参议会第二届第二次会议上的发言摘要。陈云同志从1941年以来就陕甘宁边区在军事上和经济上处于被封锁的环境出发，指出："为了克服困难，坚持抗战，党中央和西北局确定的边区财政经济工作的基本方针，就是'自力更生'四个大字"①。

陈云对自力更生的财政思想做了四个方面的阐发。第一，"自己动手，丰衣足食"，即以发展生产解决财政困难。边区的部队、工作人员和学生，大家动手生产，到1944年10月，已完成了10万石细粮的生产。部队、机关和学校，有些已做到部分自给，有些完全自给。某些部队，如三五九旅，不但完全自给，还向政府缴纳公粮。②从而大大减轻了人民的负担，有效保障战争的供给。

第二，工农并举，政府扶持。为推动国民经济发展，争取工业品自给，边区政府着力推进工农业的发展，实施政府扶持和发展激励，扩大产出规模，提升保障能力。边区政府的激励政策主要包括农贷政策、奖励移难民政策和变工政策等。农贷政策即农业贷款，为了发展农业生产，调剂农村金融，1943年3月陕甘宁边区政府公布了《农业贷款章程》。其中规定，农业贷款分为四类，即农业生产贷款、农村副业生产贷款、农业供销贷款和农田水利贷款，以农业生产贷款为主。贷款利率，长期以年利一分计算，短期以月利一厘计算。贷款一般以一年为限。奖励移难民政策指优待陕甘宁边区外来的难民、贫民以及边区地少人多区域的人民移入垦区从事开荒，发展农业。1943年3月，陕甘宁边区政府正式颁发了《陕甘宁边区优待移民难民垦荒条例》。其中规定："经移民难民自力开垦或雇人开垦之公荒，其土地所有权概归移民或难民，并由县政府发给登记

---

① 《陈云文选》第一卷，人民出版社1995年版，第282页。
② 参见《陈云文选》第一卷，人民出版社1995年版，第282页。

证，此项开垦之公荒三年免收公粮；经开垦之私荒，依照地权条例，三年免纳地租，三年后依照租佃条例办理，地主不得任意收回土地。"变工政策是陕甘宁边区农民相互间调剂劳动力的方法。有人工换人工，牛工换牛工，人工换牛工，等等。参加变工的农民，组成变工队，各以自己的劳动力或畜力，集体地轮流替本队各家耕种。结算时，一工抵一工，多出了人工或畜工的，由少出了的补给工钱。政策等的施行结果，1944年边区农民增产细粮十几万石，加上部队、机关和学校所生产的，共计20余万石；收获棉花300万斤，可织成150万匹布；由于积极发展公营、私营和合营的工业，边区生产了许多日用品，如纸烟、毛巾、袜子、火柴、生铁、肥皂、纸张、食盐、瓷器、化学产品等。[①] 这样就使得边区的经济地位有了根本性质的变化，大大增加了抗战的力量。

第三，管理进口，保护出口，发展内部贸易的政策。边区的内部贸易是完全自由的，对外贸易基本上也是自由的（只有在封锁环境下，为了保证食盐出口才实行统销）。边区政府领导下的贸易公司和盐业公司，是为了保护边区人民（特别是盐民和脚户）的利益，平定物价，调剂市场，购进必需品，抵制奢侈品，发展边区生产和贸易。

第四，发展合作社经济。边区人民通过合作社的方式，组织起来，发展生产、运输，开展内部贸易，兴办许多社会福利事业。合作政策是正确的，必须坚持下去。边区政府对于一切有利于发展边区经济的事业，不论是公营、私营，还是合营，都予以帮助，且对合作社特别予以减税的优待。

三 这一时期中国共产党领导下的财政思想和理论创新

除上述论及的两篇主要文章外，在这一时期，中国共产党还形成一系列重要的财政思想和理论创新。总体上包括以下六个方面：

[①] 参见《陈云文选》第一卷，人民出版社1995年版，第283页。

(一) 统一领导，分散经营的思想

大生产运动成就的取得，除了来源于贯彻毛泽东"自力更生"和"农业第一"的思想外，与财政体制的合理调整也有直接关系。"统一领导，分散经营"的原则，是大生产运动的体制保障，它既坚持了原则性，又兼具灵活性；可以有效地防止或减少各自为政、苦乐不均、乱收乱支和违法乱纪的现象，同时也调动了地方政府筹集资金的积极性。毛泽东说，由于是农村，人力物力都是分散的，我们的生产和供给就采取"统一领导，分散经营"的方针。

统一领导下的分散经营是保障供给行之有效的体制，它适应了根据地分散、经济基础薄弱的农村需要。其核心是充分发动群众、组织群众、依靠群众，调动一切积极因素发展生产、克服困难。毛泽东指出，我们的第一个方面的工作并不是向人民要东西，而是给人民以东西。就目前陕甘宁边区的条件说来，就是组织人民、领导人民、帮助人民发展生产，增加他们的物质福利。为此，毛泽东在1945年给鄂豫皖边区领导人的信中写道："一切依靠最广大群众力量去解决问题，放手将能够解决问题的责任交给各分区，交给广大群众。你们上面领导同志只总其大纲，给予号召、指导、检查和调剂，实行集中领导、分散经营的原则。切不可将一切重担都由上面负起来，致使下面都望着你们要吃、要穿、要办法，你们虽忙甚急甚，也不能尽如人意。"[①] "统一领导，分散经营"的原则，已被证明是我们解放区在目前条件下组织一切经济生活的正确的原则。

(二) 合理负担，休养民力的思想

从革命的目的和长期性出发，必须爱惜民力、休养民力，为此在财政上就要实行合理负担。抗战初期，毛泽东在与英国记者贝特兰的谈话中指出："政府的财政应放在合理负担即有钱出钱的原则上。"[②] 他说，人民生活的改良是必要的，改良办法包括废除苛捐杂税等。不顾人民的困难，只顾政府和军队的需要，竭泽而渔，诛求

---

① 《毛泽东文集》第三卷，人民出版社1996年版，第281页。
② 《毛泽东选集》第二卷，人民出版社1991年版，第376页。

无已,这是国民党的思想,我们绝不能承袭。他指出,一切空话都是无用的,必须给人民以看得见的物质福利。虽在困难时期,我们仍要注意赋税的限度,使负担虽重而民不伤。而一经有了办法,就要减轻人民负担,借以休养民力。如果取之于民太多,则人民负担不起。同时,毛泽东还提出稳定农民负担的问题,稳定负担实际是减轻税负。他指出,在公粮以外的一切增产概归农民,使农民好放手发展自己的生产,改善自己的生活,丰衣足食,即增产不增税。

（三）税负公平,量能负担的思想

农业税是抗日根据地财政的主要收入。抗日根据地的税收充分体现了量入为出和量出为入相结合的原则,在保证抗战需要的前提下,尽量减轻人民负担。毛泽东在1940年12月25日为中共中央写的党内指示中指出:"关于税收政策。必须按收入多少规定纳税多少。一切有收入的人民,除对最贫苦者应该规定免征外,百分之八十以上的居民,不论工人农民,均须负担国家赋税,不应该将税收完全放在地主资本家身上。"① 这说明,在存在阶级的条件下,各阶级的负担也要合理,同时这也是中国共产党统一战线政策在财税政策中的体现。

（四）取消苛捐杂税,实行统一的累进税的理论

统一累进税是根据地税制的一大改革,体现了"有钱出钱,钱多多出,钱少少出"的合理负担原则。由毛泽东起草的《陕甘宁边区施政纲领》规定:实行合理的税收制度,居民中除极贫困者应予以免税外,均须按照财产等第或所得多寡,实施程度不同的累进税制,使大多数人民均能负担抗日经费。这一规定是毛泽东税收思想的充分体现。中国共产党在抗战时期坚决贯彻执行这些政策,保证了根据地的财政收入,在一定程度上减轻了农民的负担。如陕甘宁边区征收公粮占粮食总产量的比重有逐年下降的趋势,1941年为13.61%,1942年为10.67%,1943年为11.25%,1944年为9.17%,

---

① 《毛泽东选集》第二卷,人民出版社1991年版,第767页。

1945年为7.8%。陕甘宁边区的实践,证明了农业统一累进税能够更好地贯彻合理负担的政策,更能促进农业生产的发展。

(五)厉行节约,反对贪污浪费的思想

厉行节约是抗日根据地解决财政困难的又一个法宝。毛泽东的厉行节约思想是中国革命的重要思想武器之一,其基本原则是:不急之务不举,不急之钱不用;急务急用则力求节约,合理安排,尽可能减少财政开支。在整个抗战时期,毛泽东始终把厉行节约,反对浪费作为一项工作的基本方针和原则。毛泽东指出:"节约是一切工作机关都要注意的,经济和财政工作机关尤其要注意。实行节约的结果,可以节省一大批不必要的和浪费性的支出。"[①] 应该使一切政府工作人员明白,贪污和浪费是极大的犯罪。他倡议,在一切党政军机关中讲究节约,反对浪费,禁止贪污。当然,不提倡发展生产并在发展生产的条件下为改善物质生活而斗争,只是片面地提倡艰苦奋斗的观点是错误的。在毛泽东的财政思想中,节约是一个积极的方针,"生产和节约并重",它和生产具有同等重要的地位。"一面决不滥用浪费,一面努力发展生产。"[②] 在毛泽东的节约思想指导下,边区节省了大量的人财物,为抗日战争的胜利奠定了重要的基础。

(六)建立经济核算制的财政理论

建立经济核算制是毛泽东厉行节约思想的具体运用。毛泽东指出,建立经济核算制,克服各企业内部的混乱状态。为此必须:第一,每一工厂单位应有相当独立的资金(流动的和固定的),使它可以自己周转,而不致经常因资金问题妨碍生产。第二,每一工厂单位的收入和支出,应有一定的制度和手续,结束收支不清、手续不备的糊涂现象。第三,依据各厂具体情况,使有些采取成本会计制,有些则暂不采取,但一切工厂必须有成本的计算。第四,每一工厂的生产,应有按年按月生产计划完成程度的检查制度,不得听其自

[①] 《毛泽东选集》第三卷,人民出版社1991年版,第876页。

[②] 《毛泽东选集》第三卷,人民出版社1991年版,第1020页。

流,很久不去检查。第五,所有工厂应有节省原料和保护工具的制度,养成节省原料与爱好工具的习惯。以上这些就是经济核算制的主要内容。有了严格的核算制度之后,才能彻底考查一个企业的经营是否是有利的。毛泽东的这一理论,成为根据地公营企业建立经济核算制、改善经营管理的行动准则。

第 四 章
解放战争时期的财政工作的改进（1946—1949 年）

抗日战争取得全面胜利后，国内外形势发生了急剧变化，国民党统治集团不顾全国人民渴望国内和平、发展经济、重建家园的愿望，悍然发动内战。中国共产党领导的中国革命进入了一个新的历史时期，这也是两种命运、两个前途的决战时期。中国共产党审时度势，在做出重大战略布局的同时，也加强了解放区的财经建设，一方面，积极发展解放区的财政经济，为解放战争的迅速发展积累物质基础，保障大兵团作战和根据地人民生活的需要；另一方面，进一步完善新民主主义财政思想，开展统一根据地财经工作，培养财经管理人才，为新中国成立后的财经工作做好了理论、组织和人才的准备。

第一节　中国革命的历史大转折

一　党的七大召开及建立联合政府的主张

1945 年 4 月 23 日至 6 月 11 日，中国共产党第七次全国代表大会在延安召开。这次大会距离党的六大已经过去 17 年了。据胡乔木回忆，17 年间中央曾有过 7 次研究召开党的七大，都因战事耽误。[1]

---

[1]《胡乔木回忆毛泽东》编写组：《胡乔木谈党的七大》，《中共党史研究》1994 年第 3 期。

而此时抗日战争形势已经发生了重大转变，在欧洲战场，盟军已经取得决定性胜利。在太平洋战场，日军也节节败退。取得抗日战争的全面胜利，已经指日可待。这次大会负有总结以往革命经验和制定最后打败日本侵略的策略以及战后成立新中国的纲领的任务。经过24年的奋斗，中国共产党已经发展成一个拥有121万党员，领导着解放区9550万人口、91万军队、220万民兵的大党。所有关心中国命运的人，都在关心这次大会，期待着中国共产党提出战后中国的发展方向和建设纲领。

1945年4月23日，延安杨家岭中央大礼堂，547名正式代表和208名候补代表坐在木制的长凳上，聆听毛泽东作政治报告。毛泽东在报告中分析了国内外形势，提出了建立联合政府的主张。号召"一切中国共产党人，一切中国共产主义的同情者，必须为着现阶段的目标而奋斗，为着反对民族压迫和封建压迫，为着使中国人民脱离殖民地、半殖民地、半封建的悲惨命运，和建立一个在无产阶级领导下的以农民解放为主要内容的新民主主义性质的，亦即孙中山先生革命三民主义性质的独立、自由、民主、统一和富强的中国而奋斗"①。

毛泽东在报告中，就两条路线进行了比较。在财政部分，毛泽东指出在国民党统治区，有着广大的人力资源、丰富的粮食产区和经济发达地区，却使人力补充极端困难，粮食匮乏，很多士兵饿得面黄肌瘦。经济危机极端严重，工业大部分破产了，连布匹这样的日用品也要从美国运来。工人、农民、店员、公务人员、知识分子以及文化工作者，生活痛苦，达于极点。共产党领导的解放区处在中国贫瘠的区域，在被敌人分割和战斗频繁的情况之下，人力动员却可以源源不竭，这是因为用自己动手、发展农业生产的方法很好地解决了粮食问题；用发展工业的方法解决了布匹和其他日用品的需要。中国解放区的全体人民都有饭吃，有衣穿，有事做。毛泽东进一步指出，出现反常的情况，是因为国民党政府的独裁统治和腐

---

① 《毛泽东选集》第三卷，人民出版社1991年版，第1059页。

败无能，利用抗战发国难财，官吏即商人，贪污成风，廉耻扫地。而解放区坚持艰苦奋斗，以身作则，工作之外，还要生产，奖励廉洁，禁绝贪污。

毛泽东在报告中提出了中国共产党在现阶段的政策。他旗帜鲜明地指出，"我们共产党人从来不隐瞒自己的政治主张。我们的将来纲领或最高纲领，是要将中国推进到社会主义社会和共产主义社会去的，这是确定的和毫无疑义的"。① 但是，"在现阶段上，中国的经济，必须是由国家经营、私人经营和合作社经营三者组成的。而这个国家经营的所谓国家，一定要不是'少数人所得而私'的国家，一定要是在无产阶级领导下而'为一般平民所共有'的新民主主义的国家"。②

在农业方面，毛泽东提出必须实行土地制度的改革，解放农民，要实现"耕者有其田"，把土地从封建剥削者手里转移到农民手里，把封建地主的私有财产变为农民的私有财产，使农民从封建的土地关系中获得解放，从而提高将农业国转变为工业国的可能性。中国共产党在抗日期间，实行了减租减息的政策，不取消地主的土地所有权，同时又奖励地主的资财向工业方面转移。

在工业方面，毛泽东强调政府必须采取切实的步骤，在若干年内逐步地建立重工业和轻工业，使中国由农业国变为工业国。提出在新民主主义的国家制度下，将采取调节劳资间利害关系的政策。既保护工人利益，又保证国家企业、私人企业和合作社企业在合理经营下的正当赢利，使公私、劳资双方共同为发展工业生产而努力。

毛泽东还提出要重视文化、教育的发展，要普及教育扫除文盲，要积极地预防和医治人民的疾病，推广人民的医药卫生事业。

毛泽东号召解放区的工作人员，必须努力学会做经济工作。必须动员一切可能的力量，大规模地发展解放区的农业、工业和贸易，改善军民生活。强调在推进解放区的各项工作时，必须十分爱惜当

---

① 《毛泽东选集》第三卷，人民出版社 1991 年版，第 1059 页。

② 《毛泽东选集》第三卷，人民出版社 1991 年版，第 1058 页。

地的人力物力，任何地方都要作长期打算，避免滥用和浪费。

　　这些主张是中国共产党将马克思主义理论同中国革命实践结合起来，提出的战后建设新中国的主张，反映了中国广大人民的呼声，受到了各民主党派和广大人民群众的拥护。6月19日，七届一中全会选出13名中央政治局委员，选举毛泽东、朱德、刘少奇、周恩来、任弼时为中央书记处书记，毛泽东为中央委员会主席。党的七大以后，中国共产党紧密团结在以毛泽东为核心的党中央周围，为夺取抗日战争的最后胜利和新民主主义革命在全国的胜利而奋斗。

二　抗战胜利后形势的变化和两条道路的抉择

　　在中国共产党七大召开期间，1945年5月5日，中国国民党第六次全国代表大会在重庆召开。中国国民党也在这次大会上提出了战后的政治、经济主张。可以说，中共七大和国民党六大，是将两条道路摆在了中国人民面前。中国国民党虽然在六大中也提出了"协调劳资之原则，改善劳工生活""维护战后社会安全，改善国民生计"等主张，但是重点却在布置抗日战争后的内战，大会通过了《对中共问题之决议案》《本党同志对中共问题之工作方针决议案》等，指出："与中共之斗争，无法妥协，今日之急务，在于团结本党，建立对中共斗争之体系，即创造斗争之优势条件与环境，故必须从政治上军事上强固党的力量。"[①]"今天的中心工作，在于消灭共产党！日本是我们国外的敌人，中共是我们国内的敌人！只有消灭共产党，才能达成我们的任务。"[②]

　　与解放区的欣欣向荣相比，此时的国民党统治区陷入了财政经济崩溃的边缘。财政赤字节节攀升，到1945年高达87.7%。其中，军事支出占总支出的87.3%，民生支出极度萎缩，教育支出仅为1.84%，卫生费支出占0.09%，赈济等社会保障支出占0.21%。人民的税收负担不断加重。在田赋方面实现了"征实、征购、征借"的三征政

---

① 宋仲福、徐世华：《中国现代史》（上），中国档案出版社1983年版，第333页。
② 程思远：《政坛回忆录》，广西人民出版社1983年版，第158页。

策，"三征"数额不断扩大，到 1945 年达到 5900 余万担。食盐专卖每担从 1943 年的 300 元增加到 1945 年的 6000 元。① 通货膨胀不断高涨，法币发行额从 1940 年的 78.7 亿元增加到 1945 年的 10319 亿元，增发指数从 1940 年的 5.58 增加到 1945 年的 731.62。② 官僚资本通过战时经济统制，加强经济垄断。到 1944 年，官僚资本在全部新式工矿业资本总额中所占的比重提高到 50.5%。③

1945 年 8 月 15 日，日本正式宣布无条件投降，中国抗日战争胜利结束。举国欢腾，沉浸在一片胜利的欢乐之中。但是，国民党政府却把接收办成了"劫收"，一些接收大员成为"劫收专员"，不仅大量贪污接收物资，还肆无忌惮地以没收逆产为名掠夺民财，甚至为了劫掠而相互争斗。当时有所谓"五子登科"之说，"五子"即房子、条子（金条）、票子、车子、女子。蒋介石在日记里写道："重庆高级机关与主管官之贪污索榨，不道德无廉耻之腐败情形，闻之色变，不知革命前途究将如何结果，不胜悲痛之至。""每念中央军队高级将领之贪污富有、淫佚无度以致忠勇之气荡然，廉耻之心扫地。"④ 国民政府通过接收抢夺了大批胜利果实，却带来了社会生产急剧萎缩、社会矛盾快速激化、财政收入锐减的恶果，严重动摇了其统治基础。这也是一场人心向背的较量，无数的进步青年投奔解放区。

而此时的解放区，由于执行正确的经济政策，经济有了很大的发展。当时美国记者走访了共产党领导下的张家口市，不仅旧的商号纷纷复业，而且有新的商号开张，商行达 2700 多家，比战前增加了 30 多家。美国记者宝丁在访问张家口后说："张市为八路军解放后，虽只两个月，而社会秩序已很安定……许多工厂都很快地复工

---

① 中国人民大学政治经济学系《中国近代经济史》编写组：《中国近代经济史》（下册），人民出版社 1978 年版，第 32 页。
② 《中国财政史》编写组：《中国财政史》，中国财政经济出版社 1991 年版，第 586 页。
③ 吴申元：《中国近代经济史》，上海人民出版社 2003 年版，第 111 页。
④ 《蒋介石日记》（1948 年 1 月 16 日、6 月 8 日），转引自杨天石《反贪：蒋介石的严刑与空言》，《同舟共进》2013 年第 12 期。

了，真引起我的钦佩。"① 美国记者博乐在根据地进行了五个月的采访，观察到"私人生产企业不但存在，而且受到政府的鼓励"，"外来的中外资金极为解放区所欢迎"，"除对敌伪的产业外，并无没收任何财产的企图"。博乐写道："在解放区从事工商业的资本家也很热心。我和许多商人、地主、制造商谈天，发觉他们热心是有理由的，因为共产党人虽然坦白地以改善工人生活为目标，但同时，他们也给地主和制造商以利益。"② 解放区的人民欢唱着："解放区的天是明朗的天，解放区的人民好喜欢，民主政府爱人民呀，共产党的恩情说不完。"

三　内战的全面爆发和解放区的开辟

经过了艰苦的抗战，全国人民普遍希望迎来和平建设时期，反对内战。为了阻止内战爆发，争取和平民主，中共领导人毛泽东于1946年8月毅然赴重庆谈判，签署"双十协定"。但是双十协定颁布的第二天，蒋介石就下达密令，称对共产党"若不速予剿除，不仅八年抗战前功尽失，且必贻害无穷"③。命令各部加快对解放区进攻。国民党军对解放区的军事挑衅激起了全社会的强烈义愤，就连美、苏、英都表示反对中国内战。1945年12月，国共两党代表团签署了《关于停止国内军事冲突的命令和声明》，与此同时，在重庆召开了政治协商会议，确定了抗战胜利后在中国和平建国的方针。

虽然中国共产党和民主人士为和平做了很多努力，但内战的阴云不仅没有散去，反而更加浓厚。1946年6月26日，国民党公然撕毁停战协定和政协协议，大举进攻中原解放区，7月20日，中共中央发出《以自卫战争粉碎蒋介石的进攻》的指示，内战全面爆发。

中共中央为了适应战争由抗日民族解放战争向国内革命战争的转变，作战形式由分散兵力打游击战为主向集中兵力打运动战为主

---

① 《只有解放区才能真正发展私人资本主义》，《新华日报》1946年6月14日。
② 《只有解放区才能真正发展私人资本主义》，《新华日报》1946年6月14日。
③ 金冲及：《二十世纪中国史纲》，社会科学文献出版社2009年版，第561页。

的转变，1946年10月将中国共产党领导下的军队改称"中国人民解放军"，并进行了相应的战略调整和部署，在原来19个解放区的基础上组建了东北解放区、华东解放区、华中军区、晋冀鲁豫军区、中原解放区、陕甘宁和晋绥解放区。各解放区的整合与统一，不仅是解放战争的需要，也是发展解放区财经工作的需要。解放战争的快速推进，要保证战争巨大的军费需要，必须进一步扩大和发展解放区的经济，这也要求尽快将分散的根据地统一起来。

在各解放区的整合过程中，解放区有了很大发展。土地面积由104.8万平方千米增加到228.5万平方千米，约占全国总面积的24%，拥有的城市由285座增加到464座，约占全国县以上城市总数的23%，解放区人口由1.25亿增加到1.36亿，约占全国总人口的28.6%。[①] 1947年转入战略进攻后，各解放区的面积不断扩大，由分散到连片的速度也在不断加快。到1948年8月，解放区的土地面积扩大到235.5万平方千米，为全国面积的24.5%；人口增至1.68亿人，占全国人口总数的37%；拥有城市586座，占全国城市总数的29%。各主要解放区相继连成一片，经济得到了很大发展，从人力、物力、财力上大力支援了解放战争。随后，解放战争进入战略决战阶段，从1948年9月三大战役打响，到1949年4月，中国人民解放军解放了东北全境、内蒙古全境、华北大部、西北一部和长江中下游以北的广大地区。长江以北大部分地区发展成为连成一片的解放区。

第二节 解放区的建设和财政工作的发展

一 解放区人民政权的建立和党的领导

在各解放区，迅速组建了各级人民政府。1945年8月，山东省战时行政委员会改为山东省人民政府，下辖有5个行署、17个专署，分辖119个县市、850多个区（公所），并设有济南、青岛、烟台3

[①] 齐守印、赵文海主编：《财经大业》，中国财政经济出版社2012年版，第22页。

个直辖市。随后，东北地区先后建立了 11 个省政府，下辖 160 余县。其他各解放区也先后组建了从省一直到乡各级人民政府。中国共产党在解放区组建各级政权的过程中坚持"三三制"原则，广泛调动各方力量参与到政权建设中来。同时，将抗日战争时期成立的参议会改组为人民代表会议，充分保障了基层民主。东北地区还组建了各省代表联席会议，作为东北地区民主政权建设的领导机构。同时，依靠在斗争中涌现出的积极分子，建立了工会、农会、妇女会等群众团体。

随着解放区的不断扩大，逐步形成了几个大的解放区。与大解放区相适应，中央决定建立大行政区人民民主政权，先后建立了陕甘宁边区政府、东北人民政府、华北人民政府和中原临时人民政府及华中行政办事处等。

成立财政机构是地方政权建设的重要内容。各级政权建立的时候，都建立了比较健全的财政机构。各解放区的财政厅领导，很多都是中国共产党内著名的理财专家。如陕甘宁边区的财政厅厅长南汉宸曾经从事实业，在抗战时期就开始负责陕甘宁边区的财政工作，为克服当时的财政困难做出了很大贡献。毛泽东称赞他是"会做无米之炊的巧媳妇"。1948 年，中国人民银行成立后出任首任行长。晋察冀边区财政处处长宋劭文，曾长期参与陕甘宁边区财政工作，在制度建设上做出很大贡献。他认为财政工作能做到"取之合理，用之得当"，就能使人民与政府的财源可以做到"用之不尽，取之不竭"。新中国成立后，他也长期担任财经领导工作，曾参与领导制订"一五"计划。晋绥边区财政处处长白如冰在红军时代就长期从事根据地财经工作，曾任中华苏维埃人民共和国中央革命军事委员会总供给部副部长。新中国成立后，曾任西北军政委员会财政部部长。山东省财政处处长艾楚南，长期从事根据地财经工作，新中国成立后曾任财政部部长助理。苏皖边区政府财政厅厅长方毅，长期从事根据地行政和财政工作，新中国成立后曾任财政部副部长，改革开放后出任国务院副总理，兼任国家科学技术委员会主任、中国科学院院长。晋察冀边区财经处处长吴波，从陕甘宁边区时期开始就长期从事财经工作，新中国成立后曾任财政部部长，对新中国财政的建设做出了重大贡献。吴波在根据地时期形成的艰苦奋斗、勤俭建国的工作作风，影响了一代又一代的新中国财政人。在生命的最后时刻，吴波把住房都交给了组织，实现了其一生追求的"当一个彻底的无产者"的誓言。东北行政委员会财政处处长王首道，抗战期间曾任中央直属机关生产节约运动委员会主任，组织中直机关开展大生产运动，创造了显著的成绩。

为了适应新的形势，加强党的领导，中共中央还在各解放区组建了中央局。在各解放区中央局内设置了财政经济委员会，加强了党对全区财经工作的统一领导。在政府内部设立了财经联合办事处，协调各财经部门的工作。

二　解放区财政工作的建设

做好解放区财政工作，是夺取解放战争的物质保障。与土地革命和抗日战争时期相比，中国人民解放军的规模、武器装备都有大幅度提高，不再是分散的小规模的游击战争，而是数十万规模的大兵团运动战和攻坚战，这对财政工作也提出了更高的要求。刘伯承曾形象地说："一颗炮弹的价值相当于一个中农一年的收入"，"供应一个大兵团相当于供应一座流动的城市"[①]。如何解决好解放区分散的小农业、落后的手工业和薄弱的农民负担能力与解放战争大兵团作战的军需供给之间的矛盾，如何解决战争保障与抗战后解放区人民期望"百废俱兴"，发展经济和改善民生的需求之间的矛盾，始终是解放区财政工作需要面对的主要问题。中共中央在《一九四六年解放区工作的方针》中提出了财政工作的基本方针："发展生产，保障供给，集中领导，分散经营，军民兼顾，公私兼顾，生产和节约并重。"[②] 1947 年，毛泽东重申了这一方针，并作了进一步说明："这里第一个原则是发展生产，保障供给。因此，必须反对片面地着

---

① 李炜光：《中国财政史述论稿》，中国财政经济出版社 1999 年版，第 248 页。
② 《毛泽东选集》第四卷，人民出版社 1991 年版，第 1176 页。

重财政和商业、忽视农业生产和工业生产的错误观点。第二个原则是军民兼顾，公私兼顾。因此，必须反对只顾一方面、忽视另一方面的错误观点。第三个原则是统一领导，分散经营。因此，除依情况应当集中经营者外，必须反对不顾情况，一切集中，不敢放手分散经营的错误观点。"[1] 当时战争还在进行中，对于战争时间很难有精准估计，中央要求财政工作要有持久打算，必须十分节省地使用我们的人力资源和物质资源，力戒浪费。多次强调增产节约、保障供给的方针。财政工作在战时经济体制之下，满足战争的物资需求是第一位的，但又要尽可能地减轻人民的负担，使人民生活有所改善。

　　解放战争时期，财政工作面临的形势要比以前复杂。此前党领导的主要是较为落后的农村地区，财政主要依靠农村经济支撑。到了解放战争时期，有大量城市被解放，在这些地区开展财政工作既要掌握城市管理的办法，还要接管好敌伪的资产，不使这些资产遭受损失。1945年9月2日，中共中央发出了《关于新解放城市工作的指示》，对新解放城市的政权建设、敌伪资产处理、伪币使用、城市粮食管理、财政机构原有人员处理、税收征收等问题，都做出了原则指示。在这些原则指导下，各解放区也相继颁布了具体管理办法。这些措施对稳定新解放城市的秩序和恢复经济都起到了积极作用，城市财政工作也迅速展开。此后随着各大城市相继解放，解放区的经济有了飞跃式的发展，税收规模和结构也有了很大变化，城市工商税收在财政收入中逐步占据了主导地位，使解放战争获得了财力的强力补充。在建立和完善城市财政管理办法的同时，中央也对乡村财政进行了整理，提出要把"支部建在村上""财政建在村上"[2]，主要是为了减轻和平衡农民负担，杜绝浪费，做好巨额的战争经费筹集与保障和改善人民生活水平之间的平衡。东北地区，"经

---

[1] 《毛泽东选集》第四卷，人民出版社1991年版，第1216页。

[2] 李炜光、赵云旗：《中国财政通史·新民主主义革命时期财政史》，湖南人民出版社2013年版，第980页。

过整顿，大部分地区的村款负担控制在15%—20%之间，这对于减轻农民负担、集中力量支援前线起到了经济的作用"①。

进入解放战争阶段，面对巨大战争消耗，中国共产党还是把人民的利益放在心上，在尽一切努力保障战争需要的同时，也酌量减轻人民负担。在税收方面，不仅没有增，还进行了调减。老解放区在完成土地改革后，农业税取消了累进税率，改行比例税率，为了更好地鼓励生产，按照常年产量征收，而不是按实际产量征收，垦种生荒地或熟荒地在一定年限内免税。工商税改征营业税，普遍降低工商业税的税率，部分地区停征进出口货物税。对于新解放的地区，在还没有建立新税制的情况下，对原来的各项税收在沿用的基础上，也进行了改造，对各种苛捐杂税坚决予以废除。为了解决战争急需，弥补财政赤字，各解放区政府先后发行了一部分公债，也有采用向银行透支的办法。当时货币政策采取了"保证战争供给，适当安排生产建设资金，并尽量避免通货膨胀"②。

在支出方面，各解放区都采取了紧缩措施，厉行节约。继续精兵简政，进一步审查编制，精简脱产人员。减少办公费、特别费支出。在后勤保障上，动员组织了空前的支前大军，但是在人力的使用上，要求必须不违农时，照顾民力，提高补助标准。为了更好地节用民力使更多的民力用于农业生产，建立了严格的科学计算的民力支用制度。制定严格的粮食管理办法，实行粮票管理，最大限度地节约粮食，确保解放区军民对粮食的需求。在党政军人员的生活供给上，继续沿用供给制，由财政部门定量定期供给，保证最低生活的需要。

为了加强财政管理，各解放区建立并不断完善了预决算制度、审计制度和金库制度。当时在冀中解放区担任审计干事的王丙乾在回忆录中详细描述了当时解放区的预算和审计工作。因为战争频繁、

---

① 李成瑞：《依靠"农援"，战胜强敌——解放战争时期农业税征收情况的回顾》，载薛暮桥、杨波《总结财经工作，迎接全国胜利》，中国财政经济出版社1996年版，第536页。

② 冯田夫：《我国新民主主义革命时期根据地战时财经史》，中国财政经济出版社2011年版，第130页。

情况多变，所以当时预算编制还是概算。在概算编制中，军政人员的编制和供给标准都有具体规定，而且上下一致。在审计制度方面，非常全面细致。"当时的审计工作包括边区各级政府、机关、学校、部队的会计账簿、表格、单据等财会制度的建立情况，经费、粮秣、被服、生产自给等收支预算的审定和决算的核销情况；各级银行、贸易公司、公营企业的财务情况；粮食、税收、罚款、没收等一切收入的归公情况；各种税率的执行情况。不仅要了解和掌握财经供给力量、人民的负担量、财政供养人口数，还要了解贪污浪费及生产节约等情况。当时对边区、行署、县三级审计机构设置以及审计的范围、职权都有明确的制度规定。"[1]

三 改进财政政策支援解放战争

在党的"发展生产，保障供给，集中领导，分散经营，军民兼顾，公私兼顾，生产与节约并重"的财政方针的指导下，解放区财政工作虽然把为解放战争筹集经费放在首要位置，但党始终强调发展经济对支持革命战争和巩固解放区具有重要意义，将其放在仅次于革命战争的重要位置。中央反复强调，"发展生产，保障供给"是首要的方针。

为了加快农村经济的发展，党在广大的解放区进行了土地改革，从根本上改变了旧的生产关系。毛泽东在晋绥干部会议上的讲话中指出，"发展农业生产，是土地改革的直接目的。只有消灭封建制度，才能取得发展农业生产的条件。在任何地区，一经消灭了封建制度，完成了土地改革任务，党和民主政府就必须立即提出恢复和发展农业生产的任务，将农村中的一切可能的力量转移到恢复和发展农业生产的方面去，组织合作互助，改良农业技术，提倡选种，兴办水利，务使增产成为可能"[2]。毛泽东提出党在农村工作的精力的最大部分，必须放在恢复和发展农业生产和市镇上的工业生产上

---

[1] 王丙乾：《中国财政60年回顾与思考》，中国财政经济出版社2009年版，第6页。
[2] 《毛泽东选集》第四卷，人民出版社1991年版，第1315—1316页。

面。1949年3月,在党的七届二中全会上,毛泽东指出,在老解放区"已经推翻了国民党的统治,建立了人民的统治,并且根本上解决了土地问题。党在这里的中心任务,是动员一切力量恢复和发展生产事业,这是一切工作的重点所在"①。在战事特别紧张的时期,解放区财政还挤出资金,采用机动灵活的方式,兴修水利灌溉工程。1947年晋察冀边区还处在内线作战时期,仅在灵寿等24县就修建渠道275条,增加水田7万余亩。②还拿出资金兴办农业政策性贷款,帮助农民发展经济。

在城市建设方面,党中央也一再强调在接管城市和接收敌伪资产过程中,不能造成生产停顿或对生产活动造成不利影响,指出所有接管工作应将恢复生产放在各项工作的首位。1949年1月,中共中央发出《关于接收官僚资本企业的指示》,要求不要打乱企业的原来机构,所有改革均须审慎进行,以保障生产能照旧进行。1949年3月,毛泽东在党的七届二中全会上,特别强调"从我们接管城市的第一天起,我们的眼睛就要向着这个城市的生产事业的恢复和发展。务须避免盲目地乱抓乱碰,把中心任务忘记了",要求党在城市的各项工作都要"围绕着生产建设这一个中心工作并为这个中心工作服务"③。中共中央在《一九四六年解放区工作的方针》里指出,当时存在因战事紧张造成财政负担加重的问题,要求必须有计划有步骤地转到正常状态。对人民负担太重者必须酌量减轻。各地脱产人员不得超过当地财力负担所许可的限度,要有利于持久。④ 1947年中央"十二月会议"要求,"对于一切有益于国民经济的工商业征收营业税,必须以不妨碍其发展为限度"⑤。1947年中央对陕甘宁解放区营业税过重问题进行批评,指出"极端危险的带有破坏性的既不符合于正确的经济观点,也不符合于正确的财政观点的冒险主

---

① 《毛泽东选集》第四卷,人民出版社1991年版,第1429页。
② 赵秀山、冯田夫、赵军威:《华北解放区财经纪事》,中国档案出版社2002年版,第25页。
③ 《毛泽东选集》第四卷,人民出版社1991年版,第1428页。
④ 《毛泽东选集》第四卷,人民出版社1991年版,第1176页。
⑤ 《毛泽东选集》第四卷,人民出版社1991年版,第1269页。

义的税收政策是存在着的"①。要求各解放区中央局、中央分局认真检查工商业的税收政策并加以纠正。1948年1月28日，晋绥分局在《关于纠正"左"的工商业政策的补救办法》中规定："已征营业税，凡超过条例标准，不论其经营者属于何种成分，均一律退还超过部分。"② 这些措施对城市工商业的恢复和发展发挥了积极作用，工商业税率的降低，不仅没有减少工商业税收，反而因为经济的发展而税收收入大幅增长。

毛泽东要求财政工作，"一定要做到，人民虽处战争环境，而生活仍能改善"③。在政策执行过程中，要求把握好"军民兼顾，公私兼顾，生产与节约并重"的原则。在征收农民公粮的时候，要求控制占农民总收入的比重。对战勤劳力负担，既要保证战争需要，也要保障农业生产的需要，要求控制天数，并提高补助金额。并拿出专项资金办理冬季生产贷款，帮助农民生产。在解决城市企业职工要求改善生活的问题上，中央也多次批评片面强调工人利益提出过高要求的问题。毛泽东提出"不要轻易提出增加工资减少工时的口号，在战争时期，能维持生产，能够不减工时，维持原有工资水平，就是好事"④。刘少奇在党的七届二中全会的发言中论述了工人阶级的眼前利益与长远利益之间的关系。他指出"关于保障工人生活。人民政府应给工人以可能与必要的优待。例如当物资缺乏时，除保障军队生活外，第一就是保障工人生活，要使他们的生活水平比我们后方机关职员较高。自然，工人过高的要求，片面追求福利，那是错误的，我们已经批驳过了。但因此而疏忽对工人生活的保障，对工人生活漠不关心，那更是错误"⑤。

---

① 顾龙生编著：《毛泽东经济年谱》，中共中央党校出版社1993年版，第234—235页。
② 《关于纠正"左"的工商业政策的补救办法》，《中共中央文件选集》第17册，中共中央党校出版社1989年版，第25页。
③ 赵秀山、冯田夫、赵军威：《华北解放区财经纪事》，中国档案出版社2002年版，第19页。
④ 《毛泽东选集》第四卷，人民出版社1991年版，第1324页。
⑤ 中共中央文献研究室：《刘少奇论新中国经济建设》，中央文献出版社1993年版，第70—71页。

在解放战争后期，中共中央又提出了"四面八方"的政策。"四面"就是要处理好公私关系、劳资关系、城乡关系和内外关系，做到"公私兼顾、劳资两利、城乡互助、内外交流"。八方就是公方、私方、工人、资本家、城市、乡村、国内和国外八个对象。毛泽东指出，"'四面八方'缺一面，缺一方，就是路线错误、原则的错误。世界上除了'四面八方'之外再没有什么'五面十方'。照顾到'四面八方'，这就叫全面领导"[①]。

与此同时，国民党统治区的广大人民也在中国共产党的领导下展开了各种形式的斗争，支援解放战争。毛泽东在1947年5月30日为新华社写的评论中所指出的："中国境内已有了两条战线。蒋介石进犯军和人民解放军的战争，这是第一条战线。现在又出现了第二条战线，这就是伟大的正义的学生运动和蒋介石反动政府之间的尖锐斗争。"[②] 各敌后根据地一方面坚持自卫战争，坚决击退国民党军队的进攻，另一方面加强根据地的经济工作和财政工作，为迎接解放大军做准备。1947年5月，琼崖（今海南省）特委根据党中央指示，成立了中国共产党琼崖区委员会和琼崖民主政府，通过了建设琼崖解放区的决议，提出要确立全心全意为人民服务的思想，在军民兼顾公私两利的原则下，开展生产合作运动，帮助群众解决生产上的困难，提出修改税收条例，统一财税政策，健全经济管理工作。提倡机关部队开展生产运动，减轻人民负担。在税收方面，实行军公粮统一累进税与合理的工商税，停征田赋，废除一切苛捐杂税。根据中央指示，琼崖解放区开展了土改运动，解放区各族人民的生活有了很大改善，生产积极性空前高涨。[③] 1949年3月，中共闽粤赣边区党委召开财政经济工作会议，要求各地统一财经机构组织系统，建立专门的税收机关，实行统一的领导，要建立税站、税队，增加税目，实行统一税票。1949年6月10日，中共潮汕地委制

[①] 《毛泽东传》第三册，中央文献出版社2011年版，第1027页。

[②] 《毛泽东选集》第四卷，人民出版社1991年版，第1224—1225页。

[③] 参见海南财政经济史编写组《琼崖革命根据地财政经济史》，中国财政经济出版社1988年版，第105—124页。

定了《各部门会计表》《裕民银行会计规程》《裕民贸易公司会计规程》《税站会计规定》等会计制度。① 各敌后根据地在党的领导下，给予了国民党地方武装沉重打击，极大地支援了解放战争。各根据地也根据自己的实际情况，根据党的指示精神和形势发展的需要，加快了根据地财税机构的建设和统一财经工作，并努力帮助人民发展生产，改进税制减轻人民负担，为中国人民的解放事业做出了巨大贡献。

第三节 解放区财政领域的新局面

一 从减租减息到土地改革

解决农民土地问题一直是中国共产党最基本的历史任务，在抗战时期，为了团结更多的力量投入民族斗争，根据阶级矛盾和民族矛盾的实际变化，根据地政府推行了"减租减息"政策，地主减租减息，农民要交租交息，在承认地主土地和财产的所有权的同时减轻农民租息负担，一定程度地改善广大农民的生活水平。抗战胜利后，共产党在根据地继续实行了"减租减息"政策。毛泽东在党的七大报告里提出："如果没有特殊阻碍，我们准备在战后继续实行下去，首先要在全国范围内实现减租减息，然后采取适当方法，有步骤地达到'耕者有其田'。"② 但是战后的形势变化很大，妥协没有带来和平，而且使和平目标变得更加遥远。在内战全面爆发后，广大的农民已经不满足于减租减息，强烈要求解决土地所有权问题，中国共产党也迫切需要动员农民以极大的热情支持革命战争。1946年5月4日，中共中央发布《关于清算减租及其土地问题的指示》（《五四指示》），提出揭露汉奸，清算各种封建剥削的方式，使农民从地主手里获得土地。标志着中国共产党的土地政策由抗战时期的减租减息开始向"耕者有

---

① 孔永松、邱松庆：《闽粤赣边区财政经济简史》，厦门大学出版社1988年版，第390、352、350页。

② 《毛泽东选集》第三卷，人民出版社1991年版，第1076页。

其田"的方向转变。随即,各解放区普遍开展了轰轰烈烈的实现"耕者有其田"的土地改革运动。1947年7—9月,中共中央工委在河北省平山县西柏坡召开全国土地会议。会议通过了《中国土地法大纲》,明确规定废除封建性及半封建性剥削的土地制度,实行"耕者有其田"的土地制度。同时,废除一切乡村土地制度改革前的债务。

中国共产党领导的土地改革,结束了统治农村数千年之久的封建土地占有关系,消灭了封建土地制度,极大地解放了农村的生产力,促进了农业生产的发展。至1948年,解放区已有1亿名农民获得了土地。贫苦农民不仅得到了土地,而且得到了其他生产资料和生活资料,生活水平有了很大提高,生产积极性空前高涨。翻身农民在党的领导下,开展农业互助合作,扩大耕地面积,改进耕作技术,提高农业产量,也促进了副业和手工业的发展,农村的经济面貌得到很大改善。

二 国营经济作用开始凸显

解放战争时期是中国共产党由农村走向城市的转折时期。从财政工作看,党也面临着转折,财政工作由过去农村为主转向以城市为主,随着城市工作的展开,国营工商业有了很大发展。

早在土地革命战争时期,根据地就通过财政拨款、战争缴获建立起了国营工业企业,成为政府财政的重要来源。抗战期间,国营工商业有了更大发展。抗战胜利后,随着张家口等大城市的相继解放,恢复这些城市的经济、发展生产以保障供给、支援解放战争就成了财政工作的重要内容。在中共中央一系列方针政策指引下,各解放区纷纷制定措施,努力恢复和发展本地区的工业,其中发展国营工商业也是重要的目标。中共东北局1948年发布《关于东北经济构成及经济建设基本方针的提纲》,提出"我们必须节衣缩食,用一切方法挤出资金来,以恢复和发展国营经济"[①]。这是中国共产党第一次全面具体地论述国营经济的地位和经营管理办法。这个文件上

---

① 顾龙生主编:《中国共产党经济思想史》,山西经济出版社2014年版,第259—260页。

报中央后，毛泽东、刘少奇、周恩来等中央领导同志亲自作了修改，还计划作为党内文件印发各地参考学习。政策研究室还编印了《学习〈关于东北经济构成及经济建设基本方针的提纲〉的参考文件》，将马克思、恩格斯、列宁、斯大林、毛泽东的相关论述汇编在一起，让基层能更好地把握政策。对于国营企业的管理办法，各解放区也相继出台了一些管理办法。如，晋冀鲁豫边区财经办事处发布了《关于公营工业中几个问题的决定》《关于焦作煤矿的决定》等文件。

在保护和支持民族工商业经济，使其在保障军需民用方面起更大作用的同时，为了适应解放战争迅速扩大和经济建设的需要，党和政府也加快了国营经济的发展。这些举措，有效解决了财政困难，加强了战争保障能力。国营工商业企业除了此前根据地自行举办的外，这一时期还接收了大量敌伪企业和国民党官僚资本。由于敌伪在覆灭前的破坏，工矿企业也急需人财物的投入来恢复和发展。战争也需要创办军火及各类军需企业，来保障战争供给。各解放区财政在极度困难的情况下，想方设法筹集资金，加快国有工商业经济的发展。东北解放区，1946年就投入了307亿元，到1947年工矿企业基本恢复生产，产量还有增长。此外，建立起了机炮厂、手榴弹厂等13家军火企业。由于东北解放初期，经济破坏严重，税收收入在东北一级财政收入中占比只有0.99%，到1948年税收比重虽然提高到17.15%，但还是低于国企利润收入。东北全境解放后，国有经济的规模又有了很大扩展，不仅能满足东北地区的需要，还能供给其他解放区的需要，成为支援全国解放战争的供应基地。随着解放战争在我国各战场的迅速推进，各解放区的国有经济成分都在很快成长，成为财政收入的重要来源。据统计，1949年，国营工业在全国大型工业总产值中所占比重为41.3%，国营工业已拥有全国发电量的58%，原煤产量的68%，生铁产量的92%，钢铁量的97%，水泥产量的68%，面纱产量的53%。国营经济还掌握了全国的铁路、邮电、电信和大部分的现代交通运输事业。[①]

[①] 周太和主编：《当代中国的经济体制改革》，中国社会科学出版社1984年版，第6页。

三 解放区经济的发展和财政困难的改善

在党的领导下,各解放区经济都很快得到了恢复和发展,财政困难的情况也逐步得到了改善,为解放战争的迅速发展提供了坚实的物质基础。

在农业方面,中国共产党不仅进行了土地改革,实现了"耕者有其田",而且通过兴修水利、开办农业贷款、组织互助合作等,帮助农民发展生产,各解放区农业生产都有了很大发展。如东北解放区,1947 年恢复和扩大耕地面积达 800 多万亩。随着东北全境的解放和土地改革的完成,1949 年粮食总产量达到 1400 余万吨,比 1948 年增加 200 余万吨。[①] 手工业与家庭副业也得到了恢复和发展。据华北解放区统计,1948 年农民的副业收入占农民总收入的 1/5—1/3。[②]

在工商业方面,随着解放区城市规模的扩大,工商业有了很大发展。由于政策得当,工商业不仅得到恢复,其中不少还超过了战前水平。如磁县峰峰煤矿 1946 年每个工人平均日产煤 0.79 吨,超过抗战时的 100%,超过战前的 25%。[③]

随着经济的恢复和发展,解放区的财政困难局面逐步得到了改善。虽然由于战争耗费巨大,整个解放战争时期,解放区财政都十分困难,但也在逐步改善中。以华北解放区来说,1946 年晋冀鲁豫边区和晋察冀边区财政赤字加起来折米 11.93 亿斤,只能靠边区银行透支弥补。1947 年两区合计,赤字减到折米 6.73 亿斤。1948 年,两区合计赤字虽然折米 13 亿斤,但这 13 亿斤都是上解中央和援外支出,在本区内收支实现了平衡。1949 年,支出结构已经有了很大变化,战争支出只有 45.68%,教育等支出的规模有了大幅扩大。赤字也主要是由于上解中央和援外支出造成。东北解放区 1949 年财政

[①] 朱建华主编:《东北解放区财政经济史稿》,黑龙江人民出版社 1987 年版,第 143 页。

[②] 吴承明、董志凯:《中华人民共和国经济史》第一卷,中国财政经济出版社 2001 年版,第 97 页。

[③] 黎惠英、孙祚成、许海生主编:《中国现代经济史》,吉林大学出版社 1991 年版,第 254 页。

收支不但达到平衡，而且年终还结余 45622 亿元（折粮 114 万吨），文教卫生和社会抚恤等事业支出比重也不断扩大。1949 年，教育支出达到 14704 亿元，卫生支出达到 3162 亿元，社会救济支出 1048 亿元。①

第四节　为新中国财经工作做准备

一　华北财经会议揭开新中国统一财政工作的序幕

全面内战爆发后，人民解放军只用一年时间就在各个战场击退了国民党军的进攻，扭转了战争局面。国民党军被迫从全面进攻转向重点进攻，而人民解放军则转入战略进攻阶段。毛泽东指出："这是蒋介石的二十年反革命统治由发展到消灭的转折点。这是一百多年以来帝国主义在中国的统治由发展到消灭的转折点。这是一个伟大的事变。这个事变所以带着伟大性，是因为这个事变发生在一个拥有四亿七千五百万人口的国家内，这个事变一经发生，它就将必然地走向全国的胜利。"② 战争的主动权已经掌握在了中国共产党手上，胜负之数已成定局。为了适应战争形势的变化，统一解放区的财经工作，就摆上中共中央的议事日程。要适应战略大反攻、跨区域的大范围大兵团作战的需要，就必须把原来分散的解放区的财经工作统一起来，有计划、有组织地调配、安排各解放区的财力和物力，这也是当时克服解放区面临的财政困难的迫切需要。1947 年春，在即将转入战略进攻阶段的时候，中共中央开始部署统一解放区财经工作。

1947 年 3 月下旬，根据中共中央的指示，晋察冀、华东、陕甘宁、晋绥、晋冀鲁豫各大解放区的代表齐聚晋冀鲁豫解放区首府河北省邯郸市召开会议，研究部署统一管理华北各解放区的财经工作，

---

① 朱建华主编：《东北解放区财政经济史稿》，黑龙江人民出版社 1987 年版，第 442—485 页。
② 《毛泽东选集》第四卷，人民出版社 1991 年版，第 1244 页。

史称"华北财经会议"。中共中央指出:"由于空前自卫战争的巨大消耗,已使一切解放区的财经情况陷入困境,必须以极大决心和努力动员全体军民一致奋斗,并统一各区步调,利用各区一切财经条件和资源,及实行各区大公无私的互相调剂,完全克服本位主义,才能长期支持战争"①。会议由晋冀鲁豫中央局副书记薄一波主持。晋冀鲁豫边区代表团团长是边区财经委员会主任杨立三,副团长是边区财政厅厅长戎子和,晋察冀边区代表团团长是财政处处长南汉宸,华东代表团团长是山东省政府实业厅厅长薛暮桥,陕甘宁边区代表团团长是财政厅厅长白如冰,晋绥边区代表团团长是财经委员会主任陈希云,中原区代表团团长是中原局委员刘子久。

为了充分了解和研究问题,会议从3月10日至24日先召开了预备会议,由各代表团交流各区经济状况,提出存在的问题,然后将汇集到的问题向中央汇报,中央提出亟须解决的重点问题。3月25日,大会正式开幕,先由各解放区做工作汇报,介绍各区财政经济工作状况,然后进行讨论和研究,并提出解决办法。会议讨论持续了一个多月,与会代表充分交换意见,逐步统一了认识,提出大家认可的解决办法。会议最后形成了《华北财经会议决议》,上报党中央。

《华北财经会议决议》提出成立统一的财经管理机构,在中央直接领导下,调整各地贸易关系,统一各区财经政策,平衡各地人民负担,统一规定各地供给标准,统一计划掌握各地货币发行,逐渐实现各解放区财经工作的统一。提出各解放区财政工作的首要任务为"集中一切力量,保障战争供给",要求从战争需要的角度出发,大力实施精兵简政,开辟财源,保障战争供给。并提出发展经济、整理村财政、调整战勤、贸易、金融货币、交通运输等各方面的工作思路。这些思想和观点,可以说集中反映了解放战争时期中国共产党关于财政工作的思想和政策。

---

① 薛暮桥、杨波:《总结财经工作 迎接全国胜利——记全国解放前夕两次重要的财经会议》,中国财政经济出版社1996年版,第48页。

1948年5月，根据中共中央指示，晋察冀、晋冀鲁豫、西北、华东等各解放区代表在石家庄召开了华北金融贸易会议，通过了《关于金融贸易会议的综合报告》，提出统一银行机构，成立中国人民银行，发行统一的货币，整顿和回收各大解放区的地方币种，并决定统一管理各解放区的国营贸易。1948年6月，中共中央批转下发华北、华东、西北各解放区贯彻执行。

　　两次财经会议的召开，为解放区统一财经工作统一了思想，做好了理论和政策的准备，指明了财经工作的发展方向，意义重大。1948年9月，中共中央在西柏坡召开了政治局扩大会议（史称"中央九月会议"）。毛泽东在会议对统一财经问题做了部署："关于财经统一。这个问题不需要多讲。以华北人民政府的财委会统一华北、华东及西北三区的经济、财政、贸易、金融、交通和军工的可能的和必要的建设工作和行政工作。不是一切都统一，而是可能的又必要的就统一，可能而不必要的不统一，必要而不可能的也暂时不统一。如农业、小手工业等暂时不统一，而金融工作、货币发行就必须先统一。行政上的统一，就是由华北财委会下命令，三区的党、政、军要保障华北财委会统一命令的执行。"[①] 要求在实现华北、华东和西北三区统一后，要进一步把东北和中原两个解放区也统一起来。

二　从华北财经办事处到中财委

　　华北财经会议之后，中央就开始从各解放区抽调财经干部组建华北财经办事处。1947年10月，华北财经办事处在河北省平山县夹峪村正式成立。董必武任主任，南汉宸、薛暮桥、杨立三和汤平任副主任，申伯纯任秘书处处长。下设财政组、经济组、军事供给组和调查研究室。南汉宸兼任财政组组长，薛暮桥兼任经济组组长，杨立三兼任军事供给组组长，王学文任调查研究室主任。同时，为了准备统一发行货币，还成立了中国人民银行筹备处，由南汉宸兼

---

① 《毛泽东文集》第五卷，人民出版社1996年版，第137页。

任主任。华北财经办事处成立后,在中共中央的领导下,开启了统一解放区财经的工作,积极展开统一财政、统一货币、统一军工、统一贸易、统一交通的工作,有力地推动了各解放区财政统一发展。先后开展了整顿村财政、开展货币统一试点工作、制定供给标准等工作,同时还开展了兴修水利工程等经济建设工作。

1948年5月,周恩来在听取华北金融贸易会议汇报后,认为这种联合性质的机构已经不能适应全局性、战略性的财经任务的需要了,提出"不能再搞联合政府了(指华北财经办事处),要搞统一经济"[①]。1948年5月27日,中共中央正式进驻河北西柏坡,领导全国解放战争。中共中央、中央军委对中央和军委各部门进行了调整,组建了中央财政经济部,在中央直接领导下统筹管理各解放区的财经统一和调剂工作。董必武任部长,薛暮桥任秘书长,协助部长处理日常工作。中央财政经济部的成立,是为了在更大范围、更高层次上统一领导东北解放区在内的全国各大解放区的财政经济工作,调剂各地财经工作的目标、计划与政策而做出的重大决策。一方面是强化中央统筹调剂职能,推动从中央到地方各级领导机构的健全,构建"统一领导,分级负责"的财经管理体系,以确保各项统一财经工作顺利开展;另一方面是推进财经制度建设,在中央领导下指导各解放区制定各类财经法规、税收法令及会计、审计等规程。

中央财政经济部的成立旨在加强统筹调剂工作,与华北财经办事处的联合办事机构的性质不同。原华北财经办事处一分为二,一部分划归中央财政经济部,在中央驻地办公;一部分另组华北财政经济委员会(简称华北财委),负责领导华北、华东和西北的财经统一的具体工作。华北财委主任由董必武兼任,副主任由薄一波和黄敬兼任。华北财委在统一财政工作方面,主要做了三件事:一是统一财政预算,即统一各解放区的财政预算制度,并编制和实施了1949年度华北地区的财政预算;二是统一税制税则,先后颁布了《华北

[①] 齐守印、赵文海主编:《财经大业》,中国财政经济出版社2012年版,第77页。

区农业税暂行税则》等多部税则和手续法；三是统一金融，即统一银行、货币发行及流通。统一金融的工作则是先联合后统一。华北财委密切配合中央财政经济部，具体组织实施了成立中国人民银行，发行统一的货币——人民币。

这一时期，解放战争已经进入夺取全国胜利的决定性阶段。中共中央在组织三大决战的同时，也开始做成立新中国的筹划。1948年9月，华北人民政府在石家庄成立，董必武被选举为主席，薄一波、蓝公武、杨秀峰为副主席。中央决定成立华北人民政府，就是为了"把华北解放区建设好，使之成为巩固的根据地，从人力物力上大力支援全国解放战争；探索、积累政权建设和经济建设的经验，为全国解放后人民共和国的建立做准备"。"在中央的直接领导下，华北人民政府为中央人民政府的成立做了组织上的准备。中央人民政府的许多机构，就是在华北人民政府所属有关各机构的基础上建立起来的。"[①] 华北财委既是华北人民政府的一个工作部门，同时又是中共中央的一个区域性工作机构，并受中共中央委托，统一领导华北、华东、西北的各项财经工作。当时董必武同时兼任着华北人民政府主席、中央财政经济部部长和华北财委主任，统一领导和协调各部门的工作。中央财政经济部和华北财委的使命除了统一财经更好保障解放战争取得全面胜利，还为建立人民政权、实现国家政治统一和经济统一做准备。

与此同时，前线的形势变化很快。从1948年9月12日起，中国人民解放军先后在辽沈、淮海和平津发起了三次大规模的战役。到1949年1月31日结束，历时4个月零19天，基本歼灭了国民党的主要军事力量。中国共产党领导的中国革命在全国胜利的大局已定。1949年3月5—13日，中国共产党在河北西柏坡召开了党的七届二中全会。毛泽东作了具有历史意义的报告，提出了促进革命在全国取得胜利的各项方针，并为新中国勾勒出宏伟蓝图。根据形势的变化，党的七届二中全会决定建立统一领导全国财经工作的指挥

---

① 薄一波：《七十年奋斗与思考》，中共党史出版社1996年版，第478页。

机构——中央财政经济委员会,进一步推进全国财经工作的统一,确保在新中国成立之后,在尽可能短的时间内完成统一全国财经的艰巨任务。1949年4月20日,中国人民解放军在西起江西九江东北的湖口、东至江苏江阴,长达500多千米的战线上,打响渡江战役。4月23日解放了南京。为了跟上形势的迅速发展步伐,迎接即将开始的新中国国民经济恢复工作,中央加快了中央财政经济机构的组建。5月9日,东北财政经济委员会主任陈云受命南下,参与中央财政经济机构的组建工作。7月12日,中国人民革命军事委员会财政经济委员会(简称"中财委")在北平正式成立。陈云任主任,薄一波、马寅初任副主任,薛暮桥任秘书长。中财委是以原中央财经部和华北财委为基础组建的,并从东北等其他解放区抽调了一些人员。组建初期的中财委内部工作机关设有6局、1处,即中央计划局、中央财经人事局、中央技术管理局、私营企业中央事务局、合作事业中央管理局、外资企业中央事务局和秘书处。中财委成立后,陆续组建了13个下属机构,即中央财政处、中国人民银行、海关总署、中央商业处、中央铁道部、中央交通处、中央燃料处、中央金属处、中央纺织处、中央工业处、中央农业处、中央林业处、中央水利处。[①] 中财委的成立对新中国成立后财经机构的组建、财经体制的顺利运行发挥了积极作用。在新中国成立后,改为隶属中央人民政府政务院,仍习惯简称"中财委",开始了完成统一全国财经工作的进程。

三 各解放区财经工作走向统一

统一财经是保障解放战争供给和建立人民政权的重大决策,展示了中国共产党卓越的预测力、决断力、指挥和驾驭全局的能力。[②] 中共中央根据内外环境的变化,出现的新问题、新矛盾,不断调整

---

① 何明编著:《建国大业》,人民出版社2009年版,第166页。
② 李海、李惠贤、成丽英:《统一财经为新中国奠基立业》,当代中国出版社2008年版,第5页。

目标、探索经验,迅速实现了各解放区财经的统一。统一财经工作大致分为三个阶段。

第一个阶段是华北财经会议之后,成立华北财经办事处,开启了财经统一工作。华北财办按照统一领导、分散经营的方针,逐步统一了华北各解放区财政政策,调剂各解放区财经工作:一是在保障供给的基础上,逐步统一财政工作。根据华北财办提出的建议,中共中央出台了《关于对出征部队的供给等问题的规定》,指导解决出征部队供给工作。华北财办制定了《华北各解放区目前财经关系调整办法》,对各解放区有关财经问题,提出了调整和解决办法。为了保证各项政策落实到位,华北财办做出了《华北财经办事处关于反对贪污浪费的指示》,严肃财经纪律。二是统一金融货币。先是实现各大解放区银行的统一。陕甘宁边区银行与晋绥的西北农民银行合并成立西北贸易公司,以西北农民银行的货币为西北解放区本位币。以冀南银行为基础,合并晋察冀边区银行,成立了华北银行。并开始筹建中国人民银行,以及人民币发行。三是统一工商贸易。在制定促进私营工商业发展的政策措施的同时,大力发展国营贸易机构,统一军需采购,保障前线供给。通过掌握粮食、棉布、油盐等几种主要物资供需情况,调剂供求关系,稳定解放区物价水平。四是统一兵工生产。经过一系列整顿,各军工企业实行了企业化管理,建立起经济核算制度,精确计算生产成本;实行统一领导,互相调剂生产,使生产有了很大发展,有力保障军队供给。五是统一交通运输。有计划地进行了若干交通建设,把各解放区紧密地联结起来,供应战争需要及经济发展需要,全力支援战争。将各地邮局统一为"中国人民邮政",改善通邮办法,逐渐统一各种制度,实现解放区邮政电讯事业的统一。

第二个阶段是华北金融贸易会议之后,成立中央财政经济工作部,加强统一办法和步骤的研究,强化中央调控能力,统筹协调,推动统一财经工作向前大步前进:一是完善各解放区财经工作领导机构的建设。在各解放区成立财经委员会,形成"统一管理,分级负责"的财经管理体系,明确中央和地方的财经管理权限并建立请示报告制度，加强财政管理基础制度建设。二是完成西北财经统一工作。1948年5月19日，通过了《解决西北财经问题方案拟议》，将西北财经工作完全统一于华北财经体系，并对西北地区财力进行合理调剂。三是统一各解放区供给标准，保障军需供给，并根据实际情况进行调整。华北、华东两区生活标准大体一致，西北菜油两项较低，在津贴及日用品方面山东稍多。在被服供给方面，各地大致相同，粮食标准方面，西北较低，山东最高。四是统一经济贸易政策，实现了各地相互征税全部停止，进出口的税率大体上一致，消除贸易障碍。五是统一人民银行。1948年12月1日，在华北银行、北海银行、西北农民银行的基础上合并组建的中国人民银行在石家庄宣告成立，并从即日起发行人民币，以此统一各解放区的货币。

第三个阶段是党的七届二中全会之后，成立了中国人民革命军事委员会财政经济委员会。这一时期，解放战争取得了全面胜利，全国解放指日可待。面临的不再是解放区财经统一问题，而是全国解放后的全国财经统一问题。中财委成立后，于1949年7月27日至8月25日在上海召开了全国财经会议，史称上海财经会议。这次会议对全国财经统一工作做出了工作部署，为全面开展全国财经统一工作做好了准备。

四　为新中国财经建设和发展做好了理论和干部准备

随着解放战争的节节胜利，从农村走向城市，面临着很多新的财政经济问题。学习如何管理城市财政工作，为建设新中国积累经验，也是当时中共中央非常关注的问题。中共中央从华北财经会议就开始重视财经理论的研究了，根据中共中央的指示，各解放区代表提出财经工作中存在的问题，然后进行了充分的讨论，探索解决问题的办法，前后开了2个月的时间。华北财经会议提出的财政思想和各项财经政策反映出党在财经理论和思想上对革命形势的变化进行了及时的回应。

华北财经办事处成立时，专门组建了调查研究室，由王学文任主任。研究室分组研究相关财经问题，并编辑财经参考资料。王学文曾留学日本京都帝国大学经济学部，受教于著名的马克思主义经济学家河上肇，回国后在暨南大学等多所高校讲授政治经济学，有着深厚的财经理论功底。研究室成立后，除了进行相关政策理论研究外，还搜集整理各地物价、币价及金价变化，编制各种重要物资的物价指数和各种统计资料，定期编发《经济通报》；收集整理各地财经工作资料，编印《参考资料》。

中央财政经济部成立后，作为中央的财经参谋机构，更强调了调查研究工作，专设了研究室，在中央领导下研究统一各解放区财政经济工作及各解放区执行政策的方法和步骤，收集、整理和保管有关财政经济的各种材料，并做有计划的调查研究。研究指导员除了王学文，还有黄松龄，黄松龄亦曾留学日本明治大学，回国后曾任黄埔军校政治学教官，为著名财经学者。在一年多时间里，中央财经部按照中央要求，认真展开相关研究，协助中央科学决策，为推动和加快统一财经进程做出了重要贡献。

在统一财经工作的同时，也十分重视新中国财经管理人才的培养。毛泽东于1949年2月8日为中共中央革命军事委员会写的各野战军的电报中指出，"应当全体学会接收城市和管理城市，懂得在城市中……善于管理工业和商业……善于调剂城市和乡村的关系，解决粮食、煤炭和其他必需品的问题，善于处理金融和财政问题"。"如果我们的干部不能迅速学会管理城市，则我们将会发生极大困难。"[①] 中央在抗日战争胜利后，为了培养急需的建设人才，1946年1月5日在邢台市西关成立北方大学，下设行政学院、工学院、农学院、医学院、文教学院、财经学院6院。此后，为了加强财经政策研究力量，又组建了财经研究室，学习和研究政治经济学基本理论及新民主主义的各种财经政策。此后，又成立了合作经济研究小组与工商管理研究小组。中央财政经济部成立后，由王学文负责以北方大学财经学院为基础创建了华北财经学院，加快了财经干部培养。

---

① 《毛泽东选集》第四卷，人民出版社1991年版，第1405—1406页。

解放战争后期，党的财政工作的重心已经开始由过去从农村为主转向以城市为主，由保障革命战争转向经济恢复和建设。党中央为了适应这种转变的需要，也开始了密集的调研和理论研究。这些研究在1949年3月召开的党的七届二中全会上作了较为充分的论述，提出解放区的中心任务已经是动员一切力量恢复和发展生产事业，指出"这是一切工作的重点所在"[①]。为了更好地阐述和落实这些思想，许多党的领导人相继发表了一系列的理论文章。1949年4月，在中国人民解放军渡江前夕，党中央、毛主席委托刘少奇去天津调查研究，更好地解决进城后面临的许多重大理论问题和实际问题。刘少奇在天津一个月的调研工作，取得了很大成绩，为解放后推动城市经济发展提供了很好的可借鉴的经验。可以说，在党中央的领导下，中国共产党在理论、机构和干部各方面都做好了充分的准备，为即将展开的新中国的财政建设创造了良好的条件。

[①] 《毛泽东选集》第四卷，人民出版社1991年版，第1429页。

第 五 章
新中国成立初期的财政工作和国民经济的恢复(1950—1952年)

1949年新中国成立标志着党的财经工作进入新的阶段。由于需要恢复受到战争破坏的工农业生产,需要大量资金进行经济建设,加之国民党留下的通货膨胀、物价不稳,新中国的国家财政出现了困难。面对困境,国家采取了统一的财政管理体制和严格的从紧政策。这一体制和政策,成功地调节了总供给与总需求的关系,克服了新中国面临的各种困难,为巩固国家的统一与稳定,推动经济的恢复与发展,发挥了重大的积极作用。

第一节 新中国成立初期面临的困难

一 新中国的成立

1949年10月1日,毛泽东向全世界庄严宣告新中国成立。新中国是工人阶级领导的、以工农联盟为基础的人民民主专政的社会主义国家,开辟了人民当家作主的崭新时代。在成立中央人民政府的同时,成立了中央人民政府财政部。10月19日,中央人民政府任命薄一波为财政部部长,主持全国财政事宜。新中国的成立,使国家财政从此结束了对劳动人民的超经济剥削,成为取之于民用之于民、为人民谋福利的新型财政。

新中国的成立,标志着新民主主义经济制度最终取代了半殖民地半封建的社会经济制度。在中国共产党的领导下，从1949年10月到社会主义改造完成之前，我国实现了从半殖民地半封建社会到民族独立、人民当家作主的新民主主义社会的转变，中国共产党在胜利完成繁重的社会改革任务和进行抗美援朝战争的同时，开始全面实施新民主主义经济纲领，构建了多种经济成分并存、市场与计划并存的新民主主义经济体制，社会生产力得到了迅速恢复和发展，全面恢复了遭到严重破坏的国民经济。在这一过程中，中国共产党担负起领导全国各族人民建设新国家、新社会的重任，党的经济工作也翻开了新的一页。

完成半殖民地半封建社会经济形态向新民主主义经济形态的转变，是这一时期中国共产党经济工作的主线。新中国成立初期的中央集权的财政体制，改变了财力分配的格局，调整了财力的运作方向，极大地强化了中央财政的机动能力；同时还实现了稳定物价和物资平衡。正是在中央高度集权体制的统一调节下，新中国才得以克服重重困难，迅速走上恢复和发展的道路。

二 新民主主义经济模式的指导思想和新中国初期的经济政策

新中国成立之际，革命战争已在全国取得了决定性的胜利，但是西南地区及沿海岛屿还被国民党军队盘踞。当时人民政府不仅面临着解放全中国的任务，同时还需要尽快改造旧中国的经济体系，恢复已经残破不堪的国民经济，使中华民族的生机尽快复苏。这是人民政府面临的中心任务，然而完成这一使命，必须要有充足的财政保障。

（一）实践新民主主义经济模式的指导思想

实践新民主主义经济模式的核心问题是正确处理各种经济成分的关系，调动各种经济成分的积极性，在社会主义性质的国营经济的领导下，各种经济成分"分工合作，各得其所"，通过优先发展国营经济，开展互助合作运动，发展国家资本主义，促进新民主主义经济向社会主义过渡。

新中国成立伊始，中国共产党就制定了国家经济建设的根本方针："以公私兼顾、劳资两利、城乡互助、内外交流的政策，达到发展生产、繁荣经济之目的。国家在经营范围、原材料供给、销售市场、劳动条件、财政政策、金融政策方面，调剂国营经济、合作经济、农民和手工业者的个体经济、私人资本主义经济和国家资本主义经济，使各种社会经济成分在国营经济的领导之下，分工合作，各得其所，以促进整个社会经济的发展。"[1] 这一经济建设的根本方针，旨在确立国营经济的领导地位，强调国家调剂五种社会经济成分，使不同的经济之间分工合作，各得其所。

（二）《共同纲领》和新中国成立之初的财政政策

关于新中国成立后我国财经问题的讨论，早在1949年3月党的七届二中全会上就提出了新中国成立后财政经济纲领的一些原则，这些原则被中国人民政治协商会议所采纳，并规定在作为临时宪法的《中国人民政治协商会议共同纲领》（以下简称《共同纲领》）之中，《共同纲领》中所规定的财政经济政策就成为我国国民经济恢复时期的财政经济方针。

关于财政政策，《共同纲领》规定："关于财政：建立国家预算决算制度，划分中央和地方的财政范围，厉行精简节约，逐步平衡财政收支，积累国家生产资金。国家的税收政策，应以保障革命战争的供给，照顾生产的恢复和发展及国家建设的需要为原则，简化税制、实行合理负担。"

财税政策方面，《共同纲领》的规定说明当时中国的财政还处于战时财政阶段，当时全国领土尚未全部解放，旋即抗美援朝战争打响，财税政策的头等重要原则便是保障战争的供给；与此同时，财税政策更为关注经济的复苏，不使税收负担过重，以利于生产的恢复和发展。

（三）党的七届三中全会和恢复国民经济行动纲领

新中国成立初期，中国共产党在经济工作中面临的首要问题就

---

[1] 中共中央党校党史教研室：《中国人民政治协商会议共同纲领》，《中共党史参考资料》（七），人民出版社1980年版，第22页。

是实践新民主主义的经济模式，并在这一过程中，迅速恢复和发展国民经济。

为了恢复国民经济，1950年6月，党的七届三中全会在北京召开，这是新中国成立之初中国共产党召开的第一次中央全会。毛泽东向大会作了《为争取国家的财政经济状况的基本好转而斗争》的书面报告，并提出了恢复国民经济的行动纲领。

在全面分析国内外形势后，毛泽东特别就财经问题进行了阐述，指出我们现在经济战线上已经取得了一些成就，财经状况开始好转。同时，毛泽东也指出，这不是根本的好转，还没有获得有计划地进行经济建设的条件。毛泽东强调，要获得财经状况的根本好转，需要三个条件，一是土地改革的完成，二是现有工商业的合理调整，三是国家机构所需经费的大量节俭。全党和全国人民均应为创造这三个条件而努力奋斗。为了创造上述三个条件，毛泽东又强调必须做好八项工作。这三个条件和八项工作，绝大部分都是经济方面的工作或与恢复国民经济有着密切的关系，是新中国成立头三年中国共产党领导恢复国民经济的行动纲领。

为进一步解释和说明书面报告的战略思想，毛泽东提出了"不要四面出击"的战略策略方针。毛泽东强调不要四面出击，要求全党不可树敌太多，造成全国紧张，必须在一个方面有所让步，有所缓和，集中力量向另一方面进攻。"不要四面出击"不仅明确了全党的主要任务和主攻方向，是解决当时各种社会矛盾的总方针，也是恢复国民经济的战略策略方针。

党的七届三中全会提出的恢复国民经济的行动纲领对新中国成立之初的中国共产党领导人民迅速恢复和发展国民经济，保证我国稳步地实现由新民主主义向社会主义的转变具有重大的指导意义。

三　新中国面临严峻的财经困难

（一）国民经济处于崩溃边缘

长期的战争导致了国民经济崩溃，在经历了抗日战争和解放战争之后，到中华人民共和国成立之时，整个国民经济已经处于崩溃边缘。

第一，工农业生产遭到严重破坏。在广大农村，耕畜面积减少，江河堤岸常年失修，造成连年的水旱灾荒。在城市，工矿设备或被破坏，或被运走，即使保存下来的设备，也大都残破不堪。结果使本来就十分低下的工农业生产能力再次急剧下降。如果将 1949 年与抗日战争前相比较，农业产值降低了两成以上，其中粮食产量比 1936 年降低 22.1%；工业产值降低了一半以上，其中重工业生产大约降低了 70%，轻工业生产大约降低了 30%。交通运输能力受到的摧残更为严重，全国所有铁路、公路几乎无一能全线通车，桥梁、隧道和机场均遭到严重破坏。[1]

第二，物资匮乏和物价上涨导致了严重的通货膨胀。由于长期战争，工农业生产遭到破坏，城乡物资严重缺乏。比如，上海在 1949 年 5 月人民政府接管时，食米、燃煤供应已难以为继，私营纱厂的存棉只够一个月的生产之用。老百姓对纸币充满不信任，加之投机资本猖獗，通货膨胀问题十分严峻。如 1949 年 5 月 10 天内市场银元价格上涨 5 倍多。[2] 整个市场为投机势力所统治，从而加剧了物价的波动和物资的匮乏。

第三，人民生活困苦不堪。老区在长期遭受进攻的同时还要支持人民军队解放全中国，而新解放区也深受战争和由此引发的严重通胀的影响，普通百姓贫困潦倒，即使中产阶级的生活状况也江河日下。国民党政府溃逃之时，破坏了生产，导致工厂停工，工人处于失业和半失业状态，生活境况非常困难。

(二) 战争造成财政收支严重不平衡

除全国经济濒于崩溃，长期的战争造成财政收支严重不平衡，也给新中国成立初期的经济恢复增加了难度。

第一，财政支出增长较快。1949 年时，新政权虽已建立，但解放战争尚未完全结束。为了解放全中国，巩固新生政权，新政府必

---

[1] 政务院经济委员会编印：《1949 年中国经济简报》，第 64 页。
[2] 迟爱萍：《新中国第一年的中财委研究》，复旦大学出版社 2007 年版，第 31 页。

须在极端虚弱的经济基础上支付巨大军费。不仅如此，随着解放区的扩大，国家管理机构也相应增加，这是政费开支增加的一个方面。另外，吸纳大批国民政府的军政人员也使得财政经费开支明显扩大。除此之外，救济支出数额也很大，新中国成立初期，灾民亟待救济，工人失业也非常普遍。人民政府为了安定社会秩序，在极端困难的情况下，拨出大批粮食、物资对他们进行必要的救济，这也给人民政府造成了极大的财政压力。

第二，财政收入增加缓慢。一方面，从财政收入来看，虽然解放战争进展速度快，新解放区的农村还没有进行土地改革，虽有部分地区已开始征收公粮，但收得少，进展不快。新解放区的城市也没来得及建立新的税收制度，税收工作的开展受到了影响，税收的实收数与预定数存在着很大的距离。另一方面，老区的人民长期支援革命战争，财政负担已经十分沉重，很难满足财政支出快速增长的要求。

第三，税收征管难度较大。长期的战争造成了大量企业濒临破产，新接收的企业不仅一时无法恢复正常生产，有些还有倒闭危险，无法为财政提供支持。铁路、公路尚未全面恢复，致使交通阻塞，城乡物资交流不畅也客观上增加了税收难度。

(三) 财政和金融体制混乱

新中国成立初期，除了帝国主义封锁和商人囤积居奇造成的物资短缺和通货膨胀之外，还面临着财政不统一和财政金融体制混乱的局面。

第一，财政收入不统一。在革命根据地时期，财政是在统一政策的前提下分散经营的，1949年，随着解放区的扩大，财政开始逐渐统一，但统一只是在货币发行（不包括东北）、财政支出等方面的统一，其他方面，例如财政收入方面，却未能统一。中央财政担负着军政费、经济建设费、救济费等主要支出；而主要收入均掌握在大行政区、各省市县人民政府手里。这种只统一了支出而未统一收入的财政收支脱节现象，不利于中央统一调度，而且削弱了本来就不是很强的财政力量，加剧了财政困难，造成巨额财政赤字。

第二，货币超发。新中国成立初期，为了满足财政支出的要求，货币存在较严重的超发，引起了物价上涨和通货膨胀。1949年7月底，发行人民币（旧币）2800亿元，11月底为16000亿元，不到四个月货币发行增加了近五倍。[①] 当时新解放区大半是城市，且城市承担着全国各地的采购任务，货币的超发使得大城市人民币过多，同时，货币的超发又加速了人民币的流通，从而加剧了新中国初期的通胀。

第二节　中财委领导财经工作

新中国成立初期，作为全国财经工作的领导机关的中财委的首要任务就是确立新中国财经秩序，为恢复被战争破坏的国民经济扫清障碍。

要保证国民经济的恢复，首先需要制止抗战以来连续十二年的恶性通货膨胀，建立良好的市场运营环境。新中国初期的通胀是长年战争的结果，同时也是财政收支不平衡和赤字货币化所造成的。可以说，新中国初期的恶性通货膨胀已经成为影响人民群众切身利益的问题，能否抑制通胀成为新生的人民政权是否具有执政能力的体现。

首先，恶性通货膨胀背后虽然有投机资本的作用，客观上也是由于国内财经管理体制的不统一和不健全所引发。因此，中财委除了打击投机资本，还必须从财经管理体制上对这一目标的实现加以保证。这就需要改变战时"统一管理、分散经营"的管理方式，扭转中央财政收支脱节的状况，实现"全国一盘棋"。

其次，新的经济秩序的确立，需要财政收支平衡做保证。实现财政收支平衡，需要"开源"和"节流"相互配合。在"开源"方面，中财委需要在增加城市财政收入的同时，利用发行公债筹措资

---

① 宋新中主编：《当代中国财政史》，中国财政经济出版社1997年版，第49页。

金；在"节流"方面，还要对资金使用采取量出为入、量入为出的方法。

最后，在经济制度方面，中财委需要明确针对不同所有制经济的经济政策，要求公私兼顾，使五种经济成分各得其所、共同发展，从而尽快实现国家财经状况基本好转。这些都为中财委如何对待资本主义工商业指明了方向。

一 打击投机资本、实现物价稳定

新中国成立之后，为了克服当时的经济困难，首先需要稳定物价、控制市场秩序，扭转市场投机和混乱的状况。

（一）恶性通胀和投机资本

新中国初期的财政收支不平衡是恶性通胀的主要原因。由于解放战争的继续，军费持续扩大，到1950年军费仍占财政收入的41.1%。[①] 同时，为了稳定社会，人民政府对国民党政府遗留下的几百万军政和公教人员采取了吸收的策略，这样连同自己的军政人员，国家需要供给的脱产人员达900万人，行政费用很大。人民政府的财政收入不够支付庞大的费用，1949年国家支出中有2/3的赤字。

货币超发引发了恶性通胀，旧中国遗留下来的投机资本便借此机会囤积居奇、哄抬物价，加剧市场的混乱和物价上涨。从1949年4月到1950年2月，不到一年的时间里就出现过四次全国性的物价大波动。由于长期恶性通货膨胀的影响，法币、金圆券贬值了亿万倍，已经失去了流通手段的作用，而银元和其他外国货币则成为实际流通手段。解放以后，狂涨的物价一时难以稳定下来，银元、外币仍未退出流通领域，成为人民币流通和城乡物资交流的巨大障碍。在物价波动中，银元、外币又成为投机资本制造涨价风的法宝。

（二）"两大经济战役"打击投机资本

为了制止投机资本操纵市场，新政权依靠国营经济力量采取了

[①] 国家统计局国民经济综合司：《新中国五十五年统计资料汇编》，中国统计出版社2005年版，第45页。

有力的措施和行政手段，相继组织了同投机资本的两大战役，即"银元之战"和"米棉之战"。

针对当时银元投机猖獗的情况，各大城市人民政府明令禁止金条和银元在市场上的流通，一律由人民银行挂牌收兑，规定人民币为法定唯一货币。但投机商对人民政府的法令置若罔闻，继续扰乱市场。在上海，投资商的活动尤为猖獗，银元的黑市价格从人民币1400元涨到2000元以上。为打击投机资本，1949年6月，经中央批准，上海市一举查封了"证券大楼"；武汉组织纠察队缉获银元投机首要分子200多人，查封两家大钱庄。此外，人民政府还对金融机构加强了管理，凡专门经营高利贷的地下钱庄等非法金融机构坚决取缔，并公布工商登记办法，实行工商登记，严格管理市场交易和市场价格，公布国营牌价，加强市场管理。

在打击了金银外币的投机之后，投机商又转而囤积粮食、棉纱、煤炭等物资，以哄抬物价。为了克服财政经济的困难，整治金融市场、稳定物价，1949年7月，中财委召开了五大区领导干部参加的财经工作会议，会议提出了克服困难的四项办法，即精简节约，在新解放区的乡村抓紧征粮，在新解放区的城市抓紧征税，发行公债，从各地调拨物资。针对投机资本大量囤积粮食和棉纱的行为，会议也进行了统一部署，决定进行"米棉之战"。在中财委的统一部署下，各地行动一致，经济手段和行政手段双管齐下。一方面在全国范围内调运粮食、棉花和煤炭，择机抛出；另一方面采取措施收紧银根。1949年11月，当物价上涨最猛的时候，全国各大城市按照中央的统一部署，一致行动，敞开抛售，使物价迅速下跌。

两大经济战役沉重地打击了投机资本，各地市场从1949年11月开始趋向稳定。打击投机资本的胜利，标志着中国共产党和人民政府在市场上取得了领导地位，掌握了稳定市场的主导权。

二 统一全国财经工作

新中国要从根本上制止通胀，实现物价稳定，必须要恢复城市和农村的税收制度，平衡国家财政收支。而平衡国家财政收支的关键在于节约开支、整顿收入,统一财政收支的管理。

(一) 统一认识,做好思想准备

随着解放战争的胜利,统一全国财政经济管理,使其由基本分散经营转变为基本统一管理,争取财政收支平衡已经成为中财委的主要任务。然而,由于长期习惯于分散经营,当时不少人对统一财经工作存在一些模糊认识,有人担心统一财经管理会影响地方积极性,因而要求中央给予较大的机动权,甚至有的地区不同程度地存在着本位主义。针对这些糊涂认识,中财委做了大量的宣传教育工作,以统一思想认识。

为此,中财委通过各种会议,反复宣传统一财经工作的意义和目的,要树立全局思想,小公服从大公,在统一财经问题上,避免发生本位主义。1949年12月,在中财委召开的城市供应会议上,陈云指出:现在全国的物资仍然很不足,但越是物资不足,越要集中使用,机动权必须放在最高司令部的手里,不能分散在各个地方。[1] 1950年2月,在全国财政工作会议上,陈云又一次谈到统一财经工作的必要性。他说:"为了战胜暂时的财政困难,在落后贫困的经济基础上前进,必须尽可能地集中物力财力,加以统一使用。"[2]

此后,经过三个多月的充分酝酿,统一了思想认识。1950年2月召开的全国财政工作会议,集中研究了统一财经、紧缩编制、现金管理、物资平衡四大问题,并作了具体部署。在做好了统一财经工作的各项准备之后,于1950年3月3日不失时机地公布了政务院第22次会议通过的《关于统一国家财政经济工作的决定》,这个决定具体规定了统一财政收支管理、统一物资的调度、统一现金管理的详细办法。

---

[1] 陈云:《财政经济要统一管理》,载《陈云文选(一九四九——一九五六年)》,人民出版社1984年版,第48页。

[2] 陈云:《为什么要统一财政经济工作》,载《陈云文选(一九四九——一九五六年)》,人民出版社1984年版,第61页。

（二）统一全国收支管理

统一财政收支，重点在财政收入。对于公粮，规定除地方附加粮外（一般为正粮的5%—15%），全部归中央人民政府统一调度使用。同时，中央重申"增加生产、厉行节约"，具体包括两个方面的内容：

第一，制定编制，规定统一的供给标准。1950年3月建立了全国编制委员会，以薄一波为主任，聂荣臻为副主任。编制委员会负责制定和颁布各级军政机关的编制和供给标准，严禁各地虚报冒领。从此，大大缩减了行政费用。

第二，节省支出，保证重点。对一切可省和应缓办者，统统节省和缓办。同时，为提高工作效率，各机关都规定了工作人员的职责范围；所有国营企业积极铲除囤积物资的浪费行为。

由于各级政府认真贯彻统一支出、节约支出的方针，行政费用大为节省，对平衡财政收支起到重要作用。

（三）统一全国物资管理

为了国家的急需，中财委于1950年3月成立了全国仓库物资清理调配委员会，各大区、省、市、县，各后勤部，各工商企业均分设仓库物资清理调配委员会，进行清仓查库。所有仓库物资由财经委员会统一调度，合理使用。由于各级政府、各个部门不隐瞒、不打埋伏，到1950年6月底，中财委查明了所有仓库的存货，减少了财政支出。

由于统一了物资管理，国家可以灵活地调节国内供应，有利于有计划地供应物资和回笼货币。

（四）统一全国现金管理

1950年3月中财委指定中国人民银行为国家现金调度的总机构，并规定一切军政机关和公营企业的现金一律存入国家银行。统一现金管理，由中国人民银行实行管理，集中调度。从而避免了社会通货过多的现象的发生。

总体来看，为实现统一财经工作，中共中央向各级党委发出了《关于统一国家财政经济工作的通知》，下发后用了仅仅四个月的时间，就统一了全国的财政经济工作。统一的范围之广，速度之快，说明人民政府是一个有效力的政府，证明了人民政府的执政能力，在很短时间内就取得了明显成效，正如毛泽东同志指出的："最近几个月内实现了全国范围的财政经济工作的统一管理和统一领导，争取了财政的收支平衡，制止了通货膨胀，稳定了物价。"[1]

值得指出的是，新中国初期高度集权的财政体制和紧缩的财政政策对于恢复经济的意义十分重大，尤其考虑到当时通货膨胀和财政开支不断扩大，将财政收支权限集中于中央，运用经济、行政甚至强制手段打击投机资本不仅可以稳定通货膨胀，还能够强化全国财经秩序。另外，在财政政策上，通过增收节支、发行公债和强化货币回笼都可以起到平抑物价和稳定社会环境的作用，从而安定了民心，为克服经济困难创造了必要条件。

第三节 财税体系的恢复调整和社会主义财政的初步建立

新中国成立初期，就开始对旧财政税收制度进行改造调整。同时，在对社会经济进行大改组的过程中，国家的财政收支结构发生了深刻的变化，完成了由战时财政向发展国民经济的功能性财政的转变，社会主义财政功能日渐明显，财政制度逐渐完善。

一 财政税收制度的调整和完善

为了适应国民经济的恢复发展，人民政府对财政体制进行了适当调整，并进一步健全和完善了财政管理制度。

第一，调整财政管理体制。为了理顺中央和地方财政关系，人民政府于1951年3月发布了《关于1951年度财政收支系统划分的决定》（以下简称《决定》），明确了中央与地方的财政收支范围。

---

[1] 《毛泽东文集》第六卷，人民出版社1999年版，第69页。

根据该《决定》国防费、外交费列入中央预算；文化、教育、卫生支出，社会救济支出，行政管理支出分别按管理系统列入中央、大行政区和省（市）预算。同时，为了贯彻《共同纲领》中关于建立国家预决算制度的规定，人民政府于1951年8月又颁布了《预算决算暂行条例》。这一条例的公布与实行，不仅体现了财政上统一领导、分级负责的精神，而且健全了财政管理制度，加强了财政纪律与财政的计划性。

第二，建立基本建设拨款制度。1950年以来，我国开始了国民经济的恢复和重点建设工作，基本建设投资逐步增加。但当时由于经验不足，缺乏必要的拨款与监督制度，一度造成浪费和损失。为纠正以往的缺点，人民政府于1950年12月1日通过了《关于决算制度、预算审核、投资的施工计划和货币管理的决定》，1951年3月，进一步制定了《基本建设程序暂行办法》，1952年1月制定了《基本建设工作暂行办法》，1952年8月制定了《基本建设拨款暂行办法》，从而建立了较正规的基本建设拨款制度。基本建设拨款制度的建立，节约了基本建设资金，减少或者避免了基建资金的浪费，加快了建设速度，为我国大规模经济建设做出了准备。

第三，建立以城市为核心的财税制度。新中国成立之后，为了迅速把以农村为主要基础的财政转变为以城市为中心的财政，把供给性财政转变为建设性财政，人民政府于1951年3月颁布了《关于进一步整顿城市地方财政的决定》（以下简称《决定》），该《决定》指出，对于城市的经济建设，应根据城市经济的情况，发展城市经济，积极组织财政收入。

为了充分调动市一级人民政府发展市营企业以解决财政问题的积极性，《决定》规定了城市地方财政的收入范围，比如，房地产税、契税和特种消费行为税等，一般划为市财政收入。财政部或大区政府在核定其全年预算时，收支有余者上缴，不足之数，再从其他税收内按比例留解。在市营企业收入方面，扩大了市营企业的经营范围；同时为奖励地方放手经营，规定市营企业，除须服从国家工业建设的统一方针和计划外，中央和大区不宜轻易接管。这样，各大城市不仅仅可以依靠地方税、附加费、规费等收入来平衡地方预算，还可以在全国统一计划下积极举办一些轻工业和小型工厂等市营企业。

第四，建立完善预算制度。毛泽东同志十分重视预算工作，强调指出："国家的预算是一个重大的问题，里面反映着整个国家的政策，因为它规定政府活动的范围和方向。"[1] 根据1951年3月发布的《关于1951年度财政收支系统划分的决定》，国防费、外交费列入中央预算；经济建设支出，按隶属关系分别列入中央预算和地方预算；文化、教育、卫生支出分别按管理系统列入中央、大行政区和省（市）预算。农业税、国家银行收入和内外债收入等列入中央预算；屠宰税、契税、房地产税、特种消费行为税、使用牌照税和地方企业收入等列入大行政区或省（市）预算。

为了贯彻《共同纲领》中关于建立国家预决算制度的规定，巩固调整财政管理体制后所取得的成果，政务院于1951年8月又颁布了《预算决算暂行条例》。这一条例的公布与实行，不仅体现了财政上统一领导、分级负责的精神，而且健全了财政管理制度，加强了财政纪律与财政的计划性。

二　城市和农村税收的调整和恢复

第一，城市税收制度的恢复和建立。1949年11月24日至12月9日，中央人民政府财政部在北京召开了首届全国税务工作会议。会议草拟了《全国税政实施要则》。1950年1月，中央人民政府政务院颁发了《全国税政实施要则》（以下简称《要则》）。《要则》指出，在过去历次革命战争中，农民负担远超过工商业者的负担。依照"合理负担"的原则，应适当平衡城乡税收负担，尽可能地做到税收负担公平合理。为此规定公、私企业和合作社一律照章纳税。

在首届全国税务会议上，根据《要则》布置了第一次全国税收

---

[1] 《毛泽东文集》第六卷，人民出版社1999年版，第24页。

计划，此时正处于物价波动期，财政赤字很大，整个财政收入任务税收要负担 1/2，税收能否完成任务事关重大。通过中央采取一系列增强税收措施和广大税务干部的艰苦奋斗，1950 年超额完成税收计划，财政赤字大大缩小。1951 年财政收支平衡，制止了通货膨胀，稳定了物价，从而为"一五"期间我国成功地开展大规模经济建设创造了条件。

第二，农业税制的调整。中华人民共和国成立初期，约占全国农村人口 1/3 的老解放区，早在新民主主义革命战争时期就建立了新型的农业税制度。约占全国农村人口 2/3 的新解放区，还存在着不合理的田赋制度。

为此，新中国废除实行了两千多年的田赋制度，改为按产量征收的农业税制度，这是我国农业税制度的一次根本性变革。这一变革，从根本上废除了地主阶级逃避、转嫁赋税的特权，也使广大农民从数千年的田赋制度的奴役下解放出来，因而具有重要的历史意义。除此之外，新中国成立后，人民政府在不同地区实行不同的税制。老解放区仍然执行原来的征收制度，新解放区则执行中央人民政府 1950 年 9 月发布的《新解放区农业税暂行条例》。这个条例体现了中国共产党的农村阶级政策，采取了差额较大的累进税制，对地主规定较高的税率，对大地主规定更高的税率，对中农特别是贫农则规定较低的税率，极贫的农民则予免税。同时，对于出租收入、自耕收入和佃耕收入，按其收入性质的不同，加以区别对待，采取不同的计税方法。差别的税收政策在经济上限制和削弱了地主，保护了中农，扶持了贫雇农，得到了广大农民的热烈拥护。

三 新中国财政的初步建立

随着社会主义经济的初步建立，国家财政收支结构也发生了一系列深刻的变化。

第一，国营经济向国家提供的财政收入，在整个财政收入中所占比例不断增大。1950 年，我国财政收入主要来自个体经济和私营经济，其中，个体经济向国家提供的财政收入占当年财政收入总和的34.5%，私营经济向国家提供的财政收入占30.2%，国营经济向国家提供的财政收入占33.4%，社会主义性质的集体经济向国家提供的财政收入占0.3%，公司合营经济向国家提供的财政收入占1.6%。这表明，国营经济在五种经济成分中虽然处于领导地位，但其经济力量还是很弱的，而个体经济和私营经济在国民经济中则居于主导地位。

随着经济改革的深入进行，国营经济不断壮大。到1952年国营经济向国家提供的财政收入占国家财政收入总和的比重提高到58.1%，社会主义性质的集体经济提高到1.2%，公私合营经济也提高到2.1%，个体经济和私营经济则分别下降到19.0%和19.6%。国营经济向国家提供的财政收入在财政收入总和中所占比重不断提高，是社会主义公有化程度不断提高的表现。从此国家财政牢固地建立在社会主义公有制的基础之上了，财政收入的稳定增长有了切实的保障。

第二，工业部门向国家提供的财政收入在财政总收入中所占的比重不断提高。新中国成立初期，我国财政收入的主要来源是农业部门。1950年，在财政总收入中，农业部门提供的占39.2%，工业部门提供的占30.2%。到1952年，工业部门向国家提供的财政收入占财政总收入的比重跃居第一位，占33.9%；商业部门向国家提供的财政收入居第二位，占22.7%；农业部门向国家提供的财政收入下降为第三位，占20.2%。工业部门向国家提供的财政收入在财政总收入中所占比重的增加，说明我国工业化程度的不断提高，充分展示了我国工业化的前景。

第三，从支出方面看，经济建设支出和文教支出之和，在整个财政支出中所占的比重不断上升，而国防费和行政费支出在整个财政支出中所占的比重不断下降。由此可见，经济建设支出在财政支出中已经占第一位，这是我国财政的重要转折，它充分表明，我国财政已经完成了由战时财政向经济建设财政的转变。

第四节　抗美援朝、国民经济的全面恢复与社会主义经济的初步建立

一　抗美援朝中的国家财政建设

（一）"三边"方针

1950年6月25日，朝鲜战争爆发，10月25日，中国人民志愿军应朝鲜请求赴朝，与朝鲜人民军并肩作战。抗美援朝战争的爆发对我国的财政经济产生了重大影响，在这种形势下，满足战争的需要成了财政工作的首要任务。当时，由于西方国家对我国实行经济封锁和禁运政策，使我国对外贸易遭到严重阻碍，国内市场也受到一定冲击，影响了我国正常的工农业生产；同时，由于时局变化，造成人心不稳进而引起金融波动，物价上涨，投机资本又有抬头之势。

在这种形势下，财政工作的部署就应该区别先后、分清主次。经过反复研讨，中财委确定在抗美援朝运动中，应实行国防第一、稳定物价第二、其他第三的财经工作方针。

所谓国防第一，就是说反对侵略的抗美援朝战争是第一位的。1951年的财经工作方针应该建立在抗美援朝战争的基础上，一切物力、财力和人力都要首先保证战争的胜利。

所谓稳定物价第二，就是说要在抗美援朝战争的情况下力争财政收支平衡，保证市场物价的稳定。从经济方面来看，新中国成立以后，交通已经恢复，财政已基本统一，城市经济已有一定的基础。然而，我们的经济还不巩固，物资储备还不丰富，抗美援朝很可能会引起物价风潮。而一旦物价波动，公私企业的收入随之降低，税收就要减少，迫使财政增加货币发行，国家和人民都会受损失。从政治方面来看，物价稳定关系民生和民心，如果不能平抑物价，人心就会浮动，国内政局有可能也受到影响。在战争的情况下，一定要保证物价的基本稳定。因此，要求在财政预算上，尽量多收，尽

量少用，使其没有赤字。

所谓其他第三，就是说要在照顾第一、第二之后；剩多少钱，办多少事，以不出现赤字为原则。例如文教费用、行政开支、经济建设这些带投资性的支出，虽然也很重要，而且是国民经济恢复的中心，但在战争环境下，只能放在第三位。

国防第一、稳定物价第二、其他第三的财经工作方针，正确地反映了当时的客观形势。中共中央同意将这个方针作为1951年财经工作的基本方针，并要求各级党政部门必须局部服从全局，认真贯彻这一方针。后来，人们称这一方针为边抗、边稳、边建的"三边"方针。

（二）稳定物价，保证抗美援朝战争胜利

1950年10月，中国人民志愿军奉命入朝，军需费用急剧增加，财政收支发生明显变化，市场物价也随之产生了波动。面对这种形势，在保证抗美援朝战争胜利的前提下，中财委采取了短期措施与长期战略相结合、增加收入与节减支出相结合的办法，大力平衡财政收支，进而稳定市场物价。

第一，冻结存款、控制物价。当抗美援朝的军事行动开始的时候，已经降低了的物价又开始回升。究其原因，主要是机关、部队和团体大量提款，抢购所需物资所致。如果这些国家银行的存款户继续提款，现金将短缺6亿—7亿元，如处理不妥，势必造成金融危机。

针对这种形势，中财委于10月24日向中共中央作了《关于防止物价波动》的报告，提出短期冻结存款等稳定物价的紧急措施。这个报告经中共中央批准，缓购农产品，冻结期为一个月。同时还采取措施团结私人行庄，紧缩对私人工商业的信贷，严厉打击投机倒把分子。

第二，实行纱布统购统销政策和部分商品专卖政策。虽然机关、部队和团体的存款冻结了，但投机粮食和纱布的社会资本力量不可忽视。如不采取措施，仍然存在物价上涨的趋势。为了稳定物价，中财委决定对棉纱棉布实行统购统销政策。在保证资本家取得一定利润的情况下,根据供销情况进行合理的统购与配售。统购棉纱棉布,增强了国营贸易的实力,保证了城乡人民的供应,取缔了投机囤积,因而有利于稳定物价。

(三) 增加财政收入,削减财政支出

在抗美援朝时期,由于国民经济尚未全面恢复,在这种情况下,必须通过增加财政收入和削减财政支出才能挤出更大的财力。

第一,在农业税方面,直接由农民承受负担的公粮附加,地方财政要向中央上解一部分,以增加中央财政收入。同时,新开征的若干种新税,如契税、货物税和进出口税等,应有相当大的部分由农民间接负担。

第二,适当增加城市税收。为了支援抗美援朝战争的胜利,中财委决定开征契税,增加若干种货物税和进出口税,以筹集财政资金。例如于1951年4月1日起开征统销税,税率为6%。

第三,加强税收管理,减少偷税漏税。除增税之外,中财委要求各级税务部门加强税收的征收管理。各地按中央的要求切实加强征收管理,偷税漏税现象大为减少,也相应增加了一大笔财政收入。

第四,中财委也采取了削减军费以外的其他支出的措施。除与战争有直接关系的军工投资、与稳定物价和增加收入有直接关系的经济建设投资外,有计划地推迟一些项目,文教卫生日常费用也大大缩减。

(四) 开展增产节约运动

增产节约是恢复和发展国民经济的基本方法,也是争取财经状况好转、支援抗美援朝战争的主要途径。增产节约的基本内容包括:

第一,在国营企业实行经济核算,努力增产,厉行节约,反对浪费,降低成本,为国家上交更多的利润;机关、部队、学校、人民团体,要在不妨碍工作和不损害工作人员健康的条件下,力求节省。

第二,在农村,要把农民组织起来,精耕细作,增产增收;在私营工商业和行政事业方面,提倡增产节约,提倡俭朴,反对浮华;提倡储蓄,反对浪费;提倡合理获得利润,反对非法暴利。

二 国民经济恢复和财政状况好转

(一) 国民经济全面恢复

从1949年到1952年年底,经过三年的艰苦奋斗,从新中国成立之前的国民经济崩溃中全面恢复,并有了较大发展。新民主主义经济在全国范围内全面确立,工农业生产、内外贸易得以恢复并有所发展;国家财政收支平衡,物价稳定,人民物质文化生活得到了初步改善。

到1952年下半年,全国工农业产值达810亿元,比1949年增长77.6%,三年平均增速达21.1%。在农业方面,到1952年下半年,我国粮食产量达1639亿千克,棉花2607万担,农田水利建设投资8.25亿元,都超过历史最高水平。我国是一个农业大国,新中国成立初期农业人口占全国总人口的80%以上,农业生产得到恢复和发展,稳住了中国经济的大头,为今后农业的发展奠定了良好的基础。

从工业方面来看,工业的恢复和发展速度快于农业,从1949年到1952年,工业总产值达到343.3亿元,平均每年增长34.8%。在工农业总产值中,工业总产值所占比重由1949年的30%上升到1952年的41.5%,其中,我国钢产量达到135万吨,原煤6449万吨。

在贸易方面,城乡商业得到迅速的恢复和发展。到1952年年底,全国商品流转总额已达2768亿元,比1950年增长62.3%;农副产品采购额达129.7亿元,比1950年增长62.1%;农业生产资料供应额已达14.1亿元,比1950年增长93.2%。

在经济恢复的同时,党和人民政府对文教、卫生、科学事业给予了极大的关注,积极支持这些事业的恢复和发展。到1952年年底,高等学校在校学生达19.1万人,比1949年前的最高年份增长23.2%;中等专业学校在校学生达63.6万人,比1949年前的最高年份增长66.1%;普通中学在校学生达249万人,比1949年前的最高年份增长66.4%;小学在校人数达5110万人,比1949年前的最高年份增长115.8%。1952年,全国医院、疗养院的床位达到18万张,比1949年前的最高年份增加了172.7%;妇产医院比1949年前的最高年份增加了 1.33 倍，儿童医院比 1949 年前的最高年份增加 50% 以上，妇幼保健所（站）则比 1949 年前的最高年份增加 260 多倍。①

（二）财政状况根本好转

第一，财政收支平衡，略有结余。随着国民经济的全面恢复，财经状况也实现了根本好转。从 1950 年到 1952 年的三年里，财政总收入达到 382.05 亿元，财政总支出达到 366.56 亿元，其中，国防费达 138.49 亿元，占财政总支出的 37.8%；经济建设费支出为 125.7 亿元，占财政总支出的 34.3%；文教费支出达 42.10 亿元，占财政总支出的 11.5%；行政管理费支出则逐年减少。三年间，财政结余 15.49 亿元，财政收支平衡，略有结余，这是财政经济状况根本好转的最重要标志。

第二，金融物价持续稳定。财政收支平衡从根本上解决了通货膨胀的问题。从 1950 年 3 月以后，国内物价始终保持平稳，就是在抗美援朝战争期间，也没有发生大的波动。全国批发物价指数如以 1950 年 3 月为基期，则 1950 年 12 月为 85.4，1951 年 12 月为 92.4，1952 年年底为 92.6。上海、北京、天津等八大城市的零售物价指数，如以 1950 年 3 月为 100，则 1951 年 12 月为 94.6，1952 年年底为 93.7。特别是粮食、纱布和日用必需品的价格，虽有抗美援朝战争的影响，但仍保持稳定。②

三 社会主义经济的初步建立

（一）没收官僚资本，建立国营经济

在新政权建立之后，迅速组建社会主义性质的国营经济，使之成为整个国民经济的领导成分，是实现新民主主义的重要步骤和关键所在。新中国国营经济的建立，主要是在接管城市的过程中没收官僚资本开始的。

---

① 宋新中主编：《当代中国财政史》，中国财政经济出版社 1997 年版，第 112 页。

② 宋新中主编：《当代中国财政史》，中国财政经济出版社 1997 年版，第 113 页。

没收官僚资本归国家所有，是建立国营经济的物质前提，并构成国营经济的主体部分。此外，官僚资本还掌握着大银行，铁路、公路、航空运输，以及石油和有色金属，并控制了轻工业。

到1949年年底，没收的官僚资本企业达2858个，拥有75万生产工人。截至1952年，全国国营固定资产原值为240.6亿元，其中大部分为没收官僚资本企业的资产。①

在没收官僚资本的过程中，人民政府实行了"原职、原薪、原制度"的政策，在不打乱原有技术组织和生产管理的基础上，把它完整地接收下来，先实行监督生产，然后把官僚资本企业改造为社会主义性质的国营企业。这一政策的实施，保证了没收官僚资本企业工作的顺利进行，继续为新民主主义生产服务。

（二）调整工商业，理顺公私关系

在新中国成立初期，私营工商业在国民经济中占有较大比重。1950年，私营工业的产值占全国工业总产值的51%，私营商业的零售额占全国商业零售总额的85%。私营经济在满足人民需要、商品流动和促进职工就业、增加税收和恢复发展国民经济方面有着重要的作用。1950年6月，党的七届三中全会讨论了毛泽东提交的《为争取国家财政经济状况的基本好转而斗争》的报告，在报告中，毛泽东把工商业的合理调整列为财政经济状况根本好转的三个条件之一。

调整工商业首先是调整公私关系，其实质就是使私营经济发挥有利于国计民生的作用。对于私营工业，采取加工、订货，并在原材料供应、资金供给方面实行公私平等的原则。对于私营商业，国家划分公私营业的范围，并将国营商业的经营品种由过去的几十种减为主要经营粮食、煤炭、布匹、油类、食盐、生产工具等少数重要物资，扩大了私营商业的营业范围，并调整价格，使其有利可图。调整劳资关系，主要是基于公私兼顾、劳资两利的原则，既要保护

---

① 赵凌云主编：《中国共产党经济工作史（1921—2011年）》，中国财政经济出版社2011年版，第231页。

私营工商业的合法权益,又要保障工人的权益。此外,还调整了产销关系,由政府制订产销计划,使产销趋于平衡。

在税收方面,人民政府调整了税收负担,以促进其尽快地恢复和发展。关于调整税收负担问题,财政部于 1950 年 5 月 27 日在北京召开了第二届全国税务会议,会议的中心任务是在公私兼顾、调整商业的总方针下,调整税收,检查各地执行政策的情况;修订税法,改进征收方法,对税收工作进行了大幅度的调整,从而使工商税由 14 种减为 11 种;简化税目方面,货物税税目原定 1136 个,简化合并为 358 个。降低了货物税中部分税目的税率,其他各税的税率也酌量降低,降低税率有利于减轻中小工商业户的负担。

调整工商业、调整税收是巩固、扩大和统一财经工作,稳定金融物价的重大战略措施,调整的结果是,活跃了市场,促进了城乡交流,出现了市场繁荣的景象。在调整中,由于对私营工商业实行了有计划的加工、订货、统购和包销,也有利于调节市场、稳定物价,工商业的恢复和发展,扩大了税收来源,城市税收大幅度增加。

(三) 在新的历史条件下推进土地改革

推进土地改革不仅可以消灭封建土地制度,也可以解放生产力,是迅速恢复国民经济的重要条件。

新中国成立以前,革命老区根据 1947 年颁布的《土地法大纲》进行了土地改革,基本解决了当地的土地关系问题。新中国成立之初,由于条件尚未成熟,所以新解放区一直没有实行土地改革。1950 年下半年,在财政经济已经统一、金融物价基本稳定的情况下,为了实现财经状况的根本好转,人民政府于 1950 年 6 月公布了《中华人民共和国土地改革法》,它总结了党在领导土地改革中的经验和教训,又适应了新中国成立后的新形势,确定了土地改革的新政策。土地改革法实行保存富农经济的政策,即保护富农所有自耕和雇佣耕种的土地及其财产。对于小土地出租者,提高了保留其土地的标准。对地主只没收土地、耕畜、农具、多余的粮食及在乡村多余的房屋,由国家分配给无地或少地的农民使用。此外,对少数民族、华侨等的特殊土地问题,也作了较灵活的规定。

这次土地改革运动是有计划、有步骤、分期分批地在全国范围内展开的,整个运动持续了两年半。到1952年年底,除尚未解放的台湾,暂缓实行土地改革的西藏、新疆等少数地区外,全国农业人口占90%以上的地区相继完成了土地改革,解决了土地关系问题。新的土地改革政策,更好地保护了中农,减少了土地改革的阻力,还有助于稳定民族资产阶级。1951年,全国粮食、棉花、油料等主要农产品的产量逐年增加,较1950年分别增长了8.7%、48.8%和22.4%,1952年又较1951年分别增长了14.1%、26.5%和12.5%,充分显示了土地制度改革对解放生产力、恢复发展农业生产的巨大推动作用。[1]

总的来看,新中国成立初期的中央集权的财政体制,改变了财力分配的格局,调整了财力的运作方向,极大地强化了中央财政的机动能力,同时还实现了稳定物价和物资平衡。

在财政制度方面,新中国初期紧缩的财政政策从根本上改善了新中国的财政状况。新中国成立初期,农村建立并逐步完善了农业统一累进税,体现了税收的公平效率原则和党的阶级路线,保证了土地改革的顺利进行;城市通过调整税负,促进了资本主义工商业的合理发展;国家机关和国有企业通过统一精简机构,控制人员编制,节省了国家经费开支。这些都为财政状况的基本改善创造了有利条件。在当时的背景下,若不实施从紧的财政政策,财政赤字继续扩大的结果是货币超发,从而很难从根本上控制新中国初期的恶性通胀,国民经济的全面复苏更加困难重重。

在财政政策方面,在新中国成立初期,非公有制经济占相当大的比重,市场调节的成分很大,这决定了财政体制调控必须与各种经济杠杆作用紧密结合,才能更好地适应形势发展的需要。正因如此,这个时期的调控方式是行政性的直接调控与市场性的间接调控并存并用的,例如,运用行政法律手段打击投机资本是行政性的政

---

[1] 国家统计局国民经济综合统计司编:《新中国五十五年统计资料汇编》,中国统计出版社2005年版,第45页。

府行为，而强化税收，发行公债，扩大货币发行、回笼与投放物资与货币是属于市场性的间接调控。这一特征与后来计划经济时期的调节方式有很大不同，而这一点恰恰反映了当时我国经济制度的特点。这种行政与市场相结合的调控方式，不仅在新中国成立初期发挥了很大作用，而且对今天市场经济体制改革中的财政调控都有一定的借鉴意义。

第 六 章
发展战略选择与国家财政的重构
（1953—1957 年）

建立社会主义国家，进行社会主义改造，并最终实现共产主义，是每一个马克思主义无产阶级政党的终极目标，也是中国共产党在成立之时所进行的历史性选择。而对于社会主义国家目标的实现路径，党内一度有观点认为"中国社会将在未来的某一天通过宣布国有化"这一"严重的社会主义步骤"而一步跨入社会主义[1]，但现实中，中国共产党并未如东欧某些社会主义国家一般采取激进的措施。相反，"从新中国成立开始，中国事实上已经在逐步向社会主义过渡"[2]。

中国共产党七届二中全会决议中指出："在革命胜利以后，迅速地恢复和发展生产，对付国外的帝国主义，使中国稳步地由农业国转变为工业国，把中国建设成一个伟大的社会主义国家。"[3] 显然，其中明确了从新中国成立到实现社会主义国家转变的过程当中，会有一个过渡时期，即新民主主义社会。对过渡时期的期限，在当时的党中央层面是有基本共识的，大概会持续 10 年、15 年或更长的时间。

但事实上，新中国成立后短短三年，在 1953 年我国执行第一个

---

[1] 金冲及：《二十世纪中国史纲》第三卷，社会科学文献出版社 2019 年版，第 782 页。
[2] 金冲及：《七十后治史丛稿》，人民出版社 2010 年版，第 341 页。
[3] 毛泽东：《在中国共产党第七届中央委员会第二次全体会议上的报告》，人民出版社 2004 年版，第 21 页。

国民经济五年计划时，毛泽东同志就开始思考社会主义过渡时期的问题。做出这样的判断，与当时国内外政治、经济和社会的变化密不可分。

第一节　过渡时期国内外形势与总路线的确立

从新中国成立到 1952 年三年内，中国共产党带领全国人民展开了大规模的社会改革和国民经济的恢复，为实现向社会主义社会的过渡，进行了政治、经济、社会等多方面的准备。

1. 努力创造有利于和平发展的国际环境

1953 年，抗美援朝战争接近尾声，消除了中国周边最严重的战争威胁。随着中印、中缅等联合声明的达成，和平共处五项原则的提出并获认可，以及日内瓦协议签署、中英关系改善等，都为新中国大规模的经济建设换来了较长一段时间相对稳定的国际政治环境。

2. 国内政治相对稳定

实行新区土地改革、镇压反革命、"三反"和"五反"运动等一系列民主改革，比较彻底地摧毁了封建土地制度，解放了农村生产力，不仅巩固了工农联盟，还统一了思想，保持了执政党廉政为民的本色，打击了资产阶级违法活动对正常的国家经济建设秩序以及社会主义国营经济的进攻，巩固了社会主义性质，为后续资本主义工商业进行社会主义改造奠定政治基础。

3. 国内经济初步恢复

组建中央财经委员会统一领导全国财经工作。经过银元斗争、粮食和纱布市场较量[①]，新中国逐步稳定了金融物价；通过发展国营经济，推动统购、包销、加工、订货和公私合营等一系列国家资本

[①] 银元斗争、粮食和纱布市场较量是新中国成立初期，中国共产党同民族资产中投机资本家争夺金融及主要商品物价等在经济领域领导权的斗争。通过经济和政治手段相结合的方式，最终取得市场的领导地位，实现了新中国物价的相对稳定。

主义，从民族资产阶级手中夺取了经济领导权。具有社会主义性质的国营经济在国民经济中树立了主导性地位。通过打击投机倒把、调整工商业，保障了物资供应和流通。

此外，统一财经管理，统一收入，保障了中央财政支出及后续经济恢复和发展需要。三年超额完成国民经济原计划，极大地鼓舞了全体中国人民的斗志与投身社会主义建设的积极性。民主革命遗留的问题基本完成，已具备开展大规模经济建设的基本条件。

在恢复和发展工农业的基础上，国家财政收支不仅达到平衡，还略有结余。资料显示，"三年恢复时期，财政总收入为三百八十二亿零五百万元，总支出为三百六十六亿五千六百万元，结余十五亿四千九百万元"[①]，为保障战争需要、维持国内经济社会稳定以及后续开启"一五"经济建设工作奠定基础。

4. 社会经济结构发生质的变化

所有这些因素中，最重要的基础是：与新中国成立初期相比，当时中国的社会经济结构公私关系已经发生转折性变化。"工业总产值公私比重，已由一九四九年的百分之四十三点八与五十六点二之比，变为一九五二年的百分之六十七点三与三十二点七之比。私营商业在全国商品总值中的经营比重，已由一九五〇年的百分之五十五点六降为一九五二年的百分之三十七点一。"[②] 数量上不再占优势的私营工业，大部分接受着国家订货和收购包销产品服务，逐步纳入国有经济运营体系当中。农村发展互助合作公社，社会主义因素不断增强。毫无疑问，社会主义成分的发展将远远超过资本主义的发展，而且会日益加强其控制力量。

正是基于上述判断，毛泽东同志在1952年9月24日听取周恩来报告同苏联商谈第一个五年计划情况的中央书记处会议上，最早提出向社会主义社会过渡的设想，并委托刘少奇征求斯大林的意见，获得当时苏联的支持。后续经过多方的酝酿和讨论，1953年6月15

---

① 陈如龙主编：《当代中国财政》（上），中国社会科学出版社1988年版，第81页。
② 周恩来：《三年来中国国内主要情况及今后五年建设方针的报告提纲》，1952年8月。

日，中央政治局会议正式提出过渡时期总路线。

一 过渡时期总路线的确立："一体两翼"

1954年2月，党的七届四中全会决议批准了中央政治局提出的党在过渡时期的总路线和总任务："从中华人民共和国成立，到社会主义改革基本完成，这是一个过渡时期。党在这个过渡时期的总路线和总任务，是要在一个相当长的时期内，逐步实现国家的社会主义工业化，并逐步实现国家对农业、对手工业和资本主义工商业的社会主义改造。"[①] 同年9月，第一届全国人民代表大会第一次会议通过的《中华人民共和国宪法》，把党在过渡时期的总路线作为国家在过渡时期的总任务写入了"总纲"，以根本大法的方式加以确立。这意味着"在一个相当长的时期内"，"这条总路线是照耀我们各项工作的灯塔，各项工作离开它，就要犯右倾或'左'倾的错误"[②]。

过渡时期总路线的中心内容可概括为"一体两翼"或"一化三改"，两者是生产力与生产关系辩证关系的集中体现。所谓"一体"（"一化"）是指社会主义工业化，这是新中国建立社会主义基本制度的主体，是提高生产力、改善人民生活水平的基础，为社会主义的改造提供物质技术的支持；"两翼"（即"三化"）是指对农业、手工业和资本主义工商业的三大社会主义改造，是变革生产关系，体现社会主义制度，从而提高社会生产力、促进社会工业化实现的手段。两者相互联系，相互促进。

（一）社会主义工业化：优先发展重工业的方针

在国民经济恢复时期，为满足人民群众生活急需，新中国把农业和轻工业放到优先发展的地位。而到第一个五年计划启动之际，随着党中央对中国这样一个经济落后大国逐步建设成为工业国的探索与思考，以及对国家轻重工业地位认识的逐步调整，"优先发展重工业的方针"上升为"一五"时期国家发展战略。

[①] 《毛泽东文集》第六卷，人民出版社1999年版，第316页。
[②] 《毛泽东文集》第六卷，人民出版社1999年版，第316页。

从发展重工业来实现国家的社会主义工业化，这是列宁、斯大林根据社会扩大再生产必须使生产资料的增长占优先地位的原理和社会主义的基本经济法则所创造出来的建设社会主义国家的方法。[1]但在当时，就继续优先发展农业轻工业，还是转向重工业，其实是存有争议的。有观点认为，多发展轻工业，投资少、见效快，能解决人民群众现实需求；还有部分同志提出经济建设"步骤论"。对此，毛泽东同志在1953年9月中央人民政府委员会第24次会议上，用"小仁政"和"大仁政"的辩证关系，明确了工作的重点需放在建设重工业等基于长远利益的"大仁政"上，同时兼顾轻工业等涉及人民当前利益的"小仁政"。《关于发展国民经济的第一个五年计划的报告》中正式阐释了优先发展重工业与对轻工业、农业等的支撑关系。只有建立起强大的重工业，才可能制造出现代化的工业设备；对重工业和轻工业进行技术改造，才可能提高农业技术，供给农业和其他现代化的工业机械，才能有现代化的交通工业和运输业。最终，通过生产技术的提高，保障消费品工业的生产，提升人民生活水平。无论"在'一五'时期，乃至在以后一个相当长的时期内，如果没有钢铁、有色金属、机械制造、能源、交通等重工业的建立和发展，要想大力发展轻工业，要使工业给农业以更大的支持，是办不到的。"[2]"一五"计划实施初期，各工业部门在供需与协作配合上的紧张形势，也进一步佐证了"优先发展重工业"的重要意义。因此，"工业化——这是我国人民百年梦寐以求的理想，这是我国人民不再受帝国主义欺负不再过穷困生活的基本保证，因此是全国人民的最高利益"[3]。

基于对苏联发展模式和第二次世界大战后民族独立的发展中国家实现跨越式发展经验的借鉴，以及对当时新中国面对的国际政治、经济、军事格局的判断，中国政治领导人选择了"以优先发展重工

---

[1] 中国社会科学院、中央档案馆编：《1953—1957中华人民共和国经济档案资料选编（工业卷）》，中国物价出版社1998年版，第10页。

[2] 薄一波：《若干重大决策与事件的回顾》（上），中共党史出版社2018年版，第206页。

[3] 《迎接一九五三年的伟大任务（社论）》，《人民日报》1953年1月1日。

业为目标的发展战略"①。建立相对完备、自成体系的工业体系,尤其是重工业,成为过渡时期重要的目标与战略。

(二) 三大改造

1953年开始的对农业、手工业以及资本主义工商业等的社会主义改造,被认为是除"稳定物价""统一全国财经工作"之外,财经战线的第三次大战役。通过过渡时期,农业、手工业、资本主义工商业等领域逐步增加社会主义的成分,促使国民经济中生产关系发生质的变化,最终达到社会主义社会。

1. 农业领域的社会主义改造

新中国成立之初的中国,农村人口占总人口的80%—90%,且多数人口处于贫困状态。土地改革后的农民仍属于小生产者和小私有者。这种分散的、生产效率低、极不稳定的个体经济,难以与社会化大生产的社会主义经济增长方式相适应。基于这种基本国情的判断,引导国民经济总产值90%的分散的个体农业经济以及手工业经济向现代化和集体化方向发展,将是新民主主义社会发展到社会主义社会的一项重要内容。

农业的社会主义改革是在1953年上半年粮食供销全面紧张的背景下发生的。随着大规模经济建设启动,大批农民进城,仅1953年城镇人口比上一年就增加663万人,粮食需求激增。加之当年东北产粮区灾荒,高度自由的粮食市场引发抢购和恐慌。为稳定粮价、保障供给,1953年10月,中共中央做出《关于实行粮食的计划收购与计划供应的决议》,在农村实行征购,在城市实行定量配给制度。而后,棉布、食用油料也推行类似的统购统销制度。1955年,国务院颁布《农村粮食统购统销暂行办法》,对粮食实行定产、定购、定销制度,保证农民的经济利益,调动农民种粮积极性。统购统销制度缓和了市场上的供需矛盾,稳定了粮价,保障了供应,也为社会主义工业化提供了低成本的原料来源,更重要的是国家通过

---

① 林毅夫、蔡昉、李周:《中国的奇迹:发展战略与经济改革》,上海三联书店、上海人民出版社1996年版,第18—27页。

掌握粮食、棉花及其他经济原料，切断了农民同城市资产阶级的直接联系，掌握了后续对资本主义工商业进行改造的主动权；同时，增强了农民的信心，促进并配合了农业合作化的开展。

过渡时期总路线的提出进一步推进农业社会主义改造向更高级的阶段迈进。1953年10月底到11月初，在第三次农业互助合作会议召开前后，毛泽东同志就农业社会主义改革的具体道路做出重要指示。上述讲话精神在《中共中央关于发展农业生产合作社的决议》中得到比较完整的体现。它阐释了分散的、孤立的、落后的小农经济与社会主义工业化并不匹配。随着生产力的提高，农民在生产上逐步联合起来的具体道路是需要遵循"从具有社会主义萌芽、到具有更多社会主义因素、到完全的社会主义合作化"这么一个渐进式的发展道路。具体到实践中，就是从土地改革时期，参与临时互助组、进行简单的共同劳动和分工分业到常年互助，再到实行土地入股、统一经营且有较多公共财产的农业生产合作社，直至完全的社会主义的集体农民公有制的农业生产合作社方式。这就是我党对农业逐步实现社会主义改造的道路。

在此思路指引下，各地农业合作化加速发展。数据显示，入户农户占全国农民的比重从1955年10月的32.5%，增加到1956年3月的80.3%、4月的90.3%，到当年12月为96.2%。除西藏和几个省区牧区外，全面实现农业的"合作化"，比预计的15年计划提早了12年完成。[①] 高级社增加速度也很快，从1956年1月底的13.6万个，占总农户比重为30.7%，到同年年底就达到54万个，占总农户比重上升到87.8%。[②] 这种急于求成、过于快速的发展造成了工作中粗放、"一刀切"等现象，给后续农村工作遗留了一些问题。

2. 手工业的社会主义改造

相对于农业，手工业的发展有其自身特征：第一，新中国成立

[①] 杜润生：《杜润生自述：中国农村体制变革重大决策纪实》，转引自金冲及《二十世纪中国史纲》第三卷，社会科学文献出版社2019年版，第814页。

[②] 苏星：《新中国经济史》，转引自金冲及《二十世纪中国史纲》第三卷，社会科学文献出版社2019年版，第814页。

之初，手工业产值在国民经济中仍占有较高比重，约占工农业总产值的15%—20%，农业工业品大部分是手工业生产；第二，手工业从业者600万人，部分手工业技术水平高，在国内外都占据一定市场；第三，手工业门类多，但多个体经营，规模小、资金少等。这些特点也决定了手工业的社会主义改造思路不同于农业和工商业。

1953年11月，中华全国合作总社召开第三次全国手工业生产合作会议。朱德代表党中央作了题为"把手工业者组织起来，走社会主义道路"的讲话，提出从实际出发，"积极领导、稳步推进"，采取灵活多样的形式，由小到大、由低级到高级的方式，从手工业生产小组、手工业供销生产合作社到手工业生产合作社，将生产逐步由分散变为集中，分配逐渐实行按劳分配。当生产资料全部公有，就实现了手工业的全社会主义性质。

1955年下半年，在农业合作化和资本主义工商业改造加速推进的背景下，手工业也掀起了改造的高潮。截至1956年年底，组织起来的手工业者达509.1万人，占全部手工业者的92%。[1] 手工业社会主义改造基本完成。

3. 资本主义工商业的社会主义改造

新中国成立三年以来，我国私人资本主义经历了深刻的改组和改造。通过国家资本主义完成对私营工商业的社会主义改造，呈现出从统购、包销、加工、订货至公私合营等一系列低级到高级的形式。截至1952年，私人资本主义经济在国民经济中的比重从1949年的63.3%下降到39%。加工订货、统购、包销等产值已占私营工业总产值的56%，这为资本主义工商业改造进入高级阶段做了准备。[2]

1955年夏季以来，农业社会主义改造的大发展一定程度上也加快了资本主义工商业的社会主义改造进程。统购统销制度的实行推动了流通环节私营商业的改造。成品和原料两头卡起来，使得私营

---

[1] 薄一波：《若干重大决策与事件的回顾》（上），中共党史出版社2018年版，第317页。

[2] 薄一波：《若干重大决策与事件的回顾》（上），中共党史出版社2018年版，第291页。

工业不得不接受改造。1955年下半年，资本主义工商业社会主义改造进入高潮，逐步由加工订货这种初、中级国家资本主义形式向全行业公私合营转变。当年11月召开的全国工商业联合会第一届执委会第二次会议上，陈云作了关于工商业社会主义改造问题的报告，阐明了中国共产党关于实行全行业公私合营的意见[①]：第一，各行各业生产进行全国范围内的统筹安排，纠正本位主义和局部观点；第二，各行业必须有或大或小的改组；第三，实行全行业公私合营；第四，推广定息办法，把原来分给资本家的利润改为按固定资产价值支付定额利息；第五，重申了组织专业公司的必要性；第六，要全面规划，加强领导。上述六点意见可视为中共中央关于推行和平赎买、和平转变，实现工商业领域社会主义化的具体政策的体现。当月，中共中央召开会议，针对当时的形势提出了实行全行业公私合营的规划。次年，在党的七届七中全会上通过《关于资本主义工商业改造问题的决议（草案）》，全国范围内掀起了公私合营的高潮。截至1956年1月底，全国大城市和50多个中等城市的资本主义工商业全部实现公私合营，大大超出了人们之前的预想。

这样大规模的社会变革，以和平稳定的方式推进，并没有造成社会的动荡和生产力的破坏，体现出执政党的魄力与智慧。但是，以单一制为目标的快速改造造成的"一刀切"问题、合营后大小企业的矛盾，尤其是管理体制高度集中的弊端，在后续经济建设过程中也逐渐暴露出来。

二 过渡时期总路线与"一五"计划的提出

1953年是我国实施第一个国民经济五年计划的初年。它的制定和推行正逢新中国处于过渡时期这一特殊历史阶段，因此不能脱离这一背景和前提。"一五"计划的核心与主要内容需要反映和依循过渡时期的总路线与总任务，并成为落实总路线与总任务的一个具体行动纲要。

---

① 《陈云文选》第二卷，人民出版社1995年版，第283—291页。

根据总路线的要求和我国的具体实践，1953年，周恩来总理在《过渡时期的总路线》报告中对"一五"计划基本任务进行概括："首先集中主要力量发展重工业，建立国家工业化和国防现代化的基础；相应地培养技术人才，发展交通运输业、轻工业、农业和扩大商业；有步骤地促进个体农业、手工业的合作化和对私营工商业的改造；正确地发挥个体农业、手工业和私营工商业的作用。所有这些，都是为了保证国民经济中社会主义成分的比重稳步增长，保证在发展的基础上逐步提高人民物质生活和文化生活的水平。"① 发展重工业，奠定我国工业化的基础以及加速对非社会主义成分的社会化改造，成为贯穿"一五"时期的两条主线，也即两大任务。

两大任务在"一五"计划主要指标安排中得到具体体现：第一，为建立我国社会主义工业化的初步基础，五年内国家对经济事业和文化教育事业支出总数为766.4亿元。其中，各部门基本建设投资为427.4亿元，占支出总数的55.8%；第二，基本建设投资中，工业占有最重要的地位。五年内427.4亿元的基本建设投资中，有248.5亿元投入工业部门，占比为58.2%；第三，从分行业预期产值增长看，1952—1957年，工业总产值将由270.1亿元增加为535.6亿元；农业及副业总产值由483.9亿元增长到596.6亿元；手工业总产值由73.1亿元上升为117.7亿元。工业预期增速显著高于其他行业；第四，大约用三个五年计划的时间完成整个国民经济社会主义改造。② 上述指标，无论是建设规模，还是发展速度，在新中国历史上都是空前的。

第二节 过渡时期的财政工作

作为国民经济中社会资源重要的分配方式，"一五"时期的国家

---

① 《周恩来选集》下卷，人民出版社1984年版，第109页。
② 《中华人民共和国发展国民经济的第一个五年计划（一九五三——一九五七）》，一九五五年七月三十日第一届全国人民代表大会第二次会议通过。

财政工作自然要服务和服从于党在过渡时期的总任务，为国家"一五"计划的落地生根提供物资和资金的保障。财政的这种支撑作用主要体现为：通过国家财政收支结构的调整，优先保障"一五"时期总任务，即"实现国家社会主义工业化，加快农业、手工业和资本主义工商业的改造"。

一 "一五"计划与五年财政计划

1953年8月，周恩来总理曾指出，我国过渡时期的财政任务必须是合理地从增加生产和扩大物资交流方面培养财源、积累资金，保证国家重点建设。国家税收的任务一方面为国家建设积累资金，另一方面以税收调节各阶级收入，使其成为保护和发展社会主义及半社会主义经济，有步骤、有条件、有区别地利用、限制和改造资本主义工商业的工具。[①]"一五"时期财政任务具体化为以下几方面：

（一）为社会主义工业化筹集资金

第一个五年计划的核心任务是围绕苏联援建的156个项目、由限额以上694个建设单位进行的工业建设，为建立起我国社会主义工业化打下初步基础。而发展工业，尤其是资本密集型的重工业，需要大量资金。由此，作为国家工业化资金的主要来源，"一五"时期，财政的首要任务就是为工业化筹集资金。

"一五"计划中，基本建设被提到经济工作的首要地位。实际的基本建设投资高达588.47亿元，为国民经济恢复时期基本建设投资的7.5倍，年平均递增17.9%。并且，新建投资比重由1952年的32.7%上升到1956年的56%和1957年的51.4%。[②]

面对巨额的资金需求，国家财政发挥了强大的资源筹措功能。"一五"期间，国家财政筹集收入占国民收入近1/3。全民所有制基

[①] 宋新中主编：《当代中国财政史》，中国财政经济出版社1997年版，第128页。

[②] 中国社会科学院、中央档案馆编：《1953—1957中华人民共和国经济档案资料选编（固定资产投资和建筑业卷）》，中国物价出版社1998年版，前言，第1—2页。

本建设投资为588.47亿元，国家财政拨款资金为531.18亿元，占总拨款额的90%以上。①"一五"期间，国家财政通过自力更生等措施，为工业化筹集建设资金1241.75亿元。1954—1958年，国家还发行35.44亿元经济建设公债，有力地保障了"一五"计划的顺利完成。

从计划支出结构上看，根据1954年4月编制的计划，国家预算五年预计支出共为1268.76万亿元。以1952年为基数，年均增长12.70%。其中，经济建设费五年预计支出521.69万亿元，占总支出的41.12%。而经济建设费中，工业拨款为292万亿元，占总支出的23.01%，年均增长24%。此外，按功能分类，经济建设费中，基本建设费五年预计支出为385.1万亿元，占经济建设费的74%左右。社会文教支出五年预计支出为175.98万亿元，占总支出的13.87%，年均增长14%。国防费五年预计支出为292.64万亿元，占总支出的23.07%，年均增长3.4%。行政费五年预计支出为121.55万亿元，占总支出的9.58%，年均增长8.9%。②从以上数字可以看出，经济建设费所占比重最大，上升幅度也较快，尤其是工业拨款，上升更快。这说明财政对优先发展重工业建设发挥着举足轻重的资金保障作用。

（二）运用财税手段，促进国家对农业、手工业和资本主义工商业的社会主义改造

除为经济建设筹集资金外，差异化的财税政策措施还发挥了引导调节功能。推行农业税减免政策，稳定并减轻农民负担，促进农业生产和合作化运动的开展。1953年6月，《关于1953年农业税工作的指示》中明确规定，实行"种多少田地，应产多少粮食，依率计征，依法减免，增产不增税"的原则，确保今后三年内，农业税征收指标稳定在1952年实际征收水平，不再增加。通过稳定农业税

---

① 宋新中主编：《当代中国财政史》，中国财政经济出版社1997年版，第133页。
② 《李先念关于五年财政计划轮廓的报告》，引自中国社会科学院、中央档案馆编《1953—1957中华人民共和国经济档案资料选编（财政卷）》，中国物价出版社2000年版，第16—17页。

负实现农业休养生息,有利于改善农民生活,激发农民生产积极性,增强农民支持和参与改造的信心。农业的增产增收还可以保证城市粮食和副食品供给,为工业化提供必要的原料来源。

随着全国农业生产合作化运动的完成,为适应农业生产合作社统一经营、统一分配的情况,国家税收制度也进行了相应调整。1956年7月,国务院转批财政部《关于1956年农业税收工作中几个问题的请示》中规定,"对于初级社一般也应改为以社为单位征收,将农业税额从全社收入中统一提缴",相应减少社员的土地报酬。1958年6月,随着具有社会主义性质的高级农业生产合作社的普及,为适应农业合作化的新形势,《中华人民共和国农业税条例》颁布。

配合对手工业的社会主义改造,国家对手工业合作组织也采取税收减免的优待政策。1953年10月、1955年先后颁布有关文件,减免税费,鼓励发展。从1955年到1957年,针对手工业合作组织减免的税收优惠达2亿元左右,相当于合作组织1955年全部股金的4.4倍。向手工业系统拨付财政资金1.3亿元。另外,中国人民银行对合作组织长期提供低息贷款,仅1956年就高达3.8亿元。[①] 国家对手工业合作组织大量的资金支持,增强了手工业者参与社会主义改造的热情和信心。手工业的巩固也有利于农业发展,为工业化提供更多的积累。

为配合过渡时期,对民族资本工商业采取和平赎买、限制和改造的方针,针对中国民族资产阶级具有两面性的特点,国家税收政策采取了一方面限制私人资本积累,同时一定程度上保障其合法利润,并引导其进行社会主义改造的措施。根据"有所不同、一视同仁"的政策,过渡时期税收实施了公私区别对待的做法。例如,对接受国家加工订货和经销、代购的资本主义工商业,工业企业可按照所得的加工收入,商业企业可按所得到的手续费,计算缴纳税款,而不按进销货处理;而私营企业之间类似业务,则需按进销货金额计算应缴税金。

[①] 宋新中主编:《当代中国财政史》,中国财政经济出版社1997年版,第158页。

1955年6月和10月先后又颁布通知，对与国营企业发生业务关系的私营企业采取更为优惠的税收政策，进一步促进和鼓励私营企业接受社会主义改造。

随着全行业公私合营的推广以及定息制度的推行，1956年国务院转发《关于对私营工商业在改造过程中交纳工商业税的暂行规定》，明确在基本完成社会主义改造、生产关系发生根本变化的背景下，公私合营企业征税逐步参照国营企业征税，体现出显著的政策引导性。

二 综合财政计划的编制与国民经济计划

社会化生产是一个扩大再生产的过程。每年消耗既有物资，转移价值，增加附加值，产出新的社会产品，用于（个人公共）消费和扩大生产积累。上述生产—分配—再生产的过程，以各种财政形式——如企业"坐支"、国家预算或银行信贷等体现。因此，计划经济时期，财政贯穿于整个扩大再生产过程，是整个国民经济的综合财政。

所谓"综合财政"，是以经济中各个部门的财务、计划为基础，把国家预算、银行信贷计划以及现金、出纳计划都囊括其中的财政计划，全面反映整个国民经济的活动。故此，通过综合财政计划分配是否合理、成不成比例，就能发现整体国民经济配比是否合理，是否按比例。例如，通过财政计划中消费与积累的比例，可以发现社会总产值中消费与积累关系是否合理，从而判断经济建设过程中，消费与扩大再生产的规模和速度是否合适；通过考察个人消费与公共消费、农民消费与工人生活消费的比例，判断国民整体以及农民、工人等内部结构的生活改善情况，这对巩固工农联盟以及保持国民经济长期发展有密切关系；通过测算财政计划中投资的领域、固定资产与流动资产配比等，可发现国民经济行业之间、地区间的不平衡状况。一旦发现失衡情况，及时调整或重新修订国民经济计划，从而保证经济的均衡发展。

由此可见，作为国民经济计划的财政平衡表，综合财政计划将预算、部门财务、信贷、现金计划进行了综合，从资金角度平衡国民经济计划中消费与积累,中央与地方,各部门、各行业的关系,使得整体国民经济计划发展得到财力上的保证。计划经济时期,做好综合财政计划工作是国民经济均衡发展的重要保障。

三 国家预算设计与银行信贷计划

计划经济时代,国家财政提供经济建设资金的同时,还要保障市场稳定和现金流动需求。国家银行信贷资金来源,除吸收社会上的闲散资金之外,主要依靠国家预算存款。自然,工业、农业和商业部门供应信贷资金的任务也就落在国家银行上。因此,对国家财政而言,保持国家预算收支平衡和国家信贷资金平衡都要兼顾。国家财政计划应是包括国家信贷计划在内的总平衡。

1954年10月,中财委根据财政部《关于在交通银行原有机构和干部基础上正式建立办理基本建设投资拨款监督工作的专业银行的报告》,确立中国人民建设银行总行专门负责基本建设投资拨款,企业、机关等用于基本建设的自筹资金;根据国家批准的信贷计划,办理短期放款;对建设单位等资金运用、财务、成本等进行检查和监督。专业性银行的建立将计划体制下的财政和银行功能有机结合起来,不仅有利于及时供应国家建设资金、短期贷款,保障社会主义工业化建设的需要,也有利于保持信贷资金的平衡。

事实上,计划经济时期,国家预算的设计和银行信贷计划是相互结合的。从银行信贷资金构成看,1955年银行存款总额为160.71亿元,其中,财政存款为69.96亿元,约占总额的43.53%。作为银行信贷最重要的资金来源,国家预算存款一定程度上决定着银行可支配和放贷的规模。从历年国家预算结余使用看,截至1954年年底,财政资金约有结余60万亿元,全部转为银行信贷资金,成为国民经济部门必需资金。[①] 根据"一五"计划,五年银行信贷支出计

---

① 注:根据国家统一命令,从1955年3月1日起,中国人民银行第一次发行新的人民币,同时收回旧的人民币,规定新旧币的比价为一元比一万元。在此,亿元为新币金额,万亿元为旧币金额。

划需增加 118 万亿元，其中商业、粮食等部门增加 81.6 万亿元，占放款总额的 69.19%。而银行五年预计收入仅有 70 余万亿元，因此，约 48 万亿元仍要依靠预算拨款，即财政结余款来补充。①

四 过渡时期财税管理体制的建立与调整

从某种意义上讲，计划经济是国有制基础上建立的包含社会范围的大企业。包括地方政府、国有企业，甚至是个人都成为计划这部大机器运转的零部件。所有主体往来资金通过纳入财政体系全面反映和实现。与国家分配、统一指令计划生产体制相匹配，新中国在推进农业、手工业、资本主义工商业"三大"社会主义改造过程中，逐步建立起统收统支、高度集中的财政管理体制，并成为内嵌于经典计划经济资源配置体系中重要的一环。

（一）财政管理体制的建立与调整

以 1950 年 3 月政务院颁布的《关于统一国家财政经济工作的决定》为依据，新中国统一了财经，尤其是财政收支，既保障了中央财政的需要，又促进了金融物价的稳定。但后续，因统得过多过死，严重压制地方政府的主动性和创造性，1951 年以"划分收支、分级管理"的财政体制替代"统收统支"体制，并历经多次调整。1953 年，随着各大行政区改为中央派出机构以及县级政权的健全，国家财政体制从 1953 年开始，从原来的中央、大行政区、省（市）三级管理，改为中央、省（市）和县（市）三级管理体制。

时任政务院副总理、中财委副主任邓小平提出了著名的"六条方针"：（1）预算归口管理；（2）支出包干使用；（3）自留预算费、结余不上交；（4）严格控制人员编制；（5）动用总预备费须经中央批准；（6）加强财政监察。据此，1954 年，在坚持统一集中的原则与因地制宜的灵活性相结合的基础上，预算管理体制做出以下改进。

第一，预算收入实行分类分成的办法。即国家预算收入划分为

---

① 中国社会科学院、中央档案馆编：《1953—1957 中华人民共和国经济档案资料选编（财政卷）》，中国物价出版社 2000 年版，第 18 页。

固定收入、固定比例分成收入和调剂收入。关税、盐税、烟酒专卖收入和中央管理的企业、事业收入和其他收入属于中央固定收入；七种地方税以及地方国营企业、事业收入等属于地方性收入。农牧业税收、工商业营业税、工商所得税为固定比例分成收入。这样，地方固定收入和固定比例分成收入几乎占到各省份预算支出的60%—80%，大大调动了地方政府组织收入的积极性。

第二，预算支出方面，按照中央、地方隶属关系划分支出。

第三，地方财政支出首先使用地方的固定收入和固定比例分成收入，不足的差额由中央财政调剂收入弥补。分成比例一年一定，超收或结余可自留。收入不能按计划完成或支出增加时，由各级政府调剂解决。

过渡时期，尽管财政体制每年都会有一些调整，但中央与地方关系格局并无实质性变化，有所不同的仅在于中央集中的程度。统得过多、管得过细的弊病也并未完全消除。并且，分成比例一年一定的做法无法对地方政府形成稳定的收入预期。但总体而言，"一五"时期综合平衡工作做得还比较好，也基本依照规律办事，财政管理体制为"一五"计划的顺利进行提供了保障性支撑。

（二）税收管理体制的建立与调整

新中国成立之初的税收制度大体是"暂时沿用旧税法"，依据部分废除、部分修订的原则建立。1950年年初颁布了《全国税收实施要则》。但当时税制的弊端比较突出，融资功能也相对较弱。原因在于：一是对工商业情况未能深入了解，采取"多种税、多次征"的办法，手续复杂，工商界意见很大；二是国营和合作社力量薄弱，为对其进行扶持，出台了针对国营工商业、委托私营加工、新成立供销合作社等税收优惠措施。

此后两年半，随着国民经济的恢复和发展，公私经济比重发生变化，市场上流通、经营方式有所调整。旧有税收体制无法适应新形势的问题更加凸显。例如，城乡物资产销直接见面，大大减少了商品流转次数，规避了"多次征税"的规定；公私税收政策差异，导致部分私营工商业改变经营方式，组织联购分销或私商代销办法等，逃避纳税。税制的收入功能弱化。

为适应税源变化，保证国家税收收入，从保税和简化税制出发，中财委召集的全国财政会议提出税制修正方案[①]。

工商业税方面，对营业税部分作如下修改：（1）工商业代购代销，过去按手续费收益课税者，今后一律按销货营业额课税；工厂加工过去按工缴费收益课税者，参照销货营业额另订营业税税率；（2）企业总分支机构内部调拨货物，过去一拨到底，只能在零售环节课一道营业税，今后分别在批发和零售环节课两道营业税；（3）取消对合作社减征营业税20%的优待，取消合作社成立第一年免纳所得税的规定。上述措施缓解了因公私比重变化、经营方法调整而导致的国家税收减少的问题。

所得税部分，最后决定除取消对新成立的合作社免征所得税一年的规定外，其他暂时不变。

选择国家能控制生产或收购环节的卷烟、烟叶、酒等商品试行商品流通税。除所得税外，将每种商品从制造、批发到零售应纳各税合并起来，第一道批发环节一次征收，以后不再征税。实现从"多种税、多次征"到"多种税、一次征"的目的，利于集中力量控制税源、简化手续，确保财政收入。

按"起征点高一点，税率轻一点"的要求，开征个人所得税。[②]

在实际执行过程中，新修订税制暴露出因某些具体条文修改不当造成的物价波动、商品抢购问题，以及"公私一律平等纳税"引发的社会和党内争议等，后续都给予及时的回应和纠正，有的甚至停止执行。

总体而言，过渡（到社会主义）时期的税收制度配合了过渡时期总路线，以"保护和发展社会主义与半社会主义经济，有步骤、有条件、有区别地利用、限制和改造私人资本主义工商业，活跃市场，繁荣经济，保证更多的税收，充裕国库"为出发点和立足点，

[①] 政务院财经委员会党组转报《财政部党组关于税制若干改革的方案》，1953年1月3日。

[②] 此税当时没有开征。

在一定程度上起到了保税、增税的作用。①

（三）国营企业财务管理体制的建立与调整

国营企业财务管理体制是社会主义国家中，规范和处理以财政为代表的国家与企业之间收益分配和资金往来划拨关系的制度体制。国民经济恢复和"一五"时期，我国国营企业财务管理体制照搬苏联，建立起了统收统支高度集中体制。其主要内容为：第一，企业利润按国家规定提取奖励基金，企业主管部门从超计划利润中提取一定比例分成之后，连同折旧基金，全部上缴财政。企业亏损由国家财政拨款弥补；第二，企业所需的革新、改造、更新固定资产的资金以及流动资金全部由国家"四项费用"②拨款解决，无偿使用；第三，企业生产纳入国家计划，生产所需资金由财政部门或主管部门制定项目，专款专用；第四，职工福利基金和奖励基金的建立与企业利润收入的多少基本不挂钩。这种统收统支的模式将国营企业纳入国家高度集中、统一的计划管理体制之中，对国民经济恢复以及"一五"时期集中财力物力，完成大规模经济建设发挥了积极作用。

随着社会主义三大改造的完成，所有制结构单一造成的分工专业化与社会化之间的矛盾凸显，企业被管得过多，统得过严，失去了活力。为调动企业的积极性，"二五"时期，国营企业财务管理机制开始探索性改变。利润分配调整为利润留成制度，企业主管部门和企业单位获得相当大的机动财力，能根据生产发展需要在国家规定的范围内使用。从资金供应看，从1958年开始，国营工业企业的定额流动资金由财政和银行分别供应70%和30%，超定额流动资金全部由银行贷款。③基本建设预算拨款继续实行"上存下支出"的供应体制，这对于减少在途资金、提高资金效能起到一定的调节作用。

---

① 薄一波：《若干重大决策与事件的回顾》（上），中共党史出版社2018年版，第167页。
② 注：四项费用是指技术措施费、新产品试制费、劳动保护费和零星固定资产购置费。
③ 邓子基等编著：《比较财政学》，中国财政经济出版社1987年版，第429—432页。

第三节　计划经济体制的构建与国民经济体系的重构

一　"一五"计划：奠定了社会主义工业化的初步基础

在中国共产党的带领下，经过全国人民的艰苦奋斗，我国第一个五年计划取得巨大成就。到1957年，"一五"计划规定的各项任务都已胜利实现，许多指标超额完成。新中国由此初步建立起了社会主义工业化基础。主要表现为：

（一）超额完成"一五"计划，工业基本建设规模持续扩大

"一五"计划中规定1957年工业总产值为653.3亿元，五年年均增长13.7%。其中，工业产值为535.6亿元，年均递增14.7%；手工业产值为117.7亿元，年均递增9.9%。而根据经委1957年的安排，工业总产值将达723.4亿元，比"一五"计划原定水平超出10.7%，五年年均增速为16.1%。其中，工业产值为603.4亿元，年均增长17.4%；手工业产值为120亿元，年均增长10.4%。现实中，截至1957年年底，按1952年价格计算的工业总产值达到了783.9亿元。[①] 整个"一五"期间增长128.6%，年均增长18%，高于社会总产值平均增长率近7个百分点。工业生产在工农总产值的比重由1952年的41.5%上升到1957年56.5%。[②] 五年间，同时施工的工矿建设单位达到10000个以上，限额以上921个，平均每3—9天就有一个现代化大型工矿企业建成或投产。这批限额以上企业成为我国商业、农业、运输业等现代化大工业的第一批骨干企业，大大改善了我国工业门类残缺不全的局面。五年间，工业技术水平显著提高。如钢材生产种类从1953年的182种发展到1957年的370

[①] 中国社会科学院、中央档案馆编：《1953—1957中华人民共和国经济档案资料选编（工业卷）》，中国物价出版社1998年版，第1051页。

[②] 宋新中主编：《当代中国财政史》，中国财政经济出版社1997年版，第200页。

种；有色金属产种类从 1953 年的 9 种增加为 1956 年年底的 19 种；火力发电设备从 1952 年不能成套制造到 1956 年可制造 6000 千瓦和 12000 千瓦的；水力发电设备从 1952 年只能制造 3000 千瓦的到 1956 年能制造 15000 千瓦的。① 农业、交通等相关部门的工业化水平也明显提升，这些都为社会主义工业化奠定了初步基础。

（二）产业结构显著倾向重工业，工业结构渐趋合理

在经济建设过程中，产业结构调整体现了"一五"时期"重工业优先发展"战略。五年间，重工业产值增长了 210.7%，轻工业产值增长 83.3%；轻工业和重工业年均增长速度的比为 1：1.97。重工业在全部工业中比重由 1952 年的 37.3% 上升到 1957 年的 45%，而同期轻工业比重由 62.7% 下降到 55%。② 轻重工业比接近 1：1。旧中国遗留的畸形产业结构已有重大改变。

轻重工业内部结构也趋向合理。制造业在重工业中的比重由 1952 年的 41.9% 上升到 1957 年的 47.4%。其中，生产机器的机械工业由 31.9% 增加到 37.7%。③ 同期，重工业中采掘工业和原材料工业因国家产业政策得到较快发展，但与制造业相比，比重略有下降。重工业发展以及轻重工业结构渐趋合理，不仅促进了工业自身扩大再生产，同时也提升了农业、轻工业、交通运输等国民经济其他部门的发展。

（三）地区间工业布局有所优化

"一五"时期，国家加大内地的基本建设投资，促进内地经济发展，工业区域空间布局趋向均衡和合理。内地占全国总投资额比重从 1952 年的 39.3% 上升到 1957 年的 49.7%，相应地，沿海地区从 43.4%（扣除全国统一购置的机车车辆、船舶、飞机费用等）下降

---

① 中国社会科学院、中央档案馆编：《1953—1957 中华人民共和国经济档案资料选编（工业卷）》，中国物价出版社 1998 年版，第 1057 页。

② 中国社会科学院、中央档案馆编：《1953—1957 中华人民共和国经济档案资料选编（工业卷）》前言，中国物价出版社 1998 年版，第 4 页。

③ 中国社会科学院、中央档案馆编：《1953—1957 中华人民共和国经济档案资料选编（工业卷）》前言，中国物价出版社 1998 年版，第 4 页。

到41.6%。①"一五"时期，沿海工业总产值年均增长16.8%，内地为20.4%。沿海工业总产值占全国比重从1952年的68.3%下降为1957年的64.9%；内地工业总产值占全国比重则从1952年的31.7%上升为1957年的35.1%。②数据显示，"一五"期间，随着国家对内地投资加大，内地工业有了较大发展，内地与沿海工业差距有所减小，这有利于加速国家工业化的整体推进与发展。

二 三大改造：社会主义基本经济制度的确立

"一五"期间，通过对农业、手工业以及资本主义工商业的社会主义改造，在城市统一于国营经济、农村统一于农业经营的人民公社化的基础上，新中国确立了社会主义基本经济制度，体现为以下几个方面。

社会主义经济在工业中占据了绝对优势。数据显示，社会主义经济比重由1952年的56%上升到1957年的68.9%。公私合营经济比重从5%上升到31.1%。相应地，资本主义经济比重由39%下降到接近于0（1957年只有约1000万元产值的外商企业）。③

分行业看，经过农业社会主义改造，合作社数量从1951年12月的300多个发展到1952年6月的3000多个。1954年春、1955年春分别增加到10万个、67万个。1956年4月底，全国农村基本实现初级形式的合作化。1956年10月底，多数省市实现高级形式合作化。④ 经过社会主义改造，手工业从业人员总人数从1952年736.4万人下降到1957年652.8万人。其中，参加手工业合作组织人数，从1952年的22.8万人迅速上升为1957年的588.8万人，个体手工业者从1952年的713.6万人，下降至1957年的64万人。资本主义

---

① 薄一波：《若干重大决策与事件的回顾》（上），中共党史出版社2018年版，第210页。
② 中国社会科学院、中央档案馆编：《1953—1957中华人民共和国经济档案资料选编（工业卷）》，中国物价出版社1998年版，第1167页。
③ 中国社会科学院、中央档案馆编：《1953—1957中华人民共和国经济档案资料选编（工业卷）》，中国物价出版社1998年版，第1056页。
④ 薄一波：《若干重大决策与事件的回顾》（上），中共党史出版社2018年版，第230页。

工商业结构也经历了类似的改变。经过全行业公私合营，1956年全国工业总产值中，国营工业占比达到67.5%，公私合营工业占比约为32%，私营工厂所占份额所剩无几。截至1956年年底，99%的原有私营工业企业户数和99%的职工人数均已实现公私合营。私营商业企业中，82.2%的户数、85.1%的从业人员和93.1%资本额都已纳入改造形式。① 资本主义工商业改造基本完成。加之后续实施的定息制度，资本家凭借生产资料占有剩余价值的方式以及企业生产关系发生了根本性变化。企业生产资本所有制实现从私人所有到公私共有，再到由国家统一支配。

这种社会结构的改造以及社会主义经济关系的确立，实现了统一指令性生产和剩余价值的集中。替代市场机制而形成的置于官僚体系指令下的资源配置方式遵循了经典社会主义体制运作模式的指引，同时顺应了新中国加快重工业发展，低投入、高积累率的要求，也构成了计划经济时期特殊财政收入机制的经济基础。②

三 冒进与反冒进：提前完成过渡时期总任务的设想与纠偏

1955年第四季度开始，我国经济建设领域出现了层层抬高数量指标和忽视综合平衡的冒进势头。鉴于1954年日内瓦会议、1955年万隆会议的成功，中央估计国际形势可能会出现10—12年的和平时期，因此毛主席决定抓住这一机遇期，加快我国社会主义改造和经济建设进程。

冒进的势头源于党的七届六中全会对农业社会主义改造中"右倾保守"主义思想的批判，而后扩展至工业、交通运输业、商业、科学、文教、卫生等经济建设各个领域。1955年《中国农村的社会主义高潮》序言中指出，现在的问题是：右倾保守主义在多方面作怪，中国工业化规模和速度，科学、文化、教育等事业的规模和速

---

① 宋新中主编：《当代中国财政史》，中国财政经济出版社1997年版，第168页。
② 高培勇、温来成：《市场化进程中的中国财政运行机制》，中国人民大学出版社2001年版，第12—15页。

度不能完全按原来所设想的样子做了，都应当适当扩大和加快。在此思路指引下，《人民日报》元旦社论《为全面地提早完成和超额完成五年计划而奋斗》明确提出又多、又快、又好、又省的要求。1956年，《农业十七条》扩展形成的《一九五六到一九六七年全国农业发展纲要》，大幅提高了粮食、棉花等总产量，以适应社会主义革命高潮的新形势。1956年年初，国务院召开专业会议，各部门也纷纷修订1955年提出的长期计划指标，如煤炭、钢材等计划产量大幅提升。甚至不少部门把原定1957年完成的"一五"计划任务，提前到1952年实现。这种脱离实践、缺乏科学精神的冒进主义给经济建设带来很大的压力。

1956年来自各部门经济数据的反馈不尽如人意，"基本建设一多，就乱了，各方面紧张"，促使周总理和几位分管经济工作的副总理反思冒进的危害，开始从防止冒进到反对冒进。1月，周总理在党中央召开的知识分子问题会议上呼吁：不要搞不切实际的事情，要"使我们的计划成为切实可行的、实事求是的计划，而不是盲目冒进的计划"[1]。4月，周总理在国务院常务会议上指出："搞计划必须注意实事求是"，"搞生产要联系到平衡"[2]，并多次根据平衡结果，下调物资供应计划，使建设同计划，尤其是同物资供给计划相结合。5月，在为一届全国人大三次会议起草文件的会议上，提出我国经济发展既要反保守，又要反冒进，在综合平衡中稳步前进的方针，预算报告中继续压缩基本建设投资、紧缩开支。

由于党中央从1956年年初就开始从防止冒进到明确反对冒进，因此1956年的经济形势整体上还算健康，基本建设投资比上年增加62%，实际工业总产值增长28.1%。通过这一轮的冒进与反冒进也充分说明，搞经济建设，需要尊重经济规律，要对现有生产能力以及可能的增长有一个全面研究和认识，反复测算，确定各部门合理

---

[1] 转引自薄一波《若干重大决策与历史事件的回顾》上卷，中共中央党校出版社1991年版，第532页。

[2] 薄一波：《若干重大决策与事件的回顾》（修订本）上册，人民出版社1997年版，第550—551页。

比例，才可能实现经济各部门均衡、快速的发展。

第四节 过渡时期中共财经思想：探索国家、集体与人民利益兼顾的财政关系

和平时期，搞经济建设不同于战时。在力争国民经济从千疮百孔、一穷二白的状态恢复过程中，中国共产党开始探索国民经济各种利益交错关系以及相互平衡的规律。这些探索性思想和观点散见于各类中央文件和领导的讲话当中。在短暂的五年社会主义建设实践中，中国共产党积累了不少财经领域的经验，从执行偏差中发现不足，并自觉、适时地运用到经济活动之中。

一 从"四大比例"到"三大平衡""外汇平衡"

作为一个有机的整体，国民经济各部门之间相互关联、互为依存。各部门之间只有比例恰当、相互协调，才能共同促进、全面发展。而寻找各部门间的依存和掣肘关系，探索并依循其背后的经济发展规律，实现国民经济综合平衡，则是计划经济体制的关键。从新中国成立后三年恢复时期"稳定物价、统一财政"，到"一五"社会主义建设时期，轻重工业的发展，再到党的八大经济体制改革的反思，尤其是总结1956—1957年冒进与反冒进的经验教训，中国共产党在实践中，不断探索和发现国民经济建设中的经济规律，并加以提炼，形成了比较完整的经济指导思想——"三大平衡"（后发展为"四大平衡"）。

在1954年6月向党中央汇报"一五"计划编制情况时，陈云同志就提出过"四大比例"和"三大平衡"概念。其中，"四大比例"是指农业与工业的比例、轻重工业之间的比例、重工业各部门之间的比例、工业发展与铁路运输之间的比例。"三大平衡"是指：财政收支平衡、购买力与商品供给之间的平衡、主要物资的供需平衡。1957年1月18日，陈云同志根据1956年冒进与反冒进的实践经验，

在各省、自治区、直辖市党委书记会议上作了《关于财政经济工作问题》的讲话，正式提出财政、信贷、物质综合平衡的观点，"财政收支和银行信贷都必须平衡，而且应该略有结余。只要财政收支和信贷是平衡的，社会购买力和物资供应之间，就全部来说也会是平衡的"。① 不仅如此，他还以1956年冒进时期为例，说明三大关系失衡造成的不利影响。依据"三大平衡"观点，经济各部门"按比例发展的法则是必须遵守的，但各生产部门之间具体的比例，在各个国家，甚至一个国家的各个时期，都不会相同的。一个国家，应根据自己当时的经济状况，来规定计划中应有的比例。究竟几比几才是对的，很难说。唯一的办法只有看是否平衡。合比例就是平衡的；平衡了，大体上也会是合比例的"。②

随着经济社会的发展以及我国举借外债、利用外资规模的扩大，外汇平衡对"三大平衡"影响加深，"三大平衡"中逐渐加入了外汇，形成财政、物资、信贷和外汇四大综合平衡。

二 首次提出正确处理国民收入分配的"二、三、四比例"

国民收入中积累与消费的关系是辩证的，也是此消彼长的。发展重工业，进行大规模的经济建设，需要一定规模的资金积累；但过度地将收入分配到积累上，又会影响人民群众的消费。因此，需要正确处理好积累和消费两者的关系。正如陈云同志提到的："一要建设，二要吃饭；分光用光，国家没有希望。"

"一五"时期，我国开始了有史以来的第一次大规模有计划的社会主义建设。消费与积累的比例关系是否合理对保证经济的均衡发展尤为重要。在党的第八次全国代表大会上，结合"一五"期间对积累和消费关系的处理经验和教训，薄一波同志指出："国民收入中积累部分的比重（即积累率）不低于20%，或者略高一些；国民收入中国家财政预算收入的比重不低于30%，或者略高一些；国家预

---

① 《陈云文选》第三卷，人民出版社1995年版，第52—53页。

② 《陈云文选》第二卷，人民出版社1995年版，第241—242页。

算支出中基本建设支出的比重不低于40%，或者略高一些"，后被称为"二、三、四比例"。① "二、三、四比例"观点是基于以下假定条件测算的：第一，资金积累依靠国内，不借外债；第二，财政收支平衡，略有结余；第三，具有一定的建设规模，确保生产力持续协调发展；第四，随着生产发展，人民的消费水平相应提高。② 国民经济中，遵循上述比例安排积累与消费关系，既能保证我国工业尤其是重工业发展获得足够资金，也能确保老百姓的生活水平逐年提高。

从实践经验看，尽管简单的数字比例无法将复杂的国民经济全面覆盖，实际数字也可能有出入，但寻找积累与消费之间的关系，从而确保国民经济协调发展是非常有必要的。

三 《论十大关系》里面的中央与地方关系③

"十大关系"是毛主席把工作重点转向经济建设之后，基于多方调研和实践基础，对中国社会主义建设道路的经验探索。在我国社会主义改造处于高潮时期，中国共产党对于国家发展方针、方法的反思和调整基于以下的背景：一方面，苏联经济社会建设过程中暴露出一些缺点和错误；另一方面，我国"一五"期间经济建设也出现新的问题和困难。

在历时两个多月、34个部委汇报的基础上，终于形成了涉及产业结构、生产力布局、国防工业建设、经济体制问题、管理体制等十个方面的经验总结与思考，称为"十大关系"。其核心是"围绕着一个基本方针，就是要把国内外一切积极因素调动起来，为社会主义事业服务"。其中第五部分关于国家对经济和其他事业的管理体制问题，也就是中央和地方的关系。当时央地实际情况是首先地方搞工业的积极性高，但集中的体制导致地方投入有顾虑。其次，涉

---

① 薄一波：《若干重大决策与事件的回顾》（上），中共党史出版社2018年版，第216页。
② 薄一波：《若干重大决策与事件的回顾》（上），中共党史出版社2018年版，第216页。
③ 毛泽东：《论十大关系》，人民出版社1976年版，第11页。

及财政体制上,中央财政过度集权。"在涉及中央与地方财政关系上,反映最为强烈的是中央主管部门('条条')对地方政府('块块')的限制……名义上四级(中央、省、县、乡)财政,实际上是一级半财政,只有中央一级是完整的,省财政只是半级财政……这对调动地方组织财政收入的积极性是很不利的。"①

对此,毛主席在《论十大关系》第五部分"中央和地方的关系"中指出:"我们的国家这样大,人口这样多,情况这样复杂,有中央和地方两个积极性,比只有一个积极性好得多。我们不能像苏联那样,把什么都集中到中央,把地方卡得死死的,一点机动权也没有了""解决这个矛盾,目前要注意的是,应当在巩固中央统一领导的前提下,扩大一点地方的权力,给地方更多的独立性,让地方办更多的事情。这对我们建设强大的社会主义国家比较有利。"② 这种一定程度上向地方分权的思想对当时的体制改革具有重要的指导意义。

1958年3月10日在成都会议上,毛主席指出1956年4月提出的"十大关系"是中国开始探索和提出自己的建设路线,尽管原则和苏联相同,但方法有所不同。1960年的《十年总结》中进一步指出:前八年照抄外国经验。1956年"十大关系"开始找到一个适合中国的路线,反映中国客观经济规律。中国的社会主义建设自此摒弃了完全的制度移植,开始走上探索适合中国国情、有中国特色的道路。

四 1957年的调整和改革思路

"一五"计划初期,为集中国家有限的力量恢复经济,发展重点工业,在借鉴苏联经验的基础上,建立起高度集中统一的经济体制,这对顺利完成"一五"计划发挥了重要作用。然而,随着经济规模的扩大以及社会化生产的分工,生产资料所有制单一造成的经济效

---

① 薄一波:《若干重大决策与事件的回顾》(上),中共党史出版社2018年版,第339页。
② 毛泽东:《论十大关系》,人民出版社1976年版,第11页。

率低下，部门、地区、企业之间的协作与生产力之间的矛盾日渐突出。

陈云同志在反思苏联体制弊端时，指出苏联大小生产一律纳入计划，直接把市场搞死了，我们要吸取苏联的教训，避免走苏联走过的弯路。[①] 针对"一五"期间，高度集中、统收统支的财政收支体制所暴露出来的统得过死，管得过严，地方几乎没有任何机动财力，造成效率低下、地方没有积极性等，他在《克服财经工作中的缺点和错误》中提道："中央财政与地方财政之间的问题是，对地方财政统得太多太死……甚至把小学生的学费（有的学费还不是人民币，是几斤小米，几个鸡蛋）也统上来了。还有一个就是统得太死了。财政部的钱，是按教育系统、工业系统等'条条'发下去的。发下去之后，如果在'块块'（即大行政区、省、县等）中发生了这个部门的钱用不了，另外部门的钱不够用时，'块块'不能调剂，把'块块'的权力限得太死了……中国这么大，地方情况那么复杂，不可能统得太死，也不应该统得太死。解决的办法，今后准备把中央财政和地方财政划分一下。"[②]《论十大关系》也对上述问题进行了总结、梳理和反映，领导人的定调为接下来的放权铺平道路。周恩来在党的八大的讲话中，对改革过于集中的财经体制，提出七条放权规则。

正是中央决策层对此类问题的认识越来越统一，包括计划、基本投资、财政等经典体制各方面亟待进行修正与调整，向地方政府放权提上议事日程。1957年10月举行的党的八届三中全会（扩大）基本通过由陈云主持起草的《关于改进工业管理体制的规定（草案）》、《关于改进商业管理体制的规定（草案）》和《关于改进财政管理体制的规定（草案）》。三个文件主要精神是调整中央和地方、国家和企业的关系，通过适当扩大地方、企业的权限，解决高度集中的经济管理体制所带来的弊病，进一步发挥地方和企业的主动性

[①] 曹应旺：《开国财经统帅陈云》，中译出版社2015年版，第143页。
[②] 《陈云文选》第二卷，人民出版社1995年版，第197—202页。

和积极性，因地制宜完成国家统一计划。并且，工业、商业以及财政领域改革同步进行、相互配套。1957年11月通过《关于改进财政体制的规定》，明确划定地方财政收支范围，适当扩大地方政府财政管理权限，在保证国家重点建设前提下，加大地方机动财力。在财政收入方面，实行分类分成。[①] 工商业改革涉及内容主要包括：第一，部分中央部门直管企业下放给省、市、自治区；部分中央各商业部门所属加工企业移交给地方商业部门；第二，扩大省、市、自治区物资分配权限；第三，下放地方管理的企业（粮食、外贸外销部分除外）的全部利润在地方和中央之间实行二八分成；第四，商业价格分级管理；第五，外汇实行分成；第六，适当扩大企业管理权限。国家给企业下达的指令性指标从12个减少为收购计划、销售计划、职工总数和利润四个指标，同时允许地方在执行商业收购和销售计划时按5%上下浮动。这三个文件着力从工业、商业和财政几个方面探索中央和地方关系的调整，放权是核心思想，以解决中央集权过多的问题。尽管在接下来的"大跃进"中发生了一些偏差，使实际执行结果与预想改革精神并不相符，但针对体制机制层面的调整为后续经济体制改革提供了一次有益的尝试。

五 党的八大：对我国社会主义经济发展规律的探索与总结

中国从1953年开始的计划经济建设基本上是向苏联学习。到1956年前后，苏联经济体制模式暴露出体制僵化、效率低下、物资短缺等弊端。中国领导人意识到：中国必须走自己的路，探索适合中国的社会主义建设道路。

党的八大最重要的一项任务就是对当时的国内外形势做出一个基本分析，并对社会主义基本制度建立后，国内的主要矛盾变化做出一个清晰的判断，从而确立党和全国人民在新形势下的主要

---

① 中国社会科学院、中央档案馆编：《1958—1965中华人民共和国经济档案资料选编（财政卷）》，中国财政经济出版社2011年版，第8页。

任务。

经过三大社会主义改造之后,"我国的无产阶级同资产阶级之间的矛盾已经基本解决","我们国内的主要矛盾,已经是人民对于建立先进的工业国的要求同落后的农业国的现实之间的矛盾,已经是人民对于经济文化迅速发展的需要同当前经济文化不能满足人民需要的状况之间的矛盾"[1]。因此,"党和全国人民当前的主要任务,就是要集中力量来解决这个矛盾,把我国尽快地从落后的农业国变为先进的工业国"[2]。这意味着,今后国内的主要矛盾不再是阶级斗争,工作的重点将从阶级斗争转移到大力发展生产力上。

对社会主义经济建设后续如何推进,周恩来、陈云在党的八大会议上分别提出"综合平衡的四点意见"以及"三个主体三个补充"等观点,为指导后续社会主义经济建设以及国民经济均衡发展提供了镜鉴与思路。

基于苏联及东欧社会主义国家重积累、轻消费,导致轻重工业失衡,最后酿成严重的社会后果,以及我国在"一五"时期大规模经济建设工作的经验和教训,周恩来在党的八大会议上作《关于发展国民经济的第二个五年计划的建议的报告》时,提出了既反保守又反冒进,在综合平衡中稳步前进的四点意见:第一,应该根据需要和可能,合理地规定国民经济的发展速度,把计划放在既积极又稳妥可靠的基础上,以保证国民经济比较均衡地发展;第二,应该使重点建设和全面安排相结合,以便国民经济各部门能够按比例发展;第三,增加后备力量,健全物资储备制度,因为在国民经济发展中,不平衡现象是常态,为应付可能遇到的意外困难,必须保留必要的后备力量;第四,正确处理经济和财政的关系,即财政收入必须建立在经济发展基础上,财政支出优先保证经济的发展。具体到国民经济的分配和积累关系时,报告明确指出"必须使消费部分和积累部分保持适当的比例"。倘若"消费部分所占比重小了,会妨

---

[1] 参见《人民日报》1956 年 9 月 28 日。
[2] 参见《人民日报》1956 年 9 月 28 日。

碍人民生活的改善；积累部分所占比重小了，就会降低社会扩大再生产的速度。这两种情况都是对人民不利的"①。因此，实现经济的综合平衡是非常重要和关键的。党的八大通过的《关于政治报告的决议》明确，我们必须"估计到当前的经济上、财政上和技术力量上的客观限制，估计到保持后备力量的必要，而不应当脱离经济发展的正确比例。如果不估计到这些情况而规定一种过高的速度，结果就会反而妨碍经济的发展和计划的完成，那就是冒险主义的错误。党的任务，就是要随时注意防止和纠正右倾保守的或'左'倾冒险的倾向，积极地而又稳妥可靠地推进国民经济的发展"②。这种基于"一五"时期经济建设以及国民经济恢复和调整时期实践而逐渐提炼升华的"综合平衡"思想，开始正式纳入党的重要文件，并成为我党主要的经济思想之一。

陈云在社会主义改造基本完成后，大胆提出社会主义经济应由"三大主体、三个补充"构成的主张。"我们的社会主义的情况将是这样：在工商业经济方面，国家经济和集体经济是工商业的主体，但是附有一定数量的个体经营。这种个体经营是国家经营和集体经营的补充。至于生产计划方面，全国工农业产品的主要部门是按照计划生产的，但是同时有一部分产品是按照市场变化而在国家计划许可范围内自由生产的。计划生产是工农业生产的主体，按照市场变化而在国家计划许可范围内的自由生产是计划生产的补充。因此，我国的市场，绝不会是资本主义的自由市场，而是社会主义的统一市场。在社会主义的统一市场里，国家市场是它的主体，但是附有一定范围内国家领导的自由市场。这种自由市场是在国家领导之下，作为国家市场的补充，因此它是社会主义统一市场的组成部分。"③当时，国内社会主义三大改造刚刚结束，做出将苏联高度集中的计

---

① 《关于发展国民经济的第二个五年计划的建议的报告》，引自《建国以来重要文献选编》第九册，中央文献出版社1994年版，第186—187页。

② 《中国共产党第八次全国代表大会关于政治报告的决议》，引自《建国以来重要文献选编》第九册，中央文献出版社1994年版，第347页。

③ 《陈云文选》第三卷，人民出版社1995年版，第13页。

划经济体制作为学习模板与旗帜的决断难能可贵。这也是中国共产党结合"一五"时期，从大规模社会主义建设过程中发现问题、总结凝练，并上升为指导性思想的一次尝试，是中国共产党探索符合中国国情的社会主义经济建设道路经验的重要实践。

第七章
路径探索引发的发展危机与财政的定海神针作用(1958—1978年)

党的八大正式通过了"二五"计划,并于1958年实施,在实践中,主客观原因共同导致这一计划最终被分阶段实施——"大跃进"和国民经济调整两个阶段,超出了五年的时间界限,从1958年一直延续至1965年。而此后为期十年的"文化大革命"更是导致新中国的经济发展极为缓慢。可以说,自"大跃进"到改革开放前夕,党在探索新中国发展路径的过程中陷入发展危机,而在这20年中,财政发挥了难能可贵的稳定作用,成为困难时期的"定海神针"。

第一节 "大跃进"中的财政失衡及清理整顿(1958—1960年)

在党中央直接领导下,周恩来和陈云同志主持制订的第一个五年计划顺利完成,并超额完成了任务,为社会主义工业化建设奠定了基础,也为"二五"计划的制订实施创造了有利条件。"二五"计划的制订基于党中央对当时国际国内形势的判断,认为相对安定和平地发展经济建设的机遇期已经到来,应该把握时机迅速发展经济以应对国际的经济竞争,在世界经济格局中站稳脚跟。但也存在着忽视经济发展规律,过于乐观地估计经济发展潜能,急于摆脱国家贫穷落后面貌的一面,致使在"大跃进"时期盲目地提高了计划目标，片面发展钢铁工业，产业结构严重失衡。在这样的背景下，财政平衡遭到破坏成为必然。

一 财政平衡遭到破坏

"大跃进"时期，在党内急于求成、脱离实际、浮夸等"左"的思想指导下，掀起了大炼钢铁运动和人民公社运动的高潮，致使经济良性发展的趋势被迫终止，国家财政也遭受挫折，表现为财政基本建设投资过多、财政赤字扩大迅速、财权下放过快、税收体系功能弱化并出现了财政虚假现象。

（一）财政基本建设投资过多

"大跃进"初期，在基本建设投资方面，中央向地方和部门下放了基本建设管理权限。一是省、市、自治区批准基本建设项目的权力大大加强，除与中央企业有协作关系、产品需要在全国平衡的限额以上建设项目的计划任务书须报送中央批准外，基本建设项目主要由地方审批。二是对基本建设投资实行建设单位包干制。1958年7月5日国务院第七十八次全体会议通过《关于改进基本建设财务管理制度的几项规定》，其中规定国家不再每年年终收回未用完的基本建设投资资金，留在用款单位结转下年使用。尽管这项放权大大提高了地方政府和建设单位的主动性和积极性，但也为地方和部门乱上基建项目提供了土壤，导致国家基本建设投资过多。

从统计数据来看，1958—1960年我国计划内大中型施工项目分别有1589个、1361个、1815个，每年的数目甚至超过"一五"时期施工项目的总数。同时，还存在大量计划外施工项目，1960年计划外施工的大中型项目有380多个，占全国施工项目的20%以上。施工项目的大幅增加必然导致基建投资规模急剧膨胀。1958—1960年国家预算用于基本建设的拨款为886.17亿元，是"一五"时期预算内基本建设拨款总额（506.44亿元）的1.75倍，其中1958年基本建设拨款占国家预算支出的比重为56%，较1957年提高15.3个百分点。尽管财政基本建设投资总量大幅增加，但是支出效率却显著下降，1958—1960年基本建设平均周期为9年，较"一五"时期长4年，投资损失超过150亿元。1960年大中型建设项目投产率较1957年降低了16.6个百分点；固定资产交付使用率较1957年降低24.6个百分点。[①] 1960年每百元积累所创造的国民收入从"一五"期间35元的平均值降至-0.4元。由于基本建设战线过长，导致原料、材料、设备、劳动力供应和运输紧张，严重影响了国民经济的发展。[②]

由此可见，中央在基本建设方面实施放权导向的改革，初衷是鼓励地方、部门、企业更为积极、主动地投入基本建设，同时节约使用资金，但最终事与愿违，说明这一时期党的决策、宏观调控能力以及对财政工具的运用能力还没有达到与新中国财政经济发展相适应的水平。

（二）财政赤字扩大迅速

由于计划经济体制时期我国实行统收统支的财政管理体制，同时，在社会主义改造刚刚完成后，社会主义公有经济占绝对比重，经济领域的损失大部分转变为财政赤字。在"大跃进"时期，我国国民经济整体运行混乱，经济增长率逐年大幅下降，国家的大规模投入只换来很小的经济效益，造成财政入不敷出，财政赤字逐年扩大，赤字率逐年攀升，后两年已大幅超过3%的国际警戒线（见表7-1）。

表7-1　　　　　"大跃进"时期我国财政收支情况　　　　　单位：亿元

年份	财政收入	财政支出	财政赤字	GDP	赤字率（%）
1958	379.62	400.36	20.74	1312.3	1.6
1959	487.12	543.17	56.05	1447.5	3.9
1960	572.29	643.68	71.39	1470.1	4.9

资料来源：国家统计局数据库，http://data.stats.gov.cn/easyquery.htm?cn=C01.

---

① 宋新中主编：《当代中国财政史》，中国财政经济出版社1997年版，第242—243页。
② 王丙乾：《中国财政60年回顾与思考》，中国财政经济出版社2009年版，第109页。

这一时期，财政大规模增支的因素主要有两个方面：第一，财政为各方还贷，主要是人民公社等主体在基本建设、钢铁工业等方面的高投入产生的大规模银行贷款；第二，财政为各方弥补损失，包括商业部门的呆账坏账损失、亏损企业对银行的长期占款、基建部门计划外施工项目外购设备材料等成本支出、弥补银行的损失等，仅1958年的炼铁亏损补贴一项就高达40亿元[①]；第三，地方和部门从供销合作社、手工业合作社、公社社员"平调"的物资、资金被投入基本建设后，需要财政出面退赔或归还；第四，积压大量物资的企业从财政获得流动资金周转。

由此可见，"大跃进"时期，我党遵循的"鼓足干劲、力争上游、多快好省地建设社会主义"的总路线，在财政上并未实现多快好省，而是走向了反面。据统计，1961年工业总产值只完成计划的77.9%，农业总产值只完成计划的40.1%，财政收入只完成预算的81%。[②] 一方面，顶层设计存在偏差；另一方面，财政预算、财政赤字管控、财政和金融工具的运用能力存在不足。

（三）财权下放过快

"大跃进"期间我国财政体制延续"一五"时期实行的划分收支、分级管理的框架，中央进一步下放财权，但是，在"大跃进"的环境中放权也是跃进式的，放权过急、过快、过猛，最终的结果也难以避免事与愿违。

1958年4月11日，中共中央和国务院发布《关于工业企业下放的几项规定》，提出国务院各主管部门所管理的企业，除极少数特殊重要的企业外，一律下放给地方政府管理，并对下放步骤、中央和地方的相关权利和义务、利润分成、不同情况下的处理方案等问题予以明确。6月2日中共中央发布《关于企业、事业单位和技术力量下放的规定》，对各领域中央企业下放做出了具体要求，对下放后存在的和可能出现问题的解决方案予以明确。至此，中央向地方的

---

① 宋新中主编：《当代中国财政史》，中国财政经济出版社1997年版，第242—243页。
② 宋新中主编：《当代中国财政史》，中国财政经济出版社1997年版，第254页。

放权到达了财权层面,让放权更为彻底。

截至1958年6月25日,中央工业部门所属的企业和事业单位,已经有80%左右下放地方管理,其中包括铁路、交通、邮电、航空、港口、电力、商业大批发站等关系国家经济命脉的重要企业。据统计,这次下放使中央各部属企业、事业单位从1957年的9300多个骤减到1958年的1200个,下放了88%;中央直属企业的工业产值占整个工业总产值的比重由1957年的39.7%降至1958年的13.8%。[①]这给经济运行基本面带来了不利影响,当年就形成了国民经济严重混乱的局面。

大环境如此,财政也不可能幸免。随着企业体制的下放,财务隶属关系和管理权限的变化,中央和地方之间的财政关系出现不平衡,表现为全国财政收支失衡,中央财政能力大幅降低。尤其是1958年12月,农村开始实行"两放、三统、一包"的新体制,将机构和人员下放给人民公社,统一政策、统一计划、统一流动资金的管理,财政任务包干。这里的财政包干是统一计算国家在农村的各项税收收入、下放企业收入、事业收入和地方附加收入,扣除原来由国家开支的行政费和事业费,由公社按收支差额包干上缴。这种体制最大的弊端是人民公社的财政和财务的界限模糊,导致财政收入、物价、经济核算和财政监督等方面的混乱,加剧了各部门和单位之间无序挪用资金的现象,因此被迫于1959年5月停止执行。

这样的结果已经远远背离了党中央下放财权的初衷。事实上,党的八大就对改革过于集中的财经体制提出了七条放权的原则,"大跃进"之初,党中央继续频繁出台文件下放财权。其主要原因是看到高度集中的计划体制对经济的束缚较强,只有让地方政府、国有企业拥有更多的自主权,他们才能鼓足干劲、力争上游,实现所设定的目标。我们从当时中央出台的文件中可以看到,党中央当时急于发展工业为我国社会主义建设提速,从而为地方打造完整的工业体系,进而形成全民办工业的氛围。下放权力给地方,让地方承担

[①] 谢旭人主编:《中国财政60年》(上、下卷),经济科学出版社2009年版,第143页。

更多的责任，中央则集中力量组织全国大协作、大平衡，并做好技术指导、提高的工作，最终调动中央与地方两个层面的积极性和创造性，大跃进地实现工业化。

可以说，党中央如此做的初衷是积极进取的，问题出在设定的目标没有充分考虑现有基础和经济、财政的可承受能力，采取的方式方法存在偏差，导致地方的积极性演化为盲目性，中央管控能力被削弱，下放到地方的权力缺少制约，最终反而形成地区分割、力量分散的局面。尤其是企业被迅速地层层下放，然而，越低层级的政府对企业的管理能力越弱，被下放的企业甚至无法正常生产经营，浪费和亏损严重。试想如果放权把握好度，中央适当下放一些自身管不了也管不好的企业，适当扩大地方的财权和地方管理企业的责任，例如，将零售商业、手工业、纺织工业、轻工业、建设业及重工业中部分中小型企业和部分生产经营在地方的企业下放给地方，那么放权的结果就将与党中央的初衷吻合。

（四）税收体系功能弱化

"大跃进"时期，由于政府和国有企业、人民公社之间分别采取利润留成和财政包干的分配方式，导致中央对税收的作用产生怀疑。在"社会主义税收实质上不是税"的"非税论"思潮影响下，1959年开始了一段短暂的"税利合一"试点。

1959年1月，财政部决定在武汉、宝鸡、石家庄、南京、成都、开封、锦州七个城市进行税利合一试点，将国营企业的工商统一税、地方各税和工商税附加与其上缴利润合并为"企业上缴收入"，并继续在上海的7个行业的16户企业中调查研究。在试点的过程中"税利合一"的利弊很快暴露出来，尽管带来了征收的便利，但却助长了企业不良行为。一是忽视经济核算，虚增利润、乱列开支、乱摊成本，从而掩盖了企业生产经营中存在的问题，放松了财务管理。二是自行降价提价，扰乱市场。三是普遍拖欠、减少向财政上缴收入，增加利润留成，严重削弱了税收的经济杠杆作用，损害了国家利益。因此，当年5月，财政部召开全国税务局长会议，总结了1958年税收工作，重新认识并强化税收的作用，决定停止"税利合一"

试点，对人民公社恢复征税，把省一级下放到市、县的税收管理权限适当集中起来，并对税收管理体制、税务机构与干部配备等问题进行了讨论和明确。在此基础上，国务院发布《关于改进农村人民公社工商税收征税办法的意见》，对人民公社恢复征收工商税，同时简化征税办法，明确征税免税界限，遵循的原则是既有利于公社的巩固和生产发展，又有利于国家组织财政收入和收购农副产品。

这次不成功的"税利合一"试点充分体现着"大跃进"时期脱离实际的特征，注定无法取得成功，但它的意义却是不可忽视的，为党内认清税收和企业利润的差别，及时纠正偏差，完善社会主义税收制度提供了机会。在试点当中，中国共产党充分认识到，即便税收和企业利润均源于国营企业收入，均是工人阶级创造的社会积累，但两者的征缴依据存在本质上的不同。税收对社会主义经济建设的作用是客观存在且必要的，国家需要税收与价格、成本、利润等经济杠杆互相配合来理顺与企业的关系，约束企业的经济活动服从国家计划的要求，因此不能"以利代税"。[①]

（五）出现财政虚假现象

在党内"左"的思想影响下，"大跃进"时期浮夸风盛行于各领域，财政领域也未能幸免。反思"大跃进"时期的浮夸风与生产计划"三本账"的要求不无关系。1958年年初毛泽东集中全党意见和智慧写成的《工作方法六十条（草案）》中提出中央和地方一共要做"三本账"[②]，从中央到地方，生产计划的指标被层层拔高，地方能力有限，但迫于压力只能"浮夸"，而国民经济的各领域是联动的，浮夸在一个领域出现，必然会传导至所有领域。财政领域的"浮夸"表现为财政虚假现象。

---

① 宋新中主编：《当代中国财政史》，中国财政经济出版社1997年版，第246页。

② 毛泽东：《工作方法六十条（草案）》（1958年1月），《毛泽东文集》第7卷，人民出版社1999年版，第347页。其中要求："中央两本账，一本是必成的计划，这一本公布；第二本是期成的计划，这一本不公布。地方也有两本账，地方的第一本就是中央的第二本，这在地方是必成的；第二本在地方是期成的。"从指标来看，地方的第二本账高于中央的第二本账，中央的第二本账高于中央的第一本账，年终评比以第二本账为标准。

财政虚假现象也有自身鲜明的特点,表现为"账实不符",即真实的财政收支数字与实物之间没有建立一一对应的关系。由于财政通过财政收支与国民经济的各行各业联系密切,其中,财政收入就是在各行各业收入的基础上形成的,"大跃进"时期各行各业的年终评比以"第二本账"为标准,所以从上至下在"第二本账"中设定的目标均超越自身实际能力,只能虚报产量和收入,并通过不计或少计成本费用来虚增利润,致使财政收入的基础就是虚假的。与此同时,财政支出盲目扩大,大量财政资金用途不合理,进一步推升了各行各业制定不切实际的目标的热情,加剧了经济发展的非良性循环。例如,1958 年在中央的"第二本账"中,农业总产值的增长速度目标由"第一本账"的 6.1% 提高到 16.2%,工业总产值的增长速度目标由 10% 提高到 33%。在这样的形势下,财政也出现了"假结余、真赤字"的现象。[①] 1958 年,财政收入 418.63 亿元,比 1957 年增长 35%,财政支出 409.40 亿元,结余 9.23 亿元。1959 年,财政收入 541.60 亿元,比 1957 年增长 29.4%,财政支出 527.71 亿元,结余 13.89 亿元。1960 年,财政收入 562.98 亿元,比 1959 年增长 3.9%,财政支出 582.13 亿元,支大于收 19.15 亿元。而实际则是连年赤字,且赤字从 1958 年的 20.74 亿元扩大到 1960 年的 71.39 亿元。直到 1962 年,经国务院批准,才对 3 年"大跃进"期间的财政收支数进行调整(如表 7-2 所示)。

表 7-2　　　　1958—1960 年国家财政收支数额调整情况　　　　单位:亿元

年度	收入数 原决算数	收入数 调整后决算数	支出数 原决算数	支出数 调整后决算数	收支差额 原决算数	收支差额 调整后决算数
1958	418.63	387.62	409.40	409.40	9.23	-21.80
1959	541.60	487.12	527.71	552.86	13.89	-65.74

---

① 1958 年 3 月 3 日《中共中央关于开展反浪费反保守运动的指示》正式提出"社会主义生产大跃进和文化大跃进运动已经出现",要求修改 2 月间全国人民代表大会通过的国民经济计划,农业总产值的增长速度由 6.1% 提高到 16.2%,工业总产值的增长速度由 10% 提高到 33%。

续表

年度	收入数		支出数		收支差额	
	原决算数	调整后决算数	原决算数	调整后决算数	原决算数	调整后决算数
1960	562.98	572.29	582.13	654.14	-19.15	-81.85
合计	1523.21	1447.01	1519.24	1616.40	3.97	-169.39

资料来源：谢旭人主编：《中国财政60年》（上、下卷），经济科学出版社2009年版，第145页。

二 一定程度的财政清理整顿

事实上，财政虚假现象不难被发现，因为一片大好的形势下，商品供应却十分紧张，追本穷源是各行各业普遍存在的浮夸、冒进行为导致的。"大跃进"运动开展当年党中央便发现了思想上的"左"倾偏差，并着手纠正，主要通过清理商业资金、划清基本建设和流动资金界限、处理财政遗留问题、调整财政收支规模等举措实现了一定程度的财政清理整顿。尽管在1959年8月党的八届八中全会决定开展反右倾斗争后，"大跃进"运动不等终止就又卷土重来，但这次财政的清理整顿仍然意义重大。

（一）清理商业资金

1958年11月—1959年7月，中央开始强调反对浮夸、冒进，并对1959年的国民经济计划指标作了较大缩减。1958年12月，党中央发出了要求各地清理商业资金的指示，并决定对财政问题进行彻底清查，确定财政状况很好而经济却出现困难征兆的原因。

经过清查，中央发现在实际中存在流动资金和基本建设资金使用界限不清晰的问题，约有80亿元从银行贷款的流动资金用于基本建设等资本性支出和赊销、预付等低效支出。例如，有21亿元商业流动资金用于办工业，14亿元商业流动资金部分用于基本建设，10亿余元工业流动资金用于基本建设，有23.2亿元商业流动资金用于赊销商品和预付货款，且有5.8亿元预付定金未收回，还有部分商业流动资金补助了炼铁。[①]

---

① 《国务院批转财政部关于目前企业财务工作中存在的几个问题的报告的通知》，《甘肃政报》1959年第7期。

（二）划清基本建设和流动资金界限

清查之后就是整顿。1959 年 7 月 31 日，中共中央下发了《关于当前财政金融工作方面的几项规定》，对于划清基建投资和流动资金的界限、流动资金的核定、炼铁补贴的经费来源和支出责任划分、赊销和预付的清理进行了明确规定。

在划清基本建设和流动资金界限方面，要求二者分口管理、分别使用。清理各经济主体之间的资金账目，凡是 1958 年以后动用银行贷款和流动资金进行基本建设或者用于其他财政性开支的，用财政资金归还银行和企业，所需财政资金分不同情况由中央财政、地方财政结余，企业留成收入分担。在清理的基础上，规定基本建设投资应当全部经过财政渠道直接拨款，不应抽用流动资金，同时简化制度，强化监督。

在流动资金的核定方面，要求按照有利于发展生产和扩大商品流转、有利于节约使用资金的原则核定企业定额流动资金。核定工作由财政、银行、企业主管部门根据企业正常生产和正常商品流转的需要共同完成，并以核定后的定额作为财政拨付银行为企业提供流动资金贷款的依据。同时规定在核定定额之外，企业季节性和临时性的流动资金需求，需要在有物资保证、可按期归还的前提下由银行按计划安排额外贷款解决。确实因积压、停工待料、发工资等存在困难的部分企业，可以申请额外的银行贷款。

在炼铁补贴的经费来源方面，分时间段、分金额、分情况、分方式由财政拨款解决。其中 1959 年上半年炼铁补贴由银行垫款的部分，由财政部门如数拨给企业，归还银行；1959 年下半年低于 5 亿元的炼铁补贴由财政部门根据冶金工业部同各省、市、自治区商定的数字拨款，银行不再贷款，5 亿元确实不足的部分由冶金工业部提出报中央追加财政拨款；超计划生产的炼铁补贴，属于地方使用的部分，由地方财政解决，属于中央调用的部分，由财政部报销。

在清理赊销和预付方面，分不同情况清理收回，能够一次收回的一次收回，不能一次收回的分期分批收回。同时坚决停止计划以外的商品赊销和预付货款，必要的生产资料的赊销，必须经过省、市、自治区党委批准。

(三) 调整财政管理体制

"大跃进"时期财政平衡遭到破坏的原因之一是财权下放速度过快，这一点在前文已详细分析。而财权下放的背后必然有体制性安排，随着中央发现财政管理体制也存在助推浮夸、冒进的弊端，在这次短暂的财政清理整顿中也对财政管理体制进行了一定程度的调整。

1958 年，在进一步向地方下放财权、增加地方机动财力这一总的思想指导下，中共中央、国务院确定在我国实行"以收定支，三年不变"的财政管理体制。在财政收入划分方面，一是根据地方财政收支平衡的需要，分别计算地方固定收入、企业分成收入和调剂分成收入的比例，三种收入仍不能满足地方需要的，中央给予拨款补助。二是地方的正常支出由地方根据中央划给的收入自行安排，基本建设拨款和重大灾荒救济、大规模移民垦荒等特殊性支出由中央专案拨款解决，每年确定一次。三是以 1957 年的预算数作为确定地方正常支出和划分收入的基数，收入项目和分成比例确定后，原则上三年不变，后调整为五年不变。四是地方可以在划定的收支范围内，根据收入安排支出，预算执行中收入超过支出的，地方可自行安排，年终结余留给地方转入下年度自行安排使用。与之前相比，这一财政体制安排的变化在于：允许地方参与中央企业收入分成，税收分成比例从以税种确定比例变为以地区确定比例（每个省市执行一个比例），基本建设拨款由地方正常支出变为中央专案拨款，体制由以前的"一年一变"到"三年一变"再到"五年一变"，[①] 地方多收可以多支，有利于提高地方增收节支的积极性。

但是，由于中央以"大跃进"为宗旨的指导思想，地方为实现"大跃进"发展，浮夸和冒进行为较为普遍，财政资金使用必然带有

[①] 此次财政体制调整前，每年先由中央确定地方支出，然后根据支出划给一定的收入项目，并确定分成比例。这次体制改为中央把地方财政的收入项目和分成比例确定以后，五年不变，在五年内，地方可根据收入情况自行安排支出。

较强的浮夸和冒进性，加上中央过快下放财权，削弱了中央整体把控的能力，央地财政关系一度紧张，导致这一财政体制很快又被调整。1958年9月国务院通过了《关于进一步改进财政管理体制和改进银行信贷管理体制的几项规定》，决定从1959年起实行"收支下放、计划包干、地区调剂、总额分成、一年一变"的财政管理体制，简称"总额分成、一年一变"，旨在继续下放收支项目的同时，适当收缩一部分地方的机动财力。一是不再划分地方固定收入、企业分成收入和调剂分成收入，只留少数收入在中央，其他各种收入全部作为地方财政收入；二是不再区分地方正常支出和中央专案拨款支出，只留少数支出在中央，其他各种支出全部作为地方的财政支出；三是根据国民经济计划和其他有关指标计算地方的财政收支，收支相抵的余额按比例上解中央，不足部分由中央给予补助，实际超收部分按原定比例解留，中央补助款按原计划数额拨补，年终结余由地方自行安排；四是地方上解中央的收入，除了少数用于中央的开支以外，主要用于补助经济落后、少数民族和收入少建设多的地区；五是以省、市、自治区为单位，计算地方财政总支出占地方财政总收入的比例，作为地方总额分成比例；六是地方当年的财政收支指标、分成比例和补助数额，由中央每年核定一次。[①]

上述财政体制也仅实行了两年。1960年下半年，党中央开始对以"大跃进"为宗旨的指导思想进行反思，随着中共中央发出《关于农村人民公社当前政策问题的紧急指示信》，要求彻底纠正一平二调的"共产风"，放手发动群众开展整风整社的群众运动，为期三年的"大跃进"画上了句号。党中央开始纠正经济工作"左"倾冒进错误，看到了"大跃进"违背经济发展规律，损害生产力，造成国民经济各部门之间、积累和消费之间比例失调的一面。各部门也纷纷行动，1960年年底，财政部党组向中央提交了《关于改进财政体制、加强财政管理的报告》，详细分析了1958年以来我国财政管理

[①] 王丹莉：《工业布局调整中的中央与地方关系：解读"大跃进"时期的财政放权》，《中国经济史研究》2018年第5期。

体制中存在的财政纪律松弛、财权分散、国家计划和市场供求受到冲击等问题。

综上所述,在"大跃进"时期,党中央继续贯彻落实毛泽东同志在《论十大关系》中的指示精神,在处理中央与地方关系方面,向地方放权。在"大跃进"思想的指导下,放权较为彻底且速度较快,超越了当时财政经济的可承受能力,破坏了财政平衡,进而损害了经济的可持续增长。党中央及时发现了这些问题,在反思中充分认识到需要处理好流动资金和基本建设投资的比例关系,不能挤占银行贷款;需要处理好中央与地方间的财政关系,向地方放权不能过快和无度;需要有计划地发展经济建设事业,重视综合平衡。然而,两次财政体制的调整较为匆忙,并且带有较强的"大跃进"特征,并不是基于理性的调整,无法保证体制的相对稳定,进而无法有效保障中长期计划的实现。

第二节　国民经济调整中的财政调节功能的发挥(1961—1965年)

1959—1961年我国遭遇了严重的自然灾害和中苏关系破裂双重打击,对刚刚经历"大跃进"失利的国民经济发展来说无疑是雪上加霜,新中国步入成立后最困难的时期,"二五"计划未能如期实现,经济发展战略被迫进行调整。在"调整、巩固、充实、提高"的八字方针下,财政肩负起调整的重要使命,充分发挥财政调节功能,取得显著成效,在经济结构失衡得到扭转、各项事业发展速度加快、人民生活水平止降回升的同时,财政收支平衡目标也得以实现。

一　财政致力于"八字方针"的核心——调整

1961—1965年是国民经济调整时期,为了走出经济困境,1961年1月,党的八届九中全会正式通过了"调整、巩固、充实、提高"

的"八字方针",旨在调整国民经济各部门之间失调的比例关系,巩固生产建设获得的成果,充实新兴产业和短缺产品的项目,提高质量和经济效益。"八字方针"的核心是调整,为具有调节职能的财政提供了舞台,财政成为我国走出三年困难时期的有力支撑。

(一)"八字方针"与财政的关系

深入贯彻"八字方针",首先要在全党统一认识,1961—1962年党中央组织召开了一系列重要会议,先是在工业领域统一了认识,紧接着对以调整为中心开展工作统一了认识,随后为国民经济全面调整的基本原则和重要举措统一了思想,最后对财政经济困难的情况有了更为清醒的认识。

财政部党组提交的《关于改进财政体制、加强财政管理的报告》着重强调对"八字方针"的贯彻执行,在党的八届九中全会召开期间得到了党中央的同意和批转。该报告可以视为"八字方针"在财政领域的反映和落实,旨在纠正"大跃进"期间财政领域体制机制的偏颇,在国家计划框架内进行财政活动。

报告针对财权过于分散,提出将财权集中于中央、大区和省、市、自治区三级,收回不合理下放给地方的财权,将税率税目的调整权集中到中央,财政预算做到上下一本账,全国一盘棋,收支平衡、略有结余;针对财经纪律松弛、制度约束力不够,采取"纳、减、管"的办法整顿预算外资金;同时,加强财政监督,不允许把流动资金用于基本建设,不允许把信贷资金(银行贷款)用于财政性支出,不允许赊销和挪用国家的商品和物资;针对铺张浪费现象,通过加强经济核算,纠正把不应摊入成本的开支挤入成本的现象,促进劳动生产率的提高和增产节约运动的开展。

(二)"调整"的内容与财政职能的对接

"八字方针"中"调整"的内涵是调整国民经济各部门之间失调的比例关系,这与财政的调节职能刚好实现对接。在贯彻"八字方针"的过程中,财政通过制度完善和财政收支安排,一方面着力实现财政综合平衡,另一方面保障中央的各项国民经济调整措施落地,为当时的经济解困做出了重要贡献。

总体来看，财政遵循"优先保证简单再生产的资金需要，适当提高农业和轻工业在基本建设投资中的比重，重工业投资重点用于填平补齐"的原则①，调整了财政支出结构，加强了对农业的支援，压缩了基本建设投资，保证了重点建设资金的需要，实现了"调整"方针与财政调节职能的对接。②

党中央"调整"方针与财政调节职能的成功对接，很大程度上缓解了财政领域财权分散、制度不严、管理松弛的问题，集中财力推动国民经济调整工作的顺利进行，引导国民经济发展转入正轨，成功扭转了不利局面。与此同时，党中央对财政工具的运用能力有了很大提升。具体通过运用税收、补贴、赤字等财政工具进行财政总量和结构的调整，实现财政平衡，发挥财政"四两拨千斤"的作用，助力国民经济调整目标的实现。这也为未来在市场经济体制下运用财政政策进行逆周期的宏观经济调控积累了经验，打下了基础。③

二 财政调整任务及措施

1962年2月，陈云同志在国务院会议上提出，为了克服当下的困难需要有"更多的集中统一"，而"集中统一的程度，可能要超过建国初期，因为现在的情况更复杂"④。这体现了党中央对当时形势的判断和走出困境的思路，在此思想指导下，财政领域迎来了集中统一的大环境。

（一）经济调整任务与财政调整任务

财政是政府行使职责的手段，在国民经济调整时期，政府的职责是经济调整，财政作为手段必然也要执行相应的调整任务。

---

① 刘安长：《论财政政策在经济调整"八字方针"中的作用——新时代经济调整中的财政政策思考》，《福建论坛》（人文社会科学版）2019年第9期。

② 张通：《新中国财政60年的变迁与思考》，《财政研究》2009年第11期。

③ 刘炼、陈建全：《论述两次国民经济调整中财政的作用》，《决策与信息（财经观察）》2006年第2期。

④ 《陈云文选》第三卷，人民出版社1995年版，第200页。

在 1962 年 3 月二届全国人大三次会议周恩来同志作的政府工作报告中，提出了十项经济调整任务：争取农业增产，首先是争取粮食、棉花、油料的增产；合理安排轻重工业生产，尽一切可能多增产日用品；进一步缩短基本建设战线；压缩城镇人口，精简职工；彻底清理仓库，重新核定资金；改善市场的供应状况；保证完成对外贸易任务，偿还外债，努力承担国际义务；提高文化、教育、科学研究、卫生等工作的质量；节约支出，增加收入，加强现金管理，保证财政收支平衡；进一步改进计划工作，做好国民经济的综合平衡。

上述任务都需要财政提供资金保障和发挥引导作用，所以这一时期财政承担了一系列调整任务，综合如下：

首先，财政发挥调节职能，保证国民经济调整的资金需求。通过减少工业领域中非必需的财政基建支出，来加大财政支农力度。这样通过财政资金的产业结构性配置，调节国家工业和农业的比例失调，既保证工业化发展战略的实施，也促进农业生产的恢复和发展。在此基础上，通过收缩重工业的财政支出，增加轻工业的财政支出，调节工业内部的比例失调，既控制重工业超速发展，也保证国民经济所需的轻工业发展速度。

其次，财政通过增收节支实现自身平衡，来调节市场行为。在当时计划经济体制下，各部门的经济核算和企业财务管理均处于财政管理范畴，因此财政以增收节支为目标导向，引导经济部门和企业单位降低成本费用、严格现金管理，保证流通中的货币供应并及时回笼货币，进而保证市场稳定。

最后，完善财政管理制度，保证财政自身平衡的实现和财政调节职能的发挥。1962 年 4 月 21 日，中共中央、国务院发布《关于严格控制财政管理的决定》，指出"把财政的漏洞堵住，才有利于国民经济的调整"，针对企业挤占财政资金的现象，提出"切实扭转企业大量赔钱的状况""坚决制止一切侵占国家资金的错误做法""坚决制止各单位之间相互拖欠货款""坚决维护应当上交国家的财政收入""严格控制各项财政支出""切实加强财政监督"等加强财政管理的措施。

由此可见，在国民经济调整时期，财政工作在党的绝对领导下，根据统一领导、分级管理的原则，完成了各项调整任务，为党实现国民经济调整目标提供了有力支撑。

（二）财政执行调整任务的具体措施

第一，按照国民经济调整任务分配财政资金。财政以"填平补齐"为目标，对国民经济按照先生产、后基建的顺序，对基建项目按照先农业、再轻工业、后重工业的顺序，对工业按照先支农工业、再满足市场和出口需要的工业，后原材料和燃料工业以及其他工业交通的顺序进行分配资金，引导经济结构调整。与刚刚结束的"二五"计划时期相比，1963—1965年基建投资的结构明显变化，重工业从54%降至45.9%，农业从11.3%升至17.7%，轻工业从6.4%降至3.9%[1]。

第二，增加专项拨款扶持老企业更新和新产品试制。一是设立更新专项拨款支持机车、汽车、锅炉、柴油机企业生产能力的恢复，通过提取"维简费"（即"维持简单再生产基金"）、发放小额技术组织措施贷款恢复和发展煤炭、矿山及林业等采掘采伐企业生产；二是不断增拨新产品试制费，促进产品的科学研究和更新换代，从1961年以前的2亿—3亿元增加到1962年的14.7亿元，再增加到1965年的25.2亿元。[2]

第三，调整中央和地方财政关系为财政执行调整任务提供保障。一是收回一部分重点企业、事业单位的收入作为中央的固定收入；二是将基本建设拨款改由中央专案拨款，缩减专区、县（市）、公社的财权并将相关投资、救济费等集中到省、市、自治区，由后者进行专案拨款、专款专用、不得扣留；三是下放给城乡人民公社管理的国营企业留成后的利润全部上交国家预算。

第四，重树税收地位并加强税收管理。一是纠正思想认识上的

---

[1] 谢旭人主编：《中国财政60年》（上、下卷），经济科学出版社2009年版，第162页。
[2] 谢旭人主编：《中国财政60年》（上、下卷），经济科学出版社2009年版，第162页。

偏颇，对税收的性质、地位和作用进行重新认识和明确；二是组织、加强税务系统力量，恢复税务机构，增加税务编制，重新调回被调出的税务干部；三是要求城乡人民公社所属企业、事业单位根据国家税法的规定交纳税款。

第五，强化预算和结余资金、预算外资金管理。一是严格按照国家计划做预算，严格按照预算进行基本建设和各项事业拨款，基本建设投资增支须经国家计划部门批准并纳入国家基本建设计划，对没有计划、没有预算和超过规定标准的开支不予拨款；二是当年的财政超收分成、支出结余和上年结余资金均不得用于提高工资和增加人员编制，可用于基本建设，但须经国家计划部门批准并纳入国家基本建设计划；三是预算外资金的比例、来源、使用范围均须由中央批准，不得将预算内收入转为预算外收入，也不得将预算外开支挤入预算内收入，须按规定用途使用预算外资金，且明确使用主体，不能在不同主体间混用，如用于基本建设要纳入国家计划，在此基础上做到事前计划、事中检查、事后报告。

第六，加强财政监督。一是严格财政纪律，防止资金浪费，支持国家增产节约运动；二是国营企业和城乡人民公社交换固定资产、原材料和产品，必须坚持等价交换的原则，不得无偿调拨；三是应当上交国家的收入，必须按时地、足额地上交，不得拖欠、扣留或者占用；四是强化定员定额制度和开支标准，企业、事业单位和行政机关不得自行增加人员编制和提高标准。

在这一时期，采取上述财政措施来完成调整任务实属不易，充分表明党中央对财政本质和职能作用已有较为全面、准确的认识，能够运用财政工具实现经济目标。但在这一阶段，思想和行动并未实现同步，因为在国民经济调整的后期，上述措施在执行中出现了一定程度的松动。以基本建设投资为例，1964年年底、1965年年初已经开始了一些新的调整。就财政支出而言，1964年年底的全国财政会议上提出涉及地方交通、商业、农业、水利、文教卫生、市政建设等地方性的投资和开支，允许地方"统一安排、调剂使用"，对于地方性投资中央"只下达一个总的金额控制指标，具体项目的分配，统统由地方自行决定"①。而"随着财政体制的改变，地方的基本建设投资已经列入地方财政预算，不再由中央专案拨款"②。预算外基本建设拨款中"地方财政自筹"规模在1961—1965年经历了一个先下降后上升的变化过程。这些均说明在当时的大背景下，尽管党的初衷是实现财政的集中统一，但因要调整既得利益导致执行起来非常困难。

三　财政调整成效③

1961—1965年在"八字方针"的指导下，财政固有的调节职能得到充分发挥，助力国民经济调整取得了圆满的成功。在1964年年底的三届全国人大一次会议上，周恩来同志在作政府工作报告时宣布：调整国民经济的任务已经基本完成，整个国民经济已经全面好转，并将进入一个新的发展时期。1965年进行尚未完成的国民经济调整任务收尾工作，并为1966年开始的第三个五年计划做好准备。总体上，财政采取措施执行调整任务所取得的成效是显著的。

第一，经济结构失衡得到扭转。经过调整，财政基本建设投资恢复理性，1963—1965年新增固定资产交付使用率提高到87.2%，高于"一五"时期的83.6%；积累和消费的比例也从1959年的43.8∶56.2调整到1963年的17.5∶82.5，再调整到1965年的27.1∶72.9；工业和农业的比例也越发协调，工业与农业的产值从1961年的78.2∶21.8调整为1963年的60.7∶39.3，再调整到1965年的62.7∶37.3；轻重工业产值比例也从1960年的33.4∶66.6调整为1965年的51.6∶48.4。

第二，财政收支平衡目标得到实现。经过这一时期财政助推的

---

① 中国社会科学院、中央档案馆编：《1958—1965中华人民共和国经济档案资料选编（财政卷）》，第37—38页。

② 中国社会科学院、中央档案馆编：《1958—1965中华人民共和国经济档案资料选编（固定资产投资与建筑业卷）》，第121、164页。

③ 本部分涉及的数据均来源谢旭人主编《中国财政60年》（上、下卷），经济科学出版社2009年版，第173—175页。

国民经济调整，财政由期初的180.35亿元赤字转为盈余并还清了外债。

第三，推动各项事业发展速度加快。经过调整，财政支出结构趋向合理，对科技、国防的支持力度不断加大，有力地促进了我国科技和国防事业的发展；全国40%的职工提高了工资，居民年平均消费水平从1957年的102元增加到1965年的125元，人民生活水平得到改善。

综上所述，在国民经济调整的五年，全国上下全面贯彻执行党中央的"八字方针"，在财政提供的物质基础上，国民经济成功摆脱困难并走上正常发展轨道。在此过程中，中国共产党对经济工作的领导能力逐渐加强，认识到国民经济各部门协调发展的重要性，发现基本建设的限度，能够运用财政工具调整积累与消费的比例，能够协调好人民生活需要与生产建设的需要。同时，中国共产党能够及时发现并纠正思想和行动上的错误和偏差，在很短的时间内实现国民经济调整，扭转不利形势，创造了奇迹，彰显了中国共产党卓越的气度、韧性和领导力，也为以后领导财政经济工作走向更大的成功积累了经验。当然，这次调整存在着"大跃进"的路径依赖，导致具有不彻底性，"左"的思想并没有被根本纠正，也为"文化大革命"留下伏笔。

第三节 "文化大革命"中的财政困局及其稳定功能的发挥(1966—1976年)

第三个五年计划在"文化大革命"的序幕中开启，经济向好的形势被政治动乱压制和破坏，财政也出现全方位失衡，财政体制频繁调整，财政调节功能几近丧失。为此，党中央采取措施竭力维护财政稳定，包括增加收入、节约支出，加强资金、物资和物价管理，打击投机倒把、严肃财经纪律，实施财政整顿。与此同时，"四五"计划收官，"五五"计划开启。

一　财政出现全方位失衡

经过为期五年的国民经济调整，我国国民经济和社会各项事业形成了蓬勃发展的势头，第三个五年计划在这样的背景下开局。然而好的开局没有维持多久，就因"文化大革命"被迫终止，新中国的财政发展也随经济发展一道从高起点快速步入低谷，主要表现为财政收入锐减、财政支出结构严重失衡、财政管理体制频繁调整、税制过于简化。

（一）"税收无用论"等思想冲击

1968 年的财政收入锐减至 361.25 亿元，较 1966 年降低 35%，预算内基本建设投资持续下降，基本建设新增固定资产交付使用率一度降至 1968 年的 45.9%。1969 年经济短暂回升，财政收入大幅增长到 526.76 亿元，"左"的思想重占上风，导致接下来两年重蹈脱离实际、冒进的覆辙，财政压力激增。[①]

财政压力还不止于此。在"文化大革命"的背景下，财税活动被贴上"为错误路线卖力""为修正主义贴金"的标签，财税部门因此不敢发声、不敢作为，"税收无用论"也应景而生。在实践中实行了多种简化税制的试点，尤其是对工商税制实施大幅度简化合并，把工商统一税及其附加、城市房地产税、车船使用牌照税、盐税、屠宰税合并为工商税（盐税暂按原办法征收），同时简化税目和税率。简并的结果是对国营企业只征收工商税，对集体企业只征收工商税和工商所得税，形成了接近单一税的税制格局，这样的税制结构在我国当时具有较大的不适应性，忽视地区和行业的差别，税收调节范围被缩小，税收管理权限被下放，税收功能被削弱。

（二）财政损失巨大[②]

"文化大革命"的头一年仍然享受到国民经济调整的红利，到了

[①] 高培勇主编：《共和国财税 60 年》，人民出版社 2009 年版，第 113—118 页。

[②] 本部分数据来源于谢旭人主编《中国财政 60 年》（上、下卷），经济科学出版社 2009 年版，第 184—187 页。

1967年，国民经济开始整体下滑。其中，工业生产总值同比下降14.9%，工农业总产值同比下降9.0%，货运量同比下降15.7%，预算内基本建设投资完成额同比下降33.7%，基本建设新增固定资产同比下降超过50%，工业企业全员劳动生产率同比下降19.2%，国民收入同比下降7.2%。1968年上述经济指标均有进一步下降。在经济全面下降的背景下，财政损失也是巨大的。1967年、1968年国家财政收入分别同比减少25%和13.9%，原因是企业收入分别减少114.8亿元和51.8亿元，税收收入分别减少25.4亿元和30.4亿元。

据统计，"文化大革命"期间，我国财政收入很不稳定，10年的总收入为7225.27亿元，以"一五"时期的国民收入和财政收入占比为参考，这10年我国财政收入共减少约1500亿元。由于财政收入大幅减少，迫于赤字压力，只能大幅压缩支出，导致部分地区连维持运转的必要开支也无经费来源，财政投资结构发展畸形，财政投资分配比例关系失调。由于财政收支锐减，中央只能通过调整财政体制得到维持基本运转所需的资金。

表7-3　　　　"文化大革命"时期的财政收入和财政支出
（包括国内外债部分）　　　　　单位：亿元

年份	财政收入	财政支出	收支差额
1966	558.71	541.56	17.15
1967	419.36	441.85	-22.49
1968	361.25	359.84	1.41
1969	526.76	525.86	0.90
1970	662.90	649.41	13.49
1971	744.73	732.17	12.56
1972	766.56	766.36	0.20
1973	809.67	809.28	0.39
1974	783.14	790.75	-7.61
1975	815.61	820.88	-5.27
1976	776.58	806.20	-29.62

资料来源：《中国财政年鉴（2005）》。

（三）财政运行动荡

"文化大革命"期间，大量已经建立的科学合理的财政规章制度被批判、被否定、被取消，包括财政报表被取消、简化，基本建设项目的概算、预算、成本计算和竣工决算以及拨款原则被废除，甚至正式的预决算报告都没有做。在这样的情况下，财政监督成为虚设，财政陷入纪律松弛、乱上项目、乱批条子、随意截留国家财政收入和减免税收、化国家预算内为预算外、随意扩大成本范围的动荡局面。

与此同时，财税部门也受到冲击而陷入无序状态，党中央、国务院为了保证基本的工作秩序，派出了中国人民解放军对财政部实行军事管制，成立了财政部军管会，领导财政部的日常工作。财政部的业务司局被撤并为政工组和业务组，仅留20多人管理财政部的全部业务工作；税务总局被撤销，全部税收工作由业务组下设一个税收组办理；财政监察机构全部被取消。另外，70%的财税干部被下放到农村和工厂从事体力劳动，导致很多财税工作无法正常开展，财税部门被迫终止履行部分职能。[①]

（四）财政体制频繁调整

"文化大革命"时期经济没有发展的基础，财政收入也没有经济的基础，地方财政更为困难，为了维持下去，唯一的办法就是频繁地调整财政体制。

1968年，"收支挂钩、总额分成"的办法难以为继，中央上收下放的财权，在中央和地方之间实行财政收入全部上交中央、财政支出全部由中央拨付的收支两条线的管理办法。1969年迫于地方财政困难，恢复实行"收支挂钩、总额分成"的办法，实际上还隐藏着"保地方支出"的内容，即超收和节支留地方支配，短收则由中央保支出。1970年，经济形势有所好转，中央重新下放部分财权，实行中央、省、县三级管理的财政体制，中央对各省、市、自治区实行"定收定支、总额分成"的办法。1971年随着中央的大部分企

[①] 谢旭人主编：《中国财政60年》（上、下卷），经济科学出版社2009年版，第184—185页。

业下放到地方管理，中央对各省、市、自治区的财政管理体制也调整为"定收定支、收支包干、保证上交（或差额补贴）、结余留用、一年一定"。1972年仍继续实行"收支包干"的财政体制，只对其进行了部分调整，省以下可以采取收入分成办法或其他办法。1973年，针对包干体制的不足又进行了部分调整，为地方划定相对固定的机动财力由地方根据需求自行安排，并在华北地区和江苏省进行了体制调整的试点，即在"收支包干"的基础上尝试"收入按固定比例留成，超收另定分成比例，支出按指标包干"的办法。1974—1975年，在全国范围内试行了华北和江苏的办法，由于这一体制是为实现收支挂钩，地方增收节支和平衡预算的积极性显著降低。1976年又恢复实行"定收定支、收支挂钩、总额分成、一年一定"的财政体制，与此前相同的体制相比，中央向地方放权的程度更大，并且地方还能够多获得一笔固定数额的机动财力。总体而言，这10年财政体制受形势所迫进行的频繁调整，均是在对地方约束和激励框架下进行的，一方面通过收支挂钩约束地方，另一方面通过多收多支、少收少支激励地方。而这样的约束激励框架是在计划经济体制的基础上建立的，不可能有更大的突破。[①]

（五）财政调节功能丧失

财政调节功能有赖于财政收支总量和结构的合理安排。在"文化大革命"期间因为经济基础薄弱，财政总量调节的功能几近丧失，只能通过结构调整来发挥财政调节功能，然而，极端的思想占上风，财政收支结构的安排必然缺乏理智，在畸形发展之路上跌跌撞撞。

"文化大革命"时期，先后经过半计划无计划、满足战备需要、"以钢为纲"等阶段，财政投资结构出现严重失衡，导致国民经济调整时期的成果全部丧失，不但积累和消费、产业结构的比例失调，还因支持内地、限制沿海致使沿海和内地的关系也陷入恶性循环。此外，由于财税部门被减并，大批财税干部被下放，人力资源错配导致很多不懂财税的干部从事财税工作，最终的结果是有税无人收、

[①] 高培勇主编：《共和国财税60年》，人民出版社2009年版，第123页。

有税不会收、有人不收税、收多少算多少，财税工作也几乎瘫痪。[①]至此，财政调节功能完全丧失，并且给国家经济带来很大的负面影响。破坏财政经济并非难事，但是重建则异常困难，这次破坏对未来的影响是巨大的，要恢复财政经济良性循环只能耗费成倍的资源。

二 财政竭力维护局面稳定

政治风波引发经济失衡，进而导致财政全方位失衡，超出了党中央的预期，更有违党中央的初衷，因此在"文化大革命"期间，中央竭力运用财政维护局面稳定，财政确实未辱使命，成为动荡中稳定的力量源泉。努力增加收入、节约支出，加强资金、物资和物价管理，维护财政制度、严肃财经纪律，实施财政整顿。

（一）增加收入、节约支出

1967—1968年，党中央陆续发布了《关于进一步"抓革命、促生产"，增加收入，节约支出的通知》《关于进一步实行节约闹革命，控制"社会集团购买力"，加强资金、物资和物价管理的若干规定》《关于进一步实行节约闹革命，坚决节约开支的紧急通知》《关于进一步打击反革命经济主义和投机倒把的通知》三个通知、一个规定，旨在增收节支、冻结存款，遏制公款消费、铺张浪费、投机倒把、随意改变企业性质、私分企业资产、偷漏抗税、挪用和拖欠上缴利润、截留国家财政收入等问题。这些举措对财政运行给予了有力支持，对财政在当时情况下发挥有限的调节作用、维持财政平衡和开展相关工作起到了重要作用。

上述举措也表明党中央在非常时期对财政工作的重视和关怀。在这样的重视和关怀下，财政部门和财税工作者努力克服困难，力争完成党和国家交办的任务。1967年10月，财政部组织召开全国财政工作会议，为可能出现的财政赤字做出紧缩支出等预案。1968年9月同时在北京、杭州、长沙、沈阳、西安五地召开的全国财政工作座谈会，肯定了紧缩开支的显著成效，交流了工作经验，研究了

[①] 谢旭人主编：《中国财政60年》（上、下卷），经济科学出版社2009年版，第189页。

财政收支形势和任务。1970年3月，全国财政座谈会再次召开，会议提出充分利用财税工具加大增收节支力度，同时着力清仓挖潜以动员一定规模的资金。

（二）加强资金、物资和物价管理

党中央对资金、物资和物价管理的加强，主要体现在1967年8月20日印发的《关于进一步实行节约闹革命，控制"社会集团购买力"，加强资金、物资和物价管理的若干规定》中，重点对行政费、事业费、企业管理费、福利费节约减少和人员编制、工资薪金限制的标准进行规定，同时规定严格控制使用流动资金、地方预算外资金，对物价实行全面冻结，任何人不得干涉和冲击税务机关等。

1972年财政部、国家计委发布《关于切实加强流动资金管理的通知》，针对挤占企业利润和流动资金、挪用银行贷款盲目扩大基建规模、盲目采购等问题，提出加强流动资金管理、严格财经纪律的规定。规定流动资金只能用于企业生产和流通周转的需要，不准用作其他开支，限期清理归还、上缴已挪用的企业流动资金、银行贷款、税收、利润；管严管紧银行贷款，银行对企业计划外生产和盲目采购物资不予贷款，只能按批准的贷款计划发放贷款；限期处理企业多占用的物资和资金；严格执行结算纪律，坚持"钱货两清"的原则，严禁赊销商品。通过这些措施，释放出被挤占的流动资金，并将其用于最需要的地方。

（三）打击投机倒把、严肃财经纪律

"文化大革命"期间，大部分新中国逐渐建立起来并行之有效的国家财政制度和财经纪律被束之高阁，不被执行或不被严格执行，导致各种投机倒把行为出现，威胁到了党中央执政的物质基础。为此，1972年财政部在中央的支持下印发了《财政制度摘编》，内含新中国成立以来中共中央和国务院有关财政经济工作的9篇重要指示文件。《财政制度摘编》让财政、税收、财务和会计工作人员在政治、经济、社会混乱的背景下进行本职工作有章可循，重新将中国共产党正确的路线、方针和政策纳入财政工作，重树财政制度的权威性、严肃财经纪律，保障财政更好地贯彻执行发展经济、保障供给的职能作用。

此前，财政部还在党中央的领导下，开展了清产核资工作，规范了中央金库管理。1971年3月，财政部发布了《中央金库条例施行（第七次修订）》，规范了中央金库管理，整顿金库出纳手续，保证国家财政资金及时、完整地交入国库，并正确及时地办理库款的拨付。1972年4月，国家计委、财政部在《关于开展清产核资工作的报告》和《关于清产核资工作情况和对一九七二年工作意见》摸清家底、挖掘物资潜力的基础上，出台了《全国清产核资实施办法（草案）》，对流动资金、固定资产、债权债务以及用基本建设资金购置的材料、设备和在建工程等资产进行全面清查，夯实薄弱环节，处理利用积压物资。[①]

（四）实施财政整顿

在"文化大革命"期间，为了在政治运动中恢复财政功能稳定混乱局面，财政部门把握住周恩来和邓小平同志主持党中央工作并全面整顿国民经济的机会，先后实现了财政的两次整顿。

在周恩来同志主持的第一次国民经济整顿中，财政领域进行了思想上的整顿、机构上的整顿和业务上的整顿。在思想上，批判了"政治可以冲击一切""只要算政治账，不要算经济账"的错误思想，提出"政治挂帅要挂在业务上""国家要积累"的正确思想，并以此为中心，树立了关于财政工作的正确认识。在机构上，恢复了税务局建制和中国人民建设银行总行及分行，机构得到恢复，人员就可以充实，相关工作就可以保障。在业务方面，主要是以扭亏增盈为目标对企业的财务管理工作进行整顿，严格实行经济核算，落实企业生产计划，改进国营企业亏损的管理制度、加强成本管理、严格财经纪律，等等。通过财政整顿，增加了财政收入，健全了组织机构，规范了财政工作，强化了财政职能。

在邓小平同志主持的另一次国民经济整顿中，进一步恢复财政的司、局组织建制，整顿了税收工作，改进了财政体制，严肃了财

---

① 谢旭人主编：《中国财政60年》（上、下卷），经济科学出版社2009年版，第191页。

经纪律。在整顿税收工作方面,端正税收对于社会主义建设作用的认识,重塑税收地位,加强税收征管,整顿纳税纪律,坚决堵塞漏洞。在改进财政体制方面,财政部提出了《关于整顿财政金融的意见》,针对财政金融工作的十大问题,提出解决方案(即"财政十条")。其中包括集中财权在中央和省(市、自治区)两级,实行"定收定支、收支挂钩、总额分成、一年一定"的财政体制,并由中央统一规定税法税率、全国性的开支标准、企业基金提取的比例、生产成本和商品流通费用的开支范围等。在"四人帮"的干扰破坏下,"财政十条"没能正式公开发布,但在实际工作中有不同程度的贯彻,起到了财政整顿对稳定经济的作用。[①]

1976年10月,"文化大革命"随着"四人帮"被党中央粉碎而画上了句号,但是财政整顿并没有停止,党中央通过一系列财政整顿,处理"文化大革命"遗留问题,为国民经济复苏提供物质基础。在"文化大革命"时期党内生活极不正常的状况下,我国财政工作经历的三次严重破坏和两次整顿是党中央内部分歧、指导思想不统一并长期博弈的结果,在思想和力量的碰撞中,错误的思想最终被纠正,国家和人民的最高利益支持了最终的胜利。这10年的党内斗争付出了很大代价,也让我们党获得了宝贵经验,为如何发挥财政职能,进而正确领导和组织社会主义经济建设,获得了清晰的思路和坚定的意志,为带领国家步入新的历史时期做好了准备。

第四节 在对计划经济全面反思中寻求财政发展的新出路(1977—1978年)

改革开放前夕,中国共产党开始对计划经济全面反思,在财政方面,对计划经济财政模式进行了全面思考,包括总结两次财政整顿得失经验,对学习苏联财政经验也重新思考,为改革开放做出充

[①] 王丙乾:《中国财政60年回顾与思考》,中国财政经济出版社2009年版,第157页。

分的财政思想准备。

一 对学习苏联财政经验的思考

新中国成立初期,党中央主要依靠学习苏联经验领导全国人民进行社会主义建设,但是中苏关系破裂,获取苏联经验的渠道中断,迫使中央对学习苏联经验进行全面思考,形成我们自己的发展思路。财政领域也是如此,新中国成立后,我国财政发展道路几乎照搬苏联,在中苏关系破裂后,需要在已获得的苏联财政理论和实践经验的基础上,开创我们自己的财政发展道路。

中国共产党对财政本质的认识深受苏联"大财政"体系的影响。一是从货币关系的角度认识财政本质,并形成"货币关系论"理论流派。涵盖范围最广的苏联"大财政"体系是财政信用体系,建立在货币关系的基础上,认为财政资金为货币资金,既可用于企业从事生产经营活动,又可用于满足社会主义社会的各种共同需要,财政既反映货币关系,又表现为货币关系。[①] 二是从分配关系的角度认识财政本质,并形成"国家分配论"理论流派。苏联"大财政"体系基础从货币关系扩展到分配关系后,认为财政既参与消费资金分配,又参与劳动和生产资料分配,从而创建"分配理论说",影响到中国共产党的财政思想。三是从社会再生产的角度认识财政本质,并形成"再生产决定论"理论流派。苏联"大财政"还将财政作为社会再生产的一个内在范畴,认为财政在扩大再生产过程中要保证每个经济单位的个别资金周转和整个国民经济的资金周转[②],这一思想也被融入中国共产党的财政思想。

中国共产党对财政职能的认识也深受苏联财政思想的影响。关于财政职能,在苏联有两种看法,一是分配、监督"二职能"论;二是形成货币基金、使用货币基金和监督"三职能"论。在此基础

---

① [苏] A. M. 亚历山大洛夫:《苏联财政》,中国人民大学财政教研室译,中国财政经济出版社1958年版,第17页。

② 邓子基等编著:《比较财政学》,中国财经出版社1987年版,第85—86页。

上，我国形成了分配、调节和监督"三职能"论及筹集资金、使用资金、调节经济和管理监督"四职能"论。也就是说，在党的领导下，我国继承并发展了苏联财政经验，在苏联财政职能的基础上发展调节职能，而在实践中，调节职能是财政最重要的职能，在国民经济调整中发挥了无可替代的作用。这充分说明，我国更注重财政对经济的能动作用，对财政本质和职能认识得更为深刻和透彻，在消化的基础上创新而非照搬，进而令党的财政思想更加充实。①

二 对财政两次整顿得失经验的总结

经过两次财政整顿，党对财政应保持怎样的规模、何种结构比例更能满足国民经济发展的需要有了更为深刻的理解，运用财政工具、发挥财政的调节功能的能力显著提高。

第一，财权下放要保持限度，集中度过高会损害地方积极性，分散度过高会催生机会主义，从而扰乱财政秩序，阻碍财政调节功能的发挥。在计划经济体制下，中央财政应占大头。

第二，通过调整财政支出结构来实现财政对产业结构的调整，进而保障国民经济各部门成比例发展。在计划经济时期，财政支出应以先生产后基建以及先农业、再轻工业、后重工业的顺序进行有侧重的支持。

第三，需要处理好财政收入和企业利润之间的关系，企业需缴纳税收并上缴利润，二者存在本质不同。忽视税收的作用，将税制极简化，最终会侵蚀整个财政调节功能，还会破坏市场秩序。

第四，财政需以提高居民收入水平为目标，支持就业，进而扩大消费，保证国民经济积累和消费成比例发展。而不能像"大跃进"时期，基建投资规模超出财政能力，财政无力支持消费，致使国民经济发展的生产消费链条阻滞。

---

① 丛树海：《论我国财政学理论体系的创立和发展》，《财经问题研究》1998年第2期。

三 对计划经济财政模式的全面思考

计划经济体制下财政模式的特点是受到两方面约束，一是既定计划，二是财政平衡，一切财政活动都需要在保证财政平衡的基础上，致力于经济计划和财政计划的实现。

计划经济体制下财政活动的成效很大程度上取决于计划编制的科学性，而新中国成立不久，党中央对经济全局的掌控能力不足，对国民经济需求总量和结构不能准确认识，因此计划编制与实际往往存在偏差，导致财政预算编制不科学，财政功能发挥受限。

计划经济强调国民经济综合平衡，除了实现社会生产与社会需要之间的总体平衡外，还需要实现财政平衡、信贷平衡、物资平衡和外汇平衡"四平"，即资金平衡、物资平衡、资金和物资平衡、内外平衡同时实现。综合平衡落脚到财政上，就需要"量入为出"，实现收支平衡，否则将影响到其他平衡。事实上，财政收支平衡是综合平衡的中心，是经济稳定最重要的环节，这也是当"大跃进"时期出现财政赤字后，迅速启动国民经济调整的原因。

在计划经济财政模式运行多年后，党对财政在经济中的位置、财政与计划之间的关系、财政与其他经济领域之间的关系认识得越发清晰，一些经验比例数据也相应形成，例如"二三四比例"，即积累占国民收入的20%，财政收入占国民收入的30%，基本建设支出占财政支出的40%[1]；中央掌握的财政收入比例约占60%。[2] 当然，站在新时代回看这段历史，计划经济模式固有的效率损失导致与计划经济相配套的财政模式的效率损失，当这种效率损失到达峰值，党中央就需要考虑如何突破经济体制的束缚，最后做出改革开放的决定，财政模式也随之市场化。

---

[1] 杨志勇：《中国财政70年：建立现代财政制度》，*China Economist* 2019年第1期。
[2] 刘安长：《论财政政策在经济调整"八字方针"中的作用——新时代经济调整中的财政政策思考》，《福建论坛》（人文社会科学版）2019年第9期。

四 对改革开放的财政思想准备

突破计划经济体制的束缚，在财政方面体现为打破统收统支。而从计划经济向市场经济转轨的过程中，需要借鉴西方发达国家成熟的市场经验，在财政方面则引入西方财政理论，借鉴西方财政实践经验。

能够突破计划经济体制束缚的财政具有怎样的本质属性？答案是满足公共需要的财政。我国在立足于国情和吸收西方市场经济财政合理内容的基础上，形成"社会共同需要论"和"公共财政论"理论流派，逐渐认识到公共服务需求对财政职能的决定性作用。能够突破计划经济体制束缚的财政具有怎样的核心功能？答案是宏观调控。包括实施相机抉择的财政政策调整社会总供求，同为宏观经济政策的财政政策与货币政策的协调配合，将税收、支出、公债、赤字等财政工具用于宏观调控，对经济主体的干预从直接转向间接，等等。能够突破计划经济体制束缚的财政具有怎样的税收体系？答案是以所得税与流转税为主体的双主体税收体系。可以强化税收的经济杠杆功能，提高财政宏观调控能力。能够突破计划经济体制束缚的财政对国债采取怎样的态度？答案是国债是财政实施宏观调控、弥补财政赤字、调剂财政资金的重要手段。能够突破计划经济体制束缚的财政应选择何种模式的财政体制？答案是能够发挥中央和地方两个积极性的分级财政体制。集权和分权的限度科学，各级政府的权利和责任相对等。

综上所述，从"文化大革命"结束到改革开放前夕这段短暂的过渡时期，实际上是中国共产党在对计划经济全面反思中形成未来的发展思路的时期，其中就包括财政发展思路，为党中央形成指导改革开放的财政思想做好准备。

第 八 章
改革开放与财政开路先锋
（1978—1992年）

　　1978年开启的改革开放，成为中国历史上的重要里程碑，它不仅让中国发生了巨大变化，而且为人类社会的繁荣和发展做出了显著贡献。伟大的中国共产党带领全国人民不断探索，走出了一条具有中国特色社会主义市场经济体制之路。这个过程中，通过推进各个领域的改革，经济体制改革不断深化，极大地解放和发展了生产力，人民收入水平不断提高、生活状况持续改善，创造了连续几十年的高速经济增长奇迹。与此同时，中国的发展不断融入世界，中国人民的命运和全世界人民的命运紧紧捆绑在一起，中国的发展在助推全球经济增长和改革民生福祉方面发挥了至关重要的作用。改革开放后经济体制改革的各项重要内容中，财税体制改革是首先实施的，它也成为牵动、引领其他改革的核心环节。在不断探索经济体制改革的过程中，财税体制改革总是与经济体制改革的要求相适应，致力于通过不断调整国家、企业和个人及中央政府和地方政府的分配关系，通过制度创新不断激发各级政府和微观主体的积极性和创造性，为不断深化经济体制改革奠定了坚实基础。直到1992年党的十四大提出"经济体制改革的目标，是在坚持公有制和按劳分配为主体，其他经济成分和分配方式为补充的基础上，建立和完善社会主义市场经济体制"。从改革开放至党的十四大期间，经济体制改革经历了起步到探索的阶段，财税体制改革进程与之相适应，也实施了一系列重要改革，取得了非常显著的成效。但是由于这个时期，经济体制在不断探索，因此，这个时期的财税体制也具有一定的过渡性特征。

第一节 全党的工作转到经济建设上来

一 解放和发展生产力为根本目标：全面启动改革开放和经济体制改革

经济体制对生产力有着非常显著的影响和作用，改革开放是中国历史上的重大节点：改革开放之前，我国实行高度集中统一、"统收统支"的计划经济体制，指令性计划在经济社会资源配置中扮演着至关重要的角色，"生产什么、如何生产、生产多少"几乎都是由中央计划来进行统筹安排，计划经济体制的实施是适应当时的生产力发展状况和特殊的经济社会发展目标的必然选择，特别是中央集中资源和财力、物力，实施"赶超战略"，在短时间内建立一套初步完备的工业体系，发挥了巨大作用。但随着经济社会发展环境的变化，这种体制逐渐显现出一定的弊端，给社会成员的活力带来了一定的影响，特别是在处理国家和企业的关系上，企业缺乏充分的自主权，导致企业经营效益难以与广大劳动者的分配有机结合起来，难以有效调动企业和劳动者改善经营状况的积极性，而且企业缺乏竞争意识，生产的产品难以满足广大人民的需求；在处理中央和地方的关系上，地方也缺乏充分的自主权，各个部门之间、各个地方之间存在着权责不明晰的情况，地方政府的积极性也被过于集中的体制所约束。在这个背景下，党中央果断做出经济体制改革的决定，决定对传统计划经济体制进行全面改革，打破了传统计划经济体制对生产力的束缚和制约，极大地解放和发展了生产力，调动了全国人民群众的积极性和创造性，为中国长达数十年的高速经济增长奠定了体制基础。

1978年12月，党的十一届三中全会召开，这次全会决定将全党工作重心转到社会主义现代化建设上来，中国开启了伟大的经济社会转型。在这次全会召开之时，我国经济社会发展的实际情况是整个经济发展水平较低，整个国民经济的结构中，农业仍然占绝对地位，整个社会生产率水平不高。究其原因，主要是当时的经济体制机制对生产力发展产生一定的束缚作用。1981年6月，党的十一届六中全会通过《关于建国以来党的若干历史问题的决议》，明确提出："在社会主义改造基本完成以后，我国所要解决的主要矛盾，是人民日益增长的物质文化需要同落后的社会生产之间的矛盾。"① 为了更好地解决这个矛盾，这次全会还提出了党在新的历史时期的奋斗目标，即："就是要把我们的国家，逐步建设成为具有现代农业、现代工业、现代国防和现代科学技术的，具有高度民主和高度文明的社会主义强国。"②

为了更好地实现奋斗目标，让经济社会发展更加有活力，让全国人民的积极性回到社会主义现代化建设上来，必须要革除传统体制机制对生产力的束缚作用，让社会主义生产关系的发展状况始终与生产力之间保持适应、协调。在经济体制改革时，必须要解放思想、实事求是，解决经济管理权限过度集中的重要问题，更好地发挥各级地方政府、劳动者的积极性和创造性，特别是在我国这么一个幅员辽阔、人口众多、各地区经济社会特征差异较大的国家内，必须在中央统一政策方针指引下，更多、更好地赋予微观主体一定的自主权，因地制宜地开展经济社会各项工作。

党的十一届三中全会公报明确指出："现在我国经济管理体制的一个严重缺点是权力过于集中，应该有领导地大胆下放，让地方和工农业企业在国家统一计划的指导下有更多的经营管理自主权……"③邓小平同志在1980年1月16日召开的会议上作《目前的形势与任

---

① 中共中央文献研究室编：《三中全会以来重要文献选编》（下），人民出版社1982年版，第839页。

② 中共中央文献研究室编：《三中全会以来重要文献选编》（下），人民出版社1982年版，第839页。

③ 中共中央文献研究室编：《三中全会以来重要文献选编》（上），人民出版社1982年版，第837页。

务》讲话,他指出"我们在发展经济方面,正在寻求一条合乎中国实际的,能够快一点、省一点的道路,其中包括扩大企业自主权和民主管理,发展专业化和协作,计划调节和市场调节相结合,先进技术和中等技术相结合,合理地利用外国资金、外国技术等等"[①]。陈云同志在1982年12月2日出席第五届全国人大五次会议上海代表团部分代表座谈时作《实现党的十二大制定的战略目标的若干问题》,他指出:"今后要继续实行搞活经济的政策,继续发挥市场调节的作用。但是,我们也要防止在搞活经济中,出现摆脱国家计划的倾向。搞活经济是在计划指导下搞活,不是离开计划的指导搞活。这就像鸟和笼子的关系一样,鸟不能捏在手里,捏在手里会死,要让它飞,但只能让它在笼子里飞。没有笼子,它就飞跑了。如果说鸟是搞活经济的话,那末,笼子就是国家计划。"[②]

总之,改革开放之后,针对传统计划经济体制带来的各种问题,国家开始实施大规模的经济体制改革,在坚持党的统一领导下,对涉及经济体制的财税、金融、物资、价格等各个层面进行全方位改革,按照循序渐进的改革策略,先试点、后推广,有步骤、有计划地推进改革,事实证明,这些改革措施和策略是符合中国国情和经济社会发展阶段的,取得了巨大成功。

二 经济体制改革的全面探索:向建立社会主义市场经济体制不断前进

从人类社会发展的历史经验来看,市场经济体制是有效发挥人民群众积极性和创造性的基础性制度,很多国家从低收入阶段向高收入阶段转型的过程中,市场体制在其中都发挥了至关重要的作用。改革开放后,中国开始了从计划经济体制向市场经济体制的渐进式转型,直到党的十四大提出"建立和完善社会主义市场经济体制",这个阶段可以说是经济体制改革的全面探索时期。

[①] 《邓小平文选》第二卷,人民出版社1994年版,第246—247页。
[②] 《陈云文选》第三卷,人民出版社1995年版,第320页。

在经济体制改革过程中，首要的是要解放思想，破除传统固有思维对人们行为的局限和约束。在经济体制改革初期，部分人民群众仍然对社会主义和市场经济体制的内在逻辑关系缺乏客观、深入的认识，这也成为大家在进行经济体制改革、开展现代化建设时的思想"枷锁"。邓小平同志在"南方谈话"中鲜明地指出："改革开放迈不开步子，不敢闯，说来说去就是怕资本主义的东西多了，走了资本主义道路。要害是姓'资'还是姓'社'的问题。判断的标准，应该主要看是否有利于发展社会主义社会的生产力，是否有利于增强社会主义国家的综合国力，是否有利于提高人民的生活水平。"[1]为了澄清人们对市场经济体制的错误认识和观念，让大家彻底解放思想，邓小平同志在"南方谈话"中鼓励大家"大胆地试、大胆地闯"，他指出："计划多一点还是市场多一点，不是社会主义与资本主义的本质区别。计划经济不等于社会主义，资本主义也有计划；市场经济不等于资本主义，社会主义也有市场。计划和市场都是经济手段。社会主义的本质，是解放生产力，发展生产力，消灭剥削，消除两极分化，最终达到共同富裕。"[2]

改革开放之初，中央对如何认识计划和市场的关系做出明确判断。党的十一届六中全会《关于建国以来党的若干历史问题的决议》指出："必须在公有制基础上实行计划经济，同时发挥市场调节的辅助作用。要大力发展社会主义的商品生产和商品交换。社会主义生产关系的发展并不存在一套固定的模式，我们的任务是要根据我国生产力发展的要求，在每一个阶段上创造出与之相适应和便于继续前进的生产关系的具体形式。"[3]

1982年9月，党的十二大胜利召开，此次大会提出"计划经济为主、市场调节为辅原则"，并明确指出"我国在公有制基础上实行计划经济。有计划的生产和流通，是我国国民经济的主体。同时，

---

[1] 《邓小平文选》第三卷，人民出版社1993年版，第372页。

[2] 《邓小平文选》第三卷，人民出版社1993年版，第373页。

[3] 《中国共产党中央委员会关于建国以来党的若干历史问题的决议》，人民出版社1981年版，第55—56页。

允许对于部分产品的生产和流通不作计划,由市场来调节,也就是说,根据不同时期的具体情况,由国家统一计划划出一定的范围,由价值规律自发地起调节作用"①。这意味着进一步肯定并增加了市场在资源配置中的功能作用,但这个时期计划仍然在资源配置中发挥主导作用。在此基础上,1984年10月,党的十二届三中全会通过《中共中央关于经济体制改革的决定》,提出"发展社会主义商品经济",既要强调计划在实现资源配置中的统一性,又要充分发挥商品经济的灵活性,力求两者有机结合,让生产活动更好地满足人民群众日益增长的物质文化需要。1987年10月,党的十三大报告提出"必须以公有制为主体,大力发展有计划的商品经济",并明确阐述了"国家调节市场,市场引导企业"的运行机制。1992年10月,党的十四大报告提出"经济体制改革的目标,是在坚持公有制和按劳分配为主体、其他经济成分和分配方式为补充的基础上,建立和完善社会主义市场经济体制","就是要使市场在社会主义国家宏观调控下对资源配置起基础性作用",这次全会在经济体制改革过程中具有里程碑意义,大大拓展了市场在资源配置中的功能作用。

简言之,在经济体制改革的全面探索过程中,对计划和市场之间的关系、市场在资源配置中的功能作用认识有一个不断深化、不断拓展的过程,即从"计划经济为主、市场调节为辅原则",到"发展社会主义商品经济",再到"必须以公有制为主体,大力发展有计划的商品经济",直至提出要"建立和完善社会主义市场经济体制",对市场经济体制客观规律的认识是不断趋近从而达成共识的。与之相应的是,社会主义市场经济体制以及相关领域改革也不断深化、拓展。

---

① 中共中央文献研究室编:《十二大以来重要文献选编》(上),人民出版社1986年版,第22页。

第二节　财政成为经济体制改革的突破口

一　财政成为改革开放和经济体制改革的突破口

从改革开放以来的经济体制改革来看，一个重要经验就是财政领域的改革成为引领经济体制改革的重要动力，经济体制改革往往发端于财政改革。这是因为，财政改革牵扯的是经济社会运行的最核心关系，即"中央和地方的财政关系以及国家和企业的分配关系"。楼继伟曾指出："当时经济体制改革千头万绪，涉及上层建筑和经济基础许多重大问题，落实起来并不容易，而财政是各种利益的中枢，'牵一发而动全身'，因此中央决定让财政先行一步，从财税入手突破整体改革。"① 通过体制改革激发地方政府和企业的活力，正是经济体制改革的主要对象。因此，自1978年党的十一届三中全会之后，整个财政改革围绕着"放权让利"这个主线索，从建立财政包干制和深化企业改革两个角度分别展开，从制度改革和发展入手，妥善处理相关主体的分配关系，实施渐进式改革，确保各项改革措施顺利实施，极大地激发了地方政府和企业以及劳动者的积极性。

一是中央和地方的财政关系方面，主要实行了财政包干制，即所谓"分灶吃饭"的财政体制。在传统计划经济体制下，财政体制往往呈现高度集中、统收统支的特征，各个地区财政收入增长越快、越多，向中央政府上缴的财力越多，地方越缺乏积极性去增加地方财政收入。为了解决中央和地方政府的激励和积极性问题，在总结部分地区试点经验的基础上，1980年2月，国务院出台《关于实行"划分收支、分级包干"的财政管理体制的暂行规定》，开启改革开放后财政体制改革的新征程。这项改革的主要内容是：第一"划分收支"，明确划分中央政府和地方政府的收支范围，即明确各级政府的职责和财权，以此增强各级地方政府的自主权。此次改革将中央

---

① 楼继伟：《40年重大财税改革的回顾》，《财政研究》2019年第2期。

所属企业收入、关税等划为中央政府收入,将地方所属企业收入、工商所得税等划为地方政府收入。同时,将基本建设投资、流动资金、挖潜改造等支出类型在中央和地方政府间做了划分。第二"分级包干",对中央和地方政府间的财政体制进行明确。以1979年各地的财政收支执行数为基础,计算地方政府的财政包干基数,一经确定之后,各级地方政府的支出首先用地方政府自主收入进行负担,如果不够,就用工商税作为调剂收入按照一定比例对地方进行弥补。如果全部工商税调剂收入都给地方,仍然无法弥补财力缺口,那么中央将给予地方一定的定额补助。从中央和地方财政体制的改革效果来看,由于对地方收支相关权限进行了放权改革,充分调动了各级发展经济的积极性,显著强化了各级地方政府做大区域经济、扶持本地企业发展的动力和激励,也让各级地方政府更加重视采取各种措施切实管好本级财政收支,按照轻重缓急原则安排好财政资源的分配,特别是采取因地制宜的办法搞活经济。事实证明,改革后,整个经济社会发展和工商业生产呈现出一派欣欣向荣的局面。

二是国家和企业的分配关系方面,通过探索实施"放权"改革,不断扩大国营企业的独立性、自主性,不断释放企业在社会生活中的活力和能力,使其在资源配置中的功能作用不断增强。其中标志性的改革是1978年企业基金制和利润留成制等的实施。传统计划经济体制下,由于实行"统收统支"的体制,企业也是这个体制中的重要环节,它们只是完成计划生产的工具,几乎没有自主权,导致企业在生产中缺乏提高企业效益、更新改造的激励。为了更好地激发企业的积极性,1978年开始实施企业基金制改革。1978年11月,国务院批转财政部《关于国营企业试行企业基金的规定》,这个文件明确规定,如果国营企业全面完成国家下达的八项年度计划指标以及供货合同之后,可按照职工全年工资总额的5%提取企业基金。如果国营企业没有全面完成计划指标,但完成产量、品种、质量、利润四项指标和供货合同,提取比例为3%,等等。企业基金的用途主要是举办职工集体福利设施,举办农副业,弥补职工福利基金的不足以及发给职工社会主义劳动竞赛奖金等。在实施企业基金制之后,为了进一步扩大企业自主权，探索实行利润留成制改革。1979年7月，国务院发布《关于国营企业实行利润留成的规定》，明确规定如果独立核算的国营企业出现经营盈利，那么可以按照一定比例对利润进行留用，用于企业的生产发展基金（主要包括新产品试制费、科研经费和职工技术培训经费）、职工福利基金以及职工奖励基金。从国家和企业的分配关系改革来看，无论是实施基金制还是利润留成制，其核心改革措施都是通过增加企业在经营成果上的自主分配权限，向企业下放经营成果分配中的自主权，将国家利益、国营企业效益和职工的分配份额更好地结合，更好地引导企业、职工发挥积极性、强化责任意识，更好地改善企业的经营效益。当然，改革并不是一蹴而就的，总是在一步一步地摸索，沿着经济体制改革树立的方向渐进式实现，而且是在改革过程中及时发现问题、总结经验，不断优化改革措施，最终实现改革目标。

三是随着改革开放和经济体制改革的不断深化，税制改革也在不断探索，努力建立一套与经济体制相适应的税制体系，这个时期的税制改革主要体现在"利改税"以及针对外资建立专门税制等方面。在经济体制改革中，国营企业的自主权不断增强，它们已经不再仅仅是一个生产单位，而是在经济体制改革中逐渐拥有自主的财产权利体系，随着社会主义市场经济体制的不断完善，它们将逐渐成为一个独立的市场主体。这种情况下，国家和国营企业的分配关系逐渐从利润分配转向税收关系，由此国家开始实施"利改税"改革，即国营企业从利润上缴转变为缴税和利润上缴并行。"利改税"改革一共进行了两次，1983年1月起，第一步利改税开始全面实行。1983年4月，国务院批转财政部制定《关于国营企业利改税试行办法》，该办法自1983年1月1日起开始实施，征税工作从1983年6月1日起开始办理。根据这个办法，有盈利的国营大中型企业，对其利润征收55%的所得税，税后利润中，部分按照递增包干上交、固定比例上交、调节税以及定额包干上交等方式上缴国家，其余部分留给企业自主使用；有盈利的国营小型企业，对其利润按照八级超额累进税率征收所得税。缴纳所得税后，由企业自负盈亏，国家不再拨款。但对税后利润较多的企业，国家可以收取一定的承包费，或者按固定数额上交一部分利润。从这项改革的历史贡献来看，它初步明晰了国家和企业之间的分配关系，为国营企业成为自主经营、自负盈亏的市场主体奠定了坚实基础。除了"利改税"改革之外，改革开放后大量外资进入中国，税制改革必须要适应于外资不断增长的现实需要，因此，这个时期也针对外资建立了一套专门税制体系，主要包括个人所得税和企业所得税等。1980年9月10日，第五届全国人民代表大会第三次会议通过了《中华人民共和国中外合资经营企业所得税法》和《中华人民共和国个人所得税法》。由于我国当时仍处于经济发展初期，国内居民的收入水平非常低，当时个人所得税法确定的个人所得税月度费用扣除标准为800元，国内居民达到这个标准的群体非常小，因此，当时个人所得税法事实上主要针对个人收入较高的外籍人员；1981年12月13日，第五届全国人民代表大会第四次会议通过了《中华人民共和国外国企业所得税法》。

二 财税体制改革成为经济体制改革的先行突破口

改革开放后，随着财政改革的"破题"，在不同经济社会发展阶段，中央和地方财政关系以及国家和企业分配关系不断深化，陆续取得改革成果，在适应和推动经济体制改革中发挥了重大支持作用。

第一，随着税制改革的不断深化，不断优化"分灶吃饭"的财政体制。从1980年到1984年年底，我国一直实行"划分收支、分级包干"的财政体制，然而，随着两步"利改税"改革的完成，我国的税制体系建设实现了重大突破，这显然会影响到中央和地方之间的财政体制。为了更好地适应税制改革进程，财政体制领域进一步实施改革，不断优化财政包干制。1985年3月，国务院出台《关于实行"划分税种、核定收支、分级包干"财政管理体制的规定的通知》，以两步"利改税"后的税种设置为基础，划分了中央财政固定收入、地方财政固定收入以及中央和地方财政共享收入等；按照隶属关系将支出划分为中央财政支出、地方财政支出和不宜实行包干的专项支出；根据不同省、市、自治区的财政收支情况，确定定额上解、中央和地方共享收入的地方分成比例、定额补助等体制安排，等等。"分灶吃饭"的财政体制在激发各级地方政府积极性上发挥了重要作用，但也出现了中央财政收入占比不断降低等问题，为了更好地发挥中央和地方的积极性，从1988年开始，进一步深化中央和地方财政体制改革，开始实行多种形式的包干制。[①] 1988年7月，国务院出台《关于地方实行财政包干办法的决定》。

第二，国家和企业之间的分配关系领域，实施第二步"利改税"改革。在系统、全面总结第一步"利改税"做法和经验的基础上，继续深化改革，实施第二步"利改税"改革。1984年9月，国务院批转《财政部关于在国营企业推行利改税第二步改革的报告的通知》和《国营企业第二步利改税试行办法》。这次改革主要是不断改革和发展税制体系，运用税收方式确立了国家和国营企业之间的主要分配关系，更加凸显企业在资源配置中的自主经营地位，为国营企业转变为规范的市场主体奠定了制度基础。

第三，不断完善税制体系，具有中国特色的复合税制体系逐渐显现雏形。在《国营企业第二步利改税试行办法》中，对税制体系进行了改革，主要内容是：按照征税对象，将工商税制分成产品税、增值税、盐税和营业税等种类；不断改进、优化将第一步"利改税"设置的所得税和调节税；新增资源税、城市维护建设税、房产税、土地使用税和车船使用税等税种。经过第二步"利改税"，我国初步建立了与经济体制改革进程相适应的复合税制体系，在改革开放和经济发展初期发挥税收的综合调节杠杆作用、规范国家和国营企业之间分配关系方面发挥了至关重要的作用。税收职能的增强和发挥显著强化了中央和各级政府的财力水平，为保障社会主义现代化建设提供了坚实财力来源。在工商税制改革领域，探索引入增值税，为后续税制改革提供了非常坚实的制度基础。在改革开放后，我国在工业生产领域主要建立了产品税制，按照产品的销售收入进行课

[①] 参见刘克崮、贾康主编《中国财税改革三十年：亲历与回顾》，经济科学出版社2008年版，第35—37页。

征，然而随着市场在资源配置领域的功能作用不断扩大，产品税出现了较为突出的重复征税问题，不利于深化分工和建立社会化生产协作体系。为了解决这个问题，在部分工业品试行增值税，不断总结经验、完善制度，便成为必然之举。早在 20 世纪 80 年代初期，局部行业领域开始增值税试点，到了 1984 年 9 月，国务院发布《中华人民共和国增值税条例（草案）》，将征税范围扩大至机器机械及零配件、汽车、机动船舶等 12 个税目，不同税目适用不同的税率和扣除项目；此外，所得税方面，还开征了集体企业所得税、个体工商户所得税、私营企业所得税以及个人收入调节税，在直接税改革方面实现重大突破，各类所有制主体均纳入规范的所得税体系，所得税在调节收入分配方面的作用开始有所显现。当然，这次税制改革仍然是与深化经济体制改革相适应的一次改革尝试，在税制设计方面并无先例可以借鉴，在后续运行中，按照经济社会发展的环境条件变化不断调整、优化。

改革开放之后的经济体制改革是不断探索的，财政领域的改革也不是一蹴而就的，20 世纪 80 年代实行的"分灶吃饭"、财政包干制，在显著发挥各级地方政府发展经济的积极性的同时，也引发了一系列问题，特别是全国财政收入占国内生产总值的比重以及中央财政收入占全国财政收入的比重（简称"两个比重"）不断下降，中央在统筹宏观调控的能力方面受到很大影响，而且引发了地区保护、区域市场分割等问题，这些问题都成为继续深化改革的重要导向，在后续改革中加以解决。

第三节 不断深化政府和企业关系改革

一 推动企业承包经营责任制和股份制试点，让企业逐渐成为市场主体

无论是基金制还是利润留成制的推广，都属于对企业"放权让利"的暂时性做法，尚未形成稳定的、规范的制度框架，到了 20 世

纪80年代中后期，国家开始实施企业承包经营责任制和股份制试点的改革，初步按照所有权和经营权分离的思路，从制度上建立规范的市场主体财产权利体系，让企业成为独立的市场主体。1988年2月，国务院发布《全民所有制工业企业承包经营责任制暂行条例》，其中第二条对企业承包经营责任制做了界定，即"承包经营责任制，是在坚持企业的社会主义全民所有制的基础上，按照所有权与经营权分离的原则，以承包经营合同形式，确定国家与企业的责权利关系，使企业做到自主经营、自负盈亏的经营管理制度"。第八条明确了主要内容，即"包上交国家利润，包完成技术改造任务，实行工资总额与经济效益挂钩"。第九条提出了企业承包经营责任制的形式，即"（一）上交利润递增包干；（二）上交利润基数包干，超收分成；（三）微利企业上交利润定额包干；（四）亏损企业减亏（或补贴）包干；（五）国家批准的其他形式"[①]。从企业承包经营责任制的实施情况来看，由于将企业效益和职工分配更加直接地关联起来，无论是企业活力还是职工活力都得到了更加充分的激发，更重要的是，它在规范国家和企业的权责关系方面，发挥了非常关键的作用。随着企业承包经营责任制的推行，对国营工业企业效益的提升作用在不断显现。刘仲藜指出："到1988年底，全国预算内国营工业企业中，实行承包的企业户数由1987年底占全部企业的59.7%扩大到83.8%。这些承包企业当年完成的工业总产值比上年增长11.84%，销售收入比上年增长25.2%，实现利润比上年增长18.14%。"[②]但是这项制度实施之后，出现了很多问题，刘仲藜对此做了总结、归纳，主要有以下方面：一是包盈不包亏的现象比较普遍；二是许多承包企业的经济效益在很大程度上表现为一种价格效益，并非完全是通过企业自身努力、挖掘内部潜力的结果；三是承包企业实现利润大幅度增长，而上交利润增长很少甚至下降；四是部分承包企

---

① 中共中央文献研究室编：《十三大以来重要文献选编》（上），人民出版社1991年版，第93—94页。

② 刘仲藜：《认真贯彻治理整顿方针　完善企业承包经营责任制》，《财政》1989年4月。

业内部责任制不完善，存在以包代管现象；五是现行承包办法不完善，外部改革不配套，市场环境变化大，不利于承包制进一步发展。①

与此同时，在政府和企业关系方面还开展了股份制试点改革。从不断深化经济体制改革来看，股份制这种产权组织形式逐步得到认可，这也是实现所有权和经营权分离改革、释放企业自主经营权的一种重要途径。早在1986年，《国务院关于深化企业改革增强企业活力的若干规定》就提出："各地可以选择少数有条件的全民所有制大中型企业，进行股份制试点。企业之间互相投资，或联合投资新建企业，一般宜采取股份制形式。"② 1987年10月，党的十三大报告明确提出"按照所有权经营权分离的原则，搞活全民所有制企业"，"改革中出现的股份制形式，包括国家控股和部门、地区、企业间参股以及个人入股，是社会主义企业财产的一种组织方式，可以继续试行。一些小型全民所有制企业的产权，可以有偿转让给集体或个人"③。在得到党和国家的肯定之后，各个地区纷纷开展股份制改革试点的探索，特别是在1992年邓小平"南方谈话"之后，更是极大地推动了各级政府推动股份制改革的热情，各地涌现出一些开展股份制改革试点的典型。④

二 随着经济体制改革不断深化，政府和企业的关系发生根本性变化

改革开放之后，经济体制改革不能绕开的一个重要问题就是政

---

① 刘仲藜：《认真贯彻治理整顿方针 完善企业承包经营责任制》，《财政》1989年4月。
② 中共中央文献研究室编：《新时期经济体制改革重要文献选编》（上），中央文献出版社1998年版，第409页。
③ 《沿着有中国特色的社会主义道路前进——赵紫阳在中国共产党第十五次全国代表大会上的报告（1987年10月25日）》，《人民日报》1987年11月4日第1版。
④ 这方面曾有引起大家广泛关注的山东诸城模式。20世纪90年代早期，诸城市对小型国有企业尝试进行大规模改革，实施了包括股份制改造等一系列方式方法，激发国有企业的活力，成效十分显著。为了更好地了解改革经验，朱镕基同志亲自到诸城调研、考察，相关资料可以参见改革当事人回忆实录，http://sd.people.com.cn/n2/2018/1229/c386505-32471757.html，2018年12月29日。

府和企业的关系，特别是政府和国营企业的关系，这既是一个根本理论问题，又是经济体制改革的重要现实问题。长期以来，政府和企业的关系经历了不断变革、不断发展的过程。市场经济体制改革的重要内容之一就是赋予国营企业自主权，在这种情况下，国家和企业的关系会演变为二元关系。一方面，国营企业与其他所有制企业一样，都成为市场主体，国家依照法律法规向国营企业课征税收；另一方面，国家作为国营企业的所有者，按照所有者权益原则获得相应的国有资产收益分配份额。这两个维度的关系反映出国营企业的不同功能定位。

第一，从政府和国营企业的功能边界来看，实现了两者在资源配置领域的初步明晰和分离。传统计划经济体制的重要问题在于政企不分非常突出，政府和企业在资源配置中的功能和角色没有明晰的区分，可以说，传统计划经济时期的企业几乎没有自主权，绝大部分经营成果要上缴，与企业经营相关的各项成本耗费都需要由政府来拨付补偿，财政成为生产建设型财政，主要支出方向就是为国营企业拨付相关经营资金。在经济体制改革过程中，通过不断改革，让国营企业更加拥有自主权，独立开展生产经营行为，政府不断减少对国营企业生产经营过程的干预，是不断深化经济体制改革的重要体现，同时也从根本上优化了政府职能的内容和边界，政府的职能和职责应该转向更好地提供公共产品和公共服务等领域。可以说，政府和企业的关系、政府和市场的关系以及政府职能边界的界定，是始终贯穿于整个经济体制改革过程的核心问题。

第二，按照经济体制改革的要求，不断完善国营企业的产权制度体系，使其不断发展改革成为独立的市场主体。传统计划经济体制下，国营企业是缺乏自身独立的产权体系的，改革开放后，所谓"放权让利"的过程就是企业产权体系不断改革、不断完善的过程，整个经济体制改革探索期，无论是早期的基金制、利润留成制改革，还是后来的企业承包经营责任制和股份制改革，都是在企业产权制度方面进行的改革尝试和突破，目的是建立与社会主义市场经济体制相适应的国营企业产权制度体系，也为后来建立"产权清晰、权责明确、政企分开、管理科学"的现代企业制度奠定坚实的体制机制基础,并将政府作为国营企业的所有者角色和作为公共服务提供者的角色截然分开。

第三,由于政府和国营企业关系不断改革,政府对企业的影响从直接影响转变为间接调控,中央政府更好地激励地方政府以及政府更好地激发企业活力成为发挥政府积极性的重要内容。中央和地方政府之间财政体制以及政府和企业的关系不断改革,中央政府对各级地方政府以及政府对企业行为的影响方式从行政干预转向间接调控和引导,发挥各级政府和企业的积极性,成为发挥政府积极性的重要方面。因此,中央政府对经济运行的调节手段从传统的计划、行政手段,逐渐转向经济政策调控,财政作为经济政策的重要杠杆手段在宏观调控中的功能和作用愈加重要。从经济运行的历史事实来看,20 世纪 80 年代至 90 年代初国民经济的若干次波动,财政有意识地通过调节社会供给和需求来调控经济运行,宏观调控的政策雏形已经初步显现。

第四节　不断演进的财政职能理论创新和实践

一　财政职能理论不断创新

随着经济体制改革的不断深化,财政职能发生了重大变化。与经济体制改革步伐相适应,"生产建设型"财政逐步退出,财政在资源配置中的功能和职能从"大包大揽"趋于收缩。从根本上来看,财政职能在经济社会运行中的功能角色发生了巨大变化,从国家分配的功能,全面参与社会产品的生产、分配等环节,转变为在经济发展初期更好地提供公共产品和公共服务,政府实现了作为行政管理者和资产所有者的角色分离。张馨指出:"70 年代末 80 年代初,经济和财政改革所引起一个直接变化,就是政府和财政大规模地退出生产领域,即整个社会的建设资金,从原来主要由政府和财政全面分配,转为主要由银行、企业、私人和外资承担,而政府和财政则大幅度退出盈利性领域。这就引起了财政是否具有生产建设职能的争论。"①

关于这个时期的财政职能理论，比较有代表性的是：第一，财政的"三职能论"。叶振鹏提出了财政职能的"三职能论"，即分配、调节和监督职能。② 第二，财政的"四职能论"。邓子基先生在1980年第三次全国财政理论研讨会上提出社会主义财政具有筹集资金、供应资金、调节平衡和反映监督四个方面的职能。③

二 随着经济体制改革不断深化，不断凸显财政在宏观经济运行中的调控职能

随着经济体制改革不断深化，市场主体在资源配置中的功能作用逐渐增强，财政职能目标发生了巨大变化，财政开始转变为重要的宏观调控工具。而且，随着改革不断深入，地方政府和国营企业开始拥有更多的自主权限，它们成为财政职能的重要调控对象，可以说，财政在宏观经济调控领域的功能发挥贯穿于整个20世纪80年代和90年代早期。

这个时期，经济运行有着自身的阶段性特征，主要表现就是需求扩张和供给约束及其带来的经济过热问题。改革开放前，我国人民群众的消费需求比较单一，特别是耐用消费品的数量少、规模小、种类少，随着经济体制改革的不断深化，居民收入水平快速增长，由此带来的消费需求增长也很快，潜在的消费需求被不断激活。然而，我国长期处于计划经济时期，供给能力难以适应这种需求快速增长的趋势，必须要从根本上做出结构调整。为了缓解供求领域的矛盾问题，各级政府都在努力增加基础设施投资等固定资产投资规模，改变传统计划经济体制下的投资结构，投资增长呈现快速增长的趋势。因此，20世纪80年代，国民经济运行中的投资和消费需求

---

① 张馨：《我国财政职能观评述》，《财经问题研究》2001年第11期。
② 叶振鹏：《社会主义财政在社会再生产中的地位和职能作用》，《财政研究》1980年第Z1期。
③ 张馨、杨志勇、郝联峰、袁东：《当代财政与财政学主流》，东北财经大学出版社2000年版，第349页。

都呈膨胀的趋势,比如:在这个时期,多次出现排浪式消费的热潮。如果不加以有效控制和引导,很容易引发需求过热并导致通货膨胀,极大地影响宏观经济运行的稳定性。如何更好地权衡投资和消费的关系,合理释放投资和消费需求,同时更好地优化供给结构,更好地平衡工农业之间的发展关系,成为这个时期财政职能的重要作用空间。

早在1979年4月,党中央召开会议决定自1979年起用三年时间对国民经济实行"调整、改革、整顿、提高",目的是更好地优化调整国民经济中的各类结构比例关系,特别是积累与消费、工农业发展以及轻重工业发展等关系。

然而,到了1984年,随着各项改革持续推动,整个宏观经济运行又出现了局部过热的情况,投资和消费需求的增长率不断上升,1985年和1986年,又开始通过紧缩财政的方式,对社会集团购买力进行控制,压缩固定资产投资,紧缩预算外基本建设项目,从而调节整个社会总需求,整个宏观经济形势逐渐趋于稳定。1988年9月,党的十三届三中全会报告指出:"把明后两年改革和建设的重点突出地放到治理经济环境和整顿经济秩序上来","治理经济环境,主要是压缩社会总需求,抑制通货膨胀"[①]。虽然这个时期,财政领域尚未形成规范、完整意义上的财政政策体系,但财政在事实上已经发挥了非常显著的逆周期调节功能和作用,这是适应于经济体制改革的必然结果。党的十二届三中全会《中共中央关于经济体制改革的决定》指出:"越是搞活经济,越要重视宏观调节,越要善于在及时掌握经济动态的基础上综合运用价格、税收、信贷等经济杠杆,以利于调节社会供应总量和需求总量、积累和消费等重大比例关系,调节财力、物力和人力的流向,调节产业结构和生产力的布局,调节市场供求,调节对外经济往来,等等。我们过去习惯于用行政手段推动经济运行,而长期忽视运用经济杠杆进行调节。"[②]

---

① 中共中央文献研究室编:《十三大以来重要文献选编》(上),人民出版社1991年版,第286—287页。

② 中共中央文献研究室编:《新时期经济体制改革重要文献选编》(上),人民出版社1998年版,第281页。

第九章
社会主义市场经济体制确立与分税制改革(1993—1998年)

20世纪90年代中国共产党的财政思想和财政实践中发生了众多历史性事件,其中有两项值得重点强调:一是社会主义市场经济体制目标的确立,二是分税制财政体制改革的实施。自邓小平"南方谈话"为市场经济正名,到党的十四大确立目标、党的十四届三中全会规划蓝图,直至被正式写入宪法,社会主义市场经济体制成为此后经济体制改革的指路明灯。在此基础上,以1992年分税制改革试点为起点,到1994年分税制改革全面铺开,再到后期各项财税制度的相应确立,场意义重大的财政制度改革贯穿了整个90年代,并为后期中国市场经济的繁荣打下了坚实的财政基础。

第一节 社会主义市场经济体制目标的确立对财税体制提出新要求

社会主义市场经济体制目标的确立,既是中国共产党领导的经济体制改革史上具有划时代意义的重大事件,也是我国分税制财税体制改革得以实行的基础。1992年邓小平"南方谈话",明确社会主义也可以搞市场经济,终止了多年姓"资"还是姓"社"的争论。党的十四大将社会主义基本制度与市场经济体制相结合,是马克思主义中国化和社会主义理论的重大突破,标志着中国改革开放进入社会主义市场经济新阶段。在此背景下,原有的包干制财税体制所表现出的非规范性特征与市场经济要求的法治性和规范性的内在要求相矛盾,迫切需要新的财税体制与之相适应。中国的财税制度改革开始走出放权让利的旧思维,开始了制度创新的新征程。

一 社会主义市场经济体制目标的确立

新中国成立之后,虽然确立了社会主义计划经济体制,但是随着经济社会环境的变化,中共中央关于经济体制改革的探讨从未间断。

(一)走出计划经济:曲折的探索

20世纪50年代中期以后,随着苏联模式计划经济体制弊端越发明显,中苏关系日益紧张,中国共产党和政府高层基于中国实践,尤其注重马克思主义中国化的理论探索。1956年4月毛泽东同志《论十大关系》的讲话,初步总结了我国社会主义建设的经验,提出了探索适合我国国情的社会主义建设道路的任务。1956年9月,陈云同志在党的八大第一次全国代表大会上作的《社会主义改造基本完成以后的新问题》的报告中,明确强调"在我国出现的绝不会是资本主义的市场,而是适合于我国情况和人民需要的社会主义的市场"[①]。1958年毛泽东同志进一步指出:"我们向两方面扩大:一方面发展自给性的生产,一方面发展商品生产。现在要利用商品生产、商品交换和价值法则,作为有用的工具,为社会主义服务。"[②] 当时党中央已经注意到放权让利和发展商品经济的重要性,但受到"兴无灭资""反对修正主义"政治氛围的影响,改革还是局限在"你管还是我管"的框架之内,市场经济的改革并未提上议程。

"文化大革命"之后,以改革开放为节点,重新兴起了以放权让

[①]《陈云文选》第3卷,人民出版社1995年版,第13页。
[②]《毛泽东文集》第7卷,人民出版社1999年版,第435页。

利为基调的改革之风,其重点在于扩大企业自主权。1979年陈云指出,"现在的计划太死,包括的东西太多,结果必然出现缺少市场自动调节的部分","整个社会主义时期必须有两种经济:(1)计划经济部分(有计划按比例的部分);(2)市场调节部分(即不作计划,只根据市场供求的变化进行生产,即带有盲目性调节的部分)"[①],对于市场经济予以肯定。但在改革之初,由于仍然受到传统思维的局限和计划经济惯性的影响,竞争性市场未能建立,市场价格机制仍然缺失,行政性定价制度造成了"企业吃国家'大锅饭',职工吃企业'大锅饭'"的现象。当宏观经济需要进行整体调控之时,只能诉诸原有的行政手段,重新回到旧体制的老路子上,囿于竞争性市场机制的缺失,其结果往往会陷于一种"一统就死、一放就乱"的尴尬境地。

1982年党的十二大决议提出"计划经济为主,市场调节为辅"。在这一阶段,虽然认可了"市场"的调节作用,但作为一种经济运行机制的"市场经济",并没有得到承认。直到1984年10月,党的十二届三中全会《中共中央关于经济体制改革的决定》提出商品经济的充分发展是社会经济发展的不可逾越的阶段,"社会主义计划经济必须自觉依据和运用价值规律,是在公有制基础上的有计划的商品经济"。自此,商品经济在我国具有了合法地位,但仍然未能完全走出计划经济思维。1987年党的十三大,系统阐述了社会主义初级阶段理论。提出要"发展有计划的商品经济,建立市场体系","国家调控市场,市场引导企业",把改革推向新的阶段。然而,由于当时国内的舆论环境、思想方面的斗争很激烈,1989年后,大环境更趋于保守,改革开放进程一度陷入徘徊不前的局面,在这历史转折关头,邓小平"南方谈话"打破了改革的僵局。

(二)邓小平"南方谈话"为改革指明了社会主义市场经济方向

进入20世纪90年代,中国经济开始走向一个新的起点,但是

---

① 《陈云文选》第3卷,人民出版社1995年版,第245页。

在改革发生之前关于经济体制的探索却是复杂而富有争议的。刚刚经历了1989年春夏之交的政治风波的中国，面对着苏联解体这一国际政治格局剧变，亟须寻找到一条新的、适合本国国情、具有本国特色的经济发展道路。

为此，学界对中国接下来的经济体制改革进行了大量的讨论，如美籍经济学家邹至庄就曾提出"中国计划与市场结合的社会主义经济体制是优越的"[①]这一观点；吴敬琏则指出，我国经济体制改革是以市场机制为基础的资源配置方式取代行政命令为主的资源配置方式[②]；周小川直接点明，中国未来经济改革的目标是向社会主义市场经济转轨。[③] 当然，对于经济体制改革方向和力度，并未形成完全统一的观点，在1989年后关于市场经济的讨论更加趋于保守。

1992年1月18日至2月21日，邓小平同志先后到武昌、深圳、珠海、上海等地视察，并发表了一系列重要讲话，通称"南方谈话"。1992年1月，邓小平"南方谈话"中指出："计划多一点还是市场多一点，不是社会主义与资本主义的本质区别。计划经济不等于社会主义，资本主义也有计划；市场经济不等于资本主义，社会主义也有市场，计划和市场都是经济手段。"[④]

邓小平"南方谈话"对于中国发展社会主义市场经济起到了直接的引导作用，并在改革开放陷入进退两难的境地时，为未来指明了方向。自1978年改革开放以来，历经14年，我国建立社会主义市场经济的目标终于明晰。通过学习邓小平同志的重要谈话，党政干群打消了姓"资"姓"社"的顾虑，思想更加解放，精神更加振奋，许多领导同志亲自抓规划，各地区大胆搞试点，全国出现了生机勃勃的新局面。[⑤]

[①] 邹至庄：《中国市场社会主义与经济发展》，《改革》1989年第1期。

[②] 吴敬琏：《中国经济整体协调改革的思路》，《财贸经济》1988年第5期。

[③] 周小川：《财税改革及整体性经济分析》，《改革》1992年第6期。

[④] 《邓小平文选》第3卷，人民出版社1993年版，第373页。

[⑤] 参见《朱镕基讲话实录》第1卷，人民出版社2011年版，第401—403页。

尽管如此，当时在社会上，甚至在党和政府的历史文件中，对这一目标的具体表述方式存在很多不同意见。1992年6月9日，江泽民同志在中央党校省部级干部进修班上作了《深刻领会和全面落实邓小平同志的重要谈话精神，把经济建设和改革开放搞得更快更好》的讲话，讲话重点谈了经济改革的问题，他指出，加快经济体制改革，就是要建立新的经济体制。由于"充分发展的商品经济，必然离不开充分发育的完善的市场机制"，关于中国新的经济体制，江泽民进一步提出："我个人的看法，比较倾向于使用'社会主义市场经济体制'这个提法。"

（三）党的十四大确定了市场经济体制改革的目标

1992年10月12日，中国共产党第十四次全国代表大会在北京开幕。江泽民同志作了《加快改革开放和现代化建设步伐，夺取有中国特色社会主义事业的更大胜利》报告，该报告指出"加快我国经济发展，必须进一步解放思想，加快改革开放的步伐，不要被一些姓'社'姓'资'的抽象争论束缚自己的思想和手脚"；"我国经济体制改革确定什么样的目标模式，是关系整个社会主义现代化建设全局的一个重大问题。这个问题的核心，是正确认识和处理计划与市场的关系"；"我国经济体制改革的目标是建立社会主义市场经济体制，以利于进一步解放和发展生产力"；"我们要建立的社会主义市场经济体制，就是要使市场在社会主义国家宏观调控下对资源配置起基础性作用"等。[①] 至此，党的十四大正式提出了建立社会主义市场经济的目标，标志着我国的改革开放进入了新的发展阶段，正式开启了社会主义市场经济的建设道路。

社会主义基本制度与市场经济体制相结合是社会主义理论的重大突破。市场经济的确立重新界定了政府与市场之间的关系，而要真正实现市场在资源配置中的基础性作用，就需要改变当时的财税体制。党的十四大报告中明确提出了要理顺国家与企业、中央与地方的分配关系，逐步实现利税分流和分税制，这为财税体制改革提

[①] 参见《江泽民文选》第1卷，人民出版社2006年版，第201—202页。

供了新的契机。1993年3月29日,八届人大一次会议通过了宪法修正案,规定"国家实行社会主义市场经济"。社会主义市场经济目标被写入宪法,为包括财税体制在内的更深层次的经济体制改革奠定了坚实的法律基础。

二 社会主义市场经济的构建需要新的财税体制与之相适应

1979—1992年,我国的财政分权模式主要是财政包干制,根据每个阶段的不同特点,又可以将其划分为三个阶段,即1980年开始实施的"划分收支,分级包干",1985年开始实施的"核定收支、划分税收、分级包干"以及1988年开始实施的"多种形式包干"。这些改革在当时对调动地方积极性、维持各级财政平衡起到了一定的促进作用,但也暴露出极大的弊端。社会主义市场经济的构建亟须新的财税体制与之相适应。

(一)"放权让利"的困境

从财政"大锅饭"到"分灶吃饭"再到分税制财税体制的确立,财政体制的变迁都受到了经济体制和政治体制的深刻影响。1979年之前我国实行的是统收统支的财政体制,中央财政收入占全国财政收入的比例仅仅为15.6%,但从财政支出结构上看,中央财政却承担了国防、外交、政府行政开支等庞大的负担,中央财政一度陷入入不敷出的窘迫境地。为此,毛泽东同志早在1956年就指出"应当在巩固中央统一领导的前提下,扩大一点地方的权利,给地方更多的独立性,让地方办更多的事情"[①]。此后,国家开始探索中央与地方的行政管理职权划分。1957年陈云主持起草了《关于改进财政管理体制的规定(草案)》,开始下放财权,实行"以收定支、五年不变"的新财政体制,以改变过分集中的财政体制,但之后持续三年的"大跃进"运动使得中国经济遭到严重破坏,中央财政陷入困难境地。从1961年开始,为了恢复国民经济,根据"调整、巩固、充实、提高"的八字方针,又重新转向比较集中的财

[①] 毛泽东:《论十大关系》,人民出版社1976年版,第11页。

政管理体制。"文化大革命"期间，财税体制则在放权与集权之间频繁变动。

直到20世纪80年代，财政体制改革才重新提上日程。1980年2月1日，国务院发布了《关于实行"划分收支、分级包干"财政管理体制的通知》和《关于实行"划分收支、分级包干"财政管理体制的暂行规定》，开启了"分灶吃饭"财政体制，地方政府实行财政包干制，以收定支，自求平衡（除北京、天津和上海之外）。财政包干制以调整后的1979年财政收支数额为基数，确定收入分成比例和收支范围，且规定五年不变。1982年的中央经济工作会议就实行分税制和财政包干制进行了讨论，并最终决定实行包干制财政体制。

财政包干制使得地方政府获得更多的财权和事权，在当时能够有效地调动地方政府发展经济的积极性。1985年党中央提出"划分税种、核定收支、分级包干"的财税体制，将"利改税"之后的财政收入进行重新划分和调整。这次改革对原有制度进行了补充，但却造成中央政府"缺钱"的困难局面。从1988年开始，中央政府的财政收入占全国财政收入的比重持续下滑，极大地制约了中央政府的宏观调控能力，财政包干制的这一弊端在发展的后期表现得越来越明显。

以上事实表明，虽然1979年全面开启了经济体制和财税体制改革的新局面，在政府与企业关系、政府间关系等方面进行了大量的探索，但这些探索都是在计划经济体制没有根本性突破的前提下进行的。由于对政府和市场的关系认识仍然受到传统思想的束缚，使得改革走不出"集权分权"和"一放就乱、一收就死"的循环，而且在改革过程中，为了激发企业和地方的活力，市场的统一性和规范性无法兼顾，中央财力和权威也受到损害。实践告诉我们，只有进一步解放思想，才能走出改革的困境。

（二）财税体制改革迫在眉睫

财政包干制在调动地方政府积极性和提高企业的资金使用效率方面无疑发挥了重要作用，但对中央政府而言，却使其财政状况一度"站在悬崖边上"。

1. "窘迫"的中央财政

1980年开始实施的包干制是以1979年的财政收支为基数进行划分的,由于预计收支与实际收支相差较大,且在体制确定之后,中央财政又出现了一些新的减收增支因素,使得由此确定的中央财政出现亏空。从数据看,1980—1993年,地方财政收入占全国财政收入的平均比重约为68%,而地方政府的财政支出负担仅仅为59%;中央财政收入占比约32%,但却承担了41%的支出压力。伴随着财政包干制的进一步实施,中央财政的收支压力越发增大,到1993年,中央财政收入占全国财政收入的比重下降为22.08%,中央财政赤字高企,陷入了入不敷出的艰难境地。

包干制财政体制以放权让利为特点,地方政府获得的较大的财力支配权是以牺牲中央财力为代价的。作为改革开放以来历次财税改革的亲历者,项怀诚曾打趣道:"中央财政没钱了,向地方借债!借钱很难啊,要看人家的脸色。"[①] 20世纪90年代初期,中央财政陷入危机,中央政府由于缺乏必要的财力直接削弱了其宏观调控能力,如果不加以改变,则会引发一系列的经济、政治和社会问题,甚至影响国家的长治久安。如何改变中央财政收入占比急剧下降、提升国家治理能力已经成为当时中央政府最为紧迫的现实诉求。

2. 包干制的退出与分税制改革试点

包干制是特定历史条件下的产物,是基于当时环境下的过渡性措施。在走向社会主义市场经济的过程中,包干制与生俱来的分配不规范、计算不科学以及削弱中央财政能力等种种弊端日益显现。

第一,包干制下的中央与地方政府之间的财政关系是通过一对一谈判形成的,各地实施方法的不统一违背了公平与效率原则,这

[①] 刘克崮、贾康主编:《中国财税改革三十年:亲历与回顾》,经济科学出版社2008年版,第322页。

不仅影响着区域经济的协调发展，也不符合市场经济体制对财政制度的发展要求。第二，包干制下的地方政府逐渐成为相对独立的经济体，造成一定程度的市场分割现象，阻碍统一市场的形成。第三，为了增加本地区的财政收入，地方政府往往将发展重点投向见效快、税利高的项目之中，造成各地重复建设、产业结构失衡和公共资源的严重浪费。第四，包干制下中央财政能力被不断弱化，极大地削弱了中央政府的宏观调控能力。

在这一背景下，1992年财政部颁布《关于实行"分税制"财政体制试点办法》，选择天津、辽宁、沈阳、大连、浙江、武汉、重庆、青岛、新疆9个地方进行分税制试点。这次改革试点也被称为"分税包干制"，由于缺乏税制改革作为基础，并不是真正意义上的分税制。但这些尝试为1994年税制与分税制改革彻底取代包干制提供了有益的实践经验。

第二节 党的十四届三中全会吹响财税改革的号角

1993年11月，党的十四届三中全会通过了《中共中央关于建立社会主义市场经济体制若干问题的决定》，继党的十四大提出建立社会主义市场经济体制的目标之后，进一步确立了社会主义市场经济体制的基本框架，并提出了六大重点改革领域，财税体制改革则是其中之一。

一 党的十四届三中全会为推进财税体制改革规划蓝图

可以说，党的十四届三中全会正式开启了以分税制为主的财税体制改革，初步建立起适应社会主义市场经济体制的财税制度框架，标志着我国的财政制度由此前的"放权让利"正式进入"制度创新"阶段。

(一) 会议召开的背景

邓小平"南方谈话"之后,中国的改革开放揭开了新的篇章,党的十四大确立了社会主义市场经济体制的改革目标。党领导全国各族人民解放思想、开拓进取,在各个领域都取得了前所未有的成就。

为了完善社会主义市场经济体制,构建与之相适应的财税体制,1993年4月22日,中央政治局常委会专门听取了财政部和国家税务局关于财税体制改革的汇报。4月28日,中央政治局常委会正式批准了税制改革的基本思路。10月17日,国家体改委宏观司向国务院提交了《关于财税体制改革方案的补充意见和加强操作方案准备工作》的建议报告,明确提出"此番财税体制改革通过设立中央和地方两套税务机构,中央和地方政府各自保持稳定的税基,防止互相交叉和侵蚀,改变中央向地方要钱的被动局面"。1993年11月14日党的十四届三中全会召开,全会将社会主义市场经济体制的改革目标和基本原则具体化,正式提出了分税制改革的具体内容,决定从1994年1月1日起在全国范围内实行分税制财政体制。

在党的十四届三中全会上,江泽民同志作了《中共中央关于建立社会主义市场经济体制若干问题的决定》的报告,勾画出我国进一步改革开放的基本框架,对财税、金融、投资、计划体制都提出了相应的改革任务,其中在积极推进财税体制改革方面提出"把现行地方财政包干制改为在合理划分中央与地方事权基础上的分税制"。在重新理顺了政府与市场的关系的基础上,对中央政府与地方政府之间的关系进行了调整,可以说分税制改革是经济体制整体性改革的中心环节,奠定了构建社会主义市场经济体制的财政基础。

(二) 关于分税制的探讨

分税制财税体制改革的实施,既是党中央英明决策的结果,也凝聚了理论界的学术贡献和各级政府部门的实践经验,大批学者和政府官员对于如何重构中央与地方财政关系、改革财政体制出谋划策。

吴敬琏、周小川、李剑阁提出为了更好地发挥地方政府的积极性，可以在分税制的基础上形成分层管理系统，形成地方自我发展、自我平衡、自我约束的明确界限，通过划分税种避免地方政府通过挤中央或挤其他地方的手段扩大自己的财政收入。① 何振一指出以放权让利为主的财税改革只是解决了财力使用权上你多我少的问题，无法消除旧体制的根本弊端，我国的财政体制应该是高度集中和高度自治的有机结合，是中央集中调控下的地方自治型分级财政体制。② 王绍飞则指出财政承包终究要被分级财政所替代，财政体制改革的目标是按照商品经济的要求逐步实现分级财政，只有实行分税制，分级财政才有可能。③ 贾康提出实行分税为基础的分级财政可以稳定中央、地方财力分配关系，淡化各级政府对企业的"条块分割"式的行政隶属关系控制，是紧扣搞活企业这一改革中心环节的。④ 李扬提出了建立分税制多级财政管理体制的七个条件：国营企业就地注册、就地纳税；建立国税和地税两套税制体系和征管体系；中央、省、县三级行政机构相对独立，地方享有充分的自主权；地方有自主安排支出、自主开征税收、确定税率、决定税收优惠的权利；各级地方财政自求平衡；国家税收收入占总税收收入的比例较大；用经济援助处理地方支持中央财政的关系，并建立中央支持地方财政的补助金制度。⑤ 马国贤指出，鉴于我国的经济和政治条件，我国不可能实行完全的"分税制"道路，也不可能回到统收统支的体制上去，而是实行中央集中统一下的分税制道路，且这一改革的主客观条件已经逐步成熟，应尽早促进分税制财税体制的出台。⑥ 孙开认为继续深化税制改革的关键不仅在于增强税收的聚财功能和调节功能，

---

① 吴敬琏、周小川、李剑阁：《关于各级政府职能和分层管理的思考》，《经济管理》1986年第12期。
② 何振一：《财政改革基本思路的若干思考》，《财贸经济》1987年第8期。
③ 王绍飞：《中央和地方财政关系的目标模式》，《财贸经济》1988年第6期。
④ 贾康：《近中期财政体制改革思路的探讨》，《中国经济体制改革》1988年第4期。
⑤ 李扬：《对我国财政改革若干问题的系统思考》，《经济理论与经济管理》1988年第5期。
⑥ 马国贤：《"分税制"下的财政体制初探》，《当代财经》1990年第3期。

也在于将税制结构与分税分级财税体制的目标相结合,从而实现地方政府主要依靠征税获取财政收入,而中央政府能够摆脱依靠地方上解和无偿借调的困境。①

财税部门党员干部同样提供了很多思路,如时任预算司副司长谢旭人指出,分税制改革需要处理好中央与地方的分配关系、统一政策与分级管理的关系、地区之间的分配关系以及基本目标与分步实施的关系,基于这四种关系需要着重解决确定各级财政支出范围、正确划分中央与地方财政收入以及建立规范化的中央对地方转移支付制度三个问题。② 时任财政部副部长项怀诚则提出了全国推行分税制的配套条件,包括明确划分政府财权与事权、结合价格改革进行税制体制改革、转换和改进财政收支基数以及妥善处理财政体制与其他体制改革的关系四个方面。③

在党的十四届三中全会前夕,无论是学界还是政界对于分税制的实施都给予了极大的关注,共同推动了这场旨在重构中央与地方财政关系、构建适合社会主义市场经济体制的财税制度的改革。

二 1994年分税制改革

为了给社会主义市场经济改革提供支持和保障,财政需要更加科学地规范国家与企业、中央与地方之间的分配关系。财税体制改革的重点方向不仅包括新的税制体系的构建,也包括央地关系的重塑,在这个过程之中,政府职能也呈现出不同于计划经济体制下的新特点。

(一) 建立与社会主义市场经济体制相适应的新税制

分税制改革之前,国家财政在很大程度上为国有企业承担了资金供给和盈亏的责任,由此也就形成了政企不分的体制弊端。而社会主义市场经济的构建要求归还企业的市场经营主体地位,这对财

---

① 孙开:《关于理顺中央与地方财政关系的若干思考》,《财经问题研究》1992年第7期。
② 谢旭人:《关于分税制改革若干问题的思考》,《中国财政》1993年第11期。
③ 项怀诚:《对全面推进分税制财政体制改革的设想》,《经济师》1993年第10期。

税体制改革也就有了新的要求，推动围绕规范的现代税收制度重构政府与企业的关系。

1993年11月召开的党的十四届三中全会确定了税制改革的基本原则和主要内容。至当年12月底，税制改革的有关法律、行政法规陆续公布，《中华人民共和国增值税暂行条例》（国务院令1993年第134号）、《中华人民共和国消费税暂行条例》（国务院令1993年第135号）、《中华人民共和国营业税暂行条例》（国务院令1993年第136号）、《中华人民共和国企业所得税暂行条例》（国务院令1993年第137号）、《中华人民共和国土地增值税暂行条例》（国务院令1993年第138号）、《中华人民共和国资源税暂行条例》（国务院令1993年第139号）、《全国人民代表大会常务委员会关于外商投资企业和外国企业适用增值税、消费税、营业税等税收暂行条例的决定》以及于1993年10月31日发布的《中华人民共和国个人所得税法（1993年修正）》（主席令1993年第12号），均自1994年起实施。此次税制改革可谓新中国成立以来规模最大、范围最广泛、内容最深刻的一次税制改革，立足于统一税法、公平税负和简化税制，初步构建了社会主义市场经济的税制总体框架，为完善社会主义市场经济体制开辟了道路。其主要成就有：

一是大幅简化了税制，减少了税收种类。本次税改取消了一些与经济发展不相适应的税种，合并了那些重复设置的税种，开征一些确有必要开征的税种，实现税制的简化和高效；改革完成后，税种由原先的37个减少到25个。

二是建立了以增值税为主体、以消费税和营业税为补充的流转税制，初步实现了不同行业间的公平竞争。在此基础上，统一了内外资企业流转税，取消原对外商投资企业征收的工商统一税，向为各种所有制企业创造一个公平竞争税收环境迈出重要一步。

三是统一了内资企业所得税。取消原只对国有大中型企业征收的调节税，对国有企业、集体企业、私营企业以及股份制和各种形式的联营企业，均实行统一的企业所得税。内资企业所得税实行33%的比例税率，同时对一部分盈利水平较低的企业，增设27%和18%两档照顾税率,并统一、规范税前列支项目和标准。取消了国家交通能源重点建设基金和国家预算调节基金。统一的内资企业所得税出台后,不再执行承包企业所得税的做法。

四是建立了统一的个人所得税制。将原来分别征收的个人所得税、个人收入调节税、城乡个体工商户所得税合并为统一的个人所得税。新个人所得税采用超额累进税率,按11种所得分类征收。

五是扩大资源税征收范围、开征土地增值税。对所有金属矿产品和非金属矿产品等资源开征资源税,同时,减并税率,适当调整资源税税负水平,完善征收办法。新税制还在房产和地产的交易环节,对开发经营房地产的增值部分开征土地增值税,并实行超额累进税率。

本次税制改革初步建立了与社会主义市场经济体制相适应的、较为完备的税制体系。它将政府与企业分配关系纳入市场经济的处理方式,也为后来的中央、地方分税制打好了基础。在税制改革的同时,为保证中央财政收入能够及时足额上缴,分设国家税务局和地方税务局,中央税和共享税由国家税务局征收。避免了地方税务机构代理中央政府征税过程中侵蚀中央政府收入的风险。在当时的历史条件下,机构分设对提高中央财力和宏观调控能力起到了十分关键的作用。

(二) 重新划分中央和地方事权,明确各级政府支出责任

社会主义市场经济体制要求市场在资源配置中发挥基础性作用,意味着政府职能要由配置资源向提供公共物品与服务转变。

根据《关于实行分税制财政管理体制的决定》,中央财政主要承担国家安全、外交和中央国家机关运转所需经费,调整国民经济结构、协调地区发展、实施宏观调控所必需的支出以及由中央直接管理的事业发展支出,具体包括:国防费,武警经费,外交和援外支出,中央级行政管理费,中央统管的基本建设投资,中央直属企业的技术改造和新产品试制费,地质勘探费,由中央财政安排的支农支出,由中央负担的国内外债务的还本付息支出,以及中央本级负担的公检法支出和文化、教育、卫生、科学等各项事业费支出。

地方财政主要承担本地区政权机关运转所需支出以及本地区经济、事业发展所需支出。具体包括：地方行政管理费，公检法支出，部分武警经费，民兵事业费，地方统筹的基本建设投资，地方企业的技术改造和新产品试制经费，支农支出，城市维护和建设经费，地方文化、教育、卫生等各项事业费，价格补贴支出以及其他支出。

也就是说，自1994年开始的分税制改革就政府与市场、中央和地方的分配关系进行了重构，财政管理的重点也由直接干预市场，向解决"政府缺位"和"政府越位"问题转变，推动了社会主义市场经济体制的建设。

（三）在合理划分事权的基础上，按税种划分中央和地方的收入

继税制改革之后，根据事权与财权相结合的原则，分税制改革按税种划分了中央与地方的收入。将维护国家权益、实施宏观调控所必需的税种划为中央税；将同经济发展直接相关的主要税种划为中央与地方共享税；将适合地方征管的税种划为地方税，并充实地方税税种，增加地方税收入。合理划分税收权限不仅保证了中央进行宏观调控的能力，也有利于地方积极组织税源收入，能够同时调动中央和地方两个积极性。具体划分情况如下：

中央固定收入包括：关税，海关代征消费税和增值税，消费税，中央企业所得税，地方银行和外资银行及非银行金融企业所得税，铁道部门、各银行总行、各保险总公司等集中缴纳的收入（包括营业税、所得税、利润和城市维护建设税），中央企业上交的利润，等等。外贸企业出口退税，除1993年地方已经负担的20%部分列入地方上交中央基数外，以后发生的出口退税全部由中央财政负担。

地方固定收入包括：营业税（不含铁道部门、各银行总行、各保险总公司集中缴纳的营业税），地方企业所得税（不含上述地方银行和外资银行及非银行金融企业所得税），地方企业上交利润，个人所得税，城镇土地使用税，固定资产投资方向调节税，城市维护建设税（不含铁道部门、各银行总行、各保险总公司集中缴纳的部分），房产税，车船使用税，印花税，屠宰税，农牧业税，对农业特

产收入征收的农业税（简称农业特产税），耕地占用税，契税，遗产和赠予税，土地增值税，国有土地有偿使用收入，等等。

1993年全国财政收入为4348.95亿元，其中中央财政收入为957.51亿元，占比约为22%，地方财政收入为3391.44亿元，占比约为78%；而实行分税制改革之后，1994年全国财政收入为5218.10亿元，其中中央财政收入为2906.50亿元，占比约为55.7%，地方财政收入为2311.60亿元，占比约为44.3%。[1] 可见，财权上移及其他相关措施在短时间内强化了中央财政的宏观调控能力。需要强调的是，虽然划分了税收，但是为了保证中央政令统一、维护市场公平和企业的竞争环境，税收立法权仍然集中在中央。

第三节 分税制改革的持续推进

时任财政部财税体制改革司副司长的刘克崮，曾亲自参加过分税制改革方案设计和推行，他对分税制改革的具体内容有一个高度精练的概括，即"分权、分税、分机构"，"返还、挂钩、转移支付"，前三个是改革的主体内容，后三个是改革的辅助措施。[2] 1994年分税制主体内容改革之后，中央又陆续推出一系列重大辅助改革措施以完善分税制财政体制。

一 确定税收返还办法，保障改革顺利进行

分税制采取按照税种划分财政收入，由于原体制下属于地方支柱财源的"两税"收入（消费税和75%的增值税）在新的财税体制下划为中央税，地方财力受到影响。为了保护地方政府既得利益，减少改革阻力，中央政府决定以税收返还的形式对地方政府进行补偿。

---

[1] 国家税务总局：http://data.stats.gov.cn/easyquery.htm? cn = C01.

[2] 刘克崮、贾康主编：《中国财税改革三十年：亲历与回顾》，经济科学出版社2008年版，第346页。

税收返还分为基数返还和增量返还两部分。在核定税收返还基数时，一般认为以 1993 年的税收收入为基数容易导致基数太高的现象，当时很多人建议将 1992 年或者三年的平均数确定为基数。关于这一问题，时任国务院副总理朱镕基同志在给江泽民同志和李鹏同志的信中写道，"原方案主要是考虑 1993 年还有几个月，为避免人为扩大支出基数，确定 1992 年为基数年。但这次到海南、广东考察了解到，1993 年与 1992 年相比，地方财政收入变化比较大，如果到 1994 年用原方案执行返还，从保地方既得利益着眼，对海南、广东这类财政收入增长很快的省份，其财力确实被多上划了一些。为了兼顾中央和地方的利益格局，减少改革的阻力，建议改为 1993 年为基数年"[1]，中央采纳了这一建议。尽管由此导致中央在 1994 年增发 1000 亿国库券来平衡财政，但却换来了分税制改革在全国的顺利推行。可以说，这一让步对于改革的顺利推进起到了极大的助力作用。

返还基数的确定旨在照顾地方的存量既得利益，而对于地方两税收入增量部分，则侧重于提高中央在其中的占比。1994 年以后，中央政府在全额返还税收基数之外，还根据各地"两税"增长情况增加返还，应返还的收入"增量"与消费税和 75% 的增值税的增长率按照 1∶0.3 系数确定。各地区"两税"每增长 1%，中央财政对该地区的税收返还增长 0.3%。根据这个规则，第一年中央从地方的两税增长中拿走 70%，地方拿 30%，随着时间的推移，地方拿走的比例会不断缩小。几年之后，有的地方收入增长得快，从增量中拿走的却越来越少，这又带来了新的不公平问题。为此，中央又对"1∶0.3"返还系数进行了补充说明，对增量收入返还部分下降快的地区，中央财政又拨出经费，将其补齐到全国平均返还水平，做到既保证了中央拿大头，也照顾了地方利益。[2]

---

[1] 《朱镕基讲话实录》第 1 卷，人民出版社 2011 年版，第 370 页。

[2] 刘克崮、贾康主编：《中国财税改革三十年：亲历与回顾》，经济科学出版社 2008 年版，第 342—345 页。

二 完善转移支付制度，平衡地区间财力

政府间转移支付制度是规范财政体制不可分割的组成部分。事权和收入划分再科学，也不可能做到各级政府的收支需求完全对称，因此需要转移支付进行调节，这是中央政府的职责；此外，中央政府在本级支出之外，负有全国性事务的支出责任。为此国际通行经验是中央政府在全部财政收入中占大头，这与中央事权的划分是一致的。为了均衡地区财力差距，确保中央和地方政府都有充足的财力行使责任，党中央在深入研究和借鉴国际经验的基础上，提出了过渡期转移支付制度，经国务院批准于1995年年底开始实施。

从理论上讲，规范的转移支付需要先行测算各级地方政府的标准收入、标准支出，根据收支缺口按一定的公式和标准进行拨付。但我国分税制实施之初，由于相关数据难以取得，尚不可能制定出一套规范的转移支付制度，因而1995年起实施的转移支付制度具有过渡性质，故称为"过渡期转移支付制度"。

过渡期转移支付制度的指导思想是兼顾公平和效率，重点缓解地方财政运行中的突出矛盾。该制度下，以地方财力低于标准支出的差距作为转移支付的基础，同时适当考虑各地的收入努力程度及支出结构。基本原则是在不调整地方既得利益的前提下，从中央财政的收入增量中拿出一部分资金，逐步调整地区利益分配格局，力求转移支付的公平、公正，并体现对民族自治地区的适度倾斜。1995年中央财政从收入增量中共拿出21亿元用于对地方政府转移支付，共有18个省份从中受益。

1996年和1997年又分别对过渡期转移支付制度进行了改进，减少资源分配的随意性，使之更加科学、规范和透明。其中包括："标准收入"和标准财政支出测算方法的改进、完善转移支付的公式、单独设立革命老区转移支付和边境地区转移支付等。2002年以后，过渡期转移支付的概念不再使用，并为"一般性转移支付"所取代。转移支付制度的完善不仅是平衡地区财力的有效措施，也是分税制财税体制得以顺利推进的重要举措，对于保障地方政府运转财力、

推进基本公共服务均等化意义重大。

三 颁布实施《预算法》，加强预算外资金管理

为了增强财政管理的规范性和透明性，加强宏观调控，保障经济和社会的健康发展，1994年3月22日八届全国人大二次会议颁布了首部《中华人民共和国预算法》，在分税制财税体制改革的背景下初步形成了与社会主义市场经济相适应的预算管理体制的基本框架。

由于我国尚处于经济转轨时期，各项制度尚不完善，地方政府通过乱收费、乱罚款和乱摊派等增加预算外支出，导致预算外资金膨胀，财政收入大量流失。在计划经济体制下，预算外资金在一定程度上发挥了调动各方面积极性、缓解财政压力的作用，但在市场经济体制下，预算外资金的不断膨胀则更多地暴露了其影响政府财政收入和宏观调控能力等问题。为此，财政部于1993年10月出台了《关于治理乱收费的规定》和《关于对行政性收费、罚没收入实行预算管理的规定》，规定对尚未纳入预算管理的行政性收费、专项收费及事业性收费实行财政专户储存，对收费资金实行"收支两条线"管理。

1995年11月2日，国务院第三十七次常务会议通过《预算法实施条例》将复式预算分为政府公共预算、国有资产经营预算、社会保障预算和其他预算，为预算改革指明了方向。1996年7月6日，国务院发布了《关于加强预算外资金管理的决定》，规定禁止将预算资金转移到预算外，并将养路费、车辆购置附加费、铁路建设基金等13项数额较大的政府性基金（收费）纳入财政预算管理。通过逐步清理行政事业性收费和政府性基金，取消不合法的收费项目，标志着我国预算外资金开始走向规范化管理。

1996年将中央政府性基金纳入预算管理，并在同年颁发的《关于加强预算外资金管理的决定》中指出："预算外资金是国家财政性资金，不是单位和部门自有资金，必须纳入财政管理。""收支两条线"改革作为预算管理改革的一项重要内容，能够增加财政透明度、提高财政资金使用效率，为完善财政监督、统一预算内外资金奠定

了基础。

四 基于市场化改革的公共财政框架初步形成

分税制改革之后，财政体制逐渐走向规范化，中央政府也逐步走出财政困难，此时如何进一步对分税制进行配套改革，构建适合社会主义市场经济的公共财政框架则尤为重要。1998年12月15日，在全国财政工作会议上，时任国务院副总理李岚清同志明确提出积极创造条件，逐步建立公共财政基本框架的思路。

首先，深化国有企业改革与社会保障制度逐步建立。伴随着社会主义市场经济的不断推进，部分国有企业无法适应市场规律而陷入经营困境。1998年国有企业脱困工作全面展开，通过债转股、公司制改革以及政策性破产等一系列措施，减轻企业负担，促进国有企业优胜劣汰，更好地适应市场经济体制。

对于国有企业改革所出现的大量下岗职工问题，国家通过增加财政保障资金和再就业资金建立社会保障体系，形成了下岗职工基本生活保障制度、失业保险制度和城市居民最低生活保障制度三条保障线。在财政资金的支持下，国有企业逐渐走出发展困境，通过不断调整布局适应社会主义市场经济体制的需要，提高自身的竞争力，并促进国企改革的成功。社会保障制度的建立则妥善解决了大量下岗职工的就业和生活保障问题，有利于国企改革的平稳过渡。

其次，政府采购制度的建立有利于促进市场经济发展、规范政府行为。我国的政府采购最早从地方试点开始。1995年上海市财政局和市卫生局联合下发了《关于市级卫生医疗单位加强财政专项修购经费管理的若干规定》，采取招标和非招标的方式进行政府采购。1998年深圳市率先制定了第一个地方性的政府采购法规《深圳经济特区政府采购条例》，之后，河北、江苏等地区也开始相应地建立其政府采购管理办法。1998年年底，民政部、卫生部、计生委开始进行政府采购个案试点，同年，国务院明确财政部预算司为主管政府采购管理的专门机构。1999年，财政部相继出台了《政府采购管理暂行办法》《政府采购招标投标管理暂行办法》《政府采购合同监督暂行办法》，指导全国性的政府采购试点工作。到 1998 年年底，全国已经有 29 个省市开展政府采购试点工作，政府采购的原则框架已经基本形成，政府采购市场也随之急速扩大。政府采购管理制度改革能够优化财政资金的配置效率，提高经济和社会效益，有利于防范腐败、强化财政监督。

最后，通过增发国债发挥财政政策的积极作用。1997 年亚洲金融危机爆发，在宏观经济下行的压力下，1998 年 8 月 29 日全国人大四次会议审议通过了国务院提交的《全国人民代表大会常务委员会关于批准国务院增发今年国债和调整中央财政预算方案的决议》，同意增发国债用于加快基础设施建设，各级人民政府要落实扩大内需、拉动经济增长的各项政策措施，大力提高经济效益。自此，以增发国债为标志的积极财政政策在我国正式启动。积极财政政策的实施是公共财政框架的重要内容，能够通过市场规律进行逆周期调节。1997—1998 年的调控措施主要包括三项内容：向国有商业银行增发 1000 亿元长期建设国债，并配套增加 1000 亿元银行贷款；向四大国有商业银行发行 30 年期的 2700 亿元特别国债，补充商业银行资本金，从而达到《商业银行法》和《巴塞尔协议》的要求；提高部分商品出口退税率。通过二项积极调控政策的实施，成功应对了亚洲金融危机并推动了经济结构的优化。

第四节　分税制是社会主义市场经济制度建设的里程碑

分税制的成功是社会主义市场经济制度建设中的里程碑，它不仅初步规范了国家企业和个人的分配关系，也重构了中央和地方的分配关系。一方面，分税制财税体制改革是党中央审时度势，为适应社会主义市场经济建设的需要而做出的重要决策。另一方面，财税体制改革方案的出台也不是一蹴而就的，是经过一代又一代共产党人不断探索的集体智慧的结晶。其理念的最初萌发，可以追溯到

20世纪50年代。在本次改革中,改革的推进始终得到了邓小平、陈云等领导同志的支持。中央常委会多次开会讨论,听取改革方案汇报,就改革方向、思路、制度和政策等问题做出要求。时任中共中央总书记江泽民同志先后多次分片主持召开了各省、市、自治区的书记、省长座谈会,宣讲政策,听取意见。当时负责财税改革工作的常务副总理朱镕基同志亲自带队,用了两个多月的时间,带领相关部门的同志,先后走访了13个省份,面对面地算账,深入细致地做思想工作,以保证改革的顺利实施。①

一　财税体制改革的成功是党中央集体智慧的结晶

改革开放以后,我国逐步启动了财政分权体制的进程。1979年邓小平同志在中共中央召开的省、市、自治区委员会第一书记座谈会上发表了《关于经济工作的几点意见》,他指出:"财政体制,总的来说,我们是比较集中的。有些需要下放的,需要给地方上一些,使地方财权多一点,活动余地大一点,总的方针应该是这样。"② 1978年,陈云同志在《关于当前经济问题的五点意见》中强调,"要给各省市一定数量的真正的机动财力"③;1979年,他还提道:"地方财力用于建设太热心,因此地方财力真正机动的太少。"④

1980年财政包干制的实施,拉开了我国财政分权体制的序幕。在不断地探索与实践中,逐渐进行财政体制的调整,为分税制改革奠定基础。1986年邓小平同志在《企业改革和金融改革》中提出,"企业下放,政企分开,是经济体制改革,也是政治体制改革","为了解决财政赤字问题,基建规模特别是非生产性建设规模不能过大,有些开支不能完全由中央承担。中央的收入少了,中央对开支也不能包那么多"⑤。1988年陈云同志在《当前经济工作的几个问

---

① 项怀诚:《亲历分税制改革》,《中国财经报》2008年8月16日。
② 参见《邓小平文选》第2卷,人民出版社1994年版,第199—200页。
③ 参见《陈云文选》第3卷,人民出版社1995年版,第237页。
④ 《陈云文选》第3卷,人民出版社1995年版,第246页。
⑤ 《邓小平文选》第3卷,人民出版社1993年版,第192—193页。

题》中指出,"中央的政治权威,要有中央的经济权威作基础","在经济活动中,中央应该集中必须集中的权力"①。财政包干制实施之后,权力下放的确调动了地方政府的积极性,但也导致了中央政府宏观调控能力的不足,继续深化财政体制改革成为党中央关注的重点。

1992年江泽民同志在党的十四大报告中指出,要"统筹兼顾国家、集体、个人三者利益,理顺国家与企业、中央与地方的分配关系,逐步实行利税分流和分税制"②,提出了构建适合社会主义市场经济体制的财税改革方向。1993年,关于财税体制改革,江泽民同志在《全面正确把握形势,保持国民经济发展的好势头》中进一步指出,"重点是处理好中央和地方、国家和企业、企业和个人的关系问题。要提高财政收入占国民收入的比重,提高中央财政占整个财政收入的比重"③。这为后来的分税制改革定下了总基调。

分税制的目的在于充分调动中央和地方两个积极性,提高中央财政的宏观调控能力。但是重新划分财政收入并非易事。分税制改革方案确定之后,并未得到地方政府的完全支持,朱镕基同志察觉到问题的复杂性,决定"立即行动起来,到地方上做解释",不然,"推行分税制的阻力就会更大"④。在1993年9月9日到11月21日共74天的时间里,朱镕基同志带领由体改委、财政部、国家税务总局等有关部门组成的队伍赶赴17个省、市、自治区(包括计划单列市),与这些地区进行"一对一"商谈。在对中西部地区进行考察时,朱镕基同志提出分税制的两条精神,"第一条,是要保证中央有一个稳定的财政收入","第二条,中央财政收入总是要增加一点,总是要比地方增加得快一点",并表示,"中央积累的财力越来越多,

---

① 《陈云文选》第3卷,人民出版社1995年版,第366页。
② 《江泽民文选》第1卷,人民出版社2006年版,第229页。
③ 《江泽民文选》第1卷,人民出版社2006年版,第298页。
④ 刘克崮、贾康主编:《中国财税改革三十年:亲历与回顾》,经济科学出版社2009年版,第351页。

对中西部地区的支持就会越来越大"①。1993年12月3日，朱镕基同志在全国经济工作会议上作了总结讲话，提出"明年改革方案的中心环节是分税制和税制改革"，"这项改革只能成功，不能失败，如果失败了，我们整个改革就有失败的危险"②。正是由于这种决心和魄力，1994年1月1日分税制财税体制改革在全国得以顺利实施和推广。

从1992年邓小平"南方谈话"，到党的十四大确立社会主义市场经济体制的改革方向，到党的十四届三中全会为这一方向规划蓝图，再到此后在税制、财政体制、预算管理、税收征管等方面的多项具体改革措施先后落地，20世纪90年代初期的中国在改革浪潮的推动下不断向前。改革的持续推进，从理论共识达成到具体政策的落实，是党中央集体智慧的结晶，凝聚着两代党中央领导集体以及众多财税体制、经济体制改革工作者的心血。

二 对分税制改革的成功"怎么评价都不过分"

分税制财税体制改革是社会主义市场经济体制建设的重大成就，朱镕基同志曾评价说："这些年的财税体制改革，是新中国成立以来力度最大、成效显著、影响深远的改革，是决策科学、设计周密、实施有力、运行平稳的改革。通过改革，财政收入大幅度增长，为经济和社会发展提供了强大的财力支撑。"③可以说，对于"财税体制取得的成功，怎么评价都不过分"④。

（一）初步建立了社会主义市场经济下政府与市场关系框架

分税制财税体制改革规范了国家与企业之间的关系，有利于发挥市场在资源配置中的作用。在原有包干制下，由于企业与政府之间的隶属关系不同而形成了税负苦乐不均、竞争机制缺乏的现象，与社会主义市场经济体制的基本要求相背离。税制改革和政企分离

---

① 《朱镕基讲话实录》第1卷，人民出版社2011年版，第372—375页。
② 《朱镕基讲话实录》第1卷，人民出版社2011年版，第417页。
③ 《朱镕基讲话实录》第4卷，人民出版社2011年版，第458页。
④ 项怀诚：《亲历分税制改革》，《中国财经报》2008年8月15日。

的实施，将企业纳入市场经济法治化的轨道上，不论企业性质，依法纳税，有利于企业之间的平等竞争。与此同时，分税制财税体制打破了原有的"条块分割"的行政隶属体系，能够促进市场统一，避免地方保护主义、封锁主义对市场活力的遏制。也正因为如此，在分税制下的政府职能开始由经济职能为主逐渐向公共职能过渡，实现了中国财政由生产建设性财政向公共财政的转型。

总之，分税制形成了有利于市场主体公平竞争的财税制度，为微观主体在市场体系下公平竞争提供了制度基础，并初步建立了市场经济下的政府与市场关系框架。一方面，突出了市场在资源配置中的功能，为各种所有制企业共同发展奠定了制度基础；另一方面，也促进了政府职能的转变，明确了政府职责，规范了政府介入市场的方式。

（二）规范了中央与地方的财政分配关系

分税制财税体制改革的重点在于重新划分央地之间的财政分配关系，充分调动中央政府与地方政府两个积极性。无论是传统体制下的统收统支模式还是包干制，都无法与市场经济体制相适应。统收统支模式下地方政府的积极性受到限制，而包干制下的放权不规范则容易诱发地方政府的短期行为。分税制财税体制改革消除了过去财政体制不稳定的弊端，结束了政府间按照企业隶属关系划分收入的历史，明确了中央与地方的利益界限和基数，在此基础上形成了中央与地方之间稳定规范的分配关系，从而促进各级政府向长期增收节支发展。作为目前世界各国通行的财政体制，分税制财税体制按照税种划分中央与地方的财政收入，使得两者都在自己的税收范围内发展财源，有利于清晰界定中央政府与地方政府之间的财政边界。

总之，分税制财税体制改革是制度建设的里程碑，它既避免了"一灶吃饭"模式下财权和财力过于集中、地方政府缺乏积极性的情况，也避免了包干制下中央对地方放权不规范、地区市场分割的现象。中央政府和地方政府的财政分配关系得以规范后，其财政支出效率也得到相应的提升，对于公共物品的供给和满足居民偏好意重大。

(三) 提升了中央财政能力和国家治理能力

分税制改革提升了中央财政能力，解决了"两个比重"过低的问题，这对于提升国家治理能力，推动经济社会发展具有重要意义。分税制改革以来，财政收入呈现出快速增长的趋势，极大地提升了国家的财政汲取能力，从1994年的5218.10亿元增长到2019年的190390.08亿元，财政作为国家治理的基础和重要支柱，财政的大幅增长是提高国家治理能力的保障；与此同时，中央财政收入在分税制后有了质的增长，从1994年的2906.50亿元增长到2019年的89309.47亿元[①]，为增强我国中央政府的宏观调控能力、调节地区差异和促进基本公共服务均等化奠定了坚实的财政基础。伴随着中央财政汲取能力的提高，转移支付制度在分税制改革中得到相应的构建，不仅有利于强化中央的宏观调控能力，也有利于平衡地区间财力，实现基本公共服务的均等化。

总之，在分税制财税体制改革下，中央财政收入的增长将显著提高国家的宏观调控能力，与此同时，两个积极性的发挥也促使地方政府加快向公共服务型政府转型，为国家的长治久安和进一步发展提供了充足的动力。

---

① 国家统计局网站：http://data.stats.gov.cn/index.htm。

第 十 章
公共财政论与民生财政建设
（1999—2012 年）

  1994 年分税制改革建立起适应社会主义市场经济的财政体制，初步理顺了政府和市场、中央和地方的关系，奠定了我国经济平稳快速发展和财政收入高速增长的制度基础。但这一改革带有明显的过渡色彩，政府越位缺位并存，需要进一步推进改革。同时，随着对社会主义建设认识的逐步加深，党的十五大提出了社会主义初级阶段的基本纲领，进而提出进一步完善社会主义市场经济体制。财政也因时而动，顺势而为，公共财政逐步成为党的十八届三中全会前财政改革的主要目标和基本方向。

第一节　社会主义市场经济体制认识深化与
　　　　公共财政体系建设的整体脉络

  这一时期，虽然我国分税制改革初步建立起相对规范的财政体制，但生产建设型财政的痕迹很明显，生产建设性支出仍然是财政支出的大头，公共产品和公共服务方面的支出不足且严重不均等问题十分突出，教育、公共卫生、科学技术和社会保障等社会事业发展严重滞后。同时，财政体制与社会主义市场经济体制的要求还存在很大差距。收入体系混乱且不规范，难以得到有效监督和约束，支出粗放且效率不高，难以满足经济社会发展需要。基于此，我国提出公共财政体系的建设目标。

一 社会主义初级阶段的基本纲领与建立公共财政体系（党的十五大到党的十六届三中全会）

党的十四大以来，我国不断深化改革开放，推进发展，从1992年到1996年国内生产总值年均增长12.1%，社会生产力、综合国力和人民生活水平显著提升。在此基础上，党的十五大认真总结改革开放20年以来特别是党的十四大以来的实践经验，把邓小平理论确立为党的指导思想，第一次系统地、完整地提出并论述了党在社会主义初级阶段的基本纲领，提出了我国经济、政治和文化等诸多方面的基本目标和政策，对中国特色社会主义事业做出了战略部署。党的十五大提出，中国处在社会主义的初级阶段，根本任务是发展社会生产力。

根据党在社会主义初级阶段的基本纲领和战略部署，财政改革的任务是要为市场化改革奠基铺路，财政部门逐步深化改革，振兴财政，为国民经济持续、快速、健康发展做贡献。1998年12月，全国财政工作会议上，项怀诚部长提出要建立公共财政。在这次会议上，国务院副总理李岚清在讲话中也强调要"积极创造条件，逐步建立公共财政基本框架"。这是公共财政首次在全国重要会议上出现，标志着构建公共财政体制框架成为新时期财政改革的主要目标。2000年，党的十五届五中全会进一步明确提出要"逐步建立适应社会主义市场经济要求的公共财政框架"。

建设公共财政体制框架，主要从收入、支出和管理等方面展开。在收入方面，按照统一税法、公平税负、简化税制等原则，健全和完善有利于市场平等竞争要求的税收制度，完善了工商税制、分税制，实行了所得税收入分享、税费制度改革。1994年财税体制改革的重点在收入端，财政支出并不是改革重点，财政支出各种问题逐步成为影响市场秩序和政府收支运行的"瓶颈"。因而，财政支出管理制度改革成为财税体制改革的中心地带。这一阶段，党和国家在财政支出结构优化、部门预算制度、国库集中收付制度、政府采购制度等方面进行了大量改革。

财政收入、支出和管理等方面的改革，有效地解决了影响市场秩序和政府收支运行的"瓶颈"，推动了我国财政体制的完善，适应社会主义市场经济的公共财政体制框架及其运行机制初步建立。政府职能从大包大揽向提供基本公共服务、保障和改善民生逐步转变，财政职能目标定位从替代市场向弥补市场失灵转变。

二 完善社会主义市场经济体制与民生财政建设（党的十六届三中全会到党的十八大前）

2003年，党的十六届三中全会通过《中共中央关于完善社会主义市场经济体制若干问题的决定》，做出了完善社会主义市场经济体制的战略部署。完善公共财政体制是完善社会主义市场经济体制的一个重要组成部分，党的十六届三中全会做出了公共财政体制框架已经初步建立的判断，提出健全公共财政体制的战略目标。2005年，党的十六届五中全会又进一步明确提出要完善财政体制，加快公共财政体系建设。以此为契机，中国的财税体制改革开始逐步向民生财政建设转变。

民生财政建设来源于党的民生思想。这一阶段，党中央高度重视民生问题，并将其提到前所未有的地位。胡锦涛指出，全党同志一定要"坚持把保障和改善民生作为根本出发点和落脚点"[1]，"加强社会建设，必须以保障和改善民生为重点"[2]。党的十七大提出"必须在经济发展的基础上，更加注重社会建设，着力保障和改善民生"。因而，保障基本民生成为公共财政的基本逻辑，财政部门持续加大对民生领域的投入力度，突出保障和改善民生，学术界将其总结为民生财政模式，民生财政是公共财政理论和实践的深化。党的十六届六中全会提出要"完善公共财政制度，逐步实现基本公共服

---

[1] 中共中央文献研究室编：《十七大以来重要文献选编》（中），中央文献出版社2011年版，第1004页。

[2] 胡锦涛：《坚定不移沿着中国特色社会主义道路前进 为全面建成小康社会而奋斗——在中国共产党第十八次全国代表大会上的报告》，人民出版社2012年版，第34页。

务均等化"[1],党的十七大明确提出要"围绕推进基本公共服务均等化和主体功能区建设,完善公共财政体系"。[2] 党的十七届五中全会进一步提出要"加快财税体制改革,积极构建有利于转变经济发展方式的财税体制"。围绕基本公共服务均等化和科学发展观,民生财政改革不断深入,财政对教育、医疗卫生、社会保障和就业等领域支持力度不断增加,民生支出占财政支出的比重不断提升,民生财政建设也就成为完善公共财政体制的目标和方向。

这一时期的民生财政改革,在收入支出管理等多方面不断深入,财政的公共化特征日趋显著。在收入方面,推进了新一轮税制改革,包括改革出口退税制度、推进增值税转型、统一企业所得税、改进个人所得税、实施城镇建设税费改革、赋予地方适当的税政管理权等。在支出方面,不断优化财政支出结构,提高民生支出所占比重,推进基本公共服务均等化。实行全口径预算管理,推进政府收支分类改革。

与以往的改革有所不同,这一阶段的财政改革围绕科学发展观和构建社会主义和谐社会重大战略思想而推进,民生财政将民生概念提升到前所未有的地位,财政制度框架不断完善,财政的公共性和民生性不断增强,充分体现了"以人为本,执政为民"的执政理念。

三 从公共财政到民生财政:财政思想的不断演进

在分税制改革初步确定适应社会主义市场经济体制的财政体制框架后,1998—2012年,我国财政体制改革不断深化,建立健全公共财政制度成为财政改革的主要目标,实现了由建设财政向公共财政的转变。随着社会主义市场经济体制的不断深入和完善,党和国家对财政认识不断提升,财政支出越来越向教育、医疗卫生、农林水和环境保护等民生支出倾斜,财政的公共性和民生属性越来越凸显,建设民生财政成为完善和发展公共财政体制的方向和目标。

---

[1] 《十七大报告辅导读本》,人民出版社2007年版,第257页。
[2] 《十七大报告辅导读本》,人民出版社2007年版,第25页。

（一）公共财政建设阶段党的财政思想

以江泽民同志为核心的党的第三代领导集体系统总结了新中国成立以来党的财政工作经验，提出了公共财政理念，进一步丰富发展了党的财政思想。这一阶段党对财政的认识主要体现以下几个方面。

1. 对新时期财政定位和作用的认识

党中央深刻审视和考察了财政在国家发展中的重要作用，重新定义了在社会主义市场经济条件下，财政在国家生活中的重要作用和地位。1997年，党的十五大报告明确指出"集中财力，振兴国家财政，是保证经济社会各项事业发展的重要条件"。[①] 这一论述阐明了党对这一时期财政基本地位和作用的认识。此后，在省部级主要干部财税专题研讨班上，江泽民进一步指出"我们党历来重视财政工作在革命、建设、改革中的作用"[②]，他强调了新中国成立初期财政工作的历史意义和重要性。这充分体现出，党对财政的认识很大程度上来源于对新中国成立以来的财政工作理论与经验的总结，体现出党对辩证唯物主义和历史唯物主义方法的科学运用，对财政工作定位和作用的判断是过去几十年执政经验的总结和升华。

同时，党中央深刻论述了财政与经济政治社会的关系，"财政是一个经济范畴，又是一个政治范畴，事关治国安邦、强国富民"[③]。"经济是财政的基础，经济决定财政，而财政要促进和支持经济的发展，促进和支持社会的全面进步。"[④] 党中央从战略高度，总结了近些年我国财政和经济社会实践经验，逐步探索出了财政在国家生活中的作用，明确了其与经济政治社会的关系。

基于上述认知，党中央提出"财政是国家的一项重要职能，是国家政权活动的一个重要方面"[⑤]；财政为"庶政之母"。这些重要论述，是对财政理论与工作系统、深刻和凝练的论述，从理论高度

[①] 江泽民：《论社会主义市场经济》，中央文献出版社2006年版，第509页。
[②] 江泽民：《论社会主义市场经济》，中央文献出版社2006年版，第515页。
[③] 江泽民：《论社会主义市场经济》，中央文献出版社2006年版，第515页。
[④] 江泽民：《论社会主义市场经济》，中央文献出版社2006年版，第515页。
[⑤] 江泽民：《论社会主义市场经济》，中央文献出版社2006年版，第507页。

充分论证和阐明了财政的重要地位和作用，体现出党对财政认识的与时俱进。党中央对财政的认识，是继往开来的，是对财政在国家经济、社会发展中的重要地位和作用的重大理论创新。

2. 党的财政宏观调控思想

党中央深刻剖析了西方发达资本主义国家财政手段在宏观调控中的作用，指出："西方发达国家一直都很重视财税职能的运用，常常通过财税手段来落实他们维护资产阶级统治的稳定和安全的政策。"①因此，党中央认为"财税政策，是国家宏观调控的一个主要手段"②。这一论述体现出党中央对市场经济运行规律、财税手段及宏观调控职能的深刻认识，探索并提出了财税政策在宏观调控中的作用和地位。

党中央对财税政策十分重视，基于经济发展情况灵活实施相机决策的财政政策，推动国民经济健康稳定发展。1998年前后，我国经济面临过热的风险，因此，党的十五大报告指出"宏观调控的主要任务，是保持经济总量平衡，抑制通货膨胀，促进重大经济结构优化，实现经济稳定增长……实施适度从紧的财政政策和货币政策，注意掌握调控力度"。2000年，我国要应对亚洲金融危机带来的经济下滑风险，党的十五届五中全会提出"宏观调控政策的基本取向是：近期要继续实行积极的财政政策，带动企业和社会投资，促进消费……实行与财政、货币政策相配套的价格政策，稳定价格总水平，警惕和防止通货膨胀"。实践证明，党的财政政策决策十分正确，对保持经济稳定健康发展起到重要作用。

财政宏观调控思想体现出党对经济和财政运行规律认识的不断深化，财政宏观调控实践是中国特色社会主义财政宏观调控思想的具体体现。

3. 党的财政职能和宏观管理的思想

党中央十分注重财政在新时期职能作用的发挥，财税工作事关国家稳定和经济社会发展大局，在经济结构战略性调整、"三农"问

---

① 江泽民：《论社会主义市场经济》，中央文献出版社2006年版，第510页。
② 江泽民：《论社会主义市场经济》，中央文献出版社2006年版，第507页。

题、国企改革、收入分配、西部大开发等方面的国家发展战略中,能够体会出党积极履行财政职能的意图。

在国企改革方面,党的十五届四中全会以国企改革作为主题,提出"要调整财政支出结构……亏损企业和社会筹集费用不足的部分,财政要给予保证"。在民生方面,江泽民早在2000年省部级主要领导干部财税专题研讨班上就指出"有一部分群众的收入还比较低,生活还比较困难……要坚持勤俭建国的原则,合理使用财政收入,节省一切可以节省的财政开支,用于首先解决群众的困难问题"[①]。此后,党的十五届五中全会进一步提出要"坚持开发式扶贫,加大对贫困地区的财政转移支付力度,多方面增加扶贫资金投入,提高资金使用效益[②];增加对公共服务的投入,为实现人人享有基本公共服务创造条件"[③]。这成为财政在西部大开发等国家发展战略中发挥关键作用的重要依据和指南。

由此可见,党中央高度重视发挥财政职能,支持政府正常运转,保障国家安全和社会公共事业发展,同时也注重推进收入分配改革和调节地区发展差距,促进经济协调发展和社会稳定。财政部门作为政府综合管理部门,践行和保障党和国家执政方针和政策,站在经济社会发展全局的高度,为促进经济发展、改革开放和社会稳定服务。

4. 党的财政改革思想

2000年,江泽民指出"经过20年的努力,我国已初步建立了适应发展社会主义市场经济要求的财税体制基本框架,财政改革和发展取得了明显的成效"[④]。这一时期,党中央高度重视财政改革,

---

① 江金权:《从十五大到十六大——江泽民同志党建重要活动记略》,人民出版社2003年版,第175页。

② 《中华人民共和国国民经济和社会发展第十五个五年计划纲要学习辅导讲座》,人民出版社2001年版,第12—13页。

③ 《中华人民共和国国民经济和社会发展第十五个五年计划纲要学习辅导讲座》,人民出版社2001年版,第47页。

④ 财政部办公厅、国家税务总局办公厅:《建立稳固、平衡、强大的国家财政》,人民出版社2000年版,第3页。

推进建立规范的财政体制和财政运行机制,逐步形成相对成熟的改革思路和框架。

党的十五大报告提出要"集中财力,振兴国家财政",说明这一时期党更加重视收入端改革,致力于建立"稳固、平衡的国家财政"。此后,财政改革不断深入,财政体制不断完善,党对财政改革认识也在不断演变。到"十五"规划时,党中央在收入端强调"积极稳妥地推进税费改革",在支出端则提出诸多改革措施,"增强预算的透明度和约束力",如规范政府采购行为、调整财政支出结构等。在党的十六大报告中,党中央进一步提出"深化财政、税收、金融和投融资体制改革。完善预算决策和管理制度,加强对财政收支的监督,强化税收征管"。可见,随着财政实践的深入和财政工作的不断推进,党不断提出财政改革的阶段性任务,不断改革和健全财政体制和财政运行机制,体现出与时俱进的财政改革思想。

5. 党的理财观

党的理财观是指党在处理财政事务过程中的理念或原则,为国理财是财政发展的题中应有之义。江泽民在2000年就强调,财力强弱与国家发展密切关联,"雄厚的财政实力,是一个国家强大、稳定、安全的重要体现"[①]。这一论断充分说明财力强弱与国家强大、社会稳定和经济繁荣息息相关,雄厚的财力是国家发展稳定持续的鲜明标志。在这一阶段,中国共产党逐步形成明确的理财观,主要包含三个方面的内容。

一是"振兴国家财政,建立稳固、平衡和强大的财政"。在2000年,江泽民就指出"建立稳固、平衡、强大的财政……是我们全面推进改革开放和现代化建设,实现跨世纪发展宏伟目标和中华民族全面振兴的必然要求"[②]。可见,党中央十分重视集中财力,保证财政收入的稳定,在经济发展的基础上不断增强国家财力。党的十五

[①] 财政部办公厅、国家税务总局办公厅:《建立稳固、平衡、强大的国家财政》,人民出版社2000年版,第2页。

[②] 江泽民:《论社会主义市场经济》,中央文献出版社2006年版,第508页。

大报告、党的十五届五中全会公报也都强调要提高两个比重,"建设稳固、平衡、强大的国家财政"。

由此可见,党的理财观表现为重视振兴国家财政,建立稳固、平衡和强大的财政,提高"两个比重"。这一理财观主要来源于分税制改革之前,国家财政长期弱势以及国家能力不足。在中国这样一个人口众多、地区城乡差异显著的发展中国家,中央必须集中足够财力,办一些必须办的大事。因此,建立稳固、平衡和强大的财政是中央制定政策和推进改革、保持国民经济发展、维护国家统一和稳定的物质基础。

二是量入为出思想。江泽民指出,"我们国家还不富裕,人口又很多,在财政支出的安排上,'一是吃饭,二要建设'这个原则,更要自觉地坚持……财政工作必须坚持量力而行、量入为出、勤俭节约、开源节流"[1]。这体现出中国共产党量入为出的财政思想。财政要坚持量入为出,筹集财政收入,合理安排支出,确保政府正常运转。

三是财税法治思想。江泽民在2000年第16号国务院公报上指出,"要坚持依法理财,依法治税"。中国共产党在推进财政改革中,十分重视财税法制建设。一方面,"要严肃国家的财经纪律,加强税收执法力度……真正做到依法行政、依法理财、依法治税"[2]。另一方面,进一步加强财税法制建设,逐步建立健全完善的财税法规体系,打击各种违法乱纪行为和不规范的现象。

(二)民生财政建设阶段党的财政思想

以胡锦涛同志为总书记的党中央基于丰富的财政实践,党在新的历史时期丰富发展了财政思想,主要体现在以下几个方面。

1. 认识到财税体制改革的重要性

胡锦涛在中共中央政治局第十八次集体学习中指出,"要夺取应对国际金融危机冲击全面胜利、保持经济平稳较快发展,把改革开

---

[1] 江泽民:《论社会主义市场经济》,中央文献出版社2006年版,第513页。
[2] 江泽民:《论社会主义市场经济》,中央文献出版社2006年版,第517页。

放和社会主义现代化建设不断推向前进,就必须深化财税体制改革,完善公共财政体系,提高财政管理绩效"①。我国正处于"经济社会发展重要战略机遇期和社会矛盾凸显期"②,这就更加凸显出财政的重要性。胡锦涛进一步指出要"立足我国国情,借鉴国外有益经验,坚定不移深化财税体制改革,更好为改革发展稳定大局服务"③。这一论断明确了财政定位和作用,即这一时期财政的主要作用在于"更好为改革发展稳定大局服务",促进经济社会发展。

从作用边界看,这一时期在政治、经济和文化建设"三位一体"的基础上,将社会建设纳入总体布局,形成"四位一体"社会主义建设的总布局。在总体布局下,财政作用边界进一步拓宽。财政作用开始慢慢由经济领域向社会、文化、生态等领域拓展,越来越体现出财政的综合性和全面性。党中央对财税体制改革的重要性认识不断加深,财政作用边界得到逐步扩展。

2. 党的民生财政思想

这一阶段最为突出的一个特征就是,党中央高度重视民生问题,并将其提到前所未有的地位。《中共中央关于构建社会主义和谐社会若干重大问题的决定》指出,要"以发展社会事业和解决民生问题为重点,优化公共资源配置,注重向农村、基层、欠发达地区倾斜,逐步形成惠及全民的基本公共服务体系"。胡锦涛在2012年省部级主要领导干部专题研讨班开班式上,进一步强调要"多谋民生之利,多解民生之忧,解决好人民最关心最直接最现实的利益问题"④。到2012年,党的十八大报告指出"加强社会建设,必须以保障和改善民生为重点"。这一系列论述表明中国共产党重视民生的思想,将保障民生作为这一时期党的工作的主要内容,财政的民生思想也应运而生,与之对应的就是民生财政理念的提出和践行。民生支出在财

---

① 《新中国70年大事记(1949.10.1—2019.10.1)》(下),人民出版社2020年版,第1405页。
② 《十七大以来重要文献选编》(中),中央文献出版社2011年版,第607页。
③ 《加快经济发展方式转变学习读本》,人民出版社2010年版,第203页。
④ 《〈中共中央关于全面深化改革若干重大问题的决定〉辅导读本》,人民出版社2013年版,第52页。

政支出中的比重迅速提升，财政支出结构不断优化。

党中央多次提出，要加强民生领域财政支出。教育方面，《中共中央关于构建社会主义和谐社会若干重大问题的决定》指出，要"保证财政性教育经费增长幅度明显高于财政经常性收入增长幅度，逐步使财政性教育经费占国内生产总值的比例达到4%"。[1] 党的十七大报告进一步提出，要"坚持教育公益性质，加大财政对教育投入，规范教育收费，扶持贫困地区、民族地区教育，健全学生资助制度"[2]。社保方面，胡锦涛在中共中央政治局第十三次集体学习中强调，"要根据经济发展水平和各方面承受能力，加大公共财政对社会保障体系建设的投入，提高社会保障程度要继续提高企业退休人员基本养老金水平……增加对城镇居民基本医疗保险、新型农村合作医疗的财政补助"[3]。医疗卫生方面，2010年，胡锦涛在中共中央政治局第二十次集体学习时强调，要"坚持公共医疗卫生的公益性质……强化政府责任和投入……建设覆盖城乡居民的基本医疗卫生制度……切实增强基层公共医疗卫生服务能力要促进基本公共卫生服务逐步均等化"。[4] 从这一系列表述都可以看出，党中央一直强调要加大财政民生支出，推进民生财政建设。

可见，民生理念丰富和发展了党的财政思想，民生财政理念的提出和践行，丰富和拓展了党的执政思想和理论体系，是具有中国特色的财政理论和实践创新。

3. 党的协调发展思想

科学发展观是党的指导思想，其主要内涵之一就是要协调发展观，要统筹城乡、区域和经济社会协调发展。城乡和区域差距是协调发展面临的最大挑战，财政服务于改革发展稳定大局，推动统筹

---

[1] 《中共中央关于构建社会主义和谐社会若干重大问题的决定》，人民出版社2006年版，第12页。

[2] 《高举中国特色社会主义伟大旗帜 为夺取全面建设小康社会新胜利而奋斗——在中国共产党第十七次全国代表大会上的报告》，人民出版社2007年版，第38页。

[3] 《胡锦涛文选》第3卷，人民出版社2016年版，第214页。

[4] 《论构建社会主义和谐社会》，中央文献出版社2013年版，第185—187页。

城乡区域发展。在这方面,党中央在历次会议和政策文件中都有所涉及。胡锦涛在中共中央政治局第四次集体学习时指出,要把更多财政资金投向公共服务薄弱的农村、基层、欠发达地区和困难群众;在中共中央政治局第十八次集体学习中进一步强调,要围绕推进基本公共服务均等化和主体功能区建设,推进财政体制改革。

在实践中,协调发展思想主要包含三个方面。一是城乡统筹发展思想;二是基本公共服务均等化思想;三是区域均衡发展思想。

首先,党中央一直重视农业农村发展,在很多不同场合都强调财政要向农业农村倾斜。2003 年,《中共中央关于完善社会主义市场经济体制若干问题的决定》指出要"加大国家对农业的支持保护,增加各级财政对农业和农村的投入。国家新增教育、卫生、文化等公共事业支出主要用于农村"。此后,统筹城乡发展思想成为财政工作的重点之一,"三农"发展思想在两次中央委员会全体会议和两大改革中均有集中和具体的体现。

两次中央委员会全体会议是指党的十六届五中全会和党的十七届三中全会。2005 年,党的十六届五中全会公报《关于推进社会主义新农村建设的若干意见》提出,要"不断增加对农业和农村的投入,扩大公共财政覆盖农村的范围,建立健全财政支农资金稳定增长机制"。2008 年,党的十七届三中全会《关于推进农村改革发展若干重大问题的决定》提出,"必须扩大公共财政覆盖农村范围,发展农村公共事业"。此外,《国民经济和社会发展第十一个五年规划纲要》《中共中央关于构建社会主义和谐社会若干重大问题的决定》《高举中国特色社会主义伟大旗帜 为夺取全面建设小康社会新胜利而奋斗》等政策文件也都在强调加强国家对农业和农村投入。

两大改革则是指农村税费改革和新农村建设。《中共中央关于完善社会主义市场经济体制若干问题的决定》指出"农村税费改革是减轻农民负担和深化农村改革的重大举措",明确了农村税费改革的重大意义。文件进一步指出要"完善农村税费改革试点的各项政策,取消农业特产税……逐步降低农业税率"。2005 年,随着农村税费改革的逐步结束,《关于推进社会主义新农村建设的若干意见》发布，国家又提出新农村建设，进一步强化财政对农业农村的支持。

其次，基本公共服务均等化是这一时期中国共产党确定的完善公共财政体制的目标和方向，具有深刻的财政思想内涵。2003年，胡锦涛在《把促进经济社会协调发展摆到更加突出的位置》的重要讲话中提出，公共服务均等化是科学发展观理念的具体体现。此后，2005年，《国民经济和社会发展第十一个五年规划纲要》首次在官方文件中正式提出"公共服务均等化"。2006年，《中共中央关于构建社会主义和谐社会若干重大问题的决定》进一步提出"完善公共财政制度，逐步实现基本公共服务均等化"。基本公共服务均等化目标确定，并逐步成为民生财政体系的主要目标和导向。2007年，党的十七大报告提出"围绕推进基本公共服务均等化和主体功能区建设，完善公共财政体系"。2012年，《国家基本公共服务体系"十二五"规划》，首次全面界定了基本公共服务均等化的概念、内涵和范围等，标志着基本公共服务均等化政策体系的逐步成熟。

最后，区域均衡发展思想与党的执政思想一脉相承。为推动区域均衡发展，党中央先后提出西部大开发战略、中部崛起战略、东北振兴战略等。在不同文件中，党中央也都提出相应的财政支持政策。《国民经济和社会发展第十一个五年规划纲要》提出要"落实和深化西部大开发政策，加大政策扶持和财政转移支付力度，推动建立长期稳定的西部开发资金渠道……加大财政转移支付力度和财政性投资力度，支持革命老区、民族地区和边疆地区加快发展。"《中共中央关于构建社会主义和谐社会若干重大问题的决定》强调要"加大对欠发达地区和困难地区的扶持……逐步缩小地区间基本公共服务差距"。《高举中国特色社会主义伟大旗帜　为夺取全面建设小康社会新胜利而奋斗》进一步强调，要"缩小区域发展差距，必须注重实现基本公共服务均等化，引导生产要素跨区域合理流动"。

4. 党的可持续发展思想

科学发展观内涵之一在于可持续发展，要求统筹人与自然和谐发展，处理好经济与生态环境的关系，推动中国特色社会主义生态文明建设。可持续发展是党中央提出的又一重大发展思想，财政在推动可持续发展中发挥重要作用，党的多次会议和政策文件都提出要实施有利于生态环境的财政政策和体制，主要包含财税政策、加强投入和机制建设三个方面。在财税政策方面，《中共中央关于构建社会主义和谐社会若干重大问题的决定》较早提出要"完善有利于环境保护的财税政策，建立生态环境补偿机制"。2010年，胡锦涛在中共中央政治局第十八次集体学习时指出，要"发挥财政政策作用直接、运用灵活、定点调控的优势……支持发展环保产业、循环经济、绿色经济"[1]。在投入方面，党的十七大报告强调要加大节能环保投入。在机制建设方面，党的十七大报告要求"实行有利于科学发展的财税制度，建立健全资源有偿使用制度和生态环境补偿机制"。可见，除财政政策外，不断推进有利于科学发展的财税制度建设，也是财政可持续发展思想的重要体现。

除生态环境可持续外，党中央还在探索可持续发展更丰富的内涵。2010年，胡锦涛在亚太经合组织第十八次领导人非正式会议上提出，中国"应该注重保持可持续增长，不仅要保持环境可持续性，也要保持财政、货币、贸易、产业等政策可持续性……确保中长期财政可持续性"[2]。胡锦涛在亚太经合组织第十九次领导人非正式会议上进一步提出"妥善处理主权债务和财政风险……保持财政、货币、贸易、产业等政策可持续性"[3]。可见，党中央已经意识到在经济社会生态环境全面协调可持续发展中，中长期财政的可持续性也是一个重要方面，这也是党中央关于财政可持续的较早表述之一，体现出党对财政发展的前瞻性思考和布局。

5. 党的财政宏观调控思想

在党的财政思想指导下，公共财政建设阶段我国新的宏观调控体系的框架初步建立，民生财政建设阶段我国财政宏观调控进一步

---

[1] 《加快经济发展方式转变学习读本》，人民出版社2010年版，第204页。
[2] 《胡锦涛文选》第3卷，人民出版社2016年版，第449页。
[3] 胡锦涛：《转变发展方式实现经济增长——在亚太经合组织第十九次领导人非正式会议上的讲话》（2011年11月13日，美国夏威夷），http://www.mohrss.gov.cn/lolgxs/LDGX guojizixun/201111/t20111125_ 83181.html。

完善。这一时期，我国开始逐步实施总需求管理框架，调控的经验越来越丰富，技巧也日趋成熟。党中央在这一时期对财政宏观调控思想的发展主要体现在对财政政策与货币政策的配合方面。《中共中央关于完善社会主义市场经济体制若干问题的决定》提出，"完善国家宏观调控体系。进一步健全国家计划和财政政策、货币政策等相互配合的宏观调控体系"。党的十七大报告强调"综合运用财政、货币政策，提高宏观调控水平"。这些较为系统的论述体现出党的财政宏观调控思想。在实践中，2004年稳健的财政政策实施以及2008年面对金融危机实施的积极财政政策都体现出党中央财政宏观调控思想的不断成熟。

同时，中国共产党除了重视财政的总量调节外，也越来越重视其结构性调节作用。2009年，胡锦涛在中共中央政治局年度经济分析会议上提出，"继续实施积极的财政政策和适度宽松的货币政策"，同时，胡锦涛强调要提高财政政策针对性，财政政策要有利于提高经济增长质量和效益，推动经济发展方式转变和经济结构调整，有利于改善民生、保持社会和谐稳定。2010年，胡锦涛在中共中央政治局第十八次集体学习中更加明确指出，"要积极发挥财政政策促进经济社会发展的调控作用……突出财政政策实施重点"，财政政策要更加注重扩内需、保增长、调结构、惠民生、促稳定。可见，党的财政宏观管理思想在不断丰富，其包含的结构性调整是党的财政思想的重要创新。

6. 党的财政体制思想

以胡锦涛同志为总书记的党中央丰富发展了财政改革思想，坚定不移深化财税体制改革。党的十七大报告指出"围绕推进基本公共服务均等化和主体功能区建设，完善公共财政体系"。这表明了财政体制完善的主要目标，其中体现的财政思想主要分为四个方面：一是推进中央地方财力与事权相匹配的思想，二是推进税收和转移支付改革的思想，三是强调基层政府基本公共服务提供能力的思想，四是强化财政管理和绩效的思想。其中在强化财政管理和绩效方面，党的十六届三中全会强调要"建立预算绩效评价体系。实行全口径预算管理和对或有负债的有效监控。加强各级人民代表大会对本级政府预算的审查和监督"。这一论述有三点重要意义：一是较早提出了要建立预算绩效评价体系，标志着预算绩效管理改革进入新的阶段；二是较早提出对或有负债的有效监控，为后续防范财政和债务风险思想奠定了基础；三是较早提出了人大在预算管理中的地位，这在当前国家治理背景下具有很强的意义，体现出党对财政改革布局的未雨绸缪。

第二节 公共财政体系建设(1999—2003年)

1994年的财税体制改革，初步建立了分税制财政体制框架，具有浓厚的过渡期色彩，随着体制改革红利逐步释放，其存在的问题逐步暴露。同时，党的十五大提出了党在社会主义初级阶段的基本纲领，作为践行国家战略目标的基础和制度保障，财政需要通过进一步的制度创新推进市场化改革，服务于建立社会主义市场经济体制，建设有中国特色社会主义的经济、政治和文化的整体发展战略。因此，公共财政成为这一时期财政改革的目标和方向。"税费改革"以及财政支出管理制度改革，成为这一阶段构建公共财政体制框架的改革重点。

一 从生产建设型财政到公共财政：背景及逻辑

生产建设型财政起源于计划经济体制，财政是基本建设投资的主体，发展经济是财政的首要任务。随着改革开放，我国市场化进程不断深入，市场经济逐步取代计划经济，财政逐步退出传统资源配置领域。到1992年，中国特色社会主义市场经济体制成为我国经济体制改革的基本目标和方向，财政需要通过改革以适应经济体制变革。分税制财政体制改革后，我国初步建立了相对规范的财政体制框架，但财政进一步的改革和建设目标并未明确。在这种背景下，党中央提出了公共财政，李岚清在1998年全国财政工作会议上指出，要"积极创造条件,逐步建立公共财政的基本框架"①。公共财政正式成为市场经济条件下财政改革与建设的目标模式。

从生产建设型财政到公共财政,财政制度和模式的转变体现出我国制度转轨和社会转型。这一转变背后蕴含着党的财政思想的多重逻辑。

首先,从生产建设型财政到公共财政,体现出财政适配我国资源配置方式的变革。财政是资源配置的手段之一,计划经济时代,财政是资源配置的主体,财政定位于生产建设,基本建设投资主要来源于财政拨款。但随着社会主义市场经济体制的逐步确立,市场越来越在资源配置中起到基础性作用,因而财政必须摆脱旧体制的制度惯性,退出传统资源配置领域,这就需要财政模式的根本性变革,也即需要寻找新的财政发展模式,经过长期探索和反复论证,中国共产党将公共财政确立为新的财政发展模式。从生产建设型财政到公共财政,体现出政府市场关系的逐步理顺,其背后的逻辑在于理顺市场和财政在资源配置方面的作用,发挥市场的基础性作用,财政更多在公共部门领域发挥作用。

其次,从生产建设型财政到公共财政,体现出我国经济发展要素禀赋的变化。经济发展依赖资本、土地、劳动力和技术的持续投入。在改革开放之后相当长的时间内,我国经济发展缺乏资本,资本短缺而劳动力和土地过剩,在社会资本缺乏的情况下,财政成为社会总投资的主体。财政用于经济建设支出,弥补经济发展初始资本的短缺,短时间内带来社会总需求的迅速增加和经济较快增长。但随着我国经济不断发展和改革开放不断深入,私人社会资本、外商直接投资等资本逐步丰富,人力资本等越来越成为制约经济发展的短板。因此,财政用于经济建设的支出持续下降,仅集中于能源交通和基础设施等私人部门不愿意进入的领域。财政支出结构发生显著变化,财政用于社会民生领域的支出越来越多,为人力资本发展提供坚实的基础。公共财政正是适应要素禀赋变化,更加注重支

---

① 楼继伟、刘尚希:《新中国财税发展70年》,人民出版社2019年版,第150页。

出公共性而提出的财政发展模式。

再次,公共财政的提出也有其现实必要性。一是分税制改革后财政秩序仍然没有理顺。财政收入体系尚不规范,难以得到有效监督和约束,难以为市场经济发展提供良好的营商环境;财政支出结构有待于优化,支出粗放且效率不高,难以满足经济社会发展需要。二是公共服务提供不足,难以为社会事业发展提供强有力的支持,影响经济社会可持续发展。三是分税制后中央地方财力与事权不匹配导致地方财政收支存在较大缺口,转而对中央财政形成压力。这些问题都要求加强财政改革,推进公共财政体系建设。

最后,公共财政是具有中国特色的公共财政模式。第一,与西方国家相比,我国公共财政体系面临的政府市场关系存在显著差异。从政府市场关系看,不同于西方国家相对完善的市场经济基础上的财政体制,我国公共财政体系脱胎于社会转型期,市场机制不完善,政府市场边界模糊,缺乏成熟的制度体系和管理框架,这势必要求公共财政体系不仅履行收入分配、资源配置等功能,更需要培育市场机制,保障市场机制发挥作用,探索政府市场作用边界,逐步理顺政府市场关系。从这个角度看,我国政府市场关系更加复杂,公共财政的功能和作用范围远超过一般市场经济国家政府与市场关系框架内的财政功能和范围。第二,我国公共财政体系根植于公有制为主体、多种所有制经济共同发展的基本经济制度。不同于西方私有制为基础的财政体系,我国公共财政根植于社会主义基本经济制度,因而需要改革计划经济时期的"所有制财政",合理处理国企、民企和外企等不同所有制企业关系,营造公平竞争的市场环境,推进社会主义制度和市场经济的融合。第三,财政改革始终服从于国家整体发展战略。我国不断推进公共财政建设,财政改革根本的逻辑或导向在于财政始终服从于国家整体发展战略。在党的十六届三中全会以前,我国提出社会主义初级阶段的基本纲领,明确改革是要建设社会主义市场经济体制,因而财政服从于市场化改革逻辑,不断推进社会主义市场经济体制建设。财政在支持国有企业改革和金融改革破局、整合利益主体、协调利益分歧等方面都发挥了举足轻重的作用。这些作用的发挥要远远超过西方财政体制的作用领域和西方财政学教材的定义范围。因而，在转型期，财政改革逻辑不仅在于简单的资源配置或经济发展，而且在于国家发展的物质支持和重要制度保障，其服务于国家整体发展战略。

二 规范税费关系，推进税费改革

在分税制改革的基础上，党和国家加快了以规范税费关系为主线的税费改革，推动构建适应社会主义市场经济发展要求的、以税收为主、少量规范化收费为辅的公共财政收入体系。

1994年虽然初步规范了财政收入体系，但还有大量收费、基金、集资等非税收入游离于预算管理之外，且地方政府和部门拥有大量自由裁量权，非规范收入规模越来越大，存在着不少隐患。收费缺少约束和监督，导致乱收费等现象，加重了企业和农民的负担。

根据社会主义市场经济条件下转变政府职能和建立公共财政的客观要求，税费改革是对现行的行政事业性收费与基金实行"一清、二转、三改、四留"的改革，并进行相关的配套改革。"清"就是对现行收费、基金进行清理整顿。坚决取消不合法、不合理的收费、基金，其依据是国家法律、法规和中共中央、国务院、财政部、省（自治区、直辖市）有关文件；合并或取消某些重复设置的项目，如一些强制性的审查费、出入境管理部门的检疫、检验费等；降低过高的收费标准，如证照工本费等。"转"就是把公益性收费、公用事业性收费、中介性收费与政府收费分开，将有偿性服务收费转出去，转为经营性或中介性服务价格。具有典型的公益服务性特点的事业性收费包括教育、档案、殡葬等方面的收费将改为公益服务价格；现行行政事业性收费中的道路通行费、过桥费、有线电视费、污水处理费、垃圾处理费等改为公用事业价格。"改"就是将部分收费项目改为税收，如车辆购置费改税。"留"就是保留并规范化管理一些规费、使用费性质的收费。其中极为重要的是大规模实施农村税费改革。根据中央有关文件精神，2000年，党和国家决定首先在安徽全省进行农村税费改革试点，同时在全国部分省区选择56个县进行试点。2001年,除上海、西藏外,大部分省份均确定了部分县(市)进行试点,全国试点县(市)达102个。从试点情况看,农村税费改革试点进一步理顺了分配关系和分配秩序,减轻了农民负担,农村党群干群关系明显改善,带动和促进了乡村机构改革、农村教育体制改革等农村各项改革。

经过努力,我国已经基本形成以税收为主、少量规范化收费为辅的政府收入框架和体系。政府、市场及各级政府收入分配关系初步理顺,进一步规范了各级政府以及国家、企业和个人之间的收入分配关系,适应社会主义市场经济体制的公共财政收入制度初步形成。

三 逐步推进财政支出和预算管理制度改革

(一) 实施部门预算

随着市场机制不断完善和财政改革不断深入,我国传统的功能预算暴露出了诸多问题,如预算编制粗放,条块分割,预算资金管理责任模糊,效率不高且分配使用透明度不高,资金使用分散亟待改革预算编制管理模式。

1999年财政部印发《关于改进2000年中央预算编制的通知》,要求"细化报送全国人民代表大会预算草案的内容",将各项支出尽可能地细化到部门,并单独列出各项税收返还和转移支付。"改变预算编制方法,试编部门预算。"2000年,财政部选择农业部、科技部、教育部、劳动和社会保障部进行部门预算试点。此后,2001年,在实践的基础上,《中央本级基本支出预算管理办法(试行)》《中央本级项目库管理规定(试行)》和《中央本级项目支出预算管理办法(试行)》先后发布,进一步规范中央基本支出和项目支出预算管理。2007年,财政部印发《中央本级项目支出预算管理办法》和《中央本级基本支出预算管理办法》,部门预算覆盖范围和制度完善程度逐步提升。

部门预算的实施,有利于规范预算管理,提高预算管理水平,强化财政资金统筹能力和预算约束能力,增强政府宏观调控能力,也有利于强化人大对财政的监督，规范政府行为，从源头上治理腐败。

（二）建立国库集中收付制度

改革开放以来，我国长期实施国库分散支付制度，征收机关和预算单位自行、多重设置银行账户，资金缴拨和使用分散。财政资金支出难以监督，挪用挤占等资金使用违法违纪现象时有发生。

为推进国库集中收付制度的建立，2000年6月财政部设立了国库司。2001年，财政部和中国人民银行印发《财政国库管理制度改革试点方案》，采取先试点后推广的改革路径。2000年，选择湖北等4个省份44个中央直属粮库项目资金进行试点，2001年范围扩大到14个省份。同年，选择黑龙江、江苏、海南、云南、山西和新疆的车辆购置税交通专项资金进行财政直接拨付试点；选择科技部等六部委进行中央部门划定财政直接支付和财政授权支付范围的工作试点。2001年，国务院印发了《国务院办公厅关于财政国库管理制度改革有关问题的通知》，要求"建立以国库单一账户为基础、资金缴拨国库集中收付为主要形式的财政国库管理制度"。同年，财政部先后发布了《中央单位财政国库管理制度改革试点资金支付管理办法》《财政国库管理制度改革试点会计核算办法》和《中央单位财政国库管理制度改革试点资金银行支付清算办法》。2002年，国库集中收付制度框架基本确立。财政国库管理制度改革的总体方案形成，确立了财政国库管理制度改革的总体目标和战略部署，制定了资金管理办法及一系列配套管理办法，形成统一规范的财政支付管理制度。

国库集中收付制度改革有效推进了预算管理体系完善，提升了预算管理效率，提升了资金运行的透明度和效率，规范和约束了政府行为，增强了预算管理能力，约束了政府行为。

（三）"收支两条线"改革

长期以来，一直存在乱收费、乱罚款和乱摊派的"三乱"现象，加重企业和社会的负担，也导致财政收入大量流失和预算外资金膨胀。为理顺政府市场关系，规范政府的执收行为，中央针对行政事业性收费和罚没收入等财政性资金实行"收支两条线"管理的改革。

虽然1996年国务院印发《关于加强预算外资金管理的决定》要求实行"收支两条线"管理，但收费和罚没收入与支出安排仍存在挂钩，中央本级大部分收费仍由单位自收自缴，收费和罚没收入中乱收、乱罚、截留、挪用现象仍比较突出。对此，党的十五届六中全会通过的《中共中央关于加强和改进党的作风建设的决定》明确提出，要"推行和完善部门预算、国库集中收付、政府采购、招投标等制度"。2001年，国务院印发了《财政部关于深化收支两条线改革，进一步加强财政管理意见的通知》，进一步明确深化"收支两条线"改革的整体思路和具体措施，指导新时期"收支两条线"改革。在进一步清理整顿现行收费基础上，差异化推进中央部门预算外资金管理，将其纳入预算管理或实行收支脱钩管理；编制基本支出预算、项目预算以及政府采购预算，完善部门预算体系；推进预算外资金收缴分离，并推动地方加快部门预算的改革步伐。

"收支两条线"改革以来，在规范政府收支行为、提升预算管理水平、提高财政资金使用效益等方面都发挥了突出作用。

（四）建立政府采购制度

长期以来，我国政府采购采取各预算单位分散采购的方式，不仅导致采购质量不高、采购过程不透明，容易滋生腐败，成本较高，资金使用效率不高，而且强化地方保护主义，不利于市场竞争机制作用的发挥。

为规范政府行为，财政部早在1995年就开展政府采购改革研究，上海市财政局、河北省和深圳市等先后试点启动了政府采购制度改革。1998年，选择了民政部、卫生部、计生委等中央部委进行政府采购试点。在试点基础上，财政部于1999年印发了《政府采购管理暂行办法》《政府采购招标投标管理暂行办法》和《政府采购合同监督暂行办法》，首次明确了我国政府采购试点框架体系及配套实施办法。2000年以后政府采购试点全面推进。2001年以来，开始编制政府采购预算并制定政府采购计划。在总结三年试点经验的基础上，2002年，国务院办公厅印发了《中央国家机关全面推行政府采购制度的实施方案》，在中央层面全面推进政府采购制度改革。2002年，我国政府采购制度改革基本上实现了由试点向全面实施的转变。截至2002年年底，全国31个省级单位和地（市）、县都成立了政府采购管理机构，基本上覆盖到了县（市）一级。在大量实践基础上，2003年，全国人大印发《政府采购法》，标志着政府采购试点的结束和工作的全面推进。采购范围从商品采购进一步扩大到工程和服务领域。

自推进政府采购制度改革以来，政府采购工作全面展开，采购金额和范围不断扩大，政府采购管理法律规范体系不断完善，大大提升了政府采购制度的透明性和规范性。政府采购"节支"作用明显，财政资金使用效率显著提升。

四　完善央地关系

（一）推进中央地方税制完善

首先，这一阶段重大收入制度调整是实施了所得税分项改革。2001年，《国务院关于印发所得税收入分享改革方案的通知》要求在2002年实施所得税收入分享改革，将所得税收入划分方法由企业隶属关系转变为按照统一比例分享。2002年和2003年央地分享比例分别为五五和六四，并将中央收入全部用于对中西部地区的转移支付。这项改革有利于完善市场机制，为企业创造良好环境，同时也优化了经济结构，促进了社会稳定和国家长治久安。

其次，调整证券交易印花税分享比例。在分税制初期，证券交易印花税央地分享比例为五五，后根据《国务院关于调整证券交易印花税中央与地方分享比例的通知》和《国务院关于调整证券（股票）交易印花税税率的通知》，1997年央地分享比例调整为中央88%，地方12%。2000年，国务院又将证券交易印花税分享比例调整到中央97%、地方3%。

最后，调整金融保险业相关税收。1997年，国务院印发《关于调整金融保险业税收政策有关问题的通知》，调整金融保险业所得税、营业税，优化金融市场环境，理顺分配关系。其中，金融保险企业所得税率统一降为33%，营业税税率由5%提高到8%。为支持金融保险行业的改革，《财政部国家税务总局关于降低金融保险业营业税税率的通知》下发，决定从2001年到2004年，将金融保险业营业税税率逐步下调到5%。此外，这一时期还调整了农村信用社等的营业税。

（二）推进省以下财政体制改革

分税制改革后，初步理顺了中央和地方财力划分，但缺乏对省以下财政体制改革的统一指导，导致各地方改革进展不均衡，省以下财政体制差异显著，2000年前后县乡财政困难问题逐步凸显。

针对这一问题，党和国家继续完善并推进了省以下财政体制改革。2002年12月，《国务院批转财政部关于完善省以下财政管理体制有关问题》明确了完善省以下财政体制的改革框架。该文件要求，进一步推进省以下事权和支出责任改革，严格实行行政执法责任制；合理划分省以下各级政府财政收入，将收入划分标准由企业隶属关系转向按税种或按比例分享等；进一步规范省以下转移支付制度，切实帮助解决县、乡财政困难；根据乡经济状况合理确定乡财政管理体制。

第三节 民生财政建设(2004—2012年)

围绕科学发展观和社会主义和谐社会，民生财政成为完善公共财政体制的目标模式，财政改革体现出更多公共和民生属性，民生财政理念逐步深入人心。

一 从公共财政建设到民生财政建设：背景和逻辑

民生财政的产生有其时代背景和必要性，是深化财政改革、顺利推动经济社会改革、保障经济社会健康稳定快速发展的需要。

首先，民生财政是贯彻和落实科学发展观的要求。科学发展观是这一时期中国共产党提出的科学理论，是我们党的指导思想，是基于我国国情和经济社会发展新阶段的必然选择。财政要贯彻落实党的指导思想，注重以人为本，保障和改善民生，始终把实现好、维护好、发展好最广大人民群众的根本利益作为财政发展改革的出发点和落脚点。这种财政实践就是财政支出不断向农业农村和社会事业发展薄弱环节倾斜，不断向贫困地区和困难群众倾斜，形成事实意义上的"民生财政"，充分体现贯彻和落实科学发展观的要求。

其次，民生财政是经济社会发展新阶段的必然要求。2003年，我国人均GDP首次突破1000美元，标志着经济社会发展进入新的阶段。这一阶段既是国家发展的黄金时期，也是经济社会转型和矛盾多发期，处理不好甚至可能会导致经济社会发展长期徘徊不前。通过民生财政建设，可以缓和各种社会矛盾，承担经济社会转型成本，弥合不同利益群体的利益分歧，保障社会安定团结和经济社会平稳快速协调发展。因此，实行民生财政是经济社会发展新阶段的必然要求。

再次，民生财政带有显著的补偿性质。长期以来，我国以经济建设为中心，有效保障了我国经济社会快速发展，但同时也导致民生支出相对偏低，经济发展和社会发展不协调，存在大量民生欠账。社会发展相对滞后，上学难上学贵、看病难看病贵、贫困以及收入分配等民生问题逐步积累，已经开始威胁经济可持续发展和国家稳定安全。财政是经济社会改革成本的承担者，因而通过民生财政建设，可以协调经济社会发展，通过构建社会安全网和提供基本公共服务，保障前期利益受损者及社会弱势群体的基本生存和发展权利，缓和乃至逐步解决诸多民生问题。因此，从这个角度看，民生财政建设带有很强的补偿性质，承担了经济社会转型的部分成本。

最后，推进民生财政建设的财力基础已经初步具备。我国经济快速增长带来政府财力的大幅增加，我国初步具备了保障和改善民生的物质基础。这一时期，我国财政收入快速增长，全国公共财政收入从2002年的1.89万亿元增长到2011年的10.37万亿元，年均增速达到20.82%；相应的财政支出也由2002年的2.21万亿元增长到 2011 年的 10.89 万亿元, 年均增速达到 19.39%。① 财政收支的快速增长, 为保障民生提供了财力保障。

二 完善政府收入体系, 继续推进税费改革

一是调整与改革增值税。1994 年我国实施生产型增值税, 但这种税制不利于企业更新改造, 不利于企业参加国际竞争。因而, 2001 年起, 党和国家调整增值税的减免政策, 2004 年实施增值税转型改革, 推动增值税由生产型转为消费型。改革首先在东北老工业基地装备制造业等八大行业进行试点, 此后, 2007 年, 试点范围逐步扩大到中部六省份 26 个老工业基地城市的电力业、采掘业等八大行业, 2008 年则进一步扩大到内蒙古东部五个盟市和四川汶川地震受灾严重地区, 并推向全国。在试点的基础上, 2008 年, 国务院公布《全国增值税转型改革方案》, 决定于 2009 年开始全面实施。

二是统一内外资企业所得税, 改革个人所得税。1994—2007 年, 我国的企业所得税制度是双元的, 即内资企业和外资企业适用不同的所得税税制。为统一税制、维护公平竞争环境, 2008 年 1 月 1 日,《中华人民共和国企业所得税法》生效施行, 统一了内外资企业所得税税制。内、外资企业使用统一的企业所得税法、企业所得税税率、税前扣除办法及标准以及税收优惠政策。所得税税率降低为 25%。统一内外资企业所得税降低了企业税负, 创造了公平的竞争环境, 进一步理顺了国家和企业分配关系。推进改革个人所得税。2003—2012 年, 我国先后 3 次上调工薪所得费用扣除标准。2006 年、2008 年和 2011 年分别上调至 1600 元、2000 元和 3500 元。同时, 简化税制, 2008 年免征储蓄存款利息所得税, 2011 年减少累进税率级次至 7 档。

三是实施出口退税负担机制改革。长期以来, 我国出口退税政策增强了我国出口产品的国际竞争力, 但还存在退税结构难以匹配

---

① 谢旭人主编:《为国理财 为民服务——党的十六大以来财政发展改革成就 (2002—2012)》, 人民出版社 2012 年版。

产业结构优化、出口退税资金来源不稳定及负担机制不尽合理等问题。对此，2003年，发布《国务院关于改革现行出口退税机制的决定》，改革出口退税机制。其一，是对出口退税率进行结构性调整，优化出口产品结构。其二，建立出口退税稳定资金支持机制，中央进口环节增值税、消费税收入增量优先用于出口退税，同时对过去累计退税欠账由中央财政兜底。其三，合理划分出口退税中央和地方负担比例，按照75∶25的比例负担。2005年，国务院将中央与地方出口退税分担比例调整为92.5∶7.5。同时，规范改进了地方出口退税分担办法和退库方式。

四是成品油税费改革。我国成品油价格和交通税费政策对经济社会发展起到了积极作用，但越来越不适应资源环境保护、经济发展和民众需要。为规范政府行为，促进经济和资源环境协调发展，2008年，发布《国务院关于实施成品油价格和税费改革的通知》，推进成品油价格和税费改革。明确新增税收收入的分配，完善成品油价格形成机制，推动原油价格与国际市场接轨。

五是其他税种的改革。2006年印发《中华人民共和国烟叶税暂行条例》；2007年，先后修改并实施《中华人民共和国车船税暂行条例》和《中华人民共和国城镇土地使用税暂行条例》。2007年和2008年，分别统一内外资城镇土地使用税和耕地占用税缴纳制度，2009年则取消针对外企或个人的城市房地产税，统一缴纳房地产税。至此，全部财产税制实现了全国统一。2011年修改实施《中华人民共和国资源税暂行条例》，2012年《中华人民共和国车船税法》正式实施。

三　推进基本公共服务均等化

基本公共服务均等化是所有地区的公民都能平等享受国家标准的基本公共服务的权利，包含教育、就业、社会保障、医疗卫生、住房保障等领域。随着综合国力的稳步提升，公共财政实力前所未有地增强，公共财政有能力以保障和改善民生为重要任务，支持基本公共服务均等化。

（一）基本公共服务均等化政策的演变

2003年7月28日，胡锦涛在《把促进经济社会协调发展摆到更加突出的位置》的讲话中提出科学发展的理念，要求统筹城乡、区域、经济社会和人与自然发展，公共服务均等化是科学发展观理念的具体体现。2004年，党的十六届四中全会提出"集中精力抓好经济调节、市场监管、社会管理和公共服务"，其意指公共服务均等化。此后，2005年，《国民经济和社会发展第十一个五年规划纲要》首次在官方文件中提出"公共服务均等化"。2006年，《中共中央关于构建社会主义和谐社会若干重大问题的决定》进一步提出"完善公共财政制度，逐步实现基本公共服务均等化"，"把更多财政资金投向公共服务领域"。基本公共服务均等化目标确定，并逐步成为完善公共财政体系的主要目标和导向。2007年，党的十七大报告提出"围绕推进基本公共服务均等化和主体功能区建设，完善公共财政体系"。2012年7月，国务院印发《国家基本公共服务体系"十二五"规划》，标志着基本公共服务均等化政策体系的逐步成熟。党的一系列文件和会议，不断丰富发展基本公共服务均等化政策体系，围绕基本公共服务均等化，财政改革不断推进，公共财政体制不断完善。

（二）加快医疗卫生事业发展

健康是全面发展的基础，关系千家万户利益。自2003年以后，财政部门逐步增加公共卫生支出，加大公共卫生体系投入力度。2003年全国卫生总费用6584.10亿元，到2006年，全国卫生总费用达9843.34亿元。2006年以后，医疗卫生支出快速增长，由2007年的1989.96亿元，增长到2012年的7245.11亿元，增长了约2.64倍。[①] 医疗卫生支出占全部财政支出的比重也从2007年的4%上升到2012年的5.75%。[②] 到2011年，职工医保、居民医保和新农合三项基本医保

[①] 卫生总费用是指一个国家或地区在一定时期内，为开展卫生服务活动从全社会筹集的卫生资源的货币总额。它包含政府、社会和居民个人的费用，医疗卫生支出是指政府医疗卫生支出。数据来源于历年《中国卫生统计年鉴》。

[②] 根据2008—2013年《中国财政年鉴》计算得到。

参保人数超过 13 亿人，覆盖率达到 95% 以上。截至 2011 年，新农合参保人数达到 8.32 亿人，政府补助水平也提高到 200 元；居民医保参保人数达到 2.21 亿人，政策范围内住院费用报销比例提高到 70%。① 职工医保制度、城乡医疗救助制度等也逐步完善。

（三）完善社会保障体系

1998 年我国成立劳动与社会保障部，适应社会主义市场经济的社会保障体系逐步形成，包括社会保险、社会福利、社会救助、城市居民最低生活保障、住房保障、军人保障、新型农村合作医疗和农村五保供养等。城市社会保障覆盖范围不断扩大，覆盖各类用人单位和灵活就业人员。财政对社会保障投入力度也不断增强，从 2003 年的 2655.91 亿元增长到 2012 年的 12582.52 亿元，增长了约 3.74 倍。② 企业职工基本养老保险、失业保险分别从 2002 年的 1.31 亿人、1 亿人增长到 2011 年的 2.84 亿人和 1.77 亿人。③ 到 2012 年，农村社会养老保险和城镇居民社会养老保险制度实现全覆盖。农村低保制度从无到有，到 2011 年低保对象已达 5314 万人。

（四）支持教育优先发展

在科学发展观和建设社会主义和谐社会的指导下，财政对教育投入的力度不断增强。特别是 2006 年以来，我国财政教育支出从 2007 年的 7122.32 亿元，增加到 2012 年的 21242.1 亿元，短短 6 年投入增长了近 2 倍。财政教育支出占全部财政支出的比重也相应从 14.31% 增长到 2012 年的 16.87%，连续实现了国家财政性教育经费支出占国内生产总值的比重达到 4% 的目标。④ 建立较为完善的城乡义务教育经费保障机制，推进农村义务教育薄弱学校改造、农村义务教育阶段学生营养改善计划和全国中小学校舍安全工程，大力支

---

① 谢旭人主编：《为国理财　为民服务——党的十六大以来财政发展改革成就（2002—2012）》，人民出版社 2012 年版。

② 根据 2004—2013 年《中国财政年鉴》计算得到。

③ 谢旭人主编：《为国理财　为民服务——党的十六大以来财政发展改革成就（2002—2012）》，人民出版社 2012 年版。

④ 根据 2008—2013 年《中国财政年鉴》计算得到。

持学前教育发展和职业教育基础能力建设,支持改善集中连片特困地区普通高中办学条件,建立健全家庭经济困难学生资助政策体系,教育的公平性显著增强。

四 建立健全公共预算管理体系

党的十六大以后,政府预算体系建设,围绕健全政府预算体系,公共财政着力建立了以政府性基金预算、国有资本经营预算和社会保险基金预算组成的有机衔接的政府预算体系,全面反映政府收支总量和结构。以此为基础,建立完善了以公正、公开、规范、透明为主要特点的现代预算管理制度。

(一) 推进政府收支分类改革

随着经济社会发展和财政体制不断完善,政府收支分类体系越来越不适应预算管理的需要。在充分研究的基础上,2006年,财政部发布《政府收支分类改革方案》,2007年开始实施政府收支分类改革,推动逐步形成一套既适合市场经济和政府职能转变需要,又符合国际规范的政府收支分类体系。改革后的政府收支分类体系由"收入分类""支出功能分类""支出经济分类"三部分构成。

首先,在收入分类方面,将预算外收入和社会保险基金收入纳入政府收支分类范畴,并结合国际通行的分类方法,将政府收入分为类、款、项、目四级。类科目包括税收收入、社会保险基金收入、非税收入、债务收入和转移性收入等。其次,在支出功能分类方面,支出功能分类主要反映政府活动的不同功能和政策目标,按照社会主义市场经济条件下政府职能和活动,参考国际通行做法,政府支出分为类、款、项三级。其中,类科目包括一般公共服务、教育、科学技术、社会保障和就业、医疗卫生等。最后,在支出经济分类方面,支出经济分类主要反映政府支出的经济性质和具体用途,包含类、款两级。其中,类科目包括工资福利支出、商品和服务支出、对个人和家庭的补助、对企事业单位的补贴等。

(二) 完善全口径预算体系

在这一阶段,预算覆盖范围由一般公共预算向政府性基金预算,国有资本经营预算，社会保障险基金预算扩展形成全口径预算体系。首先，不断完善政府性基金预算。我国的政府性基金的前身为预算外资金，始于20世纪80年代，当时规模较小。随后，1996年，《国务院关于加强预算外资金管理的决定》将车辆购置附加费、铁路建设基金、三峡工程建设基金等13项数额较大的收费纳入政府性基金预算管理。2007年，财政部出台《中央政府性基金国库集中支付管理暂行办法》，2009年，财政部出台《关于进一步加强地方政府性基金预算管理的意见》，推进政府性基金改革。2009年，财政部开始全面编制中央和地方政府性基金预算。此后，财政部门对政府性基金项目进行持续清理和规范，取消到期或不适应经济社会发展的项目，细化基金收支预算科目，完善资金分配和使用办法。

其次，编制国有资本经营预算。2003年，党的十六届三中全会《中共中央关于完善社会主义市场经济体制若干问题的决定》，提出"建立国有资本经营预算制度"，为国有资本经营预算改革奠定了坚实的基础。在一系列政策和实践推动下，2007年，国务院颁布《关于试行国有资本经营预算的意见》和《中央企业国有资本收益收取管理暂行办法》，明确了预算编制的指导思想和原则、主体、收支范围、职责分工等，将国有资本经营预算从公共预算中分离，并选取117家中央企业作为试点。同年，财政部和国资委联合印发了《中央企业国有资本收益收取管理暂行办法》，明确了国有资本收益范围。2007年，中央印发《中央国有资本经营预算编报试行办法》，选择国资委监管企业和中国烟草总公司中央国有资本经营预算试点范围。2008年全国人大通过的《中华人民共和国企业国有资产法》，则为编制国有资本预算奠定了法律基础。试点首先在国资委监管的中央企业开始，此后不断扩展到中央部门所属企业，实施范围继续扩大、收益收取比例逐步提高。2010年，中央国有资本经营预算首次提交全国人大审议。到2012年年底，纳入中央国有资本经营预算的一级企业达到813户，地方国有资本经营预算已覆盖全国34个省级单位或计划单列市。国有资本经营预算增强了政府的宏观调控能力，完善了国有企业收入分配机制，推进了国有经济优化布局和结构战略性调整,有效保障和改善了民生。

再次,试编社会保险基金预算。社会保险基金预算主要反映各项社会保险基金收支的年度计划。2010年,国务院发布《关于试行社会保险基金预算的意见》,决定在全国范围内试行社会保险基金预算,包含企业职工基本养老保险基金、失业保险基金、城镇职工基本医疗保险基金、工伤保险基金、生育保险基金等内容。2013年,财政部第一次向全国人大正式报送了全国社会保险基金预算,首次实现了四本预算的全口径预算公开。社会保险基金预算编制方法不断完善,预算的规范性、制度性和透明度不断提升。

五 让公共财政照耀农村

虽然这一时期,我国经济高速发展,但"三农"问题逐步凸显,农民增收困难,城乡居民收入差距不断扩大。2003年,时任财政部部长金人庆表示把支持解决"三农"问题作为工作的重心,提出了"让公共财政照耀农村"的新理念。党和国家对"三农"问题的重视程度越来越高,2004年和2005年的一号文件中都强调坚持"多予少取放活"方针,加大对农业农村的支持力度。21世纪以来,党中央、国务院相继推出了农村税费改革、农村义务教育经费保障、新型农村合作医疗、农村最低生活保障、农村新型养老保险等一系列重要涉农改革举措。

(一) 实施农村税费改革

改革开放后,我国农业农村发生了巨大变化,党和国家也采取了一系列措施减轻农民负担,但农村税费制度和征收办法还不尽合理,农村"三乱"现象仍较多,农民负担仍然较重,影响农民利益和农村社会稳定。

为维护农民利益和农村稳定,减轻农民负担,2000年,中共中央、国务院印发《关于进行农村税费改革试点工作的通知》,开始推进农村税费改革试点。安徽在全省范围进行了改革试点,还有一些省、自治区、直辖市选择了部分县(市)进行试点。在此基础上,2001年,国务院下发《国务院关于进一步做好农村税费改革试点工作的通知》，完善相关政策，扩大试点范围。2002年，国务院办公厅印发《关于做好2002年扩大农村税费改革试点工作的通知》，将改革范围扩大到20个省份，优化农村税费改革转移支付资金使用制度，推进各项配套改革。2003年，国务院又下发《关于全面推进农村税费改革试点工作的意见》，从而在全国全面推进农村税费改革试点工作。

2004年，国务院总理温家宝在第十届全国人民代表大会第二次会议上宣布：从2004年起，五年内逐步降低并取消农业税。这标志着农村税费改革进入新的阶段。当年首先在黑龙江、吉林两省进行免征农业税试点，全国11个粮食主产省（区）试点农业税税率降低3个百分点，其余省份农业税税率降低1个百分点。2005年，农业税免征范围进一步扩大到592个国家扶贫开发重点县和28个省份。2005年，十届全国人大常委会第十九次会议审议决定在2006年全面取消农业税，废止《农业税条例》。这标志着中国农民负担了两千多年的"皇粮国税"正式成为历史，是中国农业农村发展的重要里程碑。

虽然取消了农业税，仍未摆脱县乡财政困难，农村基础设施和公共服务发展仍然相对较慢。农村改革进入了新时期，从农村税费改革转向农村综合改革成为必然。农村综合改革围绕以下重点任务展开。一是着力加快推进公共财政覆盖农村的步伐，推进县乡财政体制改革。加大对农村科教文卫等方面的投入，建立完善县级基本财力保障机制，积极推进"省直管县"和"乡财乡用县监管"改革，完善村级组织运转保障机制。二是着力推动农村基层行政管理体制改革，推进乡镇机构改革，精简乡镇机构人员，理顺乡镇事业单位管理体制。

（二）实施农村义务教育经费保障

在2001年，国务院下发了《关于基础教育改革与发展的决定》，逐步确定了以县为主的农村义务教育投入和管理体制。但这种投入制度难以从体制上解决农村义务教育经费投入不足和投入不稳定的矛盾，地区差距逐步扩大。在这个背景下，2005年，国务院印发

《关于深化农村义务教育经费保障机制改革的通知》，完善"以县为主"的管理体制，提升公共财政支持农村义务教育的力度和保障范围，完善央地分项目经费分担和保障机制。农村义务教育经费保障机制涵盖学生学杂费、教科书、寄宿生生活费、中小学公用经费、校舍维修改造、教师工资保障机制等。《关于深化农村义务教育经费保障机制改革的通知》规定从 2006 年开始分年度、分地区逐步实施。2006 年，改革率先从西部地区和中部部分地区实施，2007 年则在全国范围内推开。2007 年，中央财政出台农村义务教育阶段家庭经济困难寄宿生生活费基本补助标准，向全国农村义务教育阶段学生免费提供国家规定课程的教科书。从 2007 年开始，提高中西部地区农村义务教育阶段中小学校的生均公用经费基本标准和中小学校舍维修改造的测算单价标准。2009 年，农村义务教育经费保障机制改革各项政策目标提前一年全面实现，近 1.5 亿名学生享受免除学杂费和免教科书费政策，免除寄宿生住宿费并继续对家庭经济困难寄宿生补助生活费。中西部地区约 1120 万名学生获得生活费补助。2010 年，进一步提高了农村义务教育经费保障水平，包括农村中小学公用经费基准定额和中西部地区农村义务教育阶段家庭经济困难寄宿生生活费补助标准。2011 年，实施农村义务教育薄弱学校改造计划，全国农村义务教育学生全部享受免除学杂费和免费教科书政策。2012 年，对 2600 多万名农村义务教育学生实施营养改善计划，帮助 1261 万名农民工随迁子女在城市接受义务教育。[①]

（三）建立新型农村合作医疗制度

长期以来，农村合作医疗制度一直在部分地区运行，但是受多方面因素的影响，政府参与缺位，保障效果不佳，农民参与积极性不高，农村合作医疗衰落和解体，农村医疗卫生服务滞后，难以满足需要。对此，2002 年，民政部、卫生部、财政部联合下发了《关于进一步加强农村卫生工作的决定》，建立和实施农村医疗救助制度，通过选择 2—3 个县（市）先期试点探索，后全面推广。为进一

---

① 《中国财政年鉴（2013）》，中国财政杂志社 2013 年版。

步落实文件精神，2003年，国务院印发《关于建立新型农村合作医疗制度的意见》，提出系统全面的制度推进试点工作方案，明确了新农合的原则、组织管理、筹资标准和资金管理等。

2003年"非典"之后，试点开始启动。2004年，国务院下发《关于进一步做好新型农村合作医疗试点工作的指导意见》，对试点做出了具体指导。2006年，卫生部联合七部委联合下发了《关于加快建立推进新型农村合作医疗试点工作的通知》，进一步明确了扩大试点工作的目标和要求，加大财政的支持力度。到2007年，新型农村合作医疗试点范围扩大到1451个县（市、区），超过全国总数的一半，覆盖4.1亿名农民，财政补助标准不断提高。[①] 2008年的《关于做好2008年新型农村合作医疗工作的通知》《关于完善新型农村合作医疗统筹补偿方案的指导意见》和2009年的《关于巩固和发展新型农村合作医疗制度的意见》，逐步提高参合农民的补贴标准和新农合筹资水平，也开始考虑外出务工农民等流动人口参加新型农村合作医疗制度问题。2010年，新型农村合作医疗参合人数达到8.35亿人，2011年，新型农村合作医疗的财政补助标准由每人每年120元提高到200元。[②] 2012年，卫生部、发改委、财政部发布《关于推进新型农村合作医疗支付方式改革工作的指导意见》，进一步完善新型农村合作医疗支付制度。

（四）建立完善农村社会保障制度

2002年，党的十六大报告要求在有条件的地区，探索建立农村养老、医疗保险和最低生活保障制度。农村养老保险逐步进入探索创新阶段。2003年开始，各地陆续试点新的农村养老保险模式。2005年，党的十六届五中全会要求扎实稳步推进新农村建设，大力发展农村公共事业，从而推动农村社会保障制度发展。

2006年，《劳动和社会保障事业发展"十一五"规划纲要》提

[①] 温家宝：《政府工作报告——2007年3月5日在第十届全国人民代表大会第五次会议上》，人民出版社2007年版，第8页。

[②] 《中国财政年鉴（2012）》，中国财政杂志社2012年版。

出，要"按照城乡统筹发展的要求，探索建立与农村经济发展水平相适应、与其他保障措施相配套的农村社会养老保险制度"。同年，党和国家选择招远、大兴等8个县开展新型农村社会养老保险试点工作，并要不断加大对农村养老保险的财政投入力度。在总结试点经验的基础上，2009年，国务院印发《关于开展新型农村社会养老保险试点的指导意见》，探索建立个人、集体、政府三位一体的新农保制度。并在全国320个县开展新农保试点，此后在全国范围内逐步推广。2010年，新型农村社会养老保险试点覆盖面达到24%；2011年覆盖范围扩大到60%以上地区；2012年则实现新型农村社会养老保险制度全覆盖；到2012年年底，我国参加新农保的人数达到4.6亿人。[①]

在这个时期，农村社会救助制度也取得了较快发展。2003年，民政部、卫生部、财政部下发《关于实施农村医疗救助的意见》和民政部下发《关于进一步做好农村特困户救济工作的通知》，通过多渠道筹资对农村贫困居民实施医疗救助，初步建立农村最低生活保障制度。2007年，国务院印发《关于在全国建立农村最低生活保障制度的通知》，将符合条件的农村贫困人口全部纳入公共财政的保障范围，实现保障标准动态调整机制，基本建立起了政府承担主要责任的农村社会保障制度体系。2004年，印发《关于进一步做好农村五保供养工作的通知》，规范五保管理、资金管理，发动社会力量，加强敬养老院建设，实现五保对象"应保尽保"。2006年之后，政府将五保供养的资金纳入公共财政保障范围，政府出台了《关于农村五保供养服务机构建设的指导意见》，修订了《农村五保工作条例》，推动农村五保供养体系的逐步完善和保障机制的不断健全。

六 完善央地关系

21世纪前后，我国财政收入保持较快速度增长，但县乡财政困难现象凸显，部分基层政府难以有效提供基本公共服务。为缓解县乡财政困难，解决部分地区的财力困难问题，财政部门不断完善央

---

① 根据历年《中国财政年鉴》整理所得。

地关系，增强基层政府提供公共服务能力。

(一) 增强基层政府提供公共服务能力

为缓解县乡财政困难，2005年，财政部出台了"三奖一补"政策，对财政困难的县乡政府增加县乡税收收入以及省市级政府增加对财政困难县财力性转移支付、县乡政府精简机构和人员、产粮大县给予奖励，对以前缓解县乡财政困难工作做得好的地区给予补助。"三奖一补"政策不仅夯实了地方财力，而且调动了政府解决财政困难的积极性，推动激励困难地区做大财政蛋糕，发展经济，提升内生发展能力。2005—2008年四年间，中央财政累计安排"三奖一补"资金1163亿元。

在"三奖一补"基础上，2010年，财政部下发了《关于建立和完善县级基本财力保障机制的意见》，以县乡政府实现"保工资、保运转、保民生"为目标，保障基层政府履行职能的基本财力需要。这一文件要求制定县级基本财力保障范围和标准，测算各县基本财力保障需要，激励地方政府发挥主动性弥补县级基本财力缺口，中央财政根据工作实绩实施奖励。随后，中央财政逐年加大资金支持力度，奖补资金规模从2010年机制设立之初的682.53亿元增长到2018年的2462.79亿元，增长了约2.61倍，年均增长约17.4%，有效增强了中西部地区县乡财政基本公共服务的保障能力。①

(二) 推进省以下财政体制改革

财政部不断完善央地关系，推进省以下财政体制改革，包括"省直管县"与"乡财县管"改革。在浙江取得较好效果后，财政部从2002年开始在全国范围内推行"省直管县"改革试点。2005年，财政部发布《关于切实缓解县乡财政困难的意见》，要求各省级单位推行"省直管县"和"乡财县管"财政改革试点。此后，党的十六届五中全会、2006年的中央一号文件、"十一五"规划等一系列文件都要求推进"省直管县"和"乡财县管"改革。在中央层面的推动下，"省直管县"改革不断推进。2009年，全国已经有二十

---

① 根据历年《中国财政年鉴》整理所得。

几个省份进行财政省直管县改革试验。在试点的基础上，2009年，财政部印发《关于推进省直接管理县财政改革的意见》，要求到2012年年底，力争除民族自治地区外全面推进省直接管理县财政改革。在"乡财县管"改革方面，2006年，财政部下发了《财政部关于进一步推进乡财县管工作的通知》，推进"乡财县管"改革。"省直管县"与"乡财县管"改革有效理顺了省以下财政体制，缓解了县级财政困难，提高了县乡财政管理水平。

（三）完善中央对地方税收返还和转移支付制度

1994年分税制改革以后，我国逐步建立了过渡期转移支付制度，包含税收返还、过渡期转移支付和专项转移支付，在均衡地方财力等方面初见成效。此后，随着转移支付规模逐步扩大，所占比重不断上升，税收返还和转移支付制度不断完善。

在税收返还方面，为推进2002年所得税分享改革，实施所得税基数返还，维护地方政府利益；为推进2009年的成品油价格和税费改革，中央财政对各地因取消六项收费减收的损失实施成品油税费改革税收返还，保障地方既得利益。2002年，中央将过渡期转移支付改称为一般性转移支付，进一步明确了转移支付在财政体制中的功能定位，夯实并保障了地方财力。2009年，中央将财力性转移支付改为一般性转移支付，并对具体项目进行调整，不断优化转移支付结构。同时，不断优化转移支付分配办法，根据客观因素，设计统一的公式进行分配。近些年，还逐步提升一般性转移支付的规模和比例，促进了地区间财力和基本公共服务均等化，保障财政对特定领域、特定事业发展的支持力度。

第四节 公共财政保障下市场经济体制的全面突破

建成完善的社会主义市场经济体制是全面建设小康社会的重要内容，其要求发挥市场在资源配置中的基础性作用。为此，党和国家逐步推进一些关键和基础性领域的市场化改革，推动市场在资源配置中的基础性作用进一步强化。财政改革的目标是构建和完善中国公共财政基本框架，公共财政改革有力支撑了一些关键领域的市场化改革，推动政府转型。

一　政府市场关系逐步明晰

（一）财政支持国有企业改革脱困

随着我国市场化改革进程的不断深入，许多国有企业不适应市场和环境变化，生产经营陷入困境，负担重、效益低和竞争力低下等问题凸显。对此，党的十五大和十五届一中全会确立了要用三年左右的时间，逐步解决国有大中型亏损企业效益困境，推动初步建立现代企业制度。改革最终目的是将国有企业塑造为成熟市场经济主体，进一步完善市场机制。

由此，从1998年开始，党和国家全面开展国有企业改革脱困工作。中央推出了一系列政策措施，支持国有企业转型和优胜劣汰。1999年，党的十五届四中全会《关于国有企业改革和发展若干重大问题的决定》提出国有企业改革的目标、整体措施和制度体系，从战略布局、战略性改组、现代企业制度、企业管理、改善资产负债结构等多方面明确了国企改革方向，是加快国有企业改革发展的纲领性文件。

1. 支持企业技术改造

安排专项资金用于支持企业技术改造。安排一部分财政预算资金用于技术改造贷款贴息支出和企业技术改造项目拨款支出。1999年，通过国债专项、资金贴息等方式鼓励国有企业技术进步，前后三批共计648个项目，贴息总额130.7亿元，总投资1802亿元。[①]财政从国债中拿出153亿元资金，用于企业技术改造和技术进步，其中90亿元用于增加企业技术改造贷款的贴息。[②]重点支持纺织、

[①]《中国财政年鉴（1999）》，中国财政杂志社1999年版。
[②] 虞列贵：《积极财政政策已见成效　国企三年脱困将如期实现》，《财务与会计》2000年第4期。

石化、有色金属、造纸等行业以及环境保护、高新技术产业，并适当向老工业基地和中西部地区倾斜，通过技术改造和产品升级提升行业技术水平。同时，中央设立10亿元规模的科技型中小企业技术创新基金，第一批确定了约200个项目。支持鼓励企业建立技术开发中心和增加技术开发费，对高新技术产品及技术相关活动实施税收优惠，包括营业税、增值税、关税和进口环节税等政策措施支持企业科技创新。

2. 债转股减轻国企债务负担

实行"债转股"政策，通过新建立的金融资产管理公司，将银行的债权转为股权，改善国企资本结构。借鉴国有商业银行集中处理不良资产的经验，国家确定580户企业实施债权转股权，把国有商业银行对国有企业的部分债权转为金融资产管理公司的股权。债转股总额4050亿元，推动我国债转股企业资产负债率下降了20个百分点，达到50%以下，年均降低利息支出200亿元。[①] 同时，通过将基本建设经营性基金或"拨改贷"本息余额转为资本金等方式，增加国有企业资本金。实施债转股减轻了企业债务负担，使企业扭亏为盈，促进企业转换经营机制，建立现代企业制度，也盘活银行的一部分不良资产，减少了金融风险。对"优化资本结构"试点城市国有工业企业返还15%所得税，支持企业增资减债。

3. 支持国有企业下岗分流、再就业和社会保障

《中共中央关于国有企业改革和发展若干重大问题的决定》明确提出，国企改革要做好减员增效、再就业和社会保障工作。同期，社会保障制度建设相对滞后，财政加大部分国有企业关闭破产支持力度，确保职工安置和社会稳定，确保国有企业下岗职工和离退休人员基本生活，并提出保障"两个确保"实现的"三条保障线"政策。2001年，共破产中央管理企业82户，涉及在职职工27万人，

---

① 《国有企业改革与脱困三年目标基本实现》，http://www.scio.gov.cn/xwfbh/xwfbh/wqfbh/2001/0109/document/327763/327763.htm.

离退休职工15万人。[①] 2002年，全国财政用于"两个确保"和低保补助支出860亿元，有力地保障了国有企业改革的顺利推进，促进了经济结构调整和社会稳定。[②]

在财政的有力支持下，国有企业初步建立起现代企业制度框架，成为合格的市场主体。同时，在财政的有力支持下，妥善解决了当时国有企业人员回流和安置问题，维护了社会稳定。

(二) 财政支撑金融改革破局

亚洲金融危机爆发后，我国金融形式较为严峻，国有银行不良资产率比较高，缺乏足够的资本金、准备金，金融风险问题不容忽视。为支撑国有商业银行市场化改革，财政部一方面通过特别国债补充国有商业银行资本金。1998年，财政部发布规模达2700亿元的特别国债，专项用于补充四大国有商业银行资本金，提高四大国有银行的资本充足率达到法定的8%的水平。

另一方面，国家在1999年先后成立信达、长城、东方和华融四大资产公司，专门负责管理和处置国有银行体系巨额不良资产。通过剥离1.4万亿元不良资产，国有商业银行不良率下降了20%，降低到25%。2004年和2005年，再次剥离不良贷款后，四大国有银行的不良率进一步降低到5%左右。这有效提升了国有商业银行竞争力，防范了系统性金融风险，为银行和金融改革推进奠定了坚实的基础。此后，四大国有银行根据现代银行制度的要求，推进银行公司治理改革，改造内部运行和经营管理体制机制，其中前者是核心和关键。四大国有银行顺利推进股份制改造，并在2005年到2010年间分别成功上市。这标志着金融业转轨和改革的重大突破，具有十分重要的战略意义。

二 财政政策与宏观调控体系不断健全

在完善市场经济体制过程中，财政政策和宏观调控体系也在不

[①] 《中国财政年鉴(2001)》，中国财政杂志社2001年版。
[②] 《中国财政年鉴(2002)》，中国财政杂志社2002年版。

断完善。

（一）启动积极财政政策，应对亚洲金融危机

1997年，亚洲金融危机爆发，也对中国产生较大冲击。为应对亚洲金融危机，1998年，我国通过《关于增发1998年国债和调整中央财政预算方案》，增发1000亿元国债用于加快基础设施建设。这标志着积极财政政策正式开始实施。

从内容上看，积极财政政策主要包括以下几个方面。一是增发1000亿元长期建设国债，全部用于江河治理与生态保护、交通与通信设施、城市环境和公用事业等基础设施，同时银行配套发放1000亿元贷款。二是适度调整部分税收政策，支持外贸出口和扩大吸收外资。为履行入世承诺，逐步降低关税税率总水平。分批次提高部分原材料和产品的出口退税率，对在规定范围内的外商投资项目和国内投资项目免征关税和进口环节增值税。三是优化收入分配政策，培育和扩大内需。1999年安排了540亿元用于提高"三条保障线"水平和机关事业单位职工工资，进一步完善社会保障制度。此后，中央财政不断加大社会保障性支出，社会保障支出快速增长。通过优化收入分配政策，提高居民收入，刺激消费需求增加。此外，农村税费改革不断深入，由试点逐步铺开，到2003年在全国推开。

通过积极财政政策，党和国家成功应对了亚洲金融危机的冲击，保证了经济持续、快速和稳定增长。

（二）由积极财政政策向稳健财政政策转变

21世纪以来，我国经济快速发展，逐步摆脱了通货紧缩、有效需求不足的困扰，但经济开始出现过热迹象，部分行业和地区出现投资过旺和低水平重复建设等问题，经济发展不协调，政府债务风险凸显。鉴于此，2004年，时任财政部部长金人庆提出中国将采取中性的财政政策。此后，2005年政府工作报告正式提出，"实施稳健的财政政策"。这标志着我国财政政策由积极转向稳健。

这轮稳健财政政策调整的重点是适当减少财政赤字，进一步推动财政支出结构调整、推进改革和增收节支。在赤字方面，适当逐步减少中央财政赤字，适当减少长期建设国债发行规模。在调整结

构方面，进一步调整和优化财政支出结构和国债资金项目的投向结构，继续加大对"三农"、科教文卫、社会发展和生态环境等薄弱环节的支持力度。在推进财政制度改革方面，推动增值税制由生产型向消费型转变，推动内外资企业所得税两法合并准备工作，逐步免除农业税，优化收入分配格局，完善出口退税机制，并通过财政支持收入分配、社会保障、教育和公共卫生等制度改革，营造公平竞争的市场和政策环境。在增收节支方面，通过财税政策推动经济增长，做大蛋糕，加强税收征管，规范税收优惠政策，清理行政事业性收费和政府基金，规范国有资本收益征缴、彩票发行等非税收入管理；通过政府收支分类体系、收支两条线管理、财政预算绩效评价体系改革等，提高财政资金使用效率。

（三）积极财政政策的再次运用

2007年，美国爆发次贷危机，最终导致国际金融危机。国际金融危机，叠加冰灾与地震，对中国经济带来较大影响。国内经济增速下滑，2009年第一季度降到近二十年最低点，就业和出口增速也面临困境。为了应对国际金融危机负面冲击和经济下行压力，党中央再次实行了积极的财政政策。政策主要包括四个方面的内容。

一是大规模公共投资，加强重点建设。中共中央、国务院推出了促进经济增长的十项措施，包括农村基础设施建设，保障性安居工程，铁路、公路和机场等重大基础设施建设，医疗卫生、文化教育事业发展等，总体投资规模4万亿元。2009年中央政府公共投资达到9243亿元，发行2000亿元地方政府债券，2010年中央政府公共投资进一步达到10710亿元。[①]

二是提高城乡居民收入，扩大居民消费需求。逐步加大财政对三农领域的资金支持力度，大幅度提高粮食最低收购价，保障种粮农民利益和国家粮食安全，加大中央财政四项补贴力度，不断提高农民收入。财政对社会保障的支持力度不断增强，城乡低保对象、企业退休人员和优抚对象等群体的补助水平不断提高，调整优抚对

---

① 根据2009年和2010年《中国财政年鉴》整理得到。

象等抚恤和生活补助标准,扩大新型农村和城镇居民社会养老保险试点范围。2008年开始,先后印发《财政部商务部关于印发家电下乡推广工作方案的通知》《商务部财政部关于做好家电下乡推广工作有关问题的通知》《汽车摩托车下乡实施方案》和《促进扩大内需,鼓励汽车、家电"以旧换新"实施方案》等,实施家电、汽车、摩托车下乡以及家电、汽车以旧换新政策,扩大内需,直接拉动了居民即期消费,提高财政补贴使用效益。

三是改革优化税制,推进结构性减税,推进税费改革。全面推进"营改增"转型,减轻中小企业负担。在全国范围内推进实施消费型增值税,降低征收率,促进企业扩大投资、加快技术改造。实施扩大消费的税收政策,降低车辆购置税、减收房屋契税,实施鼓励出口的税收政策,多次提高石化、电子信息等产品的出口退税和部分商品进出口关税。扩大资源税的征收范围,实施成品油税费改革,推动节能减排,清理行政事业性收费,共取消了约100项行政事业性收费。

四是优化支出结构,保障和改善民生。大力支持教育、医疗卫生、社会保障、文化等社会事业发展,促进人民群众生活水平不断提高。在着力保障重点支出的同时,严格控制一般性支出,特别是压缩公务接待费、出国(境)经费、车辆购置及运行费三项经费支出,体现了"有保有压、优化结构"的要求。

积极财政政策实施以后,我国逐步摆脱国际金融危机影响,引领全球经济复苏。

三 公共财政体系加速融入国际

2001年12月中国加入世界贸易组织(WTO),标志着中国改革开放进入历史新阶段。加入WTO以来,中国进行了大量经济体制和财政体制改革工作,积极履行对WTO的承诺,不断开拓更全面的对外开放格局,在对外开放中展现大国担当。

(一)调整对外税收

加入WTO以前,党和国家不断降低关税税率。自2001年加入

WTO后，中国一直严格持续降税，中国的关税总水平逐年降低。在加入WTO过渡期，中国进口商品关税总水平从2001年的15.3%逐步降低到2005年的9.9%。① 2005年，时任财政部部长金人庆指出，从2001年年底加入WTO到现在，经过4年的大幅度降税，我国将基本完成入世承诺的降税义务。到2010年，中国关税总水平已经降至9.8%，加入WTO的降税承诺已全部履行完毕。

进一步改革完善出口退税政策。对出口退税率进行结构性调整，1998年分批提高了纺织机械、船舶等部分机电产品出口退税率，1999年又提高了部分机电产品、纺织原料及制品等产品的出口退税率。2004年以后进一步对出口退税政策进行调整和完善。在税率方面，逐步调低和取消了汽油、煤炭等产品的出口退税率，同时适当降低了纺织品、钢材、部分有色金属材料、植物、部分化学品等的出口退税率，取消部分钢材、濒危动物、植物及其制品、红松子仁、部分农药产品等的出口退税率。2010年又取消部分钢材、医药等产品的出口退税率。2004年以来，逐步提高重大技术装备、部分IT产品、部分高科技产品和以农产品为原料的加工品、部分纺织品、化工产品、航空惯性导航仪、纺织品、部分机电等的出口退税率。

（二）完善农业支持保护政策

首先，逐步下调农产品关税水平，农产品关税由加入WTO前2001年的23.2%，下降至2005年的15.5%，后下降到2010年的15.2%，积极履行入世的承诺。② 其次，从2000年开始探索调整农业税，最终到2006年全面取消农业税，有效降低了农民负担，理顺了政府社会分配关系和收入分配格局。最后是调整现有的农业补贴政策，加大对农业的财政投入。2003年至今，国家对农业实现了从"取"到"予"的根本性转变，国家不断加大财政政策、补贴政策

---

① 参见《中国的对外贸易》白皮书（全文），http://www.scio.gov.cn/zxbd/nd/2011/Document/1060046/1060046_2.htm.

② 参见《中国的对外贸易》白皮书（全文），http://www.scio.gov.cn/zxbd/nd/2011/Document/1060046/1060046_2.htm.

力度，连续提高粮食最低收购价，实行"四补贴"等重大举措先后出台，农业支持保护水平大幅提高。支持保护政策从生产向全产业链延伸，形成包括价格支持、农业补贴、金融保险担保等在内的全方位政策体系。

第十一章
新时代全面深化财政改革的历史使命与总体构架(2012年以来)

新时代全面深化财政改革有明确的历史使命和详尽的总体构架。党的十八大以来对财政的新定位,科学认识了新时代中国改革发展的历史方位,确立了财政是国家治理的基础和重要支柱,目标是致力于建立国家治理体系与治理能力现代化下的现代财政制度。为了实现这一目标,新一轮财税改革全面拉开,中国经济社会转型与财政改革之间的互动更加频繁。同时,财政在推动全面建成小康社会中的作用得到提升。

第一节 党的十八大以来财政的新定位

党的十八大以来,中国特色社会主义进入新时代。党的十八届三中全会将财政提升为国家治理的基础与重要支柱,提出建立现代财政制度的目标。科学认识新时代中国的历史方位,对明确新时代财政的新定位,对理解全面深化财税改革的历史使命具有重要意义。

一 科学认识新时代中国的历史方位

改革开放以来,我国社会主义市场经济体制逐步建立。2012年党的十八大召开以来，世界国际环境日趋错综复杂，国内改革发展任务艰巨繁重。从国际视角来看，经济全球化和世界多极化持续发展，社会信息化深入推进，世界经济处于温和复苏状态。但单边主义、逆全球化思潮亦有所抬头，霸权主义与强权政治仍然存在，世界经济格局与国际关系处于深刻变革之中。而和平与发展仍是时代主流，我国发展面临机遇和挑战。从国内情况来看，我国发展进入新常态，经济增长面临下行压力的同时经济结构转型升级刻不容缓，政治建设、文化建设、社会建设、生态文明建设也需配合现代化进程深入推进。

新形势与新任务要求我们全面深化改革，尤其是深化财税体制改革。党的十八届三中全会确立全面深化改革的总目标是完善和发展中国特色社会主义制度，推进国家治理体系和治理能力现代化。具体来看，财税体制改革是全面深化改革中的一个重要组成部分。各方比较一致的看法是，深化财税体制改革应以实现国家治理体系和治理能力现代化为导向，助力完善和发展中国特色社会主义制度，助力全面建成小康社会与中华民族伟大复兴中国梦的实现。

二 财政是国家治理的基础与重要支柱

国家治理体系与治理能力现代化离不开现代财政制度的建立与完善。新时代财政的定位与作用值得全面剖析。

（一）新时代财政的定位

党的十八届三中全会对全面深化改革的若干问题做出了系统部署，其中一项重要内容就是指出要"深化财税体制改革"，并提出"财政是国家治理的基础和重要支柱，科学的财税体制是优化资源配置、维护市场统一、促进社会公平、实现国家长治久安的制度保障"。

"财政是国家治理的基础和重要支柱"，这是对财政的一个全新定位。高培勇在《论国家治理现代化框架下的财政基础理论建设》一文中指出，围绕财政与财税体制的上述定位之所以说是全新的，其根本的理由在于，它实质上是党的十八届三中全会跳出以往的视野局限，站在国家治理的总体角度并以前所未有的历史高度，对财政与财税体制做出的全新理论概括或理论判断。①

（二）新时代财政的作用

1. 财政与优化资源配置

党的十九大提出发挥市场在资源配置中的决定性作用和更好发挥政府作用。可以说，优化资源配置离不开政府与市场的有效配合。其中，处理好政府与市场关系成为发挥市场机制、优化资源配置的重要前提。作为再分配领域的核心构成，财政是政府与市场关系的主要表现。为了实现优化资源配置，新时代财政应当发挥的作用包括：首先，财政要将提供公共产品作为主要任务。这是弥补市场缺位、消除市场失灵的办法。其次，财政要致力于矫正市场机制的外部性，使其运转有效。主要办法是通过税收、政府支出等手段，纠正资源配置过程中的偏差，使市场运行向最优状态靠拢。最后，财政要与政府管制配合遏制垄断形成。可通过公共定价等价格手段、政府规制等行政手段来化解垄断所致资源配置低效。

2. 财政与维护市场统一

关于科学的财税体制如何维护市场统一，涉及如何处理好中央与地方的财税关系。历史上，1994年分税制财税体制改革不仅成功实现了财政收入占GDP比重上升、中央财政收入占财政总收入比重上升两个预期目标，而且促进了地区间税负公平、维护了市场统一的总体格局。理论上，财政维护市场统一大致有三层含义：一是商品和劳务的自由流通。二是各类经济行为主体的制度待遇要公平。三是要清除市场壁垒，使市场资源配置公平。为此，我们的财政改革一直在前进。比如，2008年前企业所得税税率为33%，但对一些外资企业实行24%或15%的优惠税率。为了消除内外资所负担的企

---

① 高培勇：《论国家治理现代化框架下的财政基础理论建设》，《中国社会科学》2014年第12期。

业所得税不平等，2007年3月，十届全国人大五次会议审议通过《中华人民共和国企业所得税法》；2008年1月1日，内外资统一调整为25%。企业所得税名义税负公平通过税收立法确定下来。再比如，2011年营业税改征增值税开始试点，至2016年全面推开。这一改革不仅全面降低了增值税实际税率，实现了全面减税，而且将商品和服务之间的增值税纳税链条打通，减少了重复征税，实现了税负公平。

3. 财政与促进社会公平

社会公平是社会主义制度优越性的体现。促进社会公平则是再分配领域的主要目标。现代社会中的分配公平大致包含经济公平和社会公平两个方面。前者表现为平等竞争环境下等价交换的实现，是市场经济的内在要求；后者表现为收入分配差距要能被社会各阶层广泛接受，大都需要财政参与再分配环节。应当看到，财政在收入分配中的作用持续发挥，手段不断创新。首先，兜底社会运行。1998年以后，中国逐步建立了养老、医疗、失业等社会保障体系。财政资金发挥了重要作用。其次，运用税收手段调节企业和个人收入。不断增加的直接比重和逐步完善的个人所得税税制都是财税部门努力的结果。最后，运用财政补贴帮助困难企业和群众渡过难关。在抗击新冠肺炎疫情过程中，财政为中小企业和个体工商户提供了专门支持。在决胜扶贫攻坚关键阶段，财政在帮助困难群众摆脱贫困状态的过程中持续发力。

4. 财政与国家长治久安

优化资源配置、维护市场统一、促进社会公平最终归一为国家长治久安。现代财政制度兼顾国家治理的方方面面，包括经济发展、民主法治建设、文化教育事业、生态治理、国土安全等。财政是维护国家长治久安的基础和重要支柱，表现为：一是巩固经济发展的长期基础。稳定经济运行是财政政策的核心目标，而实现经济长期稳定增长有必要将政策目标拆解为具体任务——财政在实现充分就业、保持物价稳定和国际收支平衡等方面都有明确的工作职责。二是推动民主法制建设。财政活动公开透明本身就是民主法制建设的重要表现。民主法制建设所需要的社会基础、管理优化和技术提升，也都有赖于财政支持。三是财政保障文化教育事业发展。持续增加的文化建设资金，是社会主义精神文明建设的推动力。稳定的教育投入，令各项教育事业蓬勃发展——人均受教育年限和科教水平持续提升。四是生态治理和国土安全投入有保证。2012年以后国家对生态环境治理的重视程度明显提升。大气污染、水污染、固体废弃物污染等得到初步遏制，环境保护资金规模不断扩大，使用效率开始提高。为了维护国家主权和统一，国防支出也得到相应保证。财政还为更新国防装备、优化战备部署、改善军队待遇等提供了必要支持。总之，财政已不局限于政府收支层面，而是要全面地配合现代国家治理，并着眼于经济社会长远发展。

三 国家治理体系与治理能力现代化下的现代财政制度

党的十八届三中全会指出，财政必须完善立法、明确事权、改革税制、稳定税负、透明预算、提高效率，建立现代财政制度，发挥中央和地方两个积极性。要改进预算管理制度，完善税收制度，建立事权和支出责任相适应的制度。进一步看，国家治理体系和治理能力现代化离不开现代财政制度的建立，因为现代财政制度支撑和巩固了现代国家治理体系的完善过程。同时，国家治理体系与治理能力现代化是建成现代财政制度的根本基础。现代财政制度只有植根于现代国家治理体系当中才能保证长期有效运转，并不断优化改进。

（一）建立事权和支出责任相适应的制度

处理好中央和地方的财政关系是建立现代财政制度的重要环节之一。这是因为我国的财政政策不完全是在中央层面执行。落实到省市县层面的收入与支出活动，很大程度上决定着财政政策的效果。发挥中央与地方两个积极性，既要突出中央，也要关注地方。现实中，要实现双方共赢的高效运作，需要合理的分工协作。这就意味着建立事权与支出责任相适应的制度事关重大。大量的研究表明，中央与地方的关系除了委托代理还有大量的权力下放与自治。基于上述的理解，合理而稳定的中央与地方的财税关系依然有赖于重拾分税制财税体制改革的精神要义，全面落实真正意义上的财力、事权与支出责任相匹配。

（二）改进预算管理制度

现代国家对预算编制与执行极为重视。财政、公共管理和法学等诸多内容都融入预算管理的探索研究之中。具体来看，各国构建的现代预算制度有如下特征：一是注重预算管理的科学性和系统性。二是建立旨在提升财政绩效乃至政府绩效的预算管理体系。三是把《预算法》上升到财政母法的地位。为了有效实现上述设想，主要的办法还包括：其一，预算管理的科学性和系统性意味着现代预算管理要借助数字信息技术实现信息整合。其二，预算绩效的评估应提上议事日程。党的十九大报告指出，要求建立全面规范透明、标准科学、约束有力的预算制度，全面实施绩效管理。一般而言，绩效管理关键在于如何评价预算实施后的实际效果。目前来看，这需要结合现代技术手段推动各级财政落实绩效预算要求，同时构建专业的评估方法和绩效改进流程。其三，现代预算制度需要法治化、规范化。这是完善《新预算法》、落实《预算法》实施条例的题中应有之义。2014年《新预算法》出台，体现了公开透明、符合经济规律的原则，是推进现代财政制度建立的有益探索。2020年8月21日《新预算法》实施条例正式颁布，并定于2020年10月1日起施行。修订后的《中华人民共和国预算法实施条例》共8章97条，对预算收支范围、预算公开、转移支付、地方政府债务等事项做出相应规定。

（三）完善税收制度

党的十九大报告指出，要深化税收制度改革，健全地方税收体系。完善税收制度主要涉及的方面包括：一是完善税收体系。二是完善税法。三是优化税负结构。完善税收制度并不能一蹴而就，需要找准问题关键：第一，中央和地方的收入分享，涉及中央和地方的税收分成、转移支付等问题。以近期影响面较大的营业税全面改征增值税为例，增值税中央与地方75∶25分成调整为50∶50分成。中央与地方收入分配格局再次变化。改变后相对均衡的财力格局有利于中央和地方充分发挥积极性。第二，关于税收法定。税收三性强调——强制性、固定性和无偿性。明确的税收法律保障不可或缺。为此，税收立法工作正在加紧推进。第三，关于税负结构。税收收入占比与税种科学设置是核心议题。复合税制是现代国家的基本特征。税种设置往往与收入比重相关联。税制要有利于低成本、高效率、中性地筹集公共收入，同时兼顾稳定经济运行、调节收入分配等职能。作为调节宏观经济运行的主要手段，当前供给侧结构性改革要求减税降费力度不断增强。税收在深化改革、稳定经济社会运行中的作用不断提升。为此，优化税负结构不仅是税制改革的内在要求，而且体现了税收在国家治理体系与治理能力现代化过程中的重要作用。

第二节 以建立现代财政制度为目标的新一轮财税改革全面拉开

新一轮财税改革的全面拉开有深刻的历史背景与现实意义。回顾历史，改革开放以来的经济社会转型与中国财政改革的实践互动依然清晰可见。展望未来，新时代现代国家的建设历程必然与新的财政改革相伴随。当前，我们洞悉供给侧结构性改革的规律，为高质量发展搭建现代财政制度框架。以发挥市场决定性作用为目标的积极财政政策，成为宏观调控逆周期调节的主要抓手。

一 经济社会转型与中国财政改革之间的互动

新时代，我国经济社会转型的步伐明显加快。财政作为国家治理的基础与重要支柱，与经济社会转型的互动也显著增强。怎样以财政改革推动经济社会转型？又怎样利用经济社会转型契机来促进财政改革有序展开？改革开放以来的相关经验值得吸取，未尽之事亦当继续努力。

（一）改革开放以来经济社会转型与中国财政改革的实践互动

计划经济时代，我国财政一直都有统收统支的传统。即使在20世纪80年代，中央尝试推进了财政"分类包干""分级包干"等改革，也仍未完全摆脱计划时期惯性，效果不佳。此时，经济社会已经开始转型。财政改革也渐渐向分权激励的财税体制靠拢。1992年，分税制财税体制开始试验。1994年分税制财税体制改革正式实施。此次改革旨在建立与中国特色市场经济体制相适应的财税体制，以推动经济社会向前发展。回头来看，1994年分税制财政体制改革影响深远。改革之初设立的两大目标顺利实现。一是具有社会主义市场经济特征的现代财税体制初步成形。二是中央与地方财税关系趋于稳定。从经济社会转型与财政改革的互动视角来看，分税制财政体制改革配合了当时经济体制的改革，顺应了社会主义市场经济体制建立的要求，并使得中央财政具备了与市场经济相匹配的宏观调控能力。

（二）改革开放以来经济社会转型与中国财政改革的理论互动

经济社会转型与中国财政改革的互动不仅限于实践，还见诸财政理论的发展创新。财政理论的发展主要分为三个阶段，计划经济时期的国家分配论；改革开放后建立社会主义市场经济时期的公共财政论；当前中国经济社会迎来新一轮的转型，财政被赋予了国家治理的基础和重要支柱——"现代财政论"或者说"国家治理论"正在成长发育。

计划经济时代的国家分配论，前提是将国家作为经济生产与分配的主导，财政为配合国家行使职能，参与社会总产品与国民收入的分配。这一理论适应当时我国经济社会集中力量办大事的需要。改革开放后，我国经济社会全面转型，逐步建立了中国特色的社会主义市场经济体制。此时的公共财政论强调要尊重市场的作用。财政定位于公共产品提供、维护市场统一和收入分配调节等职能。在当时，这一理论的提出与讨论推动了社会主义市场经济的建立，也契合了那个时期经济社会发展需求。在现阶段，我国迎来新一轮的经济社会转型，目标是建立现代化国家。党的十九届四中全会提出国家治理体系与治理能力现代化，涉及政治、经济、文化、社会、生态文明等各个领域。财政参与这一过程的任务更加重大、作用越发突出。现代财政制度的建设目标应运而生。

综上，经济社会转型和中国财政改革之间的关系相辅相成，很多时候相互促进。经济社会的转型会推动中国财政实践上与理论上的改革创新，财政改革又配合经济社会转型需要，有力地促进了经济社会转型发展，助力了国家长治久安。

(三) 新时代经济社会转型与新一轮财税改革的互动

当前我国正在迈向社会主义现代化国家，现代财政制度建设正在展开，理解现代经济社会转型与新一轮财税改革的关系十分必要。

一方面，经济社会转型并非易事，充分认识当前的机遇与挑战是落实全面深化改革总体布局的前提。其一，经济下行压力逐渐增加。国际国内复杂形势对经济稳增长、保就业造成了极大不确定性。经济中低速增长的总体态势正在形成。其二，财政运行压力不断加大。财政赤字增加与政府债务累积步入常态化。各级财政可持续性问题进一步凸显。特别是地方财政赤字和债务积累的风险始终未能充分释放。1998年以来，地方财政依靠土地融资发展的基本模式没有根本性变化。2008年以后，医疗、社保等基本公共服务刚性支出迅速增加，财政负债运行的基本格局开始形成。此外，财政运行中的债务风险还有外溢到金融领域乃至经济社会领域的可能。其三，经济发展与财税改革之间的关系更加密切。常态化的积极财政政策成为中国经济运行的重要保障。尤其是2020年应对新冠肺炎疫情以来，党中央果断决策部署，财政政策更加积极有为。供给侧结构性改革方向不变，更加注重财政政策落地执行的成效。在保障疫情防控、经济社会复工复产等领域，财政政策都正在发挥主力军的作用。减税降费更成为激发市场活力、转变经济发展方式的重要抓手。

另一方面，经济社会转型中的财税改革战略形成。党的十八届三中全会后，财税改革的总体方向已经明确——那就是配合供给侧结构性改革，助力经济平稳增长、产业结构优化，完善税收体制，协调中央与地方的财政关系，合理应对信息化浪潮对财政带来冲击的同时利用好新兴技术推动改革向前。具体而言，我国财政体制改革指向了回应短期发展转型诉求、解决长期增长难题和建立法制化的财政体制机制等目标。供给侧结构性改革与经济社会全面发展转型，构成短期发展转型诉求；立足经济长期增长的财政政策和宏观调控的时机、力度与角度，构成了解决长期增长难题的目标；税收与支出、预算与财政管理、中央与地方财政关系的法制化，构成了法制化的财政体制机制目标。①

二 供给侧结构性改革下的财税改革

供给侧结构性改革思路的形成，对指引新一轮财税体制改革意义重大。理解供给侧结构性改革的要义，对深化财税体制改革有重要作用。供给侧结构性改革思路的形成过程及内涵体现了以习近平总书记为核心的党中央突出的治国理政能力。2015年，习近平总书记在中央财经工作领导小组会议上强调，要着力加强供给侧结构性改革，引发社会高度关注。2016年，在中央财经领导小组第十二次会议上，习近平总书记强调，供给侧结构性改革的根本目的是提高社会生产力水平，落实好以人民为中心的发展思想。2017年，党的十九大报告指出，要深化供给侧结构性改革。我国经济已由高速增长阶段转向高质量发展阶段，正处在转变发展方式、优化经济结构、转换增长动力的攻关期，建设现代化经济体系是跨越关口的迫切要求和我国发展的战略目标。必须坚持质量第一、效益优先，以供给侧结构性改革为主线，推动经济发展质量变革、效率变革、动力变革，提高全要素生产率。

供给侧结构性改革是当前我国经济社会转型的主线。其中的推进剂是财税改革。结合供给侧结构性改革的要求，财税改革的任务目标主要包含三个方面：首先，尽可能保持我国经济的中高速增长，

---

① 何代欣：《大国财政转型轨迹及其总体框架》，《改革》2016年第8期。

即维持潜在生产率和全要素生产率的目标水平；其次，有利于化解产能过剩，促进我国经济从中高速迈向中高端，即优化资源配置，实现产业转型升级；最后，配套各方面的全方位改革，即释放全方位改革中的各种风险，特别是以地方政府债务为代表的财政风险。[①] 行动上，财税改革从供给与需求两端着手，不断优化财政的收入和支出策略。

（一）供给侧结构性改革下的财政收入策略

供给侧结构性改革之下，财政在收入方面应有所调整。一是有机协调增长和转型的关系。从收入环节看，消费、投资和进出口是政府获取收入的三个主要环节。财政收入活动既要完成组织收入的任务，又要为经济长远发展奠定基础。二是财政增收与发展可持续。财税改革既要确保财政收入稳定，又要关注经济可持续和财政可持续发展。为此，完善财政收入体系的制度建设是主要出路。三是立足构建有利于创业创新的财政收入政策体系。财政在鼓励创新方面还大有作为。主要的工作体现在促进科技进步、推动产业优化升级的重要环节。财政在收入政策上可通过相关税收优惠，以减少相关行政审批费用等方式来实现鼓励创新的目标。四是实施面向企业与个人微观层面的减税降费政策[②]，有效的减税降费具有化解过剩产能、增加创新动力的功能。这是经济发展质量向中高端迈进，以及增加有效劳动、调动劳动者积极性等的政策引导。

（二）供给侧结构性改革下的财政支出策略

供给侧结构性改革之下，财政在支出方面也应有所调整。一是注意调整财政支出结构，促进供需两端平衡。财政支出直接涉及的是需求侧，但需求侧与供给侧往往相互关联。有效需求的增加也是推动供给侧结构性改革的重要方面，因此在财政支出结构上应注意

---

① 何代欣：《结构性改革下的财税政策选择——大国转型中的供给与需求两端发力》，《经济学家》2016 年第 5 期。

② 何代欣：《中国结构性改革下的财政收入政策——大国转型增长与供给侧发力策略》，《财经问题研究》2016 年第 9 期。

向能够增加有效需求、匹配供给侧改革的方向倾斜。二是提升财政支出效率，加强财政预算管理，这涉及财政预算的绩效管理。如果说，过去理解财政支出效率提升是集中于少花钱多办事的层面，那么供给侧结构性改革的要求是建立与现代国家治理结构相适应的财政支出管理体系，解决财政支出低效率中的管理问题。三是规划好为供给侧结构性改革支付的成本，做好财政兜底改革的准备。改革是有成本的，且需要财政支出有效配合。供给侧结构性改革可能的成本涉及化解落后产能引致的"僵尸企业"倒闭产生失业人口，可能存在的通货膨胀，社会保障需求的增加等方面。财政支出在这些领域不能缺位。四是善于发掘事权与支出责任划分的体制红利，发挥体制调整的激励作用。支出效率的高低很大程度上取决于支出来源于哪一个层级。供给侧结构性改革要向财政支出体制索取红利。财政分权理论基本都认为，基层政府了解公共需求，支出效率更高；上级政府做好转移支付，平衡好区域财力差异即可。激发基层财政的积极性应成为政府间财政关系调整关注的重要内容。[1]

三 以发挥市场决定性作用为目标的积极财政政策

市场在资源配置中起决定性作用，积极财政政策的目标应当是发挥市场的决定性作用。党的十八届三中全会指出，"经济体制改革是全面深化改革的重点，核心问题是处理好政府和市场的关系，使市场在资源配置中起决定性作用，更好发挥政府作用。"[2] 结合当前我国经济社会转型阶段的具体状况及经济体制改革的要求，我国应继续采取积极财政政策。积极财政政策应建立在尊重市场规律的基础上。而关于如何实施积极财政政策以助力政府作用更好地发挥、促进市场资源的优化配置，则是当前值得探究的问题。

---

[1] 何代欣：《结构性改革下的支出政策探讨》，《财政研究》2016 年第 4 期。
[2] 《习近平谈治国理政》，外文出版社 2014 年版，第 116 页。

（一）保持宏观经济稳定是政府的基本职责

当前的新一轮改革不应局限于经济领域，而应当通过市场化的经济体制改革与法治化、民主化的治理体制改革相衔接，建立起包容性的经济体制和政治体制。其中，相关领域所能采取的措施，例如，中国人民银行采取灵活措施，逐步走向存贷利率的市场化。中国证监会采取措施改变实质性审批为主的监管方式，走向以强制性信息披露为主的合规监管，等等。

为了推进新一轮改革，政府需要实施科学的宏观调控。中国宏观调控体系由计划经济体系演化而来，还带有明显的过渡性特征。但我们需要正确地认识宏观调控，宏观调控不是运用行政手段对企业和产业的微观经济活动进行干预，宏观调控也不意味着对价格的管制，宏观调控不能取代市场执行配置资源的职能，实施科学的宏观调控需要尊重市场规律。党的十八届三中全会《中共中央关于全面深化改革若干重大问题的决定》正本清源，明确指出宏观调控就是以财政政策和货币政策为主要手段，保持经济总量平衡。这与现代市场经济的宏观经济管理理念一致。按照这样的原则进行宏观经济管理，就可以避免政府在宏观经济管理方面的错位和越位行为，加强宏观稳定政策的针对性和有效性。此外，加强和优化公共服务是政府的另一项基本职责。在各种政府必须提供的公共服务中，为市场的有效运行建立一个良好的制度环境是重中之重。

为此，吴敬琏认为政府职能定位十分关键。依据《中共中央关于全面深化改革若干重大问题的决定》的精神，一方面要求最大限度减少中央政府对微观事务的管理，市场机制能有效调节的经济活动，一律取消审批；另一方面要求保障公平竞争，加强市场监管，维护市场秩序，建立公平开放透明的市场规则。[1]

（二）财政要加快向公共服务型财政转变

我国政府对宏观经济的管理已从直接管理为主转变为以间接管理为主。经济体制改革的核心是处理好政府和市场的关系。若要进

---

[1] 参见吴敬琏《中国经济改革进程》，中国大百科全书出版社2018年版。

一步推进市场化改革，就要紧紧抓住政府改革这个关键节点，改变政府直接配置资源过多、对微观经济活动干预太多、审批太多，而在提供公共服务、加强市场监管、社会管理和保护环境等方面又做得不到位的状况。市场在资源配置中起决定性作用，并非意味着不重视政府的作用，而是要更好地发挥政府作用，做好公共服务。

张卓元认为，做好公共服务，财政要加快向公共服务型财政转变，逐步实现基本公共服务均等化。这是政府转向服务型政府过程中财政所需要配合的工作。[①] 首先，财政的一项根本职能是满足社会公共需要。各级政府应把做好公共服务作为财政工作的出发点和立足点。其次，要将深化财政改革与更好发挥政府作用结合起来。无论是弥补市场缺位，还是防止政府越位，财政收支活动都体现了政府的行为方式和治理逻辑。为此，深化财政改革与政府改革有必要相互促进。再次，公共服务型财政要做好兜底改革成本的准备。中国各项改革事业迈入深水区，改革难度较之以往更大，成本更高。财政兜底改革成本有助于稳定经济社会运行、防范化解系统性风险。最后，认识到公共服务均等化是一项长期工作。财政在公共服务均等化过程中主要发挥再分配功能。进一步看，应加强制度建设，除了短期解决公共服务在人群之间、区域之间不均等的问题，还应着眼长远，化解导致公共服务不均等的体制机制困境。

（三）宏观调控应以微调和预调为主

积极财政政策立足于我国经济处于转型阶段的基本背景。厉以宁将其命名为双重转型阶段，包括体制转型和发展转型。体制转型指计划经济体制转向市场经济体制；发展转型指农业社会转向工业社会。基于双重转型的背景，厉以宁提出当前中国的宏观调控应以微调和预调为主。积极财政政策大致沿着这一条线索不断丰富并完善。

学理上，宏观调控应以微调和预调为主的重要原因是政府作用

---

① 参见张卓元《十八大后经济改革与转型》，中国人民大学出版社2014年版。

有局限性，体现在三个方面：其一，政府总是在不完全信息的条件下做出决策；其二，政府的博弈对手是公众，政府在同公众的博弈中通常处于被动地位；其三，基于以上两点，政府的宏观调控措施往往力度过大，矫枉过正，造成了"一管就死，一放就乱"的局面。积极财政政策在1998年推出之时，时任国务院总理朱镕基就反复强调了宏观调控工具与传统的计划调节有本质不同。但要体现不同就必须充分认识市场、研究市场，不断改进进而优化调控策略，其中就包括财政政策调控策略。

厉以宁提出的思路是应该对政府职能有一个正确定位——尊重市场规律、发挥市场决定性作用。政府要让宏观经济政策张弛有度，实施以微调和预调为主的宏观调控。切不要再像过去那样认为政府是万能的。政府也要遵循市场规律，不要打乱投资者、消费者、储蓄者的正常预期。宏观调控不宜大升大降、大紧大松、大起大落，否则就会导致经济中出现大量泡沫，经济中的泡沫甚至会突然破裂，这些都会使经济遭到伤害，并使公众对宏观调控失去信心。

事实上，中国宏观调控创新的脚步从未停止，积极财政政策也在始终向前。当前宏观调控由单纯调节总需求转为需求调节和供给调节并重，由短期调节转向短期调节与中期调节并重，以及由总量调控转为总量调控与结构性调控并重。[①] 进一步看，积极财政政策从早期的规模扩张逐步向结构调整转型。财政政策与产业政策、投资政策、就业政策相互配合，实现阶段性发展目标。财政政策与货币政策全面协调，在维持市场供需平衡、稳定整体经济运行中作用突出。现阶段，积极财政政策开始兼顾规模性扩张与结构调整，面向实体经济、帮扶小微企业的政策导向日趋明显。2020年第二季度以来，中国经济的快速复苏说明积极财政政策效果正在显现。

---

① 参见厉以宁《中国经济双重转型之路》，中国人民大学出版社2013年版。

第三节　致力于实现全面建成小康社会目标的财政努力

全面建成小康社会离不开各方面的统筹推进。财政在统筹推进经济建设、政治建设、文化建设、社会建设、生态文明建设过程中的作用难以替代。为了更好服务于经济社会发展的总目标，财政工作全面深入"五位一体"总体布局的各个层面，为实现全面建成小康社会贡献财政的力量。

一　实现全面建成小康社会的财政努力

全面建成小康社会的奋斗目标是两个一百年奋斗目标的关键一步。完成这一步需要财政在解决重点和难点问题时发挥应有作用，付出相应努力。

（一）全面建成小康社会奋斗目标

2020年全面建成小康社会是我国"两个一百年奋斗目标"的第一个百年目标。全面建成小康社会与前面提到的我国经济社会转型、推进国家治理体系和治理能力现代化、供给侧结构性改革成效息息相关。

"改革开放之初，邓小平同志首先用小康来诠释中国式现代化"[①]，并将建设一个小康社会作为中国迈向现代化的一个战略目标。2000年，经过全党全国人民的努力，中国人民生活总体上达到小康水平，但这时的小康仍是不全面、低水平、不平衡的。2002年，党的十六大报告正式提出要全面建设惠及十几亿人民的小康社会。2012年，党的十八大报告首次正式提出全面"建成"小康社会。2014年，习近平总书记在江苏调研时提出"四个全面"战略布局，要协调推进全面建成小康社会、全面深化改革、全面推进依法治国、全面从严

[①] 《习近平谈治国理政》第2卷，外文出版社2017年版，第71页。

治党。2017年，党的十九大召开，习近平总书记指出，我们既要全面建成小康社会、实现第一个百年奋斗目标，又要乘势而上开启全面建设社会主义现代化国家新征程，向第二个百年奋斗目标进军。"从现在到二〇二〇年，是全面建成小康社会决胜期。"①

应该看到，实现全面建成小康社会中的"全面"问题和贫困问题仍需要重点突破，在此过程中更离不开财政的努力。全面建成小康社会要求财政在促进社会公平、实现国家长治久安中起到应有作用。

(二) 财政支撑全面建成小康社会的工作重点及难点

全面建成小康社会中的"全面"问题，意味着要统筹兼顾、注重全局。财政要在经济建设、政治建设、文化建设、社会建设、生态文明建设等方面发力；也要注重协调地区之间、城乡之间的平衡。2015年，习近平总书记曾在党的十八届五中全会第二次全体会议上指出，我们说的缩小城乡区域发展差距，不能仅仅看作缩小国内生产总值总量和增长速度的差距，而应该是缩小居民收入水平、基础设施通达度、基本公共服务均等化水平、人民生活水平等方面的差距。辩证来看，城市和乡村、不同区域承担的主体功能不同。如青海和西藏的主要区域是重点生态功能区，是世界第三极，生态产品和服务的价值极大。"如果盲目开发造成破坏，今后花多少钱也补不回来。"② 可以看到，财政努力既可以在统筹推进的顶层设计方面有所作为，也可以在细分领域有所作为；既要平衡在各个领域的支持力度，又要因地制宜地落实支持政策。

解决贫困问题是全面建成小康社会中的一个重点问题。财政致力于推动实现全面建成小康社会，尤其要为精准扶贫、全面脱贫贡献力量。同时，在财政的推动下实现全民医保，完善社会保障体系，也是支持精准脱贫攻坚、保证贫困人口基本生活不可或缺的组成

---

① 习近平：《决胜全面建成小康社会 夺取新时代中国特色社会主义伟大胜利——在中国共产党第十九次全国代表大会上的报告》，人民出版社2017年版，第27页。

② 《习近平谈治国理政》第2卷，外文出版社2017年版，第81页。

部分。

促进生态环境保护,与解决贫困问题也有着莫大关联。一方面,很多贫困地区由于地理位置偏僻、自然环境复杂、生态环境脆弱,急需保护;另一方面,这些地区可能具备某些独特的生态环境,但因经济上贫困,无力保护当地的生态资源。因此造成贫困地区生态环境脆弱的情形更突出。解决贫困问题是很多贫困地区落实生态环境保护的基本前提——生态环境保护还有利于当地经济的良性发展,实现"绿色脱贫"。基于这一逻辑,财政应通过支持贫困地区发展绿色农业、生态旅游业,培育当地特色产业,投资生态保护项目,促进当地生态治理与基础设施建设,实现经济发展和环境保护的双重目标。

二 财政统筹推进"五位一体"的总体布局

财政在统筹推进经济建设、政治建设、文化建设、社会建设、生态文明建设中发挥着重要的支撑作用。各负责部门在中央领导下积极作为,运用好财政资金服务于"五位一体"总体布局。

(一) 财政与经济建设

财政与经济建设息息相关。在全面建成小康社会的过程中,经济建设是财政努力的重点领域。财政参与全面建成小康社会中的经济建设的方式是多样的,包括减税降费、助力中小企业发展、完善社会保障制度等。

减税降费是当前财政稳增长、保就业的重要抓手。财政助力经济建设的具体范例就有"降成本"的相关政策方案,体现在实施全面减税降费支持实体经济发展等。有代表性的政策如《关于做好2018年降成本重点工作的通知》提出了十分具体的方案,包括统筹推进增值税改革,优化调整增值税税率,落实支持创业创新的税收优惠政策,落实对中小微企业、科技型企业的税收优惠政策。通知还提出通过实施"互联网+税务"等,便利纳税;降低融资成本,通过发展普惠金融、融资担保等支持中小企业发展。通知要求落实好对普惠金融领域贷款达到一定标准的金融机构的定向降准政策。

持续推进中小微企业信用体系建设,积极运用信贷政策支持再贷款、再贴现等工具,引导金融机构加大对小微企业的支持力度。① 政策推动全面实施"双随机、一公开"监管,完善建立公平竞争的审查制度,简化办证等流程,降低制度性交易成本。此外,为了给企业用工成本减负,通知还延续"五险一金"缴存比例等政策降低人工成本,保持降低人工成本等政策连续性。

(二) 财政与政治建设

财政助力政治建设表现在保障人民各项权益和社会的公平正义上面,还表现在助力基层民主建设,推进服务型政府和推进法治社会建设等上面。以财政与电子政府互动为例,财政支持并推动了电子政务惠及民生。借用电子政务平台,实现了财政信息公开,促进了财政管理效率提升。近年来,国家信息化发展战略稳步推进,财政支撑各地电子政务平台建成,极大地方便了民众获取政务信息、办理相关事务;同时,也为提高行政效率、推进政务公开提供了渠道。财政亦受益于电子政务平台,实现财政信息化建设水平全面提高,其中就包括了推动预算信息公开、预算审批和绩效评估等功能的实现。② 此外,近年来各项惠民政策的落实,基本公共服务体系的完善,一些财政相关的行政审批事项优化,以及财税体制本身的法制化进程发展等都是财政助力政治建设的相关内容。

(三) 财政与文化建设

财政助力文化建设的努力表现为扶持文化产业发展,推动公共文化服务体系建立等。2020年6月20日发布的《国家文化和旅游发展统计公报》显示:2019年,中央财政通过继续实施"三馆一站"免费开放、非物质文化遗产保护、公共文化服务体系建设、旅游发展基金等项目,共补助各地文化和旅游建设资金101.00亿元,比上年增长22.5%。全年全国文化和旅游事业费1065.02亿元,比上年

---

① 《关于做好2018年降成本重点工作的通知》(发改运行〔2018〕634号)。
② 关于印发《2006—2020年国家信息化发展战略》的通知(中办发〔2006〕11号)。

增加 136.7 亿元,增长 14.7%;全国人均文化和旅游事业费 76.07 亿元,比上年增加 9.54 亿元,增长 14.3%。2019 年全国财政支出中,文化旅游体育传媒经费 4033 亿元,比上年同比增长 2.3%,占财政支出的 1.69%,比上年增长 0.10 个百分点。全年全国文物事业费 415.40 亿元,比上年增加 36.61 亿元,增长 9.7%;文物事业费占财政总支出的比重为 0.18%,比上年增长 0.01 个百分点。在财政支持下,全国规模以上文化及相关产业企业实现营业收入 86624 亿元,按可比口径比上年增长 7.0%,持续保持较快增长。

(四) 财政与社会建设

财政助力社会建设的努力表现为助力国民教育事业发展,促进社会就业,推动社会保障体系完善,促进社会公平等。近年来,政府深入推进"双创",降低小微企业创业担保贷款申请条件,对有意愿的农民工回乡首次创业等,给予一次性资金支持。[①] 对于社会困难群体的就业问题,更好发挥残疾人就业保障金作用,促进增加残疾人就业岗位,相关部门完善残保金征收使用办法;在社会救助方面,《社会救助兜底脱贫行动方案》的出台提出了很多涉及财政助力社会救助的具体方案,如兜底保障农村低保,健全乡镇临时救助备用金制度,发挥临时救助作用。[②] 各地民政部门还会同相关部门将困难群众救助补助资金、中央预算内投资补助资金以及民政部门管理使用的彩票公益金重点向深度贫困地区倾斜。

(五) 财政与生态文明建设

财政助力生态文明建设的努力表现在为促进绿色经济发展,助力防污减排等。2020 年 3 月,中共中央办公厅、国务院办公厅印发《关于构建现代环境治理体系的指导意见》(以下简称《意见》),《意见》提到,在环境治理中要明确中央和地方财政支出责任,制定

[①] 《李克强:抓紧清理取消不合理限制灵活就业的规定》,http://www.gov.cn/premer/2019-12/05/content_5458816.htm,2019 年 12 月 5 日。

[②] 民政部国务院扶贫办关于印发《社会救助兜底脱贫行动方案》的通知(民发〔2020〕18 号)。

实施生态环境领域中中央与地方财政事权和支出责任划分改革方案，按照财力与事权相匹配的原则，在进一步顺中央与地方收入划分和完善转移支付制度改革中统筹考虑地方环境治理的财政需求；规范环境治理市场秩序，引导市场各要素参与到生态环境治理的投资、建设、运行之中，减少恶性竞争，防止恶意低价中标，加快形成公开透明、规范有序的环境治理市场环境；发展绿色产业，强化环保产业支撑；健全价格收费机制。严格落实"谁污染、谁付费"政策导向，建立健全"污染者付费+第三方治理"等机制；按照补偿处理成本和合理盈利原则，完善并落实污水垃圾处理收费政策，等等。

三 财政着力完成重点工作目标

财政在精准脱贫、全民医保、社会保障体系、生态环境等工作中积极作为。在保证资金供给的同时，全面参与体制机制建设，既立足解决当前问题，又体现长远规划考虑。

（一）财政支撑精准脱贫

精准脱贫离不开财政资金。财政设立专项扶贫资金，支持扶贫产业发展，同时注重对资金落实的绩效管理。财政为精准脱贫做了大量有益工作。1980年，我国便设立支援经济不发达地区发展资金。之后每年均有用于扶贫的专项资金，以2020年为例，财政部累计下达各地2020年中央财政专项扶贫资金1396.36亿元，并将资金分配重点向"三区三州"和"三区三州"之外贫困人口多、贫困发生率高、脱贫难度大的深度贫困地区以及挂牌督战地区倾斜。近期，财政加大了对受新冠肺炎疫情影响较重地区、人口较多的异地扶贫搬迁集中安置区和贫困革命老区的支持力度。[①] 2020年，国家开发银行推出首期"脱贫攻坚专题债券"，所募资金主要用于贫困地区的基础设施建设和产业扶贫等的扶贫贷款，涉及贷款余额110亿元。此

---

① 《财政部优先保障决战决胜脱贫攻坚资金》，http://www.gov.cn/xinwen/2020-03/31/content_5497384.htm，2020年3月31日。

外，国家开发银行还将向贫困地方发放不低于2000亿元的贷款。①

在提供资金支持脱贫攻坚的同时，财政加强对资金落实过程的绩效管理。2018年5月4日，《国务院办公厅关于转发财政部、国务院扶贫办、国家发展改革委扶贫项目资金绩效管理办法的通知》，全面明确了扶贫项目资金的绩效管理办法。2019年11月，财政部联合国务院扶贫办印发了《关于调整〈财政专项扶贫资金绩效评价指标评分表〉的通知》，对财政专项扶贫资金绩效评价指标进行了调整，主要内容：一是充实了资金使用效益的评价内容，新增"贫困县退出"等指标，引导推动各地在资金使用效益上下功夫，进一步加强"指挥棒"作用。二是提高了抽查项目数量，增加了抽查的广度和深度，使对工作成效的评价更加客观准确。三是加强对突出问题的扣分力度，建立严重问题不得评优的机制，强化了标尺作用。

（二）财政推动全民医保

财政是实现全民医保的第一支柱。近年来，国家在深化医药卫生体制改革中提出建设覆盖城乡居民的公共卫生服务体系、医疗服务体系、医疗保障体系、药品供应保障体系，形成"四位一体"的基本医疗卫生制度。如今，四大体系整体推进，协调发展。② 基本医疗保险覆盖人数超过13亿人。③ 在医保的城乡覆盖问题上，党的十九届三中全会通过党和国家机构改革方案，成立了国家医保局统一管理城乡医保，并将社保缴费改由税务机关统一征管，减少了地方自主管理的随意性。此举有利于提升实际缴税率，也为进一步降低社保缴费的名义费率创造了条件。④

---

① 《国家开发银行推出首期脱贫攻坚专题债券助力决战决胜脱贫攻坚》，http：//www.cdb.com.cn/xwzx/khdt/202004/t20200413_7291.html，2020年4月13日。

② 《中共中央国务院关于深化医药卫生体制改革的意见》，http：//www.gov.cn/test/2009-04/08/content_1280069.htm，2009年4月8日。

③ 《积极构建多层次社会保障体系 让人民群众共享改革发展成果》，http：//www.mohrss.gov.cn/SYrlzyhshbzb/dongtaixinwen/buneiyaowen/201808/t20180820_299532.html，2018年8月20日。

④ 《楼继伟：财政一年补贴上万亿，现有社保体系不可持续》，https：//www.yicai.com/news/100062035.html，2018年11月19日。

对于异地就医结算等群众关心的热点，全民医保在制度、财政和管理上不断完善，正在逐步解决相关问题。截至2019年9月底，全国跨省异地就医定点医疗机构已达22856家，其中二级及以下定点医疗机构20105家。① 关于更好地发挥医保基金的作用，2020年2月，中共中央、国务院印发《关于深化医疗保障制度改革的意见》，指出要发挥医保基金战略性购买作用，推进医疗保障和医药服务高质量协同发展，促进健康中国战略实施；坚持应保尽保、保障基本，基本医疗保障依法覆盖全民，尽力而为、量力而行，实事求是确定保障范围和标准。坚持稳健持续、防范风险，科学确定筹资水平，均衡各方缴费责任，加强统筹共济，确保基金可持续。坚持促进公平、筑牢底线，强化制度公平，逐步缩小待遇差距，增强对贫困群众基础性、兜底性保障。②

（三）财政兜底社会保障体系

完善社会保障体系亦有赖于财政持续发力。财政发挥提供资金支持，完善制度保障等作用，具体领域涉及城乡养老保险、失业工伤保险、社会救助等。党的十九大报告指出，要加强社会保障体系建设。全面建成覆盖全民、城乡统筹、权责清晰、保障适度、可持续的多层次社会保障体系。党的十八大以来，基本养老保险覆盖人数超过9.2亿人，社会保障卡持卡人数超过11.5亿人。应当看到，社会保险体系的全面性和可持续方面仍有待完善。楼继伟曾在财新峰会称，中国的社会保险体系呈现高度碎片化特征，是不可持续的，每年都要靠财政补贴。2017年社会保险基金决算，显示一年各级财政补贴各类社会保险收支补贴了12000亿元，而且每年的增长速度很快。他认为，如果这个问题不解决，这类补贴还会比较快地增长。③

---

① 《国家医疗保障局关于政协十三届全国委员会第二次会议第3766号（医疗体育类410号）提案答复的函》（医保函〔2019〕186号）。

② 《中共中央 国务院关于深化医疗保障制度改革的意见》，http://www.gov.cn/zhengce/2020-03/05/content_5487407.htm，2020年3月5日。

③ 楼继伟：《财政一年补贴上万亿，现有社保体系不可持续》，http://www.sohu.com/a/276372803_114986。

(四) 财政推进生态环境治理

财政全面支持生态环境治理，推动相关生态工程建设。以位于青海三江源生态功能区的达日县为例，当地自"十三五"以来，采取了一系列措施推动绿色减贫，包括：第一，实施生态保护补偿。如青海省达日县在县域内积极开展草原和林业生态保护补偿政策，通过给牧民贫困群众提供生态管护公益性岗位、发放草原补贴和林业补贴等方式，切实提高牧民贫困群众的收入水平。同时，及时足额发放 2018 年度草原生态保护补助资金、森林生态效益补偿基金国有林地管护劳务费、天保工程森林管护资金和草原生态管护资金共计 1.35 亿元，切实为全县绿色减贫工作贡献力量。第二，开展生态工程建设。达日县还依托国家三江源生态保护和建设二期工程等重大专项，大力推进山水林田湖草系统综合治理，带动了贫困牧民群众就业创收。2018 年，达日县共实施完成了总投资 1.089 亿元的生态工程建设示范试点项目；2019 年还计划实施投资 4250 万元的退牧还草工程和投资 1200 万元的黄河干流水环境综合整治工程。[1]

第四节　走向大国财政

大国财政的构建有深刻的时局背景。在党的领导下，中国正迈向一个现代化大国。中国财政逐步走向国际舞台，发挥了应有作用。

一　百年未有之大变局下的大国财政主动作为

2018 年，习近平总书记在中央外事工作会议上发表讲话时指出，"当前，我国处于近代以来最好的发展时期，世界处于百年未有之大变局，两者同步交织、相互激荡。"[2] 关于当今世界百年未有之大变

---

[1] 《探绿色减贫现实路径　保"中华水塔"丰沛永固——青海省达日县绿色减贫总体成效、发展困境和应对策略》，《中国环境报》2019 年 10 月 14 日第三版。

[2] 中共中央党史和文献研究院：《中华人民共和国大事记：1949 年 10 月—2019 年 9 月》，人民出版社 2019 年版，第 155 页。

局的论断内涵丰富，其核心是一个"变"字。本质是世界秩序重塑，全球治理机制完善，主要内容涉及国际格局变化，世界出现"东升西落"趋势。新兴发展中国家正积极通过和平渐进的方式推动国际秩序的完善。第四次工业革命方兴未艾，新兴技术的发展将对世界经济、政治、社会生产生活产生深远影响。

在这百年未有之大变局下，财政主动作为，推进全球治理格局的变革与人类命运共同体的构建。主要措施包括，深化地区合作——推动"一带一路"倡议，深化上海合作组织合作，加强亚信峰会、东亚峰会、东盟地区论坛等机制建设，整合地区自由贸易谈判架构；加强对全球各新兴领域、文明交流领域的合作的支持；加大对网络、极地、深海、外空等新兴领域规则制定的参与，加大对教育交流、文明对话、生态建设等领域的合作机制和项目支持力度；积极参与全球治理与国际新秩序的构建；着力增强规则制定能力、议程设置能力、舆论宣传能力、统筹协调能力；培养相关专业人才，建立"熟悉党和国家方针政策、了解我国国情、具有全球视野、熟练运用外语、通晓国际规则、精通国际谈判的"[①] 人才队伍等。

二 构建人类命运共同体中的大国财政责任担当

2016年，习近平主席在第七十届联合国大会一般性辩论时发表讲话《携手构建合作共赢新伙伴 同心打造人类命运共同体》，提到"我们要继承和弘扬联合国宪章的宗旨和原则，构建以合作共赢为核心的新型国际关系，打造人类命运共同体"[②]。在推动构建人类命运共同体的努力中，财政也是大国责任担当的重要组成部分。具体来看，财政推动的工作包括推动全球生态治理，促进全球共同发展，推动全球经济治理，以及助力其他领域的全球合作等。

---

① 《解读当今世界"百年未有之大变局"》，《北京日报》2019年1月6日第4版。
② 《十八大以来重要文献选编》（中），中央文献出版社2016年版，第695页。

(一) 全球生态治理

当今时代，环境问题不仅仅局限于一地一国，还是一个全球性的问题，实现全球生态治理既需要每个国家做好本国的生态文明建设，也需要全球合作、互惠共赢。其中，财政推动的工作包括把环境问题融入本国经济发展规划，制定具体可行的生态治理目标，助力国际社会在环境问题上的合作等。以2015年的《巴黎协定》为例，中国在"国家自主贡献"中提出将于2030年前后使二氧化碳排放量比2005年下降60%—65%，非化石能源占一次能源消费比重达到20%左右，森林蓄积量比2005年增加45亿立方米左右。同时，为加大气候变化领域的"南南合作"，中国在2015年9月宣布设立200亿元人民币的中国气候变化南南合作基金。中国于2016年在发展中国家开展10个低碳示范区、100个减缓和适应气候变化项目及1000个应对气候变化培训名额的合作项目，继续推进清洁能源、防灾减灾、生态保护、气候适应型农业、低碳智慧型城市建设等领域的国际合作。[①]

(二) 促进全球共同发展

构建开放型经济，加强国际合作，符合中国与世界人民的共同利益，有利于国际社会互利共赢，中国欢迎各国搭乘中国发展的"顺风车"。其中，财政可有所作为的领域包括提供对外援助资金，推动世界减贫事业与加强"南南合作"，助力国际贸易的发展与全球经济增长等。数据显示：1950—2016年，中国累计对外提供援款4000多亿元人民币。未来5年，中国将进口8万亿美元的商品，吸收6000亿美元的外来投资，中国对外投资总额将达到7500亿美元，出境旅游人数将达到7亿人次。这将为世界各国发展带来更多的机遇。

(三) 推动全球经济治理

加强国际交流合作，促进全球经济稳定发展。财政可作为的领域包括支持各国特别是主要经济体加强宏观政策协调，兼顾当前和

[①] 参见《习近平谈治国理政》第2卷，外文出版社2017年版，第530—531页。

长远,着力解决深层次问题;支持世界贸易组织在全球经济发展中发挥积极的作用——维护世界贸易组织规则,支持开放、透明、包容、非歧视的多边贸易体制。新冠肺炎疫情暴发以来,中国积极参与世界卫生组织和联合国框架下的国际合作。财政支持下,中国在向疫情严重国家提供抗疫物资,医疗援助方面走在了世界前列,这是推动全球治理、展现负责任大国的最新表现。

(四)助力其他领域的全球合作

除经济领域外,构建人类命运共同体还涉及国际社会在国际安全、世界文化交流、科技创新等领域合作的加强,其中财政可发挥提供物质支持、助力相关机制的构建等作用。例如,面对恐怖主义和难民危机,中国曾提供2亿元人民币的人道援助,帮助叙利亚难民和流离失所者①;中国在2018年已经成为联合国常规预算和维和预算经费分摊比例排名第二的国家。财力的有效供给推动了国际安全格局的营造,充分发挥了联合国及其安理会在止战维和方面的核心作用。习近平总书记还提出我们要推动经济和社会领域的国际合作齐头并进,统筹应对传统和非传统安全威胁,防战争祸患于未然。②

三 "一带一路"建设与财政贡献

2013年秋天,中国国家主席习近平分别提出共建丝绸之路经济带和21世纪海上丝绸之路的合作倡议,得到国际社会的积极回应。③"一带一路"建设是我国在新的历史条件下实行全方位对外开放的重大举措、推行互利共赢的重要平台。④ 这一平台建设得到了财政积极支持。2017年,习近平主席在"一带一路"国际合作高峰论坛开幕式上发表演讲,提到中国将加大对"一带一路"建设资金支持,向丝路基金新增资金1000亿元人民币,鼓励金融机构开展人民币海外

---

① 参见《习近平谈治国理政》第2卷,外文出版社2017年版,第542页。
② 《习近平谈治国理政》第2卷,外文出版社2017年版,第524页。
③ 参见《习近平谈治国理政》第2卷,外文出版社2017年版,第497页。
④ 《习近平谈治国理政》第2卷,外文出版社2017年版,第500页。

基金业务，规模预计约 3000 亿元人民币。中国国家开发银行、进出口银行将分别提供 2500 亿元和 1300 亿元等值人民币专项贷款，用于支持"一带一路"基础设施建设、产能、金融合作。[1] 中国支持建设好亚洲基础设施投资银行等新型多边金融机构，为国际社会提供更多公共产品。[2]

财政在支持"一带一路"建设中做到：其一，遵循相互尊重、互利互惠、合作共赢的原则。我们在发展自身利益的同时，更多考虑和照顾其他国家利益；其二，实施科学的宏观调控，加强国际宏观经济政策的协调合作。既发挥政府把握方向、统筹协调作用，又要发挥市场作用。政府在宣传推介、加强协调、建立机制等方面发挥主导性作用。同时要注意构建以市场为基础、企业为主体的区域经济合作机制。广泛调动各类企业参与，引导更多社会力量投入"一带一路"建设，努力形成政府、市场、社会有机结合的合作模式，形成政府主导、企业参与、民间促进的立体格局。[3]

财政对"一带一路"建设的支持可包括优化财政布局，注重合理协调在不同产业之间、不同地域之间等方面的财政投入。加强对基础设施等重点领域的布局，促进与沿线国家的全方位、宽领域的开放型合作等。主要措施有：其一，优化产业合作。"一带一路"沿线各国产业发展各异，财政资金在推动"一带一路"沿线各项目建设的时候，注重推动各国产业发展相互兼容、相互促进、互利互惠，加强国际产能和装备制造合作，[4] 优化项目资金在产业、地域层面的布局。其二，侧重加强对基础设施等重点领域的支持。古丝绸之路沿线地带的国家现今发展不均，基础设施建设的发展程度各不相同。不少国家、地区贫困问题严重，危机冲突频发。加强区域合作，促进"一带一路"沿线国家地区基础设施建设既符合沿线国家地区人民的利益，有利于促进区域经济发展，也有利于沿线各国产业发展

---

[1] 《习近平谈治国理政》第 2 卷，外文出版社 2017 年版，第 515 页。
[2] 《习近平谈治国理政》第 2 卷，外文出版社 2017 年版，第 546 页。
[3] 《习近平谈治国理政》第 2 卷，外文出版社 2017 年版，第 501 页。
[4] 《习近平谈治国理政》第 2 卷，外文出版社 2017 年版，第 512 页。

的对接与经贸合作。其三，促进与沿线国家间的全方位、宽领域的开放型合作。"一带一路"倡议还意味着沿线国家间在打造开放型合作平台、促进人文交流、加强科技创新合作、推进生态治理协调等领域的合作。

第十二章
深化税制改革(2012年以来)

税收制度在国家治理中起到重要的基础性、支柱性、保障性作用,伴随着我国改革开放的伟大进程经历了深刻的变化。国家治理呼唤深化税收制度改革,税收制度改革助推国家治理优化。党的十九大报告明确提出"深化税收制度改革,健全地方税体系",这也成为当下与今后时期内我国税收体制改革的新任务。在新时代背景下,作为新时代经济体制改革和政治体制改革的重要保障,如何进一步深化税收制度改革,服务国家治理体系和治理能力现代化,成为无法回避的重大现实问题。

第一节 深化税制改革的思想路线

近年来,我国的税收制度改革取得了令人瞩目的成果,譬如,"营改增"全面推行,营业税告别历史舞台;个人所得税实现跨越式发展,实行分类与综合课征相结合,并增加专项扣除;资源税部分矿产品目实现从价计征,征税范围得到扩大等。但仍面临着税法体系不够健全、税制体系尚欠成熟、纳税服务仍需优化、税收征管亟待加强等问题和挑战。党的十八届三中全会《中共中央关于全面深化改革若干重大问题的决定》提出"财政是国家治理的基础和重要支柱"的重要论断。党的十九大报告同样坚持了这一论断,并指出"经过长期努力,中国特色社会主义进入了新时代,这是我国发展新的历史方位"。财政制度的重要地位和新时代的背景均对税收制度提出了新的更高的要求。现阶段,我国的税收制度需要匹配国家治理体系和治理能力现代化的总体目标,紧跟经济体制改革进程,并适应政治、文化、社会和生态文明等领域的联动需求,因此,税制改革的全面深化势在必行。

一 深化税制改革的基本思路

2012年11月,党的十八大胜利召开,开启了中国特色社会主义迈向新时代的新征程。2013年以后,中国进入了全面深化改革时期,税制改革随之全面深化,并取得了一系列重要进展。2013年11月,党的十八届三中全会通过的《中共中央关于全面深化改革若干重大问题的决定》,确定了深化税制改革的基本原则和主要内容,并提出如下完善税收制度的指导意见:深化税收制度改革,完善地方税体系,逐步提高直接税比重。推进增值税改革,适当简化税率。调整消费税征收范围、环节、税率,把高耗能、高污染产品及部分高档消费品纳入征收范围。逐步建立综合与分类相结合的个人所得税制。加快房地产税立法并适时推进改革,加快资源税改革,推动环境保护费改税。

新一轮财税体制改革的基本思路,围绕《中共中央关于全面深化改革若干重大问题的决定》明确的6句话、24个字展开:一是完善立法。树立法治理念,依法理财,将财政运行全面纳入法制化轨道。二是明确事权。合理调整并明确中央和地方的事权与支出责任,促进各级政府各司其职、各负其责、各尽其能。三是改革税制。优化税制结构,逐步提高直接税比重,完善地方税体系,坚持清费立税,强化税收筹集财政收入主渠道作用,改进税收征管体制。四是稳定税负。正确处理国家与企业、个人的分配关系,保持财政收入占国内生产总值比重基本稳定,合理控制税收负担。五是透明预算。逐步实施全面规范的预算公开制度,推进民主理财,建设阳光政府、法治政府。六是提高效率。推进科学理财和预算绩效管理，健全运行机制和监督制度，促进经济社会持续健康发展，不断提高人民群众生活水平。①

2017年10月，党的十九大报告从全局和战略的高度，强调要加快建立现代财政制度，明确了深化财税体制改革的目标要求和主要任务，其中对税制改革提出了"深化税收制度改革，健全地方税体系"的要求，进一步强调了税收结构优化的重要性。

2018年9月，十三届全国人大常委会将个人所得税法（修改）、增值税法、消费税法、资源税法、房地产税法、关税法、城市维护建设税法、耕地占用税法、车辆购置税法、契税法、印花税法、税收征收管理法（修改）列入立法规划。②

2019年，党的十九届四中全会审议通过的《中共中央关于坚持和完善中国特色社会主义制度、推进国家治理体系和治理能力现代化若干重大问题的决定》明确提出，"健全以税收、社会保障、转移支付等为主要手段的再分配调节机制，强化税收调节，完善直接税制度并逐步提高其比重"等改革举措。

二 深化税制改革的主要内容

2014年的《深化财税体制改革总体方案》提出完善税制改革的目标是建立"有利于科学发展、社会公平、市场统一的税收制度体系"。深化税收制度改革的目标是形成税法统一、税负公平、调节有度的税收制度体系，促进科学发展、社会公平和市场统一。要围绕优化税制结构，加强总体设计和配套实施，推进所得类和货物劳务类税收制度改革，逐步提高直接税比重，加快健全地方税体系，提升税收立法层次，完善税收法律制度框架。具体来说：

第一，六大体系点明改革思路。2013年12月26日，全国税务

---

① 楼继伟主编：《深化财税体制政策》，人民出版社2015年版，第73—79页。
② 《财政部部长详解深化财税体制改革总体方案》，http://www.gov.cn/xinwen/2014-07/03/content_2711811.htm，2014年7月3日。

工作会议上国家税务总局首次提出2020年基本实现税收现代化的总目标，并将其细化为"六大体系"建设。即"完备规范的税法体系、成熟定型的税制体系、优质便捷的服务体系、科学严密的征管体系、稳固强大的信息体系、高效清廉的组织体系"。六大体系相互促进，互为因果，不是解一时之弊、应一时之需的权宜之计，而是着眼长远的系统性重构，相比以往的税收改革，其内涵更有时代性，更富创造性，更增先进性，更具引领性。它既是对既往改革探索实践的继承和总结，更是积极应对各种挑战、推动税收事业实现大变革和大发展的目标和方向。

第二，着力完善直接税体系。建立综合与分类相结合的个人所得税制度，优化税率结构，完善税前扣除，规范和强化税基，加强税收征管，充分发挥个人所得税调节功能。实行代扣代缴和自行申报相结合的征管制度，加快完善个人所得税征管配套措施，建立健全个人收入和财产信息系统。密切关注国际税改动态，审慎评估和研判国际税制发展趋势，进一步完善企业所得税制度。适应经济全球化发展和"一带一路"建设的需要，加强国际税收协调，提升我国税制的国际竞争力。按照"立法先行、充分授权、分步推进"的原则，推进房地产税立法和实施。对工商业房地产和个人住房按照评估值征收房地产税，适当降低建设、交易环节税费负担，逐步建立完善的现代房地产税制度。

第三，健全间接税体系。按照税收中性原则，深入推进增值税改革，进一步健全抵扣链条，优化税率结构，完善出口退税等政策措施，构建更加公平、简洁的税收制度。结合增值税改革进程，推进增值税立法，最终形成规范的现代增值税制度。结合实施中央和地方收入划分改革，研究调整部分消费税品目征收环节和收入归属。

第四，积极稳妥推进健全地方税体系改革。调整税制结构，培育地方税源，加强地方税权，理顺税费关系，逐步建立稳定、可持续的地方税体系。一是完善地方税种。根据税基弱流动性、收入成长性、征管便利性等原则，合理确定地方税税种。在目前已实施的城镇土地使用税、房产税、车船税、耕地占用税、契税、烟叶税、土地增值税等为地方税的基础上，继续拓展地方税的范围，同时逐步扩大水资源费改税改革试点，改革完善城市维护建设税。二是扩大地方税权。在中央统一立法和税种开征权的前提下，根据税种特点，通过立法授权，适当扩大地方税收管理权限，地方税收管理权限主要集中在省级。三是统筹推进政府非税收入改革。加快非税收入立法进程。深化清理收费改革，继续推进费改税。在规范管理、严格监督的前提下，适当下放部分非税收入管理权限。①

2016年3月，十二届全国人大四次会议批准了《中华人民共和国国民经济和社会发展第十三个五年规划纲要》，其中提出了"十三五"期间税制改革的任务。明确指出税制改革应当以适应促进经济结构转型、鼓励大众创新创业、转变经济发展方式的需要为目标：一是适当降低间接税比重，提高直接税比重，使税制结构由投资激励向消费激励转型。二是有针对性地对技术创新的不同环节进行税收激励，创新税收激励方法，鼓励事前研发、基础研究、合作创新，重视技术转让和转化，激励高科技创业风险投资企业。三是理顺环境税费制度，扩大资源税征收范围，使税收制度向集约型、环境友好型转变。同时，从培育税源的角度来讲，新兴产业将成为未来税收新的增长点。在加强税源监管的基础上，制定有利于新兴产业发展的税制改革措施。特别是对技术要求较强、研发成本较高、技术转化风险较大的产业在研发环节和生产运营环节实施一系列的税收优惠措施，做大做强产业，培育优良税源。②

总体来看，有别于以往围绕税收总量增减而定改革方案的做法，新一轮税制改革设定的前提是"稳定税负"。其目标就是在"稳定税负"的前提下，通过"逐步增加直接税比重"优化税收收入结构，建立现代税收制度。③ 要准确把握财政在国家治理中的基础和重

---

① 肖捷：《加快建立现代财政制度》，《中国总会计师》2018年第1期。
② 刘蓉、罗帅：《"十三五"时期税制改革取向》，《税务研究》2015年第11期。
③ 高培勇：《中国财税改革40年：基本轨迹、基本经验和基本规律》，《经济研究》2018年第3期。

要支柱作用，顺应时代潮流，适应我国社会主要矛盾变化，聚焦当前深化财税体制改革面临的突出重点和难点，坚持系统集成、协同高效，有序推出新的财税体制改革举措，推进现代财政制度在更加成熟、更加定型上取得明显成效。①

三　中国共产党关于深化税制改革的思想探析

（一）税制建设的思想

1. 税制建设被赋予国家治理重要手段的使命

随着中国特色社会主义进入新时代，税制建设的使命也在发生变化。在充分发挥税收的资源配置、收入分配和市场调节等基础作用的基础上，税制建设的主要使命逐渐从政府的经济调节手段转变为国家治理手段。通常来说，国家治理体系包括"党、政、社、企"四大主体，涵盖政府治理、社会治理和市场治理三大次级体系。税制建设涉及了经济、政治、社会、文化、生态文明等领域，在国家治理中发挥着重要的基础性、支柱性、保障性作用。我国在税制改革上的一系列现代化举措，正是呼应了国家治理体系现代化的迫切需要，充分考虑到其作为国家治理手段的新使命。

2. 税收法定原则的重要性日益受到重视

依法治国是国家治理现代化的必然要求，国家治理的本质是依法治理，构筑现代化的税收治理体系离不开税收法律体系的完善。税收法制是国家法律制度体系的重要组成部分，是实现国家长治久安的制度保障。② 就实质而言，税收法定原则旨在实现社会整体利益与个体利益的对立统一。就形式而言，税收法定原则要求用法律形式规定政府的征税权力与经济主体的纳税义务。③ 随着税制改革现代化，税收收入结构进一步优化，现代税收制度建设的步伐加快，税收法定原则贯穿于税收立法、执法和司法的整个过程，各种税收条

---

① 刘昆：《坚持不懈深化财税体制改革　加快建立完善现代财政制度》，《旗帜》2020年第2期。
② 胡怡建：《更好发挥税收在国家治理中作用的思考》，《税务研究》2019年第4期。
③ 马国强：《当代中国治税思想：理论研究与实践总结——庆祝中华人民共和国成立70周年》，《税务研究》2019年第10期。

例逐步平移为税收法律，形式法定原则进一步落实。

(二) 税收征管的思想

1. 税收征管的使命聚焦于纳税遵从

新时代税收的职能作用拓展到了经济、政治、社会、文化、生态、外交等诸多领域，而税收职能作用的发挥离不开高效、科学的税收征管体系。税收征管是实现现代税收制度和国家治理的重要手段，它会直接影响税收治理的质量，进而制约国家治理的成效。在国家治理能力和治理体系现代化的框架下，中共中央、国务院强调优化纳税服务，强化税收监管，进一步将税收使命聚焦于纳税遵从。

2. 税收征管质量评价标准的思路转变

中国特色社会主义进入新时代，我国社会主要矛盾已经转化为人民日益增长的美好生活需要和不平衡不充分的发展之间的矛盾。由物质文化需要向美好生活需要的转化，不仅意味着人民的物质文化需要升级换代，而且意味着人民对于民主法治、公平正义、安全环境方面的需要日益增长。[①] 税收征管质量的评价标准也需要随宏观环境变化而变化，需要以税收征管能力现代化为参照系，健全评价标准。在早期税收征管的评价中，税务系统曾以收入作为考核标准，根据收入任务完成情况评价税收征管质量。在中国特色社会主义新时代，我国经济已由高速增长阶段转向高质量发展阶段，在当前放管服改革深入推进的背景下，税收征管思路正在转变，税收征管能力正在加强，税法遵从度正在提高。为了主动适应改革趋势，需将降低税收征管成本、提升纳税人的满意度等内容纳入评价标准，进一步细化税收征管水平和纳税服务质量等标准。通过培养政府服务和关注自然人的意识，建设服务型税务机关，提高公共服务供给能力和水平，进而推动治理能力和治理体系现代化。

---

① 高培勇：《站在新时代的平台上讨论直接税改革》，《河北大学学报》(哲学社会科学版) 2019 年第 1 期。

第二节　以"营改增"为重点完善税收制度

党的十八届三中全会要求，到2020年，在重要领域和关键环节改革上取得决定性成果，形成系统完备、科学规范、运行有效的制度体系。财税改革与国家治理体系的方方面面有着十分紧密的联系，成为全面深化改革的重点，也成为开创新时代的重要突破口。党的十八大之后，我国的税收制度改革开始进入以"营改增"为重点的新时期。纵观我国的税收制度改革历程，"营改增"试点改革作为"重头戏"已然正式全面实施，与此同时，个税实现"综合与分类相结合"的大跨步，大规模减税降费也在持续发力。因此，这一阶段的税制改革可以描述为：以"营改增"为重点稳步推进我国税收制度完善。

一　"营改增"试点改革：牵一发而动全身

（一）"营改增"的背景及意义

"营改增"是助力结构性改革，尤其是供给侧结构性改革的重要内容，是党的十八届三中全会以来的重大减税举措。2017年国务院持续推出六大减税举措，其中之一即是"继续推进'营改增'，简化增值税税率结构"[①]。

1. "营改增"试点改革助力供给侧结构性改革

全面实施"营改增"，有利于降成本、优化结构、增强动能。全面"营改增"试点改革，既体现宏观层面的减税诉求，又为微观主体释放"改革红利"，顺应了供给侧结构性改革的减税需求。而"营改增"试点改革所释放出的"减税红利"，正好契合了当前推动供给侧结构性改革的氛围和需求，为供给者提供了广阔的发展空间，也为刺激消费和促进投资升级产生积极的影响。减税需求与减税取

---

① 王敏、袁娇：《中国税制改革四十年回溯与发展趋向》，《经济纵横》2018年第6期。

向、减税策略与减税安排的一致性,彰显出供给侧结构性改革战略与"营改增"改革举措的协同特征。

2. "营改增"试点改革助推财税体制重构

一方面,全面"营改增"将动摇以税种划分的分税制体系,导致地方税主体税种缺位,必将引发新的财税体制调整。另一方面,"营改增"本身也属于结构性调整政策,与当前注重解决经济结构性失衡问题具有显著的关联度,加快推进"营改增"涉及整体税制改革所要形成的行业之间税负均衡。[①] 营业税与增值税最大的差别体现在经济结构优化配置层面,增值税将会在促进市场导向的资源配置方面发挥更加积极有效的作用,助力消化存量、引导增量,有助于培育经济增长新动能。

3. "营改增"试点改革促进产业细化和升级

产业分工细化与产业相互融合发展是当前产业结构演变的基本趋势。"营改增"能够贯通服务业内部和第二、第三产业之间抵扣链条,为制造业、服务业融合提供良好税制环境。[②] 此外,营业税"道道征、全额征"的特点会对第三产业发展形成制度上的阻碍。"营改增"后,取而代之的增值税"道道征、道道抵"机制,可以最大限度消除阻碍第三产业和专业化分工发展的原有机制。[③] "营改增"政策红利将促进产业分工优化和就业结构转换,有利于进一步释放落实产业政策的潜力。

(二)"营改增"的具体路径

自2012年起,为实现增值税全覆盖、完善抵扣链条、减轻税收负担,经国务院批准,财政部、国家税务总局逐步开展了"营改增"试点工作。总体来说,"营改增"试点改革过程基本可分为三个阶段。

第一阶段,部分行业和省市试点。自2012年1月1日起,先是在上海陆路、水路、航空、管道运输等交通运输业和信息技术、鉴

[①] 高培勇:《"营改增"的意义、前景与建议》,《中国税务报》2013年4月17日第5版。
[②] 刘尚希:《结构性改革视角下的"营改增"》,《财经界》2016年第6期。
[③] 贾康、梁季:《"营改增"的全方位效能》,《中国经济报告》2016年第6期。

证咨询等部分现代服务业施行增值税扩围试点工作。2012年8月1日起至当年年底，由上海分批扩大至北京、天津、江苏、浙江、安徽、福建、湖北、广东8个省、直辖市和宁波、厦门、深圳3个计划单列市。2013年5月27日，财政部和国家税务总局联合印发《关于在全国开展交通运输业和部分现代服务业营业税改征增值税试点税收政策的通知》，明确从2013年8月1日起，进一步扩大和加快"营改增"试点范围和步伐，在全国范围内开展交通运输业和部分现代服务业"营改增"试点的相关税收政策。

第二阶段，行业范围拓展，全面完成"营改增"试点改革。2014年1月1日至6月1日，铁路运输、邮政和电信业相继纳入"营改增"试点，范围扩大到"3+7"个行业。纳入"营改增"试点的铁路运输和邮政业纳税人应按照《国家税务总局关于调整增值税纳税申报有关事项的公告》的规定进行增值税纳税申报。2016年5月1日起，"营改增"试点拓展至全国，实现货物和服务全覆盖。自此，营业税正式退出历史舞台。

第三阶段，增值税改革进一步深化。（1）2017年4月28日，财政部、国家税务总局发布《关于简并增值税税率有关政策的通知》，提出：从2017年7月1日起，将增值税税率由四档减至三档，取消13%的税率；将农产品、天然气等增值税税率从13%降至11%。（2）2018年4月4日，《关于调整增值税税率的通知》提出，从2018年5月1日起，纳税人发生增值税应税销售行为或进口货物，税率分别调整为16%与10%。（3）2018年4月4日，《关于统一增值税小规模纳税人标准的通知》提出统一增值税小规模纳税人标准，将工业企业和商业企业小规模纳税人的年销售额标准由50万元和80万元统一上调至500万元。（4）2018年6月27日，财政部、国家税务总局联合发布《关于2018年退还部分行业增值税留抵税额有关税收政策的通知》，退还部分企业的留抵税额，对装备制造等先进制造业、研发等现代服务业和电网企业一定时期内未抵扣完的进项税额予以一次性退还。（5）2019年3月20日，财政部、国家税务总局、海关总署联合发布《关于深化增值税改革有关政策的公告》，明确了下调后的增值税税率,同步下调出口退税率,加计抵减,试行留抵退税制度等事项。

(三)"营改增"的实施效果

第一,"营改增"作为减税降费措施的主要抓手,有效减轻了我国的流转税负,减轻实体经济负担。财政部数据显示,2012—2017年,"营改增"逐步扩围累计实现减税超2万亿元。2018年实施的深化增值税改革三项措施,全年减轻市场主体税负近4000亿元。[①]深化增值税改革作为2019年实施更大规模减税降费的"重头戏",有效激发了市场主体活力,为经济发展提供了强劲内生动力。全年制造业及其相关环节增值税减税5928亿元,减税幅度为24.1%;小微企业减税2832亿元,享受企业所得税减免的纳税人达到626万户,享受增值税免税的小规模纳税人新增456万户。[②]

第二,"营改增"构建起了税制统一、公平税负的一元税制,优化了我国税收制度结构。全面推开"营改增"主要是通过对工商业、服务业和房地产业统一征收增值税,将工商业和服务业区别对待的二元税制改为统一的一元税制,从而构建了有利于形成公平税负、平等竞争的制度体系和税收环境。[③]

第三,"营改增"激活了微观主体活力,加速技术投入驱动转换,推动创新,给经济发展注入新动能。一方面,"营改增"拓展了增值税抵扣链条,具有双向消除重复征税的作用,促进制造业、现代服务业的分工细化和相互融合发展。另一方面,激发市场主体活力,加速了由劳动力、机器设备等资本性投入向技术性投入驱动的转换。有利于中国加快形成以科技创新引领的新经济增长极,为产业结构转型升级提供了新动能。

---

① 《"减"字贯始终 增出新活力》,http://www.chinatax.gov.cn/n810219/n810724/c4242414/content.html,2019年4月12日。
② 《减税降费力度不断加大 预计今年为企业新增减负超过2.5万亿元》,http://czj.nc.gov.cn/nccj/gncj/202007/849efbe2f55f4737aa0b14388f6f8fbd.shtml,2020年7月21日。
③ 胡怡建:《"营改增"全面推开成效显著深化改革任重道远》,《中国税务》2017年第5期。

二 个人所得税改革：分类与综合相结合的大跨步

（一）个人所得税改革的基本方向：分类与综合相结合

中国于1994年实行了个人所得税制度的全面改革，将原来按照不同的纳税人分别设立的个人所得税、个人收入调节税和城乡个体工商业户所得税三税并轨，实现了双轨制向内外统一的个人所得税制度之重要转变。并从纳税人、征税项目、免税项目、税率、费用扣除等方面加以完善，从而形成了中华人民共和国成立以后第一套比较完整、统一的，适应经济发展需要的，符合本国国情的个人所得税制度。但是，当时形成的个人所得税税率较为复杂，不同所得的征收管理方式各异。如今纳税人规模较大，税源构成较为复杂，1994年个税模式容易造成不同纳税人、不同所得项目和不同支付方式之间的税负不公平，已难以适应当前日渐增长的国家治理体系现代化需求，亟须对个人所得税制度进行进一步改革。

关于个人所得税的征管模式改革方向，税收理论界认为主要有三种选择：第一，在现有分类所得税制的基础上进行完善；第二，改为彻底的综合所得税制；第三，综合和分类相结合的混合所得税制。其中，主流观点认为综合征收与分项征收相结合、以综合征收为主的征税模式是最为适合我国现实情况的。此种方式可以更好地平衡税负，既能够保障低收入者的生活，又能够加大对高收入者的收入调节力度。譬如，马海涛、任强通过使用平均税率这一指标来分析不同收入群组的收入变化情况，认为应该实行分类与综合相结合的计税方法。[1] 孙健夫、舒飞立足于新时代大背景对税制的要求，指出应建立综合与分类相结合的税制。[2]

从改革进程看，个人所得税"综合与分类相结合"的改革目标早在1996年公布的"九五"计划中就已提出。随后，《国民经济和

---

[1] 马海涛、任强：《个人所得税改革对各收入群组税负的影响》，《税务研究》2016年第4期。

[2] 孙健夫、舒飞：《论面向新时代的个人所得税综合改革》，《河北大学学报》（哲学社会科学版）2019年第1期。

社会发展计划及 2010 年远景目标纲要》及其后的第十个五年计划纲要、第十一个五年计划纲要均将建立"分类与综合相结合"的个人所得税制列入其中。2011 年 3 月十一届全国人大四次会议通过的《中华人民共和国国民经济和社会发展第十二个五年规划纲要》提出，逐步建立健全综合与分类相结合的个人所得税制度，完善个人所得税征管机制；2015 年 10 月十八届全国人大五次会议通过的《中华人民共和国国民经济和社会发展第十三个五年规划纲要》提出，加快建立综合和分类相结合的个人所得税制度。

(二) 新一轮个人所得税改革的具体路径

1994 年个人所得税制度改革以后，根据经济发展和完善税制的需要，中国先后于 1999 年、2005 年、2007 年和 2008 年 4 次修改个人所得税法，其主要内容为以下三方面：一是逐步调整储蓄存款利息征税的规定，二是逐步提高工资、薪金所得费用扣除额，三是修改纳税申报规定。①

2017 年 5 月，中央全面深化改革领导小组第三十五次会议审议通过了《个人收入和财产信息系统建设总体方案》，为新一轮个税改革奠定基础。2017 年 7 月 1 日起，我国开始将商业健康保险个人所得税税前扣除试点政策推至全国，对个人购买符合条件的商业健康保险产品的支出，允许按每年最高 2400 元的限额予以税前扣除。

2018 年我国开始了第四次重大个税改革。2018 年 8 月 31 日，第十三届全国人民代表大会常务委员会第五次会议，提出《关于修改〈中华人民共和国个人所得税法〉的决定》。此次修改的主要内容是调整居民个人、非居民个人的认定标准，部分所得合并为综合所得征税，调整税前扣除和税率，完善征管方面的规定，并自 2019 年 1 月 1 日起实施。2018 年 12 月，国务院印发《个人所得税专项附加扣除暂行办法》，增加了专项附加扣除项目，包括子女教育、继续教育、大病医疗、住房贷款利息、住房租金和赡养老人六项，多管

---

① 刘佐：《中国个人所得税制度发展的回顾与展望——纪念〈中华人民共和国个人所得税法〉公布 30 周年》，《税务研究》2010 年第 9 期。

齐下减轻中等收入国民的税收负担。

此前，我国的个人所得税法虽经几次较大修订，但大多停留在对费用扣除额的调整方面。本次改革主要有如下三方面举措：

首先，将工资薪金、劳务报酬、稿酬和特许权使用费所得这四项劳动性所得纳入综合课征范围，使用统一的超额累进税率，居民个人按年合并计征，非居民个人按月或按次分项计征。基本减除费用标准从每月3500元提升至每年6万元。减除费用的调整综合考虑了城镇居民消费支出水平的增长和未来个人所得税进一步改革的前瞻性需要等多方面的因素。有利于减轻个人，特别是中低收入者税负，有利于整体社会税负公平。

其次，减税呈现向中低收入倾斜的特征，优化调整税率结构。一是综合所得税率。以现行工资、薪金所得税率（3%—45%的七级超额累进税率）为基础，将按月计算应纳税所得额调整为按年计算，并优化调整部分税率的级距。具体是：扩大3%、10%、20%三档低税率的级距。3%税率的级距扩大一倍，现行税率为10%的部分所得的税率降为3%；大幅扩大10%税率的级距，现行税率为20%的所得，以及现行税率为25%的部分所得的税率降为10%；现行税率为25%的部分所得的税率降为20%。同时，相应缩小25%税率的级距，30%、35%、45%这三档较高税率的级距保持不变。二是经营所得税率。以现行个体工商户的生产、经营所得和对企事业单位的承包经营承租经营所得税率为基础，保持5%—35%的五级税率不变，适当调整各档税率的级距，其中最高档税率级距下限从10万元提高至50万元。①

最后，引入个人所得税6项专项附加扣除，并根据教育、医疗、住房、养老等民生支出变化情况，适时调整专项附加扣除范围和标准。

这是个人所得税的一次根本性变革，具有里程碑式的意义，初

---

① 国家税务总局税收科学研究所：《改革开放40年中国税收改革发展研究——从助力经济转型到服务国家治理》，中国税务出版社2018年版，第140页。

步在我国建立起了综合与分类相结合的个人所得税税制。国家税务总局数据显示，2019 年以来，前 10 个月人均减税 1786 元，惠及 2.5 亿纳税人的"钱袋子"，其中，中低收入群体受益明显。据有关部门测算，2019 年全年个税新增减税带来超过 3000 亿元的新增消费。① 未来还应逐步完善过渡性措施，进一步扩大个人所得税计征范围，合理优化专项扣除设计和税率结构，全面强化个人所得税的调控收入分配功能。

三 大规模减税降费：持续发力

减税降费是党中央、国务院积极应对当前经济下行、助力实体企业转型升级、推进供给侧结构性改革、加快新旧动能转换的重要举措，也是积极财政政策最重要的体现。

近年来，面对复杂严峻的国内外环境，我国保持宏观经济政策连续性和稳定性，坚持不搞"大水漫灌"式强刺激，不断创新和完善调控方式，适时适度预调微调，加强定向调控、区间调控，统筹做好稳增长、调结构、促改革、惠民生、防风险，取得了显著成效。在加强和改善宏观调控过程中，积极的财政政策发挥了重要作用。② 通过持续地大规模减税降费，把更多资源让渡给市场主体，进一步激发市场活力、培育内生动力。实施大规模减税降费，短期内财政收支矛盾会凸显，但从长远看，随着企业效益改善、税基扩大，财政收入形势会逐步好转。③

（一）减税降费的具体措施

1. 作为供给侧结构性改革一部分的减税降费

近年来，各级政府采取了一系列降费、清费措施，减税降费进入"新常态"，范围和力度都逐渐加大，多重利好政策为企业减负"添翼"。

---

① 《新个人所得税法实施满一周年 改革红利精准落袋》，http：//www.chinatax.gov.cn/chinatax/n810219/n810780/c5142651/content.html，2020 年 1 月 15 日。
② 刘昆：《积极财政政策新举措》，《宏观经济管理》2019 年第 4 期。
③ 刘昆：《减税降费是积极财政政策最重要的体现》，《中国总会计师》2020 年第 2 期。

2016 年减税降费进入实质性操作阶段，在重点抓好供给侧结构性改革"三去一降一补"五大任务的背景下，作为降成本的一个着力点和着重点加以推进。

2017 年在多措并举降成本的旗帜下，减税降费得以持续推进。[1] 主要的减税降费措施包括：（1）"营改增"基本实现了对所有货物、服务的生产、流通和消费环节的全覆盖；（2）先后四次扩大小型微利企业减半征收企业所得税政策适用范围，由应纳税所得额 3 万元/年逐步提至 30 万元/年；（3）两次提高小微企业免征增值税、营业税的起征点，从销售额 0.5 万元/月提至 3 万元/月；（4）两次扩大研发费用加计扣除政策范围，在全国范围内推广中关村税收优惠政策；（5）先对六个重点支持行业实行更加优惠的固定资产加速折旧政策，而后又扩大至十个行业等。[2]

2. 支持创业创新的减税降费

2018 年，减税降费政策持续发力。4 月 25 日，国务院决定推出 7 项减税措施，以支持创业创新。（1）将小微企业年应纳税所得额上限由 2017 年的 50 万元提高至 100 万元；（2）将享受当年一次性税前扣除优惠的企业新购进研发仪器、设备单位价值上限由 100 万元提高至 500 万元；（3）将高新技术企业和科技型中小企业亏损结转年限由 5 年延长至 10 年；（4）取消企业委托境外研发费用不得加计扣除限制；（5）统一将高新技术企业的限额与一般企业的职工教育经费税前扣除限额从 2.5% 提高至 8%；（6）对纳税人设立的资金账簿按实收资本和资本公积合计金额征收的印花税减半，对按件征收的其他账簿免征印花税（自 5 月 1 日起实施）；（7）扩大创投企业等投资抵免应纳税所得额优惠的范围，等等。[3] 2018 年 9 月 20 日，国家税务总局印发《关于进一步落实好简政减税降负措施更好服务经济社会发展有关工作的通知》，指出应认识到简政减税降负的重要

---

[1] 高培勇：《准确把握本轮减税降费的目的和方法》，《经济日报》2017 年 8 月 11 日第 14 版。

[2] 邱峰、梁嘉明：《减税降费进展及其推进路径——基于对制造业企业缴费情况的调查》，《国际金融》2017 年第 5 期。

[3] 王敏、袁娇：《中国税制改革四十年回溯与发展趋向》，《经济纵横》2018 年第 6 期。

意义，不折不扣落实好各项减税政策，扎实落实个人所得税改革措施，有序推进社会保险费和非税收入征管职责划转准备工作，持续深化税收领域"放管服"改革，组织开展全覆盖的专项督查。①

3. 针对小微企业的减税降费

2019年1月17日，财政部、国家税务总局联合发布《关于实施小微企业普惠性税收减免政策的通知》，自2019年1月1日至2021年12月31日，对小微企业实施普惠性税收减免政策。② 主要体现了"三扩大三加力两统筹"的特点。

——"三扩大"：即扩大小规模纳税人、小型微利企业和投资初创科技企业优惠范围，彰显了普惠性减税。进一步放宽了增值税小规模纳税人免税标准，由月销售额3万元提高至10万元；进一步放宽了企业所得税小型微利企业的标准，提高年应税所得额、从业人数、资产总额标准；进一步放宽了投资初创科技型企业享受优惠政策的范围，将初创科技型企业条件中的从业人数、资产总额和年销售收入标准进一步提高。

——"三加力"：即增加相关优惠税种、实行减半再减半优惠政策和叠加享受优惠政策。对增值税小规模纳税人，在增值税免税标准提高的同时，最高可以按50%比例减征6个地方税种和2个税费附加，即资源税、城市维护建设税、房产税、城镇土地使用税、印花税、耕地占用税和教育费附加、地方教育附加；对小型微利企业，年应纳税所得额不超过100万元的部分，在原减半征收企业所得税的基础上可以再减半，年应纳税所得额100万元至300万元的部分，减半征收；已享受资源税、城市维护建设税等地方税及附加优惠政策的增值税小规模纳税人，还可以叠加享受本次地方新出台的减征优惠。

——"两统筹"：即统筹考虑了各地实际情况，统筹考虑了新老

---

① 《关于进一步落实好简政减税降负措施更好服务经济社会发展有关工作的通知》，2018年9月20日。

② 《关于实施小微企业普惠性税收减免政策的通知》，2019年1月17日。

政策衔接。6个地方税种和2项附加的减征优惠，由省级人民政府根据本地区实际情况以及宏观调控需要确定，有利于各地因地制宜、因需施策。同时，根据国务院新出台的政策，国家税务总局在相关公告中就如何做好新老政策衔接适用的问题，做了进一步明确，有利于政策在实施中实现简明易行好操作、新老衔接更便利。①

4. 支持减税降费的财政体制改革

2019年9月提出的《实施更大规模减税降费后调整中央与地方收入划分改革推进方案》中提出以下主要改革措施：

一是保持增值税"五五分享"比例稳定。进一步稳定社会预期，引导各地因地制宜发展优势产业，鼓励地方在经济发展中培育和拓展税源，增强地方财政"造血"功能，营造主动有为、竞相发展、实干兴业的环境。

二是调整完善增值税留抵退税分担机制。建立增值税留抵退税长效机制，并保持中央与地方"五五"分担比例不变。为缓解部分地区留抵退税压力，增值税留抵退税地方分担的部分（50%），由企业所在地全部负担（50%）调整为先负担15%，其余35%暂由企业所在地一并垫付，再由各地按上年增值税分享额占比均衡分担，垫付多于应分担的部分由中央财政按月向企业所在地省级财政调库。

三是后移消费税征收环节并稳步下划地方。按照健全地方税体系改革要求，在征管可控的前提下，将部分在生产（进口）环节征收的现行消费税品目逐步后移至批发或零售环节征收，拓展地方收入来源，引导地方改善消费环境。②

5. 实现抗疫功能的减税降费

2020年以来，面对突如其来的新冠肺炎疫情，为应对经济下行压力，帮助企业渡过难关，按照中共中央、国务院决策部署，财政部会同有关部门及时出台了一系列阶段性、有针对性的减税降费政

---

① 《税务总局就落实新一轮减税降费措施举行新闻发布会》，http：//www.gov.cn/xinwen/2019-01/29/content_5362046.htm#1，2019年1月29日。

② 《国务院关于印发实施更大规模减税降费后调整中央与地方收入划分改革推进方案的通知》，2019年9月26日。

策措施。主要实现四个方面抗疫功能：

第一，支持防护救治。对参加疫情防治工作的医护人员和防疫工作者按照政府规定标准取得的临时性工作补助和奖金，以及单位发给个人用于预防新冠肺炎的药品、医疗用品和防护用品等实物（不包括现金），免征个人所得税。[1]

第二，支持物资供应。疫情防控重点保障物资生产企业可以按月向主管税务机关申请全额退还增值税增量留抵税额；对纳税人运输疫情防控重点保障物资取得的收入，免征增值税，同时也免征城市维护建设税、教育费附加、地方教育附加等。[2]

第三，鼓励公益捐赠。对企业和个人通过规范渠道捐赠用于应对新冠肺炎疫情的现金和物品，允许在计算企业所得税或个人所得税应纳税所得额时全额扣除。[3] 此外，2020年前三个月，境外捐赠人无偿捐赠用于疫情防控的进口物资，免征进口关税和进口环节增值税、消费税，同时对已征收的应免税款予以退还。[4]

第四，支持复工复产。对交通运输、餐饮、住宿、旅游等行业受新冠肺炎疫情影响较大的困难行业企业2020年度发生的亏损，最长结转年限由5年延长至8年[5]；对除"两高一资"外所有未足额退税的出口产品及时足额退税；对近期出台的减税降费等助企纾困政策，要确保内外资企业同等享受，支持稳外资稳外贸工作等。[6] 此外，自2020年3月1日至5月底，适用3%征收率的湖北省境内小规模纳税人免征增值税，适用3%征收率的其他地区小规模纳税人，

---

[1] 《关于支持新型冠状病毒感染的肺炎疫情防控有关个人所得税政策的公告》，2020年2月6日。

[2] 《关于支持新型冠状病毒感染的肺炎疫情防控有关税收政策的公告》，2020年2月6日。

[3] 《财政部税务总局关于支持新型冠状病毒感染的肺炎疫情防控有关捐赠税收政策的公告》，2020年2月6日。

[4] 《关于防控新型冠状病毒感染的肺炎疫情进口物资免税政策的公告》，2020年2月1日。

[5] 《关于支持新型冠状病毒感染的肺炎疫情防控有关税收政策的公告》，2020年2月6日。

[6] 《着力稳外贸稳外资国务院再推六项举措》，http：//www.gov.cn/xinwen/2020-03/11/content_ 5490143.htm，2020年3月11日。

减按1%征收率征收增值税。①

(二) 减税降费措施的实施效果

实施更大规模减税降费是中共中央、国务院做出的重大决策部署。在各有关方面的共同努力下,目前各项减税降费措施落实有力,效果正在逐步显现。根据财政部公布的数据,2019年全国全年累计税收收入157992亿元,其中全年累计新增减税降费2.36万亿元,超额完成计划2万亿元的指标,占GDP的比重超过2%。2020年第一季度全国累计实现减税降费7428亿元。主要由以下两部分组成:一是2020年新出台支持新冠肺炎疫情防控和经济社会发展的税费优惠政策新增减税降费3182亿元;二是2019年更大规模减税降费政策在2020年继续实施形成的减税降费4246亿元。② 预计2020年全年新增减税降费规模将超过2.5万亿元③,全方位减税降费使企业轻装上阵,更好地应对经济下行与市场竞争压力。但因财政收入压力较大,少部分企业减负不明显、乱收费、乱罚款、乱摊派问题依然存在。因而要不折不扣落实各项减税降费政策措施,持续减轻企业负担,激发微观主体活力,促进经济增长。④

第三节 税收法定工作全面展开

税收法定原则是税法领域的"帝王原则"⑤,是依法治国理念在

---

① 《财政部税务总局关于支持个体工商户复工复业增值税政策的公告》,2020年2月28日。

② 《国家税务总局召开新闻发布会落实落细系列减税降费政策为服务"六稳""六保"大局贡献更多税务力量》,http://beijing.chinatax.gov.cn/bjswj/c104881/202005/t20200511_454722.shtml,2020年5月11日。

③ 《2020年上半年财政收支情况新闻发布会文字实录》,http://www.mof.gov.cn/zhengwuxinxi/caizhengxinwen/202007/t20200717_3551419.htm,2020年7月17日。

④ 《更大规模减税降费成为应对经济下行压力的关键举措——去年效果超预期今年力度再加码》,http://www.chinatax.gov.cn/chinatax/n810219/n810780/c5150069/content.html,2020年5月19日。

⑤ 张守文:《论税收法定主义》,《法学研究》1996年第6期。

税收领域的具体表现,也是建立现代税收制度、实现国家治理现代化的必然要求。2013年11月,党的十八届三中全会通过了《中共中央关于全面深化改革若干重大问题的决定》,明确提出"落实税收法定原则"。截至2019年年底,我国已经完成半数税种的立法工作,税收法定进程不断提速。

一　落实税收法定原则

税收法定的基本要求是税收要素法定、税收要素明确和税收要素合宪。具体来看,税收法定要求通过法律来征税,禁止行政机关直接开征新税;要求法律对税收要素进行明确规定,禁止行政机关的空白授权立法;要求立法机关对税收要素的规定需要符合宪法的原则及具体条款的明确规定。[①] 因此,税收法定在一定程度上确保了税收"取之于民,用之于民"。

早在20世纪50年代,我国已经意识到税收法定的重要性。譬如,1958年,全国人民代表大会常务委员会通过了《中华人民共和国农业税条例》,这是我国第一部由最高立法机关通过的税法。但随着我国经济社会的快速发展,全面依法治国基本方略的深入实施,税收治理迫切需要改革,税收法制化建设至关重要。

2013年,党的十八届三中全会首次在党的纲领性文件中提出了"落实税收法定原则",将其作为加强社会主义民主政治制度建设的重要举措。这也是我国税收法制化进程中,首次明确提出落实税收法定原则的概念和要求。随后,为推动这一原则的确立,全国人大采取了一系列法制化手段和措施,修正《立法法》是其中最重要的举措。2015年3月15日,十二届全国人大三次会议通过关于修改《立法法》的决定,修改后的《立法法》中第八条第六项和第十条规定:"税种的设立、税率的确定和税收征收管理等税收基本制度只能制定法律","授权决定应当明确授权的目的、事项、范围、期限以及被授权机关实施授权决定应当遵循的原则等"。从《立法法》

---

① 翟继光:《论我国新时代税收制度的基本特征》,《税务研究》2002年第2期。

的修正结果来看，基本确保了税种、税率和税收管理这些基本的税收事项由法律规定，是我国税收法制化建设的巨大进步，但仍缺乏对纳税人、征税对象、计税依据等的规定。

为进一步保证税收法定原则的落地，2015年3月，党中央审议通过了《贯彻落实税收法定原则的实施意见》，提出力争在2020年前完成税收法定原则的改革任务，并对2020年前完成相关立法工作做出了安排[①]：

一是不再出台新的税收条例；拟新开征的税种，将根据相关工作的进展情况，同步起草相关法律草案，并适时提请全国人大常委会审议。

二是与税制改革相关的税种，将配合税制改革进程，适时将相关税收条例上升为法律，并相应废止有关税收条例。在具体工作中，有一些税种的改革涉及面广、情况复杂，需要进行试点，可以在总结试点经验的基础上先对相关税收条例进行修改，再将条例上升为法律。

三是其他不涉及税制改革的税种，可根据相关工作进展情况和实际需要，按照积极、稳妥、有序、先易后难的原则，将相关税收条例逐步上升为法律。

四是待全部税收条例上升为法律或废止后，提请全国人民代表大会废止《全国人民代表大会关于授权国务院在经济体制改革和对外开放方面可以制定暂行的规定或者条例的决定》。

五是全国人大常委会将根据上述安排，在每年的立法工作计划中安排相应的税收立法项目。

总体来看，上述措施实质上是一个过渡期的安排，将现有税种的行政法规逐步上升为法律，而对新开征的税种则实行先立法再开征，试图通过这种渐进的方式较好地落实税收法定原则。

---

① 《全国人大常委会法工委负责人就〈贯彻落实税收法定原则的实施意见〉答问》，http://www.gov.cn/xinwen/2015-03/25/content_2838356.htm，2015年3月25日。

二 税收法定工作的实践

在落实税收法定原则的过程中,我国采取了一系列举措确保落实,主要体现在出台新税种法律、税制平移和调整暂行条例三个方面,我国的税收法制化迈上新的台阶。

(一)出台新税种法律实现税收法定

《贯彻落实税收法定原则的实施意见》提出"拟新开征的税种,将根据相关工作的进展情况,同步起草相关法律草案,并适时提请全国人大常委会审议"。2016年12月25日,《中华人民共和国环境保护税法》的审议通过较好地践行了这一点。这部税法是党的十八届三中全会后,全国人民代表大会常务委员会审议通过的第一部单行税法,为新税种的设置树立了法制标杆。[①]

(二)利用"税制平移"实现税收法定

税收法定进程中,一些税种的规则较成熟、税制相对简单、税收规模较小,因此采用税制平移的方式进行过渡是较为合适的路径。所谓税制平移,即在形式层面上表现为税收制度由行政法规上升为法律;在经济层面表现为税负水平的平移;在法治和国家治理层面表现为实现立法对法治理念和国家治理水平的推进。税制平移是过渡期内立法机关落实税收法定原则的重要举措,也是当前我国税收立法的重要形式之一,具有标志性意义。

典型的如资源税法。1984年《中华人民共和国资源税条例(草案)》的出台,标志着中国资源税的正式征收。1993年12月,国务院颁布《中华人民共和国资源税暂行条例》,2011年国务院修订了暂行条例,2013年,资源税又进行了全面改革。经过多次改革,资源税已经逐渐成熟,具有从暂行条例上升为法律的条件。2018年,基于资源税税制改革的实质进展,将暂行条例中税制的主体框架平移至将要制定的资源税法。在由暂行条例平移到法律的改革中,税

---

① 国家税务总局税收科学研究所:《改革开放40年中国税收改革发展研究——从助力经济转型到服务国家治理》,中国税务出版社2018年版,第214页。

负框架和水平总体保持不变，实现了由暂行条例到法律的平稳过渡。当然，税制平移不是也不应该是完全对暂行条例的照抄照搬。资源税由暂行条例平移为法律的同时，也规范了税目税率、简化了纳税申报程序、简并了征收期限、强化了部门协同。这当然更加有利于税务部门的高效征管和纳税人负担的减轻，也有利于纳税人的遵从。截至2019年年底，烟叶税、船舶吨税、车辆购置税、资源税等税种已经通过税制平移的方式实现了税收法定。《中华人民共和国城市维护建设税法》《中华人民共和国契税法》也按照税制平移的思路，保持现行税制框架和税负水平总体不变，将暂定条例上升为法律。我国的税收法定进程有序推进。

（三）调整暂行条例实现税收法定

税收法定的进程中，对一些涉及面广、情况复杂的重要税种，我国并没有进行简单的平移，而是采取修订和调整暂行条例的方式进一步完善。较具代表性的有营业税和增值税。自2012年起，我国选取上海的交通运输业和部分现代服务业作为"营改增"的试点，并于2016年在全国全面推开"营改增"试点。为更好地适应税制改革，2017年11月，我国颁布了《国务院关于废止〈中华人民共和国营业税暂行条例〉和修改〈中华人民共和国增值税暂行条例〉的决定》，废止了营业税暂行条例，并调整了增值税暂行条例。这一举措成为落实税收法定原则的重要阶段性成果。

2020年是全面建成小康社会和"十三五"规划收官之年，亦是落实税收法定的关键之年。财政部在2020年立法工作安排中，明确提出："力争年内完成增值税法、消费税法、关税法、政府采购法（修订）、政府采购法实施条例（修订）、国有金融资本管理条例的起草工作，及时上报国务院。"这表明我国的税收法定已由难度较小的小税种推动至难度较大的大税种，这将成为我国落实税收法定原则的重要一步。

第四节 完善税收征管体制

党的十八届三中全会提出了推进国家治理体系和治理能力现代化的改革目标,作为国家治理体系和治理能力现代化的重要组成部分,税收征管改革也被提上了日程。总体来看,当前我国的税收征管改革主要集中于法制改革、体制改革和技术改革三大领域。

一　税收征管法制改革:修订《中华人民共和国税收征收管理法》

随着国家治理现代化的推进,完善税收制度的方向定位发生了根本性变化,由"适应市场经济体制"到"匹配国家治理体系",由"建立与社会主义市场经济体制相适应的税收制度基本框架"到"建立与国家治理体系和治理能力现代化相匹配的现代税收制度"[①]。推进国家治理体系和治理能力现代化,需要实现税收管理到税收治理的转变。而要真正实现这一转变,需要解决现行税收征管法与国家治理现代化不相适应的问题,以税收治理理念为统领,推进税收征管法修订工作。

我国的税收征管法于1992年9月4日由第七届全国人民代表大会常务委员会第二十七次会议通过,自1993年1月1日起施行。这是我国第一部税收征管方面的法律,也是我国第一部统一的税收程序法,自此我国的税收征管工作全面进入法制化和规范化轨道。随后,在1995年和2001年进行了两次修订,明确了发票印制的管理机关,并加大了对纳税人权利的保护。

自2001年修订税收征管法以来,经济全球化、信息化和我国社会主义市场经济的快速发展,都使得税收征管的形势发生了巨大变化。譬如,随着企业经济活动、经营方式的复杂化,征纳双方的信息不对称情况加剧,传统的人海战术、以票控税等税源管理方式已

[①] 高培勇:《论完善税收制度的新阶段》,《经济研究》2015年第2期。

难以适应。因此，随着税制改革的不断深化，我国在 2013 年和 2015 年对税收征管法进行了两次修订，进一步简化纳税人办理税务登记流程和减税、免税申请（具体的修订内容参见表 12-1）。这两次的修订主要集中于简化纳税人的流程，但仍存在诸多问题，譬如对纳税人权利保障的法律规定仍不够完善。

表 12-1　　2013 年和 2015 年《中华人民共和国税收征收管理法》修订内容

年份	修订内容
2013 年	将第十五条第一款由"企业，企业在外地设立的分支机构和从事生产、经营的场所，个体工商户和从事生产、经营的事业单位（以下统称从事生产、经营的纳税人）自领取营业执照之日起三十日内，持有关证件，向税务机关申报办理税务登记。税务机关应当自收到申报之日起三十日内审核并发给税务登记证件"修改为"企业，企业在外地设立的分支机构和从事生产、经营的场所，个体工商户和从事生产、经营的事业单位（以下统称从事生产、经营的纳税人）自领取营业执照之日起三十日内，持有关证件，向税务机关申报办理税务登记。税务机关应当于收到申报的当日办理登记并发给税务登记证件"
2015 年	第三十三条由"纳税人可以依照法律、行政法规的规定书面申请减税、免税。""减税、免税的申请必须经法律、行政法规规定的减税、免税审查批准机关审批。地方各级人民政府、各级人民政府主管部门、单位和个人违反法律、行政法规规定，擅自作出的减税、免税决定无效，税务机关不得执行，并向上级税务机关报告"修改为"纳税人依照法律、行政法规的规定办理减税、免税。""地方各级人民政府、各级人民政府主管部门、单位和个人违反法律、行政法规规定，擅自作出的减税、免税决定无效，税务机关不得执行，并向上级税务机关报告。"

资料来源：国家税务总局税收科学研究所：《改革开放 40 年中国税收改革发展研究——从助力经济转型到服务国家治理》，中国税务出版社 2018 年版，第 169—171 页。

二　税收征管体制改革：深化国税、地税征管体制改革

改革开放以来，为适应重大分配关系的变化，税务机构的发展经历了一个由财税合一到单独设立、国地税分设到合并的循环，征收管理职责范围发生了巨大变化，征管体制也进行了重大变革。2018 年，新一轮国务院机构改革方案明确指出要进行国地税征管体制改革,即将省级及以下国地税机构进行合并,合并后的税务机构实行国家税务总局与省级政府双重领导的管理体制。总体来看,国地税机构合并是我国新时代财税体制改革的重要内容,有利于提升税收征管效率,进而提高国家税收能力,深化财税体制改革,推进国家治理体系和治理能力现代化。

(一) 改革背景

近年来,不断深化的财税体制改革与国地税分立的矛盾日益突出,关于国地税合并的呼声不断提高,国地税机构改革势在必行。总体来看,我们不妨从内在需求、外在推力和技术支撑三个方面来分析国地税合并的改革背景。

1. 内在需求:提高税收征管效率

2016 年的统计显示,我国国税部门与地税部门的规模庞大,在职人员数总和接近 80 万人。[①] 这种庞大而冗杂的部门规模加大了征税成本,且不利于征管效率的提升。特别地,国税部门与地税部门两套机构在税收征管业务上存在重叠,人员配置、办公场地、设备等方面都需要双倍的投入,且在国税部门与地税部门的相关业务需要协调时,还要增加额外的沟通成本,加之两个部门之间的执法标准和执法水平存在一定的差异,进一步抑制了税收征管效率的提升。与国税征管部门相比,地税部门的征管效率更低,这主要是由于地税部门是平行管理,归属于地方本级政府管理,其税收征管行为在很大程度上受本级地方政府影响,从而影响税收征管效率。

此外,"营改增"的推行使得国地税的合并更加急迫。从 2012 年开始,"营改增"试点逐步由上海推广至全国,作为原地税部门主体税种的营业税征收范围越来越小,出现了国税部门征管负担加重而地税部门税收征管能力闲置的情况,导致国税和地税部门事权和征管能力的不匹配。加之在"营改增"的过程中,国地税两部门的沟通合作日益密切,也为其合并打下了基础。

现阶段,若想进一步提高税收征管水平和效率,必须打破两套

---

① 余龙:《国地税机构合并与深化财税体制改革》,《现代管理科学》2018 年第 9 期。

机构分设瓶颈，通过合并机构，将信息交换转变为信息共享，由人力资源的配合转变为人力资源的整合，由征管服务程序的协调转变为征管服务程序的整体优化，从而降低征纳成本，提高税收征管效率。

2. 外在推力：大部制改革

"大部制"改革有利于避免职能重复交叉、政出多门、多头管理，从而有利于提升行政效率。自2013年，我国启动新一轮机构改革，原国务院的52个部门减少至25个，且对相关直属机构以及办事机构也进行了一定程度的裁并。国税部门与地税部门都属于税收征管部门，在具体业务功能上存在很大重叠，因此，国地税部门的合并也是我国大部制改革背景下的必然选择。

3. 技术支撑：现代信息技术的发展

1994年我国分设两套税务系统的目的之一是保障中央财政收入，提高中央宏观调控能力的同时调动地方政府的积极性。如今，随着技术的进步，丰富的现代化信息技术开始应用于税收管理领域，特别是金税三期的投入使用，实现了税收入库信息的实时化和可追踪。在现代信息技术的加持下，中央对地方的征税情况有了更加精确的了解，这为国地税的合并提供了技术支撑。

（二）改革内容

2015年12月，中共中央办公厅、国务院办公厅联合下发了《深化国税、地税征管体制改革方案》，明确提出："根据深化财税体制改革进程，结合建立健全地方税费收入体系，厘清国税与地税、地税与其他部门的税费征管职责划分，着力解决国税、地税征管职责交叉以及部分税费征管职责不清等问题"[①]，同时强调"建立服务合作常态化机制。实施国税、地税合作规范化管理，全面提升合作水平"，进一步鼓励国税地税展开深入合作，为后续的部门合并打下了基础。

---

① 《中共中央办公厅国务院办公厅印发〈深化国税、地税征管体制改革方案〉》，http://www.gov.cn/xinwen/2015-12/24/content_5027603.htm，2015年12月24日。

2018年2月28日，中国共产党第十九届中央委员会第三次全体会议通过了《深化党和国家机构改革方案》，2018年3月经过十三届全国人大一次会议第四次全体会议审议通过后，中共中央印发了《深化党和国家机构改革方案》，该方案明确提出："为降低征纳成本，理顺职责关系，提高征管效率，为纳税人提供更加优质高效便利服务，将省级和省级以下国税地税机构合并，具体承担所辖区域内各项税收、非税收入征管等职责。为提高社会保险资金征管效率，将基本养老保险费、基本医疗保险费、失业保险费等各项社会保险费交由税务部门统一征收。国税地税机构合并后，实行以国家税务总局为主与省（自治区、直辖市）政府双重领导管理体制。国家税务总局要会同省级党委和政府加强税务系统党的领导，做好党的建设、思想政治建设和干部队伍建设工作，优化各层级税务组织体系和征管职责，按照'瘦身'与'健身'相结合原则，完善结构布局和力量配置，构建优化高效统一的税收征管体系。"[①]

2018年7月，中共中央办公厅、国务院办公厅印发《国税地税征管体制改革方案》，该方案明确了国税地税征管体制改革的指导思想、基本原则和主要目标，提出了改革的主要任务及实施步骤、保障措施，并就抓好组织实施提出工作要求，进一步指明了改革方向。具体来看，方案的改革内容主要集中于以下几个方面。

一是为了加强党对税务机构的领导，各级税务机构党组改为党委。国家税务总局承担税务系统党的建设、全面从严治党主体责任，地方党委负责指导加强各地税务部门党的基层组织建设和党员教育管理监督、群团组织建设、精神文明创建等工作，各级税务局党委与地方党委及其工作部门合力共抓党建。

二是在2018年12月31日前，完成省以下国税地税机构合并。按照先立后破、不立不破的要求，坚持统一领导、分级管理、整体设计、分步实施，采取先挂牌再落实"三定"规定，先合并国税地

[①]《中共中央印发〈深化党和国家机构改革方案〉》，http://www.gov.cn/zhengce/2018-03/21/content_5276191.htm#1，2018年3月21日。

税机构再接收社会保险费和非税收入征管职责，先把省（区、市以及计划单列市，以下统称省）税务局改革做稳妥再扎实推进市（地、州、盟，以下统称市）税务局、县（市、区、旗，以下统称县）税务局的改革步骤，逐项重点工作、逐个时间节点抓好落实，确保2018年年底前完成各项改革任务。

三是从2019年1月1日起，将基本养老保险费、基本医疗保险费、失业保险费、工伤保险费、生育保险费等各项社会保险费交由税务部门统一征收。

四是按照便民、高效的原则，合理确定非税收入征管职责划转到税务部门的范围。对依法保留、适宜划转的非税收入项目成熟一批划转一批。在2020年12月31日前，将所有适宜税务部门征收的非税收入征管职责全部划转到税务部门。

从改革实践看，2018年6月15日，全国各省（自治区、直辖市）以及计划单列市国家税务局、地方税务局合并且统一挂牌；2018年7月5日，全国各市级国家税务局、地方税务局合并且统一挂牌；2018年7月20日，全国县乡国税地税机构合并且统一挂牌。至此，24年国地税分设的格局正式成为历史，我国的国地税征管体制改革稳步推进。

综合来看，国地税合并是税务机构设置的优化，有利于进一步提升税收征管水平和效率，但合并过程中难免面临管理方式、利益分配等方面的融合难题，需要我们在实践中予以重点关注。譬如，税务部门人员分流和业务培训、合并后如何有效规避地方政府的影响等。

三 税收征管技术改革：打造智慧税务生态系统

随着税务征管工作的日益复杂化和现代信息技术的迅猛发展，依靠现代信息技术优化税收征管方案，提升税收征管能力成为税收征管技术改革的重要领域，我国的税收征管逐步由经验管理向大数据管理转变。具体来看，当前我国税收征管技术改革集中体现于"互联网+税务"行动计划、全面推广金税三期工程和全面推行增值税发票管理新系统三个方面。

(一)"互联网+税务"行动计划

中国互联网络信息中心(CNNIC)发布的第45次《中国互联网络发展状况统计报告》显示,截至2020年3月,我国网民规模为9.04亿,互联网普及率达64.5%,互联网从一场技术革命演变成一场经济社会改革。2015年,我国正式提出"互联网+"国家战略,税务部门同年发布《"互联网+税务"行动计划》(本章以下简称《计划》),旨在将互联网的创新成果与税收工作深度融合,拓展信息化应用领域,推动效率提升和管理变革,进而实现税收现代化。

《计划》提出"到2020年,形成线上线下融合、前台后台贯通、统一规范高效的电子税务局,为税收现代化奠定坚实基础,为服务国家治理提供重要保障"的行动目标。并且将其细化为两个阶段:一是"至2017年,开展互联网税务应用创新试点,优选一批应用示范单位,形成电子税务局相关标准规范,推出功能完备、渠道多样的电子税务局以及可复制推广的'互联网+税务'系列产品,在税务系统广泛应用"。二是"至2020年,'互联网+税务'应用全面深化,各类创新有序发展,管理体制基本完备,分析决策数据丰富,治税能力不断提升,智慧税务初步形成,基本支撑税收现代化"。从实践来看,《计划》提出了需要重点推进的五大板块、20项行动(具体参见表12-2),大力推进税收管理和纳税服务实现网络化、信息化、智能化。

表12-2 《"互联网+税务"行动计划》的重点行动

板块	行动
社会协作	互联网+众包互助
	互联网+创意空间
	互联网+应用广场
办税服务	互联网+在线受理
	互联网+申报缴税
	互联网+便捷退税
	互联网+自助申领

续表

板块	行动
发票服务	互联网+移动开票
	互联网+电子发票
	互联网+发票查验
	互联网+发票摇奖
信息服务	互联网+监督维权
	互联网+信息公开
	互联网+数据共享
	互联网+信息定制
智能应用	互联网+智能咨询
	互联网+税务学堂
	互联网+移动办公
	互联网+涉税大数据
	互联网+涉税云服务

资料来源：国家税务总局：《关于印发〈"互联网+税务"行动计划〉的通知》，2015年9月28日。

（二）全面推广金税三期工程

金税工程是经国务院批准的国家级电子政务工程，是国家电子政务"十二金"工程之一，是税收管理信息系统工程的总称。2012年7月1日，金税三期工程主要应用系统在重庆双轨试运行，标志着金税三期主要应用系统及配套设施的设计、开发、部署和测试基本成功，工程建设迈出了关键性一步。随后，2016年10月，第六批试点单位成功上线，金税三期工程已覆盖全国所有省（自治区、直辖市）税务局。

金税三期工程在全国税务系统的全面上线和平稳运行，首次实现了基础平台、应用软件、业务标准等方面的统一，为税收服务国家治理现代化提供了信息化基础。

金税三期工程的总体目标是建立"一个平台、两级处理、三个覆盖、四个系统"。具体来看，一个平台指包含网络硬件和基础软件的统一的技术基础平台；两级处理指依托统一的技术基础平台，逐步实现税务系统的数据信息在总局和省局集中处理;三个覆盖指应用内容逐步覆盖所有税种,覆盖税收工作的主要工作环节,覆盖各级国地税机关,并与有关部门联网;四个系统包括征收管理、外部信息、决策支持和行政管理系统。与金税一期和二期相比,金税三期工程有九大亮点[①]:

一是运用先进税收管理理念和信息技术做好总体规划。从管理角度来看,金税三期建立了基于信息管税的税收管理模式,以纳税人关系管理为核心,把纳税人价值获取作为建设和发展方向;从技术角度来看,遵循顶层设计、业务导向、架构驱动的建设模式,紧紧围绕税务发展方向,从全局角度审视、设计工程体系框架。

二是统一全国征管数据标准和口径。金税三期通过对税收元数据和代码集的属性定义和标准规范,实现税收征管数据的"法言法语",保证数据项标准、口径的唯一性。

三是实现全国征管数据大集中。金税三期采用"应用省级集中,生产数据在省局落地,然后集中至总局"的模式,并建立第三方信息共享机制,实时、完整、准确地掌握纳税人涉税信息和税务机构、人员情况。

四是统一国地税征管应用系统版本。金税三期面向税收业务、行政管理、外部交换和决策支持四类应用,设计并搭建一体化技术和应用环境,实现全国国税局、地税局征管应用系统的版本统一,为消除税收征管体制改革前国地税业务办理间的障碍奠定了基础。

五是统一规范外部信息交换和纳税服务系统。金税三期构建全国统一的外部信息管理系统和交换通道,形成以涉税信息的采集、整理和应用为主线的管理体系,为风险管理提供外部信息保障。

六是实行遵从风险管理。金税三期引入先进管理理念,将提高纳税遵从度作为税收管理的战略目标,一方面构建分类分级管理和技术框架,对纳税人实行分类、分级管理,另一方面按风险分析、

---

① 《一张图告诉你"金税三期"工程的9大亮点》,http://www.chinatax.gov.cn/n810341/n2340339/c2947511/content.html,2016年8月30日。

排序、应对、评价的流程建立国税、地税一体化遵从风险管理平台。

七是加强管理决策。金税三期实现税收数据的查询、监控以及深层次、多方位的分析和挖掘,监督、检查、监控税务人员服务、管理和执法全过程,为各级税务机关税收决策提供依据。

八是支持个人税收管理。金税三期建立承担纳税(费)义务的自然人信息库,覆盖个人所得税及社保费的核心业务,实现全员建档、数据全国集中和信息共享。

九是强化数据质量管理。金税三期全面贯彻数据治理理念,通过事前审核监控、事后纠错调整和补偿业务等方式,及时更正数据差错,确保数据质量。

截至 2016 年年底,纳入金税三期管理的纳税人总数已经达到 5986 万户,税收收入近 11.6 万亿元。[①] 金税三期的全面推广统一了省局核心征管应用系统,规范了纳税服务系统,实现了全国数据集中,进一步降低了税收成本,提高了征管水平和纳税人的满意度,推动了社会综合治税、信息管税的进程。

(三) 全面推行增值税发票管理新系统

为适应税收现代化建设的需要,满足增值税一体化管理要求,切实减轻基层税务机关和纳税人负担,自 2015 年起,国家税务总局在全国范围内分步全面推行增值税发票管理新系统。新系统覆盖所有增值税纳税人及所有增值税发票,在便捷性、安全性和有效性上均有所提升。

在便捷性方面,新系统实现了全程网络化办税,纳税人发票申领、开具、验旧、缴销、报税、查验、办理红字发票手续、系统升级以及纳税申报等大部分办税事项均可通过网络实现,从而避免了纳税人到办税服务厅排长队、来回跑的麻烦,提高了纳税人办税的便捷度,是国家税务总局"便民办税春风行动"的重要内容之一。

---

① 国家税务总局税收科学研究所:《改革开放 40 年中国税收改革发展研究——从助力经济转型到服务国家治理》,中国税务出版社 2018 年版,第 274 页。

在安全性方面，新系统实现了纳税人网上办税税务数字证书安全认证和发票数据加密验签，税务机关采集传输的发票数据、申报数据均为加密安全数据，有效防止数据被篡改或盗取。

在有效性方面，首先，新系统的核心是建立及时、完整、准确的发票信息库。纳税人开具发票的票面信息会实时加密上传税务机关，生成发票电子底账库，作为纳税申报、发票数据查验以及税源管理、数据分析利用的依据。同时，开票数据还可以实时跨省异地推送，实现增值税纳税人纳税申报"一窗式"票票比对、票表比对管理，从而有效解决不法分子虚开发票、篡改发票汉字信息等问题。其次，新系统建立了全国统一的发票真伪查验平台，压缩了虚假发票的空间。此外，通过新系统，税务机关可实时采集、监控纳税人发票开具的情况，及时发现异常，防范税收风险，并可以运用大数据分析技术通过发票信息掌握大部分经济活动的数据及动向，强化税源管理，并为宏观经济决策提供真实、全面且详细的数据支持。

第五节 总结与展望

2012年以来，在党中央的引领下，我国的经济发展由高速增长转向高质量发展，改革方向由经济体制改革转向全面深化改革。税制改革自然也不同于以往，更多地体现为与新时代的共生性和与国家治理现代化的匹配性，满足新时代的发展要求，并向匹配国家治理现代化的方向前进。

一 中国税制改革的逻辑

2012年以来，党中央对税收领域的改革进行了一系列的战略部署，并进行了相应的实践。综合来看，这一阶段的改革与新时代的特征息息相关，其改革逻辑思路可以归纳为三个转变：一是定位的转变，由经济体制的组成部分转变为国家治理体系的组成部分；二是目标的转变，由构建公共财政体制转变为建立现代财政制度；三是关注点的转变，更加注重税收质量。

（一）定位的转变：由经济体制的组成部分到国家治理体系的组成部分

党的十八届三中全会提出"财政是国家治理的基础和重要支柱"，"科学的财税体制是优化资源配置、维护市场统一、促进社会公平、实现国家长治久安的制度保障"。这一论断将财税体制由经济体制的组成部分提升为国家治理体系的组成部分。这一转变使得税制改革不再是一个经济领域的问题，而需要更加注重治理能力的提升，这就涉及经济、政治、社会、文化、生态文明等领域。譬如，作为绿色税制建设的重要组成部分的《中华人民共和国资源税法》反映了我国税收制度开始关注生态文明建设。

（二）目标的转变：由构建公共财政体制到建立现代财政制度

早期的税收改革目标在于推动税收制度由"非公共性"向"公共性"转变，旨在构建与社会主义市场经济体制相匹配的税收制度。如今，党的十八届三中全会提出了"建立现代财政制度"的改革目标，因此构建现代税收制度也成为这一阶段税收制度改革的目标。有别于以往围绕税收总量增减而定改革方案的做法，新一轮税制改革设定的前提是"稳定税负"。其目标就是在"稳定税负"的前提下，通过"逐步增加直接税比重"优化税收收入结构，加快建立现代税收制度。①

（三）关注点的转变：由注重税收总量到更加注重税收质量

党的十九大报告指出，我国社会主要矛盾已经转化为人民日益增长的美好生活需要和不平衡不充分的发展之间的矛盾。这一转变标志着人民群众在民主法治、公平正义、安全环境等能够满足美好生活需要方面的需求提升，这也要求税收制度进行相应的改变。此时，税收不应仅仅具备过去的三性——强制性、无偿性和固

---

① 高培勇：《中国财税改革40年：基本轨迹、基本经验和基本规律》，《经济研究》2018年第3期。

定性,而更应该关注税收的征收是否符合公平正义、能否让老百姓接受和理解,并在乐于遵从的基础上照章纳税,这就涉及了税收质量的问题。① 当前,税收法定工作的全面展开、"便民办税春风行动"的开展都反映了我国在提升税收质量方面的努力。

二 中国税制改革的展望

为进一步回应新时代税收的定位和匹配国家治理体系和治理能力现代化的需求,2013 年 12 月 26 日,全国税务工作会议第一次明确提出了税收现代化的总目标,并将其细化为"完备规范的税法体系、成熟定型的税制体系、优质便捷的服务体系、科学严密的征管体系、稳固强大的信息体系、高效清廉的组织体系"六大体系。总体来看,未来中国的税制改革将从税制设计、税收程序和税收管理三个领域出发,逐步构建现代税收制度,为国家治理体系和治理能力现代化提供支撑。

(一) 税制设计的现代化:深化税收制度改革,健全地方税体系

我国将进一步优化税制结构,加强总体设计和配套实施,加快健全地方税体系。具体来看,将主要从以下方面着手:(1) 着力完善直接税体系。建立并完善综合与分类相结合的个人所得税制度,优化税率结构,完善税前扣除,规范和强化税基,加强税收征管,充分发挥个人所得税调节功能。密切关注国际税改动态,审慎评估和研判国际税制发展趋势,进一步完善企业所得税制度。按照"立法先行、充分授权、分步推进"的原则,推进房地产税立法和实施。(2) 健全间接税体系。坚持税收中性原则,深入推进增值税改革,进一步健全抵扣链条,优化税率结构,完善出口退税等政策措施,构建更加公平、简洁的税收制度。结合增值税改革进程,推进增值税立法,最终形成规范的现代增值税制度。结合实施中央和地

---

① 国家税务总局税收科学研究所:《改革开放 40 年中国税收改革发展研究——从助力经济转型到服务国家治理》,中国税务出版社 2018 年版,第 320 页。

方收入划分改革,研究调整部分消费税品目征收环节和收入归属。(3) 积极稳妥推进健全地方税体系改革。调整税制结构,培育地方税源,加强地方税权,理顺税费关系,逐步建立稳定、可持续的地方税体系。[1]

(二) 税收程序的现代化:推动税收法治化,进一步落实税收法定原则

随着税收法定原则的落实,如何进一步推动税收法治化,规范税收程序是亟须解决的问题。具体来看,可以从以下三个方面着手:一是有法可依。当前我国采用多种形式逐步推进税收法定,在有法可依方面取得了较为显著的成果,但仍有一些税种尚未实现税收法定,这就需要我们持续扩围,早日实现全面法定。二是正确认识政府部门在税收立法中的地位和作用。我们需要明确立法机关在税收立法领域的主体地位,但考虑到政府部门是税法的具体执行者和操作者,我们需要充分发挥政府部门的优势,积极推进其参与税收立法,为税收立法提供专业意见。三是注重保障纳税人的权利。若想让税法在实践中得到尊重和践行,纳税人的税法主体意识必须增强,这就需要保障纳税人的权利,进一步培养其主体意识,同时可以对税务机关的依法征税形成强有力的监督,一举两得,促进税收法定原则的落实。

(三) 税收管理的现代化:引入新技术,提升满意度

随着经济的发展和改革的深入,税收管理面临的形势发生了巨大变化,譬如,纳税主体日益多元化、复杂化,国地税合并等,税收管理如何应对这些变化是其实现现代化需要解决的问题。具体来看,可以从以下两方面着手:一方面,面对更加复杂的税务信息,税收管理需要引入新技术和新理念,保证税收管理的高效率。譬如,用包括整体业务架构的方法论、全局业务的数据建模、科学化的系统开发法、工程化的系统运行、先进的建设理念等,完善"后金税

---

[1] 刘昆:《全球视角下的中国财税体制改革——在中国发展高层论坛 2018 年会上的演讲》,《预算管理与会计》2018 年第 5 期。

三期"时代信息技术平台建设。[①] 另一方面，税收管理应该注重提升纳税人的满意度，进一步推动"便民办税春风行动"，并将其贯穿于税收工作全过程，建设服务型税务机关。譬如，可以考虑进一步整合实体办税、自助办税、网上办税、掌上办税等资源，强化线上线下"一站式"的全程服务模式。

[①] 谢波峰：《税收管理现代化的历史演进试析——改革开放四十年来中国税务管理的历程》，《财政科学》2018年第9期。

第十三章
完善中央和地方财政关系
（2012年以来）

2019年10月党的十九届四中全会通过的《中共中央关于坚持和完善中国特色社会主义制度 推进国家治理体系和治理能力现代化若干重大问题的决定》，将中央和地方关系纳入中国特色社会主义体制机制建设的范畴，提出"优化政府间事权和财权划分，建立权责清晰、财力协调、区域均衡的中央和地方财政关系，形成稳定的各级政府事权、支出责任和财力相适应的制度"。这是新时代我们党对处理好中央和地方财政关系做出的新部署，提出的新目标。事实上，以习近平同志为核心的党中央高度重视中央和地方财政关系问题，做出了一系列重大判断，提出了一系列明确要求。[①] 自党的十八大召开以来，我国以完善中央和地方财政关系为主线的财政体制改革，在支出侧取得实质性进展，财政事权与支出责任划分工作正在全面展开，在把握改革成果的基础上，我国将适时完善中央和地方财权划分，进一步发挥中央和地方两个积极性。

---

① 2020年8月12日，财政部部长刘昆为十三届全国人大常委会所做的题为"我国的中央和地方财政关系"的专题讲座。

第一节　财政体制改革向支出侧推进取得实质性进展

我国现行财政体制源于 1994 年的分税制改革。由于分税制改革的核心目标是提高"两个比重"，所以以往的改革更侧重中央和地方之间的收入划分，而事权划分则相对笼统，支出责任划分更未被纳入视野。多年来，分税制框架内的改革从未停止，但支出侧的改革却从未被触动。党的十八届三中全会的召开，不但赋予了财政新的历史使命，也为启动支出侧财政体制改革提供了历史机遇。

一　处理中央和地方财政关系原则的变化

1994 年分税制改革以来，党中央将处理中央和地方财政关系的原则从"财权与事权相匹配"先后调整为"财力与事权相匹配""事权和支出责任相适应""事权、支出责任和财力相适应"，体现了中国共产党对中央和地方财政关系的认识逐渐深化的过程。

（一）财力与事权相匹配

2006 年 10 月 11 日，党的十六届六中全会通过《中共中央关于构建社会主义和谐社会若干重大问题的决定》，在保障社会公平正义的制度体系建设中，对如何完善公共财政制度进行了部署，其中包括"进一步明确中央和地方的事权，健全财力与事权相匹配的财税体制"，这是自 1994 年分税制改革以来，党中央对中央和地方财政关系的基本原则做出的首次调整。

1994 年分税制改革致力于形成"财权与事权相匹配"的中央和地方财政关系，旨在实现各级政府筹集收入的权力与它们提供公共产品或服务的职责相匹配。将其调整为"财力与事权相匹配"的原因是党中央在实践中逐渐领悟到，中央需要保有足够的财权对地方实施有效控制，以维护国家的统一完整，而地方政府只要有足够的财力，便能履行其全部事权，不必严格地将事权与财权相提并论。

此后，党的十七大报告和党的十八大报告都重申了"健全中央和地方财力与事权相匹配的体制"。

（二）事权和支出责任相适应

2013年11月12日党的十八届三中全会通过的《中共中央关于全面深化改革若干重大问题的决定》将财政的定位提升到"国家治理的基础和重要支柱"的高度，"建立事权和支出责任相适应的制度"被作为深化财税体制改革的第三项任务提出，处理中央和地方财政关系的基本原则也随之调整为"事权和支出责任相适应"。

2014年6月30日，中共中央政治局审议通过《深化财税体制改革总体方案》，为党的十八届三中全会提出的深化财税体制改革的三项任务一一描绘出路线图。其中，在调整中央和地方政府间财政关系方面，以"建立事权和支出责任相适应的制度"为目标，而实现这一目标的路线，一是保持中央和地方收入格局大体稳定，二是进一步理顺中央和地方收入划分，三是合理划分政府间事权和支出责任。党中央之所以对处理中央和地方财政关系的基本原则做出这一调整，原因是在实践的历练中形成了"权力和责任、办事和花钱相统一"的财政思想。

（三）各级政府事权、支出责任和财力相适应

2017年10月，在党的十九大报告中，党中央提出要加快建立现代财政制度，同时明确了符合现代财政制度要求的中央和地方财政关系具有三方面特征，一是权责清晰，二是财力协调，三是区域均衡。2019年10月党的十九届四中全会进一步提出"形成稳定的各级政府事权、支出责任和财力相适应的制度"。至此，党中央形成了清晰的新时代处理中央和地方财政关系的基本原则——事权、支出责任和财力相适应。这说明党中央深刻地认识到，在支出侧财政体制改革取得实质性进展后，将收入、支出双向财政体制改革连通并同步推进的时机已经到来。

二　中央和地方财政关系改革的重要性越发凸显

随着全面深化改革向前推进，党中央逐渐认识到财税体制的根

基、短板和弱项是中央和地方财政关系，在改革中对其重视程度不断提升。在此过程中，又逐渐认识到中央和地方财政关系的根基、短板和弱项在于支出侧，因此着力推动财政事权与支出责任划分改革，以此带动中央和地方财政关系改革迈上新的台阶，形成稳定的"各级政府事权、支出责任和财力相适应的制度"。

（一）深化财税体制改革的难点与短板

党的十八届三中全会确定的深化财税体制改革任务，除了建立事权和支出责任相适应的制度，还有改进预算管理制度和完善税收制度。从"建立""改进""完善"的任务要求看，建立事权和支出责任相适应的制度是三者之中难度最大的一项任务。就像盖房子一样，从无到有地盖一幢新房，必然要难于对已经建好的房子进行装修。

《深化财税体制改革总体方案》分别确定了上述三项改革任务的实施方案，其中，建立事权和支出责任相适应的制度在总体方案中被具体化为"调整中央和地方政府间财政关系"，尚未上升到制度改革的层面，而预算管理制度和税收制度两项改革方案分别被定位为"改进"和"深化"。正是由于三项改革无法同步，中央和地方财政关系领域的改革明显滞后于另外两项改革，成为深化财税体制改革的短板，才导致总体方案在时间表上体现为2020年"基本建立现代财政制度"，而不是"建立现代财政制度"。

政府间财政关系领域的改革滞后最根本的原因是要触动既得利益，各种矛盾和问题交汇在其中，难度之大可想而知。所以，多年来我国在预算管理制度改革、税收制度改革方面均取得了较大进展，而政府间财政关系领域的改革却迟迟没有"破土动工"。党中央借由财政功能地位在党的十八届三中全会获得历史性提升的机会，将中央和地方财政关系重新纳入改革视野，寻求与国家治理现代化框架下的现代财政制度相适应的中央和地方财政关系，并将其制度化，从中可以洞悉党中央审时度势的智慧和攻坚克难的决心。

（二）从"基本达成共识"到置于三项改革的首位

"木桶原理"讲的是一只木桶盛水的多少取决于桶壁上最短的那

块木板，而不是最长的那块木板。"木桶原理"是已经取得普遍共识的管理学概念，也明显适用于深化财税体制改革。深化财税体制改革作为一项系统工程，其三项改革任务需要协同推进，注重整体性、系统性和联动性，不能因为其中某一项改革拖慢整体改革进程，降低整体改革成效。正因如此，在将中央和地方财政关系作为深化财税体制改革任务达成共识后，这项改革任务是"木桶短板"的共识也顺利达成。以此为基础，又在全党上下进一步达成如下共识：要实现深化财税改革建立现代财政制度的总体目标，必须将中央和地方财政关系领域的改革落到实处，要正确面对既得利益的调整，否则财税体制改革永远都不能够彻底。在上述共识的基础上，党的十九大将中央和地方财政关系改革上升到三项改革任务的首位，并将其视为加快建立现代财政制度的直接途径。[①] 由此可见，党中央充分认识到须将补齐"木桶短板"作为首要任务来抓，否则长板再长也不会增加木桶的盛水量。

在党的十九届四中全会上，中央和地方财政关系作为中央和地方关系的重要组成部分，与国家治理体系和治理能力建立了进一步的联系，被纳入充分发挥中央和地方两个积极性体制机制建设。至此，中央和地方财政关系已经跨越了现代财政制度的范畴，成为构建政府治理体系的重要任务。在此次全会上，预算制度被作为宏观调控制度体系的制度保障之一，税收制度被作为再分配调节机制之一。由此可见，党中央在深化财税体制的同时，已经在扩展和提升财税体制各组成部分在推动国家治理现代化方面的功能，并致力于相关布局的科学合理，以实现各自功能最大化。其中，预算制度和税收制度分别被赋予专项职责，中央和地方财政关系则被赋予了综合性职责，也表明中央和地方财政关系对于全局的重要性，相关改革亟待加速推进。

[①] 党的十九大报告提出"加快建立现代财政制度，建立权责清晰、财力协调、区域均衡的中央和地方财政关系。建立全面规范透明、标准科学、约束有力的预算制度，全面实施绩效管理。深化税收制度改革，健全地方税体系"。

（三）充分发挥支出侧改革的直接性和联动性

如上文所述，我国中央和地方财政关系领域的改革，从 1994 年开始，一直在分税制改革的框架内进行，而从分税制改革的得失经验来看，在收入侧的改革成效显著，而在支出侧的改革明显滞后。这与分税制改革以提高"两个比重"为取向的目标和我国选择"渐进式"的改革路径不无关系。

"渐进式"改革的特征是在基本不触动既得利益格局的前提下，先易后难、先外后内、先增量后存量、强调试点和过渡、循序渐进地推进改革。财税体制改革既是我国市场化改革的一部分，也是市场化改革的先导，从改革模式上需要与总的市场化改革相适应，遵循"渐进式改革"路径。财税领域的"渐进式改革"路径被具体化为"先收入改革、后支出改革"和"先边角改革、后核心改革"。从改革进程看，目前收入改革、边角改革部分已经基本完成，在国家治理现代化急需现代财政制度支撑的当下，我国选择将支出改革融入核心改革——中央和地方财政关系改革，改革策略选择推动"事权和支出责任划分改革"，建立事权和支出责任相适应的财政管理体制。[①]

事实上，从财税体制改革全局来看，支出侧改革之所以被党中央重视，并放在"渐进式改革"的核心改革位置上，是因为支出侧改革具有较强的直接性和联动性。

首先，财政事权与支出责任划分与各级政府职能分工相一致，对政府治理目标的实现具有直接性。正因如此，在由事权和支出责任划分、财权划分、财政转移支付制度构成的政府间财政关系体系中，事权和支出责任划分居于核心地位，无论是财权划分，还是转移支付制度，均不能直接实现政府治理目标，需要借助于财政事权与支出责任划分来实现，而财权划分和转移支付的制度安排主要是为形成履行财政事权与支出责任的财力。

---

① 闫坤、于树一：《财税改革 40 年：挑战、主线、规律和未来改革思路》，《学习与探索》2018 年第 10 期。

其次，在当前的政府间财政关系体系中，财政事权与支出责任划分改革明显滞后于政府间财政收入划分、政府间转移支付两个领域的改革，成为深化另外两项改革的阻力，甚至给深化财税体制改革整体进程"拖后腿"。因此，党中央充分认识到财政事权与支出责任划分是财税体制的根基、短板和弱项，只有补齐这个短板，加强这个弱项，才能让财政真正肩负起国家治理基础和重要支柱的历史使命，发挥现代财政制度优势，巩固"六位一体"的国家治理体系的根基。

第二节　财政事权与支出责任划分改革全面展开

党中央在准确把握深化财税体制改革的主要矛盾是中央和地方财政关系改革，以及矛盾的主要方面是支出侧的央地财政关系改革之后，全面开启了财政事权与支出责任划分改革，包括对划分基本原则的探索、新时代背景下划分目标和内在要求的确立、顶层设计与分领域改革的全面部署，等等。

一　事权与支出责任划分基本原则的探索

改革遵循怎样的原则是一项基础性的任务，确定事权与支出责任划分基本原则的出发点应该是事权与支出责任怎样划分是最优的。这就需要充分考虑效率与公平的目标、财政资源有限性和社会公共需要等所有相关因素。为此，在党中央出台的系列文件精神的指导下，我国理论工作者和财政部门工作者分别对事权与支出责任划分的基本原则进行了意义深远的理论与实践探索。

（一）多角度的理论探索[①]

尽管财税改革的逻辑侧重点有所不同，但当前理论界一致认为

[①] 闫坤、于树一：《新中国政府间财政关系研究 70 年：分级财政从萌芽到兴盛》，《财贸经济》2019 年第 10 期。

事权和支出责任划分是理顺政府间财政关系的关键。而对于事权和支出责任划分的逻辑,马万里提出纵横两个维度[①];李炜光则强调法律授权[②];刘尚希等将政府间支出责任划分作为逻辑起点[③];李苗、崔军则认为,不应是单一的责任层次,还要考虑权力要素。[④] 除此之外,财政学界还进一步地探讨事权与支出责任划分的基本原则。

闫坤、于树一在对我国政府间财政支出责任的研究中,提出了中央和地方政府间财政支出责任的划分原则以及省以下基本公共服务财政支出责任划分原则,即基本公共服务的标准和层次性、外部性原则、各级政府的财政支出能力差异原则、交易费用原则和规模经济原则等。[⑤] 而楼继伟提出的外部性、信息处理的复杂性、激励相容的事权划分三原则[⑥]更是在党的十八届三中全会提出"建立事权和支出责任相适应的制度"后得到了广泛认同、解读和发展。例如,李俊生等认为,在适用上述三原则时,需要以政府的激励相容为主,因为其是制度设计的结果,也是改善公共服务提供效率的部分。[⑦] 刘尚希等将上述三原则视为"效率维度三原则",并在此基础上提出与之对应的"风险维度三原则":风险决策原则、风险分担原则、风险匹配原则。[⑧] 除此之外,杨志勇从事权划分的稳定性和确定性视角[⑨],

---

[①] 马万里:《多中心治理下的政府间事权划分新论——兼论财力与事权相匹配的第二条(事权)路径》,《经济社会体制比较》2013年第6期。

[②] 李炜光:《财政何以为国家治理的基础和支柱》,《法学评论》2014年第2期。

[③] 刘尚希、马洪范、刘微、梁季、柳文:《明晰支出责任:完善财政体制的一个切入点》,《经济研究参考》2012年第40期。

[④] 李苗、崔军:《政府间事权与支出责任划分:从错配到适配——兼论事权责任层次和权力要素的双重属性》,《公共管理与政策评论》2018年第4期。

[⑤] 闫坤、于树一:《论我国政府间财政支出责任的"错配"和"纠错"》,《财政研究》2013年第8期。

[⑥] 楼继伟:《中国政府间财政关系再思考》,中国财政经济出版社2013年版,第24页。

[⑦] 李俊生、乔宝云、刘乐峥:《明晰政府间事权划分 构建现代化政府治理体系》,《中央财经大学学报》2014年第3期。

[⑧] 刘尚希、石英华、武靖州:《公共风险视角下中央和地方财政事权划分研究》,《改革》2018年第8期。

[⑨] 杨志勇:《分税制改革中的中央和地方事权划分研究》,《经济社会体制比较》2015年第2期。

刘剑文、侯卓从形式法定和实质法定视角,对事权划分进行了原则性探讨。①

从基本原则开始,在中共中央陆续发布的政策文件指导下,我国理论界展开一轮以事权和支出责任划分为载体的政府间财政关系研究。

(二) 以《指导意见》为开端的实践探索

2016年8月24日,《国务院关于推进中央和地方财政事权和支出责任划分改革的指导意见》(以下简称《指导意见》)正式发布,作为纲领性文件对推进中央和地方财政事权与支出责任划分改革做出总体目标、基本思路、时间表等总体部署,至此,我国在调整政府间财政关系方面迈出了关键性的一步。

在既定的目标和要求下,《指导意见》明确了中央和地方财政事权与支出责任的五项划分原则。一是体现基本公共服务受益范围,受益范围是全国、地区、跨地区的基本公共服务分别由中央承担、地方承担、中央和地方共同承担。二是兼顾政府职能和行政效率,需获取大量复杂信息且信息获取困难的事权由地方承担,信息比较容易获取和甄别的事权由中央承担。三是实现权、责、利相统一,在中央统一领导下将事权上划中央或下放地方实现效率最大化,明确共同财政事权各环节职责归属中央还是地方。四是激励地方政府主动作为,激励地方各级政府履行好自身事权,防止其不作为或做出损人利己的行为。五是做到支出责任与财政事权相适应,按照"谁的财政事权谁承担支出责任"的原则,确定各级政府支出责任。

上述五大原则涵盖了理论上的公共品受益范围、成本收益、激励相容等方面,财政事权划分和支出责任划分改革在这些原则指导下推进。当然,也存在不足,即支出责任的划分原则没有明确,尤其是出现外部性、财政能力局限和规模经济时,需要多级财政共担支出责任,明确支出责任划分原则也是必要的。

尽管如此,划分原则仍是《指导意见》中最重要的部分,体现

---

① 刘剑文、侯卓:《事权划分法治化的中国路径》,《中国社会科学》2017年第2期。

着坚持中国特色社会主义道路和党的领导、坚持财政事权由中央决定、坚持有利于健全社会主义市场经济体制、坚持法治化规范化道路、坚持积极稳妥统筹推进五项总体要求。其中，处于首位的要求便是充分发挥中国特色社会主义制度在维护社会公平正义和促进共同富裕方面的优势，确保党的路线、方针、政策得到贯彻落实，为加强和改善党的领导提供更好保障。其次就是维护中央权威，中央决策、地方执行，财政事权确认和划分的决定权在中央，在最大限度减少中央对微观事务的直接管理的前提下，适度加强中央政府承担的事权，在此基础上，加强中央和地方之间以及各部门之间的协同合作，形成合力。

二 事权与支出责任划分改革被提到首位

党的十九大向全世界宣告中国特色社会主义进入了新时代，新时代背景下，党中央对如何加快完善社会主义市场经济体制提出十三个方面的制度完善任务，其中就有"加快建立现代财政制度，建立权责清晰、财力协调、区域均衡的中央和地方财政关系"。可见，"权责清晰"是新时代中央和地方财政关系要实现的首要目标，而实现这一目标的路径是推动财政事权与支出责任划分改革走向纵深。

（一）新时代中央和地方财政关系的内在要求

在深入学习体会党的十九大报告精神后，笔者认为，新时代最鲜明的特征是我国社会主要矛盾转化为"人民日益增长的美好生活需要和不平衡不充分的发展之间的矛盾"，国家治理的方方面面都需要致力于主要矛盾的化解。财政化解社会主要矛盾的思路，是在新的历史阶段、新的时代背景下实现公平与效率的均衡。这是新时代理顺中央和地方财政关系的内在要求，事权与支出责任划分改革也要致力于实现公平与效率新的均衡。

对公平与效率的双向调节是财政固有的属性，也是财政固有的比较优势，因此世界各国均通过财政手段实现公平和效率的国家治理目标。无论是国内外普遍认同的财政三职能（马斯格雷夫提出的资源配置职能、收入分配职能、经济稳定与发展职能），还是党的十八届三中全会赋予的财政新职能——优化资源配置、维护市场统一、促进社会公平、实现国家长治久安,对于公平和效率的职能定位均十分鲜明。

要履行公平和效率取向的财政职能,财政体制改革责无旁贷。新时代中央和地方财政关系需要既有利于财政公平职能的发挥,最大化地促进社会公平,也要有利于财政效率职能的发挥,尽可能地优化资源配置。这就需要在中央和地方财政关系建立的基础——财政事权与支出责任划分的过程中,充分考虑公平和效率的内在要求。一方面,致力于实现基本公共服务均等化,保障人民生活水平;另一方面保障从中央到地方高效地利用资源,促进宏观经济和区域经济稳定和高质量增长,实现内外良性循环。在财政事权与支出责任划分的基础上,进一步科学地划分财权,并以转移支付制度保障各级政府财力,全面实现权责清晰、财力协调、区域均衡目标。

(二)以"权责清晰"为目标的财政事权与支出责任划分改革

党中央以"权责清晰"为首要目标调整中央和地方财政关系是建立在长期实践的基础上,准确把握住了问题的核心。分税制运行20余年来,事权和支出责任的划分一直处于"粗线条"状态,各级政府事权从上至下高度重叠,这给支出责任的确定带来了难度,最后变成了政府间的博弈。进而导致各项事权的实现程度不一,基层政府承担着绝大部分新增事权的支出责任,支出压力很大,预算软约束普遍存在,甚至争相"卖地"、债台高筑、腐败滋生。

因此,在中国特色社会主义新时代,以"权责清晰"为目标推进财政事权与支出责任划分改革非常"接地气"。这一目标可具体分三步实现:一是厘清各级政府的职能边界。在充分发挥市场在资源配置中的决定性作用,更好地发挥政府作用的原则下,继续推动政府职能转变,在越位领域退出,在缺位和不到位领域更多地履行职能,同时通过法治化、绩效化加强政府治理能力和水平。二是科学地在政府间划分事权。只有让每一级政府都履行最适宜由其履行的事权,才能够实现各级政府治理能力和水平的最大化。而这并不容易，需要在科学的理论指导下，通过实践不断地尝试，也需要事权划分保持一定的弹性，在前提条件发生改变时（如政府职能边界变化）可以动态调整。三是为各级政府履行事权匹配财力，即划分支出责任。总的原则是"权责对等"，谁的事权谁支出，但这也并不容易，还要考虑中央的宏观调控的需要、管理半径和事权范围的权衡、基本公共服务国家标准和地方标准的确立，等等。

可以说，目前出台的划分方案还相对粗放，划分的精准性还有进一步提升的空间，而新的困难和问题也不断涌现。例如，新冠肺炎疫情暴发后，我们很容易发现现行《医疗卫生领域中央与地方财政事权和支出责任划分改革方案》还存在很大的优化空间，当这一重大公共卫生事件突发后，局势一度混乱，各级财政花费巨资为此埋单。也就是说，财政事权与支出责任划分改革依然"在路上"，但党中央确立的"权责清晰"目标要求是科学合理的，在长期实践中需要时刻对照这一目标，不能偏离。

三 财政事权与支出责任划分改革的顶层设计与分领域改革

从改革历程看，我国财政事权与支出责任划分改革已走过了三个阶段，从《指导意见》确定了总的改革纲领，到解决重点难点的《共同事权划分方案》的出台，再到基本公共服务的各领域改革的全面推进。

（一）改革指导意见的出台——总体纲领[①]

改革第一阶段的标志是《指导意见》的出台。《指导意见》对中央和地方财政事权与支出责任划分改革的主要事项加以明确并做出部署。除上文阐述的总体要求和基本原则外，还从市场与政府、中央和地方、省以下地方政府间的关系层面以及法律依据层面的种种表现，指出我国现行的中央和地方财政事权与支出责任划分的不清晰、不合理、不规范等问题，提出推进改革的必要性。在此基础

---

① 于树一：《现阶段我国财政事权与支出责任划分：理论与实践探索》，《地方财政研究》2017年第4期。

上，提出改革的目标是"形成中央领导、合理授权、依法规范、运转高效的财政事权与支出责任划分模式"，从而让市场在资源配置中的决定性作用充分发挥，让政府能够有效提供基本公共服务，让建立健全现代财政制度及推动国家治理体系和治理能力现代化的要求得到满足。

在财政事权划分方面，《指导意见》提出要对中央的财政事权适度加强，对地方的财政事权给予保障，对中央和地方共同财政事权进行减少和规范，同时，建立财政事权划分动态调整机制。在支出责任划分方面，明确中央和地方各自承担其财政事权的支出责任，分情况划分中央和地方共同财政事权的支出责任，并对具体情况进行了分类。此外，改革还包括加快省以下财政事权与支出责任划分，完善中央和地方收入划分和对地方转移支付制度，加强相关领域改革的协同配套，等等。

从《指导意见》中可以明确体会到党中央的改革意图，即到2020年基本完成主要领域的改革，形成中央和地方财政事权与支出责任划分的清晰框架。事实上，探讨我国中央、地方财政事权与支出责任划分问题，需要对一系列具体问题给出答案，《指导意见》对其中的大部分已经作答，包括，为什么要对中央和地方的财政事权与支出责任进行划分；要在哪些层面划分；基于何种原则划分；我国中央和地方财政事权与支出责任划分改革有着怎样的基本架构；改革向纵深发展需要怎样的体制机制和配套措施的保障；何时完成改革的各项任务，等等。但也要看到，《指导意见》所明确的改革事项仍是抽象的，难以对接到执行层面，如何让它们更加"接地气"，还需要对如下三个问题作答：一是基于何种标准和方法对事权和支出责任进行划分；二是具体划分时应基于怎样的路线、方案和流程；三是是否需要设定先决条件。只有这样，才能将总体纲领具体化为行动方案。

（二）共同财政事权与支出责任划分改革方案出台——重点难点

2018年2月8日国务院办公厅印发《基本公共服务领域中央与

地方共同财政事权和支出责任划分改革方案》(以下简称《共同事权改革方案》),聚焦中央和地方财政事权与支出责任划分改革的重点难点。该方案的出台是一项重要的阶段性改革成果,标志着支出侧中央和地方财政关系改革迈开了实质性步伐。

《共同事权改革方案》将满足以下5项条件的8类18项基本公共服务先行确定为中央和地方共同财政事权(见表13-1),同时确定中央和地方支出责任的分担方式。五项条件如下:一是涉及人民群众基本生活和发展需要,二是现有管理体制和政策比较清晰,三是由中央和地方共同承担支出责任,四是以人员或家庭为补助对象或分配依据,五是需要优先和重点保障的基本公共服务事项。而科技研发、公共文化等在《指导意见》中明确为共同事权的基本公共服务主要在分领域改革中确定划分方案,同时强调共同财政事权范围将"随着经济社会发展和相关领域管理体制改革相应进行调整","共同财政事权与支出责任划分是一个动态调整、不断完善的过程"。

表13-1　"改革方案"确定的中央和地方共同财政事权

共同事权类别	共同事权事项	共同事权类别	共同事权事项
1. 义务教育	(1) 公用经费保障	5. 基本卫生计生	(11) 基本公共卫生服务
	(2) 免费提供教科书		(12) 计划生育扶助保障
	(3) 家庭经济困难学生生活补助	6. 基本医疗保障	(13) 城乡居民基本医疗保险补助
	(4) 贫困地区学生营养膳食补助		(14) 医疗救助
2. 学生资助	(5) 中等职业教育国家助学金	7. 基本生活救助	(15) 困难群众救助
	(6) 中等职业教育免学费补助		(16) 受灾人员救助
	(7) 普通高中教育国家助学金		(17) 残疾人服务
	(8) 普通高中教育免学杂费补助		
3. 基本就业服务	(9) 基本公共就业服务	8. 基本住房保障	(18) 城乡保障性安居工程
4. 基本养老保险	(10) 城乡居民基本养老保险补助		

资料来源:《基本公共服务领域中央与地方共同财政事权和支出责任划分改革方案》。

党中央为我国选择了"渐进式"改革之路，那么改革必然具有阶段性，初始阶段的改革也可能并不彻底。《共同事权改革方案》作为改革启动阶段的成果，尽管将范围缩小到共同事权，但也是将8类18项事权作为一个整体看待，对支出责任按比例划分虽考虑地区经济社会发展总体格局、各项基本公共服务的不同属性以及财力实际状况，但仍是基于区域格局比较笼统地进行分档，并不能细致地反映现实需求、公共服务之间的差异以及对支出效能的内在约束。还可以看到，该方案的核心部分实际来源于《"十三五"推进基本公共服务均等化规划》，而后者是一份综合性的发展规划，涵盖很多部门，没有突出强调财政性，相应的划分比例测算也相对粗略。

总体而言，《共同事权改革方案》针对中央和地方共同财政事权与支出责任，提出划分方案，确定支出责任分担比例，较之《指导意见》大大增强了可操作性，将改革实质性向前推进一步，但与最终改革目标的差距仍然很大，需要在此后渐进地推出系列改革成果。

（三）财政事权与支出责任划分分领域改革——全面推开

从财政事权与支出责任划分改革进程看，2016年出台《指导意见》，2018年出台《共同事权改革方案》和医疗卫生领域改革方案，2019年出台科技领域改革方案、教育领域改革方案和交通运输领域改革方案，2020年陆续出台生态环境领域改革方案、公共文化领域改革方案、自然资源领域改革方案、应急救援领域改革方案，央地财政事权与支出责任划分改革正在从顶层设计向分领域改革深化。这与《指导意见》中"到2020年基本完成主要领域改革"的时间表相吻合，中央和地方财政事权与支出责任划分的清晰框架即将形成。

由于改革所涉及的领域较多，遵循渐进式改革路径，分领域改革需要优先选择条件相对成熟、重要性较高的领域推进。并且分领域改革要致力于完成两个任务：一是将财政事权和支出责任划分改革与加快推进相关领域改革相结合；二是研究制定各领域改革的具体实施方案，形成分领域改革的成果。目前已经形成的8项分领域改革方案主要包括总体要求、主要内容、配套措施三部分，其中，在总体要求中全面体现党中央推进此项改革的总体意图和分领域改革的具体意图。

方案中总体要求的核心是指导思想，指导思想直接体现着党中央对此项改革的思路和意图，主要包括三个部分。一是总的指导思想：以习近平新时代中国特色社会主义思想为指导，全面贯彻落实党的十九大和党的十九届二中全会、党的十九届三中全会、党的十九届四中全会以及中央经济工作会议精神，并且，对"五位一体"总体布局、"四个全面"战略布局、稳中求进工作总基调、高质量发展、供给侧结构性改革、社会主要矛盾变化等党关于经济工作的总体部署和基本判断均有体现。二是党中央对政府间财政关系的总体部署：健全充分发挥中央和地方两个积极性体制机制，优化政府间事权和财权划分，建立权责清晰、财力协调、区域均衡的中央和地方财政关系，形成稳定的各级政府事权、支出责任和财力相适应的制度。三是落实到具体领域的党中央改革意图。

在医疗卫生领域改革方面，强调人民健康优先发展、健康中国战略、医药卫生体制改革、政策衔接、健康服务、投入保障长效机制等医疗卫生领域总体发展部署，以及"形成中央领导、权责清晰、依法规范、运转高效的医疗卫生领域中央和地方财政事权与支出责任划分模式，提高基本医疗卫生服务的供给效率和水平"的改革目标。在科技领域改革方面，强调科教兴国战略和创新驱动发展战略，在"把握科技工作规律和特点，立足我国实际，借鉴国际经验，坚持问题导向"的基础上，实现"形成完整规范、分工合理、高效协同的科技领域财政事权与支出责任划分模式"的改革目标。在教育领域改革方面，强调"全面贯彻党的教育方针，坚持把教育事业放在优先位置"，在"从社会主义初级阶段的基本国情出发，根据教育领域公共服务的特点，遵循教育规律，体现中国特色"的基础上，实现"形成中央领导、合理授权、系统完整、科学规范、权责清晰、运转高效的教育领域财政事权与支出责任划分模式"的目标。在交通运输领域改革方面，力求"通过改革形成与现代财政制度相匹配、与国家治理体系和治理能力现代化要求相适应的划分模式，为推进

'四好农村路'建设、构建现代综合交通运输体系、建设交通强国提供有力保障"。在生态环境领域改革方面，强调"贯彻落实习近平生态文明思想，坚持绿水青山就是金山银山"，通过改革"适当加强中央在跨区域生态环境保护等方面事权，坚决打好污染防治攻坚战，加快构建生态文明体系，推进生态文明体制改革，为推进美丽中国建设、实现人与自然和谐共生的现代化提供有力支撑"。在公共文化领域改革方面，强调"坚持和完善繁荣发展社会主义先进文化的制度，巩固全体人民团结奋斗的共同思想基础"，通过改革"健全公共文化服务财政保障机制，促进基本公共文化服务标准化、均等化，确保财政公共文化投入水平与国家经济社会发展阶段相适应"。在自然资源领域改革方面，强调贯彻落实习近平生态文明思想，通过改革"促进自然资源的保护和合理利用，维护国家生态安全，为推进美丽中国建设、实现人与自然和谐共生的现代化提供有力支撑"。在应急救援领域改革方面，强调"充分发挥我国应急管理体系特色和优势，积极推进我国应急管理体系和能力现代化"。

第三节 进一步完善中央和地方财权划分

自 1994 年分税制以来，在党中央的总体部署下，财税体制改革不断深化，在中央和地方财权划分方面不断取得新的进展，当然，这些进展均是基于分税制的思路和框架，在提高中央财权集中度的同时，保障地方财力基本需求，在税种逐渐上划的同时，通过扩大地方政府性基金收入权和赋予地方政府发债权对冲税权的集中，从而激励地方切实履行自身的事权和支出责任。这实际上是中国共产党在中央和地方财权划分上财政思想的充分体现。

一 新时代优化中央和地方财权划分的基础

在财权划分方面，我国已经具有很好的优化基础。一是 1994 年分税制改革已经从收入划分的角度搭建好中央和地方财权划分的初始框架；二是自分税制框架搭建好以后，实施了一系列集权取向的收入划分改革；三是目前基本上形成了以共享税为主体的收入分享新格局。

（一）分税制搭建的中央和地方收入划分初始框架

根据党的十四届三中全会的决定，1993年年底，国务院发布《关于实行分税制财政管理体制的决定》，初步确立了我国中央和地方财政关系的基本框架。此后20余年，这一框架得到不断健全和完善，党中央推动分税制改革的初衷得以基本实现："进一步理顺中央和地方的财政分配关系，更好地发挥国家财政的职能作用，增强中央的宏观调控能力，促进社会主义市场经济体制的建立和国民经济持续、快速、健康的发展。"

分税制的基本框架是通过划分中央和地方的事权和支出范围、划分中央和地方收入、确立中央财政对地方税收返还和转移支付制度三方面举措建立起来的。从中可以看出分税制的基本属性，即在合理划分各级政府事权范围的基础上，按税收来划分各级政府的收入，并通过转移支付制度来平衡地方间差异的分级财政管理体制。以分级财政管理体制处理中央和地方的财政关系是国际上的通行做法，但我国分税制改革充分体现着渐进式改革的中国特色。

渐进式的分税制改革体现着我党以中央集中为主、地方分权适度的财政思想，反映在实践中就是以税收返还保证地方既得利益的同时在增量调整中保证中央财力集中。这有两方面的结果，一是分税制改革总体成功，既兼顾了中央和地方两个积极性，又加强了中央宏观调控；二是分税制改革具有不彻底性，渐进式改革必然受到部分旧体制的影响，税收返还的安排、共享税按比例分成等均是其体现。但改革的不彻底并不影响分税制改革的总体成功，一方面，中央宏观调控能力和地方发展经济的努力增强，提高了整体制度效率；另一方面，促进国家税收快速增长、国家财力迅速充实，为其他领域的改革提供物质支持。

（二）分税制后一系列集权取向的收入划分改革

1994年至今，在党中央推动实施的市场化改革的顶层设计和总体要求下，我国中央和地方财政收入关系在分税制改革框架内稳步推进，包括出口退税机制改革、农村税费改革、所得税分享改革、"营改增"改革、国地税征管体制改革、资源税改革，以及开征车辆购置税、出台环境保护税法、调整中央和地方相关税种收入划分比率，等等。①

上述改革均在一定程度上涉及财政收入划分，并体现出财权财力向中央集中的取向。其中对中央和地方收入划分影响最大的两项改革是所得税分享改革和"营改增"改革。其中所得税分享改革是将原属于地方的企业所得税调整为共享税，并进一步将中央的分享比例从50%提升为60%，中央分享部分专项用于支持西部大开发。"营改增"改革是将原属于地方的营业税改为央地共享的增值税，改革后，增值税的中央分享比例从75%调整为50%，虽然分享比例降低了，但税基增大了，中央的财力显著加强。由此可见，这两项收入划分最大的改革动作都产生了财权财力向中央集中的直接结果，与此同时，还取得了推动税务机构改革的间接结果。

1994年我国分税制改革，在中央、地方之间进行税收收入划分，体现在税收征管上就是分设国税、地税两套税务机构，国税部门征收中央税和共享税，地税部门征收地方税。随着所得税分享改革和"营改增"改革的成功，省级九成以上的税收都变为共享税，纳入国税部门征收，为国税地税重新合并创造了条件。因此，在2018年3月十三届全国人大一次会议上推出的《国务院机构改革方案》中就包括国税地税机构合并的内容："改革国税地税征管体制。将省级和省级以下国税地税机构合并，具体承担所辖区域内的各项税收、非税收入征管等职责。国税地税机构合并后，实行以国家税务总局为主与省（区、市）人民政府双重领导管理体制。"2018年7月，全国省、市、县、乡四级新税务机构全部完成挂牌。可见，国税、地税的分与合主要取决于现实需要，而机构改革能够加速推动体制改

---

① 闫坤、于树一：《财税改革40年：挑战、主线、规律和未来改革思路》，《学习与探索》2018年第10期。

革，所有税收收入和非税收入统一由国税部门征收，改革中央和地方间的收入划分制度就更为迫切，因此当年的政府工作报告要求"抓紧制定收入划分改革方案"，党的十九届四中全会提出"优化政府间事权和财权划分"，在接下来的改革中需要重新明确收入划分的原则、标准和方法。

（三）以共享税为主体的收入分享新格局

2020年8月，财政部部长刘昆在为十三届全国人大常委会做专题讲座时，明确指出进一步理顺我国中央和地方财政关系要做到"三个坚持"，一是坚持党对财政工作的领导和以人民为中心的发展思想；二是坚持有利于调动中央和地方两个积极性，推动基本公共服务均等化；三是坚持我国政府间财政关系改革的成功经验和做法，体现权责清晰、财力协调、区域均衡的改革方向。并按照"三个坚持"提出要重点推进七项工作，第一项就是"健全地方税、直接税体系，完善以共享税为主体的收入划分模式"。事实上，我国以共享税为主体的收入分享新格局已经基本建立。

在《国务院关于实行分税制财政管理体制的决定》中，我国将增值税、资源税、证券交易税作为中央和地方共享收入，其中增值税中央分享75%，地方分享25%；资源税按不同的资源品种划分，大部分资源税作为地方收入，海洋石油资源税作为中央收入；证券交易税中央和地方各分享50%。此后，共享税范围和规模不断扩大，证券交易印花税全部调整为中央收入，并将企业所得税和改为增值税的营业税纳入共享税范围。目前，共享税规模占税收总规模的比重达到了近70%的历史峰值，标志着以共享税为主体的收入分享新格局形成，分税制进入"共享税为主、专享税为辅"的阶段。

介于财政分权和集权之间的税收共享体制，为党的财政思想发展提供了新的空间。在渐进式改革的既定路径下和减税降费的政策需求下，如何重构地方税体系，如何构建更为合理的中央和地方财权划分和财力分担机制？2014年中共中央政治局会议审议通过《深化财税体制改革总体方案》，要求在保持中央和地方收入格局大体稳定的前提下，进一步理顺中央和地方收入划分。为了给落实减税降费政策创造条件，2019年10月国务院印发了《实施更大规模减税降费后调整中央和地方收入划分改革推进方案》，以"保持现有财力格局总体稳定，建立更加均衡合理的分担机制，稳步推进健全地方税体系改革"为宗旨，在稳定五五分成比例的基础上，调整完善增值税留抵退税分担机制，缓解部分地区留抵退税压力。未来，还需要基于税收共享体制推动财税体制改革向纵深发展，在中央和地方之间合理划分财权、分配财力，以符合现代财政制度要求和满足国家治理现代化的需要。

二 新时代优化中央和地方财权划分的思路

新时代中国共产党对财税体制改革必然有新要求，在中央和地方财权划分方面也不例外，需要在夯实分税制改革成果的基础上突破分税制的局限。顾名思义，分税制是中央和地方间对税权进行划分，这是狭义的财权划分。进入新时代，需要从总体上把握政府全口径收入，那么，财权划分的范围也要扩大到全口径财权，即推动广义的财权划分。首先，需要统筹考虑"四本预算"合理界定广义财权范围，其次需要找到影响广义财权划分的主要因素，最后需要在"以收定支"理财观回归的前提下形成优化中央和地方间财权划分思路。

（一）统筹考虑"四本预算"合理界定财权范围

优化中央和地方财权划分的基础是合理界定财权范围，而新时代财权范围确定的依据是全口径预算体系下的"四本预算"收入。在党中央的领导下，我国预算管理体制改革正加速推进，形成了由"四本预算"——一般公共预算、政府性基金预算、国有资本经营预算和社会保险基金预算组成的全口径预算体系。中央和地方财政关系也需依据全口径预算体系加以完善，即在全口径政府收入体系下进行中央和地方财权划分，不仅仅要面向一般公共预算收入，还要面向政府性基金预算收入、国有资本经营预算收入和社会保险基金预算收入。

分税制改革的按税种划分，只是针对一般公共预算收入的税收收入部分进行划分，新时代需将非税收入在中央和地方间的划分也提上日程。不仅如此，向特定对象征收、收取或者以其他方式筹集的政府性基金预算收入，源自国有资本收益的国有资本经营预算收入，源自社会保险缴款、一般公共预算安排和其他方式筹集的社会保险基金预算收入，均需进行合理、规范的财权划分。

（二）新时代影响财权划分的主要因素

如前文所述，新时代政府间财政关系体系主要由政府间财政事权与支出责任划分、政府间财政收入划分、政府间转移支付三个部分构成，三个部分既相对独立，又高度关联、相互影响。因此，新时代财权划分的主要影响因素是事权与支出责任划分、转移支付制度。

从理论上来看，政府间财政关系体系的三个组成部分分别解决三个相互关联的财政问题。其中，政府间事权和支出责任划分解决的是"每项政府职能归谁履行、谁出资"的问题，权责须一致；政府间财权划分解决的是"各级政府为履行事权和支出责任如何筹资"的问题，须与事权和支出责任划分相适应；转移支付解决的是"如何保障各级政府有足够的财力履行其事权和支出责任"的问题，包括共同事权的财力分担和本级事权的财力充足两个方面。

由此可见，财权划分处于中间位置。在各级政府事权和支出责任划分清楚后，需要为各级政府赋予相应的财权，然而，经济、政治、社会制度等决定了政府事权和财权不可能一一对应，而且还涉及共同事权，这就需要通过转移支付制度进行财力配置，以保障各级政府都能有财力履行其事权和支出责任。这样，两个影响因素影响财权划分的机理便更加清晰化：财权划分一方面承担着为各级政府履行事权筹资的任务，受限于事权和支出责任；另一方面决定着各级政府的基本财力，与转移支付共同构成总的财力，二者之间是"此消彼长"的关系。

（三）在回归"以收定支"理财观的前提下优化中央和地方间财权划分

在计划经济体制下，中国共产党持有"以收定支"的理财观，并以此为财政运行所遵循的收支原则，即按财政收入安排支出，财政支出总量以收入总量为限。随着经济体制向市场经济转型，公共支出的需要不断增长，党的理财观转变为"以收定支"为主、"以支定收"为辅。在市场经济体制下，公共财政成为目标财政模式，党的理财观逐渐落脚到"以支定收"，并认可财政收支"动态平衡"的合理性，不再固守年度平衡，而是根据经济形势的发展需要适当调整财政收支，促进经济增长。

然而，新时代一个重要的特征就是经济新常态，经济增长速度逐渐回落到合理区间，国家治理的重中之重是以可持续发展为基础推动经济高质量发展。在新的历史条件下，为了应对新冠肺炎疫情冲击和经济新常态，财政肩负着减税降费的历史使命，为了防范化解重大风险，党的理财观重回"以收定支"。在2019年12月召开的全国财政工作会议特别强调"认真贯彻'以收定支'原则，加大优化财政支出结构力度，坚持政府过紧日子，切实做到有保有压"。

未来一段时间内，中国共产党"以收定支"的理财观是一切财政活动的基本遵循，处理中央和地方财政关系也不例外。在中央和地方间财权划分方面，需以"以收定支"为前提，对此前"以支定收"理财观下的财权划分加以调整或重新划分。

三 依据收入类型探索中央和地方财权划分

在新时代，统筹考虑"四本预算"对财权范畴进行合理界定，即得到广义财权，依广义财权取得的收入包括税收、非税收入和政府债务收入。那么，在新时代优化中央和地方财权划分的另一个维度，就是优化税收权（简称"税权"）、非税收入权（简称"费权"）和发债权（简称"债权"）在中央和地方间的划分。

（一）税权划分

税收管理权限主要包括税收立法权和税收管理权两个方面。税收立法权包括税法制定权、审议权、表决权和公布权，税收管理权包括税种的开征与停征权、税法的解释权、税目的增减与税率的调整权、减免税的审批权。其中纳入财权划分范畴的主要是税法制定、税收征管、税目税率调整、减免税等权限。

一直以来，我国税权主要集中于中央，地方享有一定的税权体现在对部分地方税制定实施细则、在规定幅度里确定税率、制定税收征管程序规则和特定情形下减免税等方面。

党的十八大报告指出："构建地方税体系，形成有利于结构优化、社会公平的税收制度。"新时代需要在落实税收法定原则的前提下，推动地方税体系重构，在以共享税为主体进行收入划分的基础上，通过进一步的税种划分重新确立地方专享税收，重塑地方主体税种。在税收管理权方面，国税地税机构合并后，实行以国家税务总局为主与省（区、市）人民政府双重领导的管理体制，其实仍是中央为主、地方为辅，在税法或其他法律规章中应体现具体权限的划分。

（二）费权划分

费权划分，就是以收费形式表现的非税收入权的划分。由于国有资本经营收入和社会保险基金收入具有较清晰的中央、地方归属界限，因此费权划分主要涉及政府性基金收入权和一般公共预算收入中的非税收入权划分。

在政府性基金收入中，有些有较为清晰的中央、地方归属界限，如农网还贷资金、土地出让金、铁路建设基金、民航发展基金等。有些是中央和地方分成收入，如港口建设费、彩票公益金等。新时代广义财权划分需将政府性基金收入纳入财权划分视野，以综合和分类相结合的方式重新厘清专享型政府性基金的归属，以及共享型政府性基金的中央和地方分享比例。

（三）发债权划分

在2014年修订《预算法》之前，我国政府发债权集中于中央，地方政府没有发债权，但是地方政府为保障所需财力积累的隐性债务、间接债务、或有债务规模庞大。为了将地方政府债务风险显性化进而逐步化解，我国实施了一系列改革举措。其中最重要的是进行了《预算法》修订，赋予地方政府有限的发债权，即在限制主体、限制用途、限制规模、限制方式、控制风险以及国务院建立地方政府债务风险评估和预警机制、应急处置机制以及责任追究制度的前提下，地方政府可以享有相对独立的发债权。

政府负债率普遍以欧盟60%的警戒线为标准（即年末债务余额与当年GDP的比重不超过60%，超过警戒线，就超过了经济对政府债务的承载能力，政府债务风险或将不可控），这说明政府不能无限度发债，中央和地方债务总规模需要控制在GDP的60%以内，这就产生了在中央和地方间划分政府发债权的必要，从而确定最佳的中央政府债务和地方政府债务的结构。新时代需要在科学测算和严格、规范管理的基础上，处理好发债权方面的中央和地方间财政关系。

第四节 健全和发挥中央和地方两个积极性

自党的十大提出"加强计划，加强协作，健全合理的规章制度，更好地发挥中央和地方两个积极性"以来，"两个积极性"在党代会的报告中呈现出一条清晰的发展轨迹：党的十一大提出"在巩固中央统一领导的前提下，发挥中央和地方两个积极性"，党的十四大提出"合理划分中央与省、自治区、直辖市的经济管理权限，充分发挥中央和地方两个积极性"，党的十六大提出"在坚持国家所有的前提下，充分发挥中央和地方两个积极性"，党的十八届三中全会提出"必须完善立法、明确事权、改革税制、稳定税负、透明预算、提高效率，建立现代财政制度，发挥中央和地方两个积极性"。至此，中国共产党"两个积极性"的思想落脚到中央和地方间财政关系层面。党的十九届四中全会吸收继承此前经验，从制度建设的角度提出"健全充分发挥中央和地方两个积极性体制机制"，落实到"建立权责清晰、财力协调、区域均衡的中央和地方财政关系，形成稳定的各级政府事权、支出责任和财力相适应的制度"。这便是在新时代中国共产党对政府间财政关系方面发挥"两个积极性"要求的具体化。

一　建立权责清晰、财力协调、区域均衡的中央和地方财政关系

在中国特色社会主义进入新时代后，中央和地方财政关系要按照符合现代财政制度要求的方向加以优化。现代财政制度要求的方向，在党的十九大报告中已经明确，即"权责清晰、财力协调、区域均衡"，这三项目标要求在党的十九届四中全会上又得到重申。党的这一财政思想如何贯彻？政府间财政关系体系的三个组成部分，可以分别与上述三个目标要求实现对接——财政事权和支出责任划分与权责清晰对接、财权划分与财力协调对接、财政转移支付与区域均衡对接。

（一）根据"权责清晰"要求优化财政事权与支出责任划分

从目前出台的财政事权与支出责任划分的总体改革方案和分领域改革方案看，划分的科学性和精准性还有进一步提升的空间。在调研中，地方层面对改革成效的反馈是改革更为系统化了，将改革前地方层面的实际做法进行了归并，在充分考虑共性和个性的基础上以划分方案的面貌呈现。不足之处是并没有实现更大的突破，无论是总体方案还是分领域方案均来源于实践，却并未超越实践。换句话说，地方层面原来怎样做现在仍然怎样做，只是原来的具体措施，现在上升到制度层面，赋予了执行的刚性。

未来，在党中央提出的"权责清晰"的要求下，需要进一步巩固事权与支出责任划分的改革成果，在此基础上，研究以分级财政为载体的划分优化方案。优化思路是在路径上实现"上下结合"，即由上至下提出划分方案之后，由下至上逐级进行反馈，对没有划分清楚，或者划分不合理的事权和支出责任，进行再探讨，并充分考虑由下至上提出的合理化建议，直至各级政府权责均实现对等。此外，财政事权与支出责任划分的精准性很大程度上取决于各项公共服务的特殊性，根据公共服务的特殊性优化划分方案，并进一步对公共服务受益范围、外部性、成本收益、规模经济等相关指标提出可行且有效的测度方法，以提升事权与支出责任划分的科学性和精确性。

(二) 根据"财力协调"要求优化财权划分

当前，我国的现实情况与财力协调的要求尚有很大距离。仍有很多地方政府（尤其是基层政府）在以很小规模的财政收入应对庞大的支出责任下移，因此，在缺乏与下移支出责任相配套的财力下移的情况下，需动用地方政府的自有财力履行上级事权。但是，很多地方政府自有财力尚不足以"吃饭"，得到的转移支付资金规模与所要承担的支出责任之间存在着较大缺口，在政绩指挥棒下，形成依靠自身力量无法偿还的巨额隐性债务，形成重大财政风险隐患。

党中央在充分认识到这些问题后，提出"财力协调"的目标要求，同时，充分认识到各级政府财力形成的基础是政府间财权划分，并形成以优化政府间财权划分实现财力协调目标的思路。目前，我国政府间财政收入划分仍然欠妥当。尽管自1994年以来，在分税制框架下政府间财政收入划分得到了几次调整，但调整方向基本是向中央集中财政收入，这与科学的分级财政模式之间仍然存在较大差距。

当前，我国正处于经济新常态和世界经济变局之中，面对着经济增长速度回落与积极财政政策大规模减税降费的双重压力，要建立财力协调的政府间财政关系、保障财政可持续发展，需要尽快建立稳定且可持续的地方税体系。一方面，建立地方税体系是巩固分税制改革成果并推进分税制改革进一步深化的基本条件之一；另一方面，通过赋予地方一定的税权，为地方培育稳定的税源，也是分级财政的内在要求之一。建立地方税体系的基本思路是：将流动性较弱、便于地方征管的税种确定为地方税，在此基础上，培植地方主体税种，并根据权责对等的原则重新确定共享税的划分比例。

(三) 根据"区域均衡"要求优化财政转移支付

近年来我国转移支付制度沿着结构优化的方向逐步完善，一般性转移支付比重不断提高，专项转移支付比重不断降低，地方的积极性有了较大提升。但是，从目前一般性转移支付和专项转移支付的结构关系来看，与党中央提出的"区域均衡"的要求还存在较大差距，专项转移支付的规模仍然相对较大，并且存在"一般性转移支付专项化"的隐忧。

为了贯彻党的十九届四中全会要求,作为政府间财政关系体系的一部分,需在优化政府间事权和财权划分的基础上,充分发挥转移支付制度在均衡财力方面的优势,加速推进政府间财政转移支付制度的优化。以区域均衡为导向的财政转移支付制度优化的具体思路为:明确各级政府的事权与支出责任,以此为标准在政府间划分财政收入,再以一般性转移支付弥补各级财力缺口,以专项转移支付和上解收入弥补履行委托性事权支出责任所需的财力,且在职责履行完毕之后适时退出。

二 形成稳定的各级政府事权、支出责任和财力相适应的制度

根据党的十八大和党的十八届三中全会、党的十八届四中全会、党的十八届五中全会以及党的十九大和党的十九届三中全会提出的有关深化中央和地方财政关系改革的要求,党的十九届四中全会将其明确为"形成稳定的各级政府事权、支出责任和财力相适应的制度",为此,需要适当加强中央事权,减少并规范中央和地方共同事权,赋予地方更多自主权,优化财政转移支付制度,保障各级政府财力充足。

(一) 适当加强中央事权

党的十九届四中全会指出"加强中央宏观事务管理,维护国家法制统一、政令统一、市场统一。适当加强中央在知识产权保护、养老保险、跨区域生态环境保护等方面事权",这与《指导意见》中"适度加强中央政府承担基本公共服务的职责和能力,维护中央权威","在中央统一领导下,适宜由中央承担的财政事权执行权要上划,加强中央的财政事权执行能力"等要求相呼应。

在党的理财观回归"以收定支"的背景下,无论是中央政府还是地方政府,有多大的财权和财力就应匹配多少事权和支出责任。那么,经过多年的分税制改革,中央的财权和财力显著增加,遵循"以收定支"的原则,需要加强中央的事权和支出责任,使之与中央的财权财力相匹配。这应该是党中央提出在新时代适当加强中央事

权的出发点。

那么如何适度加强中央事权？从财政的角度看，首先需要将《指导意见》中的相关要求落到实处。总的思路是"在保障国家安全、维护全国统一市场、体现社会公平正义、推动区域协调发展等方面"加强中央事权；具体思路是将《指导意见》提出的"国防、外交、国家安全、出入境管理、国防公路、国界河湖治理、全国性重大传染病防治、全国性大通道、全国性战略性自然资源使用和保护等"以及党的十九届四中全会提出的"知识产权保护、养老保险、跨区域生态环境保护等"需要上划为中央的事权尚未在分领域改革方案中体现的，在未来分领域改革方案中加以体现。然后科学、准确地衡量地方财权财力，将地方自有财力加中央转移支付财力仍然难以保障的事权，分情况逐步上划中央，或采取其他有力措施。

（二）减少并规范中央和地方共同事权

如何处理中央和地方共同事权是中央和地方财政关系改革的重点和难点。从《指导意见》中"共同财政事权"出现13次的频率和单独出台《共同事权划分方案》就能看出党中央、国务院对这一问题的重视程度。

长期以来，我国中央和地方间存在大量的共同事权，同一项事权和支出责任由不同层级的政府共同履行，这为事权和支出责任层层下移创造了条件。如前文所述，事权和支出责任下移与财权和财力下移不同步，结果必然是这类事权对应的公共服务数量不足、质量较低。[①] 而这个问题要从根本上解决，就要下决心减少并规范中央和地方共同事权，思路也相对简单：在目前的中央和地方财政关系格局下，中央在财权财力划分上享有显著优势，共同事权应以上收中央为主；不能上收中央的优先考虑下放地方，并保障地方享有相应的财力；对也不适宜下放地方的事权进一步分解，分解成二级、三级甚至四级事权，越是细分，事权和支出责任归属就越清晰，分

[①] 赖海榕、戴双兴：《健全充分发挥中央和地方两个积极性的财政体制》，《福建师范大学学报》（哲学社会科学版）2020年第3期。

解后的事权和支出责任再划分就容易很多，如此一来，通过"化繁为简"实现共同事权的进一步划分；对于无法通过细分方式进一步划分或通过细分的方式成本较高的共同事权，就继续按照当前《共同事权划分方案》的做法，分情况确定中央和地方承担的比重。

上述思路实际上是对《指导意见》和《共同事权划分方案》的进一步发展，在保留必要的共同事权的基础上，尽可能通过分解细化的方式减少并规范共同事权。

（三）赋予地方更多自主权

党的十九届四中全会进一步要求"赋予地方更多自主权，支持地方创造性开展工作"，这一要求体现在财政领域，就是在中央和地方财政关系的安排中，为地方提供更多的制度性激励，保障地方享有合理的财权和财力并与划分给地方的事权和支出责任相适应，在财政收支方面赋予地方更多的自主权。

党的十八大以来，在全面深化改革进程中，以习近平同志为核心的党中央先后推出1600多项改革方案，地方按照中央部署大胆先行先试并为全局性改革提供了可复制、可推广的制度成果，这些均需要制度性激励。体现在财政方面，就需要赋予地方更多财政自主权，把直接面向基层、量大面广、由地方实施更为便捷有效的财政事权，把地方切实需要也能够有效承担的财政事权下放给地方，同时，通过科学合理的税权、费权、债权的划分和转移支付，赋予地方相应的财权财力，增强地方治理能力。[①]

此外，还需改革完善省以下财政体制，赋予省以下各级地方更多自主权。党的十九大报告强调"赋予省级及以下政府更多自主权"，党的十九届三中全会提出"增强地方治理能力，把直接面向基层、量大面广、由地方实施更为便捷有效的经济社会管理事项下放给地方"。这要求结合地方实际深化省以下财政体制改革，明确省以下各级政府职能，优化省以下政府间事权和支出责任划分、财权划

---

① 楼阳生：《健全充分发挥中央和地方两个积极性体制机制》，《人民日报》2019年12月5日第9版。

分和财政转移支付，保障地方各级政府所需基本财力。① 当前，基层治理的网格化发挥着越来越大的作用，在抗击新冠肺炎疫情中做出了巨大贡献，因此，需要通过深化省以下财政体制改革，保障基层治理现代化所需要的财政责、权、利。

（四）优化财政转移支付制度保障各级政府财力充足

2019 年，我国一般公共预算收入中央和地方的比重为 47∶53，一般公共预算支出中央和地方的比重为 15∶85，可见，中央集中 47% 的收入、负担 15% 的支出，而地方集中 53% 的收入、负担 85% 的支出，收支缺口以中央转移支付的形式形成地方财力。2019 年中央对地方的转移支付占地方收入的 42%，而地方本级财力、转移支付形成财力、发行债务形成财力的比重为 59∶37∶4。② 由此可见，转移支付可以均衡中央和地方事权、财权划分导致的支出责任和财力的不一致，有效弥补由此产生的地方财力缺口。那么在"形成稳定的各级政府事权、支出责任和财力相适应的制度"要求下，优化财政转移支付制度保障各级政府财力充足是不可或缺的。

但也要看到，优化财政转移支付制度不可能独立完成，转移支付实际上是事权与财权划分之后的产物，两者划分之后如果各级支出责任和所需财力一致，则不需要转移支付，只有二者不一致才需要转移支付调节财力余缺。因此，优化财政转移支付制度首先需要理顺转移支付与事权财权划分的关系，在明确二者相互影响的基础上，以优化转移支付制度实现优化政府间事权和财权划分、优化央地财政关系的目标。同时，还需要理顺一般性转移支付与专项转移支付之间的关系，着力解决"一般性转移支付专项化"问题，通过优化专项转移支付，为中央委托地方履行的事权提供所需的财力。

综上所述，党的十八大以来，我国中央和地方财政关系领域深入贯彻党中央的决策部署，积极深化财政体制改革，在制度性激励

---

① 高培勇、汪德华：《"十三五"时期的财税改革与发展》，《金融论坛》2016 年第 21 期。
② 根据《关于 2019 年中央和地方预算执行情况与 2020 年中央和地方预算草案的报告》数据计算，http://www.gov.cn/xinwen/2020-05/30/content_ 5516231.htm，2020 年 5 月 30 日。

下,中央和地方"两个积极性"均得到提升,为激发中国特色社会主义制度优势、提高我国国家治理效能提供了重要的财政体制保障。未来,还需要进一步优化中央和地方财政关系的改革环境、完善相关配套措施,消除体制机制的障碍,提升部门机构的治理效能,构建从中央到地方权责清晰、运行顺畅、充满活力的工作体系。

第十四章
深化预算改革（2012年以来）

当今世界，政府预算已成为影响公共组织行为最有效的治理工具。通过政府预算，可以了解政府的工作，透视政府的活动，评价政府收支运作的成本，考核政府工作或活动的绩效。2012年以来，我国预算改革进入了不断深化改革阶段，从《预算法》修订的漫长征程，到全面深化预算管理改革的要求提出，再到全面实施预算绩效管理的时代到来。我国预算制度不断走向体系化、制度化、标准化，不断向着讲求绩效、公开透明、收支并进，配套机制不断完善的预算制度发展。在此期间，零基预算改革、跨年度预算平衡机制建设以及绩效预算改革等新的改革措施和改革方略，即使各有成败，但均是深化预算改革阶段的创新驱动，也昭示着我国未来预算改革将在探索和创新中进一步深化的改革前景。

第一节 新《预算法》开启新一轮预算改革

《预算法》是财政法中的基本法，又被称为"经济宪法"。1992年，我国市场经济体制的确立对财税体制提出了新的要求，为了加强对预算编制、预算审批、预算执行的管理和监督，保障和促进经济和社会的健康发展①,《中华人民共和国预算法》于 1994 年 3 月 22 日八届全国人大二次会议通过,并于 1995 年 1 月 1 日起施行(以下简称"1994 年《预算法》")。然而,随着经济社会发展和财税体制改革的不断深化,1994 年《预算法》逐渐暴露出一些不完善的地方。自 2004 年起,在历经三届人大、四易其稿、十年修订的漫长过程后,新《预算法》于 2014 年 8 月 31 日第十二届全国人民代表大会常务委员会第十次会议通过。新《预算法》紧扣全面深化预算改革的脉搏,规范政府收支行为,强化预算约束,加强对预算的管理和监督,建立健全全面规范、公开透明的预算制度的立法宗旨,不仅开启了新一轮预算改革,还为全面深化财税体制改革奠定了法律基础。

一 1994 年《预算法》亟待修订的社会经济背景

随着社会主义市场经济体制和公共财政体制的建立和完善,1994 年《预算法》已不能完全适应形势发展要求②,诸多社会经济变化都给 1994 年《预算法》修订带来了必要性和紧迫性。

(一) 1994 年《预算法》滞后于我国财政改革的实践发展

在改革开放进程中,中国共产党坚持从我国国情出发,始终立足于改革开放和社会主义现代化建设实践,将经济社会发展现实需要作为立法的基础。立法工作既注重及时把改革中取得的成功经验用法律形式确定下来,对现有法律中不适应实践发展的规定进行修改,为改革发展提供坚实的法律保障;又注意为继续深化改革留下空间,从而在深化改革中不断推动中国特色社会主义法律体系的形成和完善,国家经济、政治、文化、社会、生态文明建设各个方面都基本上实现了有法可依。③

---

① 刘仲藜:《关于〈中华人民共和国预算法(草案)〉的说明》,http://www.npc.gov.cn/zgrdw/npc/lfzt/2014/2001-01/02/content_1875784.htm,1994 年 4 月 15 日。

② 余晨:《11 届全国人大常委会第 24 次会议举行审议多项法案》,http://www.npc.gov.cn/zgrdw/huiyi/cwh/1124/2011-12/27/content_1683342.htm,2011 年 12 月 27 日。

③ 李林:《人民日报:奏响改革与法治和谐共鸣新乐章》,http://opinion.people.com.cn/GB/n1/2019/0411/c1003-31023527.html,2019 年 4 月 11 日。

自 1994 年《预算法》实施以来的 20 年间，我国在财政改革方面取得了诸多突破，包括分税制改革、部门预算改革、国库集中支付制度改革、收支两条线改革、政府收支分类改革等，这些改革实践有效提高了我国的财政管理水平，但是这些改革的内容和背后体现的管理原则并未体现在 1994 年《预算法》中，这就导致 1994 年《预算法》难以对公共收支领域的各项事宜做出全面的规范，也不利于从法律层面为财政改革成果提供有力的法制支撑，财政改革实践发展对 1994 年《预算法》的修订提出了要求。

（二）分税制改革对预算管理体制改革提出了新问题

1994 年分税制改革相对稳定地确定了中央与地方的收入分配关系，但当时各级政府间支出责任划分得不够明确，特别是涉及全局性资源配置支出责任大量划分给省及省以下政府。[①] 由于地方政府财力与支出责任不匹配，加之转移支付制度（特别是专项转移支付制度）不完善，对地方政府财政行为产生了显著的负面影响，而且，这些影响大多最终表现为预算管理中的问题，1994 年《预算法》的一些条款已经难以规范这些问题。

第一，"跑部钱进"问题。由于专项转移支付的分配具有一定的随意性，地方政府为了争取更多的资金，不惜花费人力、物力、财力来影响上级政府部门对专项资金的审批和分配结果，这种现象一度被称为"跑部钱进"。转移支付资金的事先不确定性和批复不及时，不仅影响预算资金分配的科学性，还会影响地方政府预算编制的完整性和预算执行进度，不但有损于政府预算的严肃性，还会造成公共资源的浪费。

第二，预算外收入问题。由于自有财力的匮乏，地方政府开始谋求预算外收入以弥补财力，包括将财政预算资金通过非法手段转为预算外资金，擅自设立基金或收费项目等手段，1994 年《预算法》中"预算外资金管理办法由国务院另行规定"这一规定也默认了预算外资金存在的合法性。然而，预算外资金的使用脱离了各级

---

① 楼继伟：《中国政府间财政关系再思考》，中国财政经济出版社 2013 年版，第 11 页。

人大监督，不仅造成公共收支秩序混乱，还引发了一系列社会问题。例如，为了获得土地出让金收入，各地方政府纷纷发展"土地财政"，导致我国房价持续快速攀升，对经济平稳运行造成了显著的负面冲击。① 直到 2011 年 1 月 1 日，我国才将预算外收入（不含教育收费）全部纳入预算管理。②

第三，地方债问题。除另有规定的情况以外，我国 1994 年《预算法》不允许地方政府发行政府债券③，但是现实中地方政府可通过银行贷款、地方政府融资平台等形式筹资，形成实质上的地方债。④ 据 2013 年 12 月 30 日审计署发布的全国政府性债务审计结果，截至 2013 年 6 月底，地方政府负有偿还责任的债务 108859.17 亿元（其中，2015 年以前到期需偿还的债务占比高达 44.81%），负有担保责任的债务 26655.77 亿元，可能承担一定救助责任的债务 43393.72 亿元。⑤ 然而，如此大规模的地方债并未纳入预算管理，也未能体现在地方政府的资产负债表中，很有可能造成经济和金融风险。

（三）党的十八届三中全会关于深化财税体制改革的总体部署

2013 年 11 月 12 日，中国共产党第十八届中央委员会第三次全体会议在《中共中央关于全面深化改革若干重大问题的决定》中给出了关于财政定位的最新论断："财政是国家治理的基础和重要支柱"，并对预算管理制度的改进提出了新的方向和要求，包括对公开透明的强调、预算审查重点的转变、跨年度预算平衡机制和政府综合财务报告制度的建立以及对地方政府债务管理的关注。在改革开放新的历史时期，财政被赋予了"国家治理的基础和重要支柱"的功能定位，这充分体现了财政作为国家长治久安制度保障的重要性，

---

① 郭庆旺：《中国分税制：问题与改革》，中国人民大学出版社 2014 年版，第 57 页。
② 参见《财政部关于将按预算外资金管理的收入纳入预算管理的通知》，2010 年 6 月 1 日。
③ 具体条款为：第二十八条：地方各级预算按照量入为出、收支平衡的原则编制，不列赤字。除法律和国务院另有规定外，地方政府不得发行地方政府债券。
④ 郭庆旺：《中国分税制：问题与改革》，中国人民大学出版社 2014 年版，第 75 页。
⑤ 审计署：《2013 年第 32 号公告：全国政府性债务审计结果》，2013 年 12 月 30 日。

明确了建立现代财政体系的改革方向。① 作为财政基本法的《预算法》，也理应将这些顶层设计和改革路线图用法律的形式确定下来。当时，《预算法》修正案草案自2012年6月提交十一届全国人大常委会第27次会议二审后，一直未被提上立法日程，党的十八届三中全会对全面深化改革做出的总体部署成为重启这一法案的重要契机。② 在提交二审的两年后，《预算法》修正案草案被列入2014年全国人大常委会立法工作计划中。

二 历经四次审议，十年修法之路终迎来新《预算法》

（一）《预算法》的十年修订之路

在1994年《预算法》实施两年后，1997年全国人大即动议修改。但直到2004年，修法才正式启动，全国人大成立《预算法》修改领导小组和起草小组，起草小组成员单位包括财政部、国家发展改革委、审计署等。2006年，全国人大常委会预算工委牵头起草了《预算法》修正案第一稿。然而，当年8月，《预算法》并未如期进入审议，并且由于各部门意见不统一等，此次修改最终搁置。③

2006—2012年，将近六年时间，《预算法》的修订工作处于相对低潮，主要原因在于各利益相关主体的权责分布与利益纠葛，难以获得较具广泛性的共识。④ 其间，2009年十一届全国人大决定重启《预算法》修法进程，2011年12月，十一届全国人大常委会第二十四次会议对草案进行了初审。2012年6月，《预算法》修正案草案迎来二审，随后，二审稿通过中国人大网向社会公开征求意见，吸引了1.9万人参与，征集到33万条意见。⑤ 2014年8月31日，十

---

① 马蔡琛、黄凤羽：《国家治理视野中的现代财政制度——解读十八届三中全会〈决定〉中的深化财税体制改革问题》，《理论与现代化》2014年第3期。
② 《财政部关于将按预算外资金管理的收入纳入预算管理的通知》，2010年6月1日。
③ 王萍：《人大修法紧扣改革脉搏——预算法修改历程回眸》，《中国人大》2014年第18期。
④ 马蔡琛：《论中国预算法的修订与政府理财的挑战》，《会计之友》2015年第9期。
⑤ 余晨：《中国将启动预算法三审剑指财税改革难题》，http://www.npc.gov.cn/zgrdw/npc/xinwen/lfgz/lfdt/2014-04/21/content_ 1860425.htm，2014年4月21日。

二届全国人大常委会第十次会议以 161 票赞成、2 票反对、7 票弃权表决通过全国人大常委会关于修改《预算法》的决定，国家主席习近平签署第 12 号主席令予以公布。至此，酝酿十年、跨越三届人大、历经四次审议，素有"经济宪法"之称的《预算法》实现了出台 20 年后的首次大修。[①]

2020 年 10 月 1 日，施行修订后的《中华人民共和国预算法实施条例》，细化《预算法》有关规定，将近年来财税体制改革和预算管理实践成果以法规形式固定下来。[②] 这是 2015 年 6 月《中华人民共和国预算法实施条例（修订草案征求意见稿）》向社会公开征求意见的五年来，首次完成的对于《预算法》实施条例的修订，在此之前，一直沿用 1995 年 11 月发布的《中华人民共和国预算法实施条例》。

（二）《预算法》修订的主要内容

1. 立法宗旨

《预算法》是涉及巨量财政资金管理问题的一部重要法律，在《预算法》修正案提交三审和四审的 2014 年，全国一般公共预算收入就已超过 14 万亿元，支出则超过 15 万亿元[③]，如果不对公共收支权力加以限制，必然会引发一系列问题。此时，《预算法》所遵循的立法宗旨就显得尤为重要。三审稿将"规范政府收支行为"写入立法宗旨，四审稿进一步补充了"强化预算约束"，最终，新《预算法》的立法宗旨修改为"为了规范政府收支行为，强化预算约束，加强对预算的管理和监督，建立健全全面规范、公开透明的预算制度，保障经济社会的健康发展，根据宪法，制定本法"，在修订过程中逐步丰富的立法宗旨体现了新《预算法》对权力限制的重视，使其真正成为公共收支领域的限权法。

2. 预算公开

与 1994 年《预算法》只字未提公开相比，新《预算法》不仅

[①] 王萍：《把权力关进预算的笼子——聚焦预算法修改》，《中国人大》2014 年第 18 期。

[②] 王静、吕腾龙：《李克强主持召开国务院常务会议》，http://cpc.people.com.cn/n1/2020/0715/c64094-31785054.html，2020 年 7 月 15 日。

[③] 国家统计局，http://data.stats.gov.cn/easyquery.htm?cn=C01.

将"公开透明"体现在立法宗旨中，还对公开的内容和时效给出了细致规定。新《预算法》中预算公开的范围不仅包括经各级人民代表大会或者各级人民代表大会批准的预算、预算调整、决算、预算执行情况的报告及报表，还包括各级政府财政部门批复的部门预算、决算、报表及政府采购情况，并要求相关公开主体对转移支付安排、执行情况、举借债务情况、部门机关运行经费等重要事项做出说明，公开的时效要求也细化到批准或批复后的二十日内。预算公开作为新《预算法》的一大亮点，从法律层面要求将"涉及所有人的"公共收支向社会公开，不仅体现了《预算法》修订对 2008 年《中华人民共和国政府信息公开条例》的回应①，还体现了党和国家建立健全公开透明的预算制度和权力监督体系的决心。2020 年新颁布的《中华人民共和国预算法实施条例》也要求对财政支出向社会公开做出明确规定，要求一般性转移支付公开细化到地区，专项转移支付公开细化到地区和项目，单位预决算支出公开到项、基本支出公开到款，政府债务、机关运行经费、政府采购等按规定公开。②

3. 健全地方政府债务管理制度

是否允许地方政府举借债务一直是《预算法》修改的焦点，从一审到通过修订的四审稿中相关规定的变化，体现出党和国家对地方政府债务问题的重视和防范化解地方政府债务风险的决心。

《预算法》修正案草案一审和二审稿，都保留了禁止地方政府发债的条款，明确"除法律和国务院另有规定外，地方政府不得发行地方政府债券"③。尽管这一规定限制了地方政府发债，但是并未从根本上改变地方政府举债的动机，地方政府通过银行借款、融资平

---

① 《中华人民共和国政府信息公开条例》于 2007 年 1 月 17 日国务院第 165 次常务会议通过，自 2008 年 5 月 1 日起施行。《条例》规定县级以上各级人民政府及其部门应当依照本条例第九条的规定，在各自职责范围内确定主动公开的政府信息的具体内容，并重点公开财政预算、决算报告。

② 王静、吕腾龙：《李克强主持召开国务院常务会议》，http://cpc.people.com.cn/n1/2020/0715/c64094-31785054.html，2020 年 7 月 15 日。

③ 包瓴瓴：《开正门严监控——预算法三审稿拟对地方政府举债"开闸"的背后》，http://www.npc.gov.cn/zgrdw/npc/xinwen/lfgz/2014-04/22/content_1860497.htm，2014 年 4 月 21 日。

台等方式变相举债形成的大量地方政府隐性债务，反而成为一大隐患。考虑到地方政府举债的客观需求，三审稿汇总了各方意见，允许地方政府有条件地开闸举债，明确规定："经国务院批准的省、自治区、直辖市的一般公共预算中必需的建设投资的部分资金，可以在国务院确定的限额内，通过发行地方政府债券举借债务的方式筹措。"[①] 此外，三审稿还在债务规模和管理方式上设置"防火墙"，举债规模实行限额管理，债务的规模、结构、使用情况要受到各级人大的监管。[②] 在此基础上，四审稿进一步明确了举债获得资金的用途，只能用于公益性资本支出，不得用于经常性支出，并新增了规定"国务院建立地方政府债务风险评估和预警机制、应急处置机制以及责任追究制度。国务院财政部门对地方政府债务实施监督"[③]。

4. 全口径预决算体系

自 2011 年全面取消预算外资金，我国开始全面加快推进全口径预算体系的建设，党的十八大报告首次提出加强对政府全口径预算决算的审查和监督，但缺乏对全口径预算的法律层面界定。直到新《预算法》明确规定"政府的全部收入和支出都应当纳入预算；预算包括一般公共预算、政府性基金预算、国有资本经营预算、社会保险基金预算"，首次从法律层面确立全口径预决算体系，强调了预算编制的统一性和完整性。同时，新《预算法》要求这四本预算应当保持完整、独立，且政府性基金预算、国有资本经营预算、社会保险基金预算应当与一般公共预算相衔接，在编制、审批、执行等环节都给出了相应指南。从本质上讲，政府性基金收入、国有资本经营收入、社会保险基金收入与公共财政收入相比，只有形式差异，

---

① 包瓴瓴：《中国修订预算法拟解禁地方发债》，http：//www.npc.gov.cn/zgrdw/npc/xinwen/lfgz/2014-04/22/content_1860499.htm，2014 年 4 月 21 日。

② 毛磊、彭波：《预算法修改进入三审拟适度放开地方发债》，http：//www.npc.gov.cn/zgrdw/npc/cwhhy/12jcwh/2014-04/23/content_1860822.htm，2014 年 4 月 23 日。

③ 包瓴瓴：《严控债务风险成预算法草案四审稿一大焦点》，http：//www.npc.gov.cn/zgrdw/npc/cwhhy/12jcwh/2014-08/26/content_1875414.htm，2014 年 8 月 25 日。

但本质上都是政府收入,都应纳入人大监管。① 随着我国预算总收入规模不断增加,全口径预算体系有利于从根本上规范政府收支行为,能够避免预算外收入这类体外循环的财政资金产生"小金库"等腐败问题。②

5. 明确转移支付相关规定

新《预算法》为了进一步规范转移支付制度,专门增加了相关规定,要求财政转移支付应当以推进地区间基本公共服务均等化为目标。针对专项转移支付的规模不断膨胀、占转移支付比重过高的问题,新《预算法》规定财政转移支付"以为均衡地区间基本财力、由下级政府统筹安排使用的一般性转移支付为主体",并特别强调专项转移支付要建立健全专项转移支付定期评估和退出机制,市场竞争机制能够有效调节的事项不得设立专项转移支付。并且,"上级政府在安排专项转移支付时,不得要求下级政府承担配套资金。但是,按照国务院的规定应当由上下级政府共同承担的事项除外"。

6. 强调绩效原则

新《预算法》共有六处提到"绩效",涉及预算原则、编制依据和人大对预决算的审查重点多个方面。在预算原则上,新《预算法》规定"各级预算应当遵循统筹兼顾、勤俭节约、量力而行、讲求绩效和收支平衡的原则";在预算编制上,除了参考上一年预算执行情况和本年度收支预测以外,新《预算法》要求参考有关支出绩效评价的结果,各部门和单位预算要实行绩效目标管理,同时,还要求各级政府、各部门、各单位应当对预算支出情况开展绩效评价;在人大审查上,新《预算法》要求全国人民代表大会财政经济委员会向全国人民代表大会主席团提出关于中央和地方预算草案及中央和地方预算执行情况的审查结果报告。省、自治区、直辖市、设区

---

① 包瓴瓴:《"四本预算"齐亮相 我国修改预算法强调预算管理全覆盖》,http://www.npc.gov.cn/zgrdw/npc/lfzt/2014/2012-06/27/content_1876073.htm,2012年6月26日。

② 王萍:《打通四大预算体系 建立全口径预算》,《中国人大》2014年第18期。

的市、自治州人民代表大会有关专门委员会，县、自治县、不设区的市、市辖区人民代表大会常务委员会向本级人民代表大会主席团提出关于总预算草案及上一年总预算执行情况的审查结果报告。其中包括对执行年度预算、改进预算管理、提高预算绩效、加强预算监督等提出意见和建议；要求县级以上各级人民代表大会常务委员会和乡、民族乡、镇人民代表大会对本级决算草案进行审查，其中重点审查支出政策实施情况和重点支出、重大投资项目资金的使用及绩效情况。

可见，虽然只有六处内容提到了"绩效"，但是新《预算法》中体现的绩效原则却实实在在地涉及预算管理的方方面面，并在人大监督的过程中强调对绩效的关注，实现了绩效原则贯穿预算编制、审批、执行、决算全过程，为随后全面实施预算绩效管理时代的到来奠定了坚实的法制基础。

第二节 全面深化预算管理制度改革

改革开放以来，中国共产党始终发挥中国特色社会主义制度优势，通过推进各项事务的制度化、规范化，不断提高有效治理国家的能力。党的十八届三中全会进一步提出，全面深化改革的总目标是完善和发展中国特色社会主义制度，推进国家治理体系和治理能力现代化。预算管理制度是财政最基本的制度，它的先进性和现代化能够反映出一个国家治理水平的高低，因此，我们党以全面深化改革的总目标为指导，将预算管理制度改革作为推进国家治理体系和治理能力现代化的重要内容，从多个角度全面深化预算管理制度改革。

2014年，国务院印发了《关于深化预算管理制度改革的决定》，为新一轮预算管理制度改革指明了方向。深化预算管理制度改革，实施全面规范、公开透明的预算制度，是深化财税体制改革，建立现代财政制度的迫切需要；是完善社会主义市场经济体制，加快转变政府职能的必然要求；是推进国家治理体系现代化，实现国家长治久安的重要保障。

一 全面深化改革总目标为改进预算管理制度提出了新要求

党的十八届三中全会赋予了财政"国家治理的基础和重要支柱"的定位，深化财税体制改革也成为《中共中央关于全面深化改革若干重大问题的决定》的亮点之一，并对建立现代政府预算制度体系提出了明确要求，要求实施全面规范、公开透明的预算制度。为贯彻落实党的十八大和十八届三中全会精神，2014年10月，国务院印发了《关于深化预算管理制度改革的决定》（本章以下简称《决定》），系统提出了全面深化预算管理制度改革的任务目标，为改进预算管理制度改革提出了新要求。

第一，完善政府预算体系，积极推进预算公开，具体包括完善政府预算体系、健全预算标准体系和积极推进预决算公开。第二，改进预算管理和控制，建立跨年度预算平衡机制，具体包括实行中期财政规划管理、改进年度预算控制方式、建立跨年度预算平衡机制。第三，加强财政收入管理，清理规范税收优惠政策，具体包括加强税收征管、加强非税收入管理，全面规范税收优惠政策。第四，优化财政支出结构，加强结转结余资金管理，具体包括优化财政支出结构、优化转移支付结构、加强结转结余资金管理、加强政府购买服务资金管理。第五，加强预算执行管理，提高财政支出绩效，具体包括做好预算执行工作、规范国库资金管理、健全预算绩效管理机制、建立权责发生制的政府综合财务报告制度。第六，规范地方政府债务管理，防范化解财政风险。具体包括赋予地方政府依法适度举债权限，建立规范的地方政府举债融资机制；对地方政府债务实行规模控制和分类管理；严格限定政府举债程序和资金用途；建立债务风险预警及化解机制；建立考核问责机制。第七，规范理财行为，严肃财经纪律。具体包括坚持依法理财，主动接受监督；健全制度体系，规范理财行为；严肃财经纪律，强化责任追究。

二 全面深化预算制度改革各项工作齐头并进

在《决定》的指导下，我国全面深化预算改革在完善政府预算体系、实施中期财政规划管理、推进预算公开、建立跨年度预算平衡机制等多个方面不断发展，齐头并进，一个标准、透明、全面的政府预算体系逐渐完善起来。

（一）完善政府预算体系，建立跨年度预算平衡机制

1. 完善政府预算体系

20世纪90年代以来，我国政府预算体系不断拓展和完善，在一般公共预算的基础上，先后建立了政府性基金预算、国有资本经营预算和社会保险基金预算，初步形成了由一般公共预算、政府性基金预算、国有资本经营预算和社会保险基金预算组成的政府预算体系。在新《预算法》和《决定》的要求下，财政部于2014年11月发布《关于完善政府预算体系有关问题的通知》，对加大政府性基金预算以及国有资本经营预算同一般公共预算的统筹力度，加强一般公共预算各项资金的统筹使用提出了具体的要求。并于2009年启动预算标准体系建设，2015年颁布《关于加快推进中央本级项目支出定额标准体系建设的通知》，明确中央本级项目支出定额标准的编制、管理、应用以及保障措施建设，加强部门预算管理、提高财政资金配置效率。[①]

2. 推进预决算公开透明

建立健全全面规范、公开透明的预算制度，预决算公开的深化和推进是必不可少的。在《决定》的要求下，2014年3月财政部颁布《关于深入推进地方预决算公开工作的通知》，在细化公开内容、扩大公开范围、加大公开力度的总体要求下，明确公开主体、公开时间和公开形式，对政府预算、部门预算、"三公"经费预算以及相

[①] 《关于加快推进中央本级项目支出定额标准体系建设的通知》，http://www.mof.gov.cn/mofhome/mof/zhengwuxinxi/caizhengwengao/wg2015/wg201509/201601/t20160120_1652584.html，2015年7月20日。

应决算的公开提出了新的要求。在我国预算公开工作不断完善的过程中，中国预算公开平台自2016年开始公开中央政府预决算报告、中央部门预决算报告以及政府性基金预算和国有资本经营预算。集合性的预决算公开平台，为预算工作的实施提供了便利，也加强了预决算的社会监督渠道，是政府预算透明度不断加强的最直接体现。相较于2019年，2020年共有102个中央部门按落实政府过紧日子、压减支出的要求公开了部门预算，并加大了项目支出预算和预算绩效信息的公开力度，除涉密部门及涉密信息外，提交全国人大审议项目的中央部门，均公开提交审议项目的文本和绩效目标表。[1]

3. 建立跨年度预算平衡机制

《决定》提出改进预算管理和控制，建立跨年度预算平衡机制，其中包括实行中期财政规划管理、改进年度预算控制方式以及建立跨年度预算平衡机制三方面的内容。2015年1月，国务院颁布《关于实行中期财政规划管理的意见》对预测现行政策下财政收支、分析现行财政收支政策问题、制定财政收支政策改革方案、测算改革后财政收支情况四部分内容予以明确，通过逐年更新滚动管理，强化财政规划对年度预算的约束性。[2] 在此基础上，2015年4月，财政部发布了《关于推进中央部门中期财政规划管理的意见》，强调在预算范围、支出范围和单位范围下实施中期财政规划管理，并规范了"部门提出规划需求—审核确定支出限额—部门调整编报三年规划—汇总部门中期财政规划"的编制方法和程序。[3] 此外，2018年财政部印发的《预算稳定调节基金管理暂行办法》中强调实施跨年度预算平衡机制，进一步规范预算稳定调节基金设立和使用。预算稳定调节基金是为实现宏观调控目标，保持年度间政府预算的衔接和稳

---

[1] 《财政部有关负责人就2020年中央部门预算公开答问》，http://www.gov.cn/xinwen/2020-06/12/content_5518990.htm，2020年6月12日。

[2] 《国务院关于实行中期财政规划管理的意见》，http://www.gov.cn/zhengce/content/2015-01/23/content_9428.htm，2015年1月23日。

[3] 《财政部关于推进中央部门中期财政规划管理的意见》，http://yss.mof.gov.cn/zhuantilanmu/zyysgl/201609/t20160901_2410220.html，2015年4月3日。

定，各级一般公共预算设置的储备性资金。各级政府性基金预算、国有资本经营预算和社会保险基金预算不得设置预算稳定调节基金。①

(二) 加强财政收入管理，优化财政支出结构

在全面深化预算制度改革的实施过程中，不仅强调了支出一翼的财政支出、转移支付的结构优化，加强结转结余资金管理，也强调了收入一翼加强税收和非税收入征收管理以及规范税收优惠政策的实施，做到收支两翼齐头并进发展。

在收入一翼，《中华人民共和国税收征收管理法》以及《中华人民共和国税收征收管理法实施细则》的修订，对于加强税收征收管理，规范税收征收和缴纳行为，保障国家税收收入，保护纳税人的合法权益，促进经济和社会发展，提供了更强有力的保障和规范。针对非税收入的规范管理，2016年3月，财政部印发了《政府非税收入管理办法》，规范了对除税收以外，由各级国家机关、事业单位、代行政府职能的社会团体及其他组织依法利用国家权力、政府信誉、国有资源（资产）所有者权益等取得的各项收入的设立、征收、票据、资金和监督管理等活动。② 为了加快建设统一开放、竞争有序的市场体系，清理规范税收等优惠政策，国务院于2014年年底颁布了《关于清理规范税收等优惠政策的通知》，切实规范各类税收等优惠政策，全面清理已有的各类税收等优惠政策并建立健全包括评估、监督和信息公开等在内的长效机制，以保证税收优惠政策的规范实施。③

在支出一翼，深化预算管理改革的主要措施，围绕优化财政支出结构、优化转移支付结构、加强结转结余资金管理以及加强政府购买服务资金管理四个方面展开。在《决定》的基础上，财政部先

---

① 《预算稳定调节基金管理暂行办法》，http://www.gov.cn/xinwen/2018-03/30/content_5278543.htm，2018年3月20日。

② 《政府非税收入管理办法》，http://www.gov.cn/gongbao/content/2016/content_5086359.htm，2016年3月9日。

③ 《国务院关于清理规范税收等优惠政策的通知》，http://www.gov.cn/zhengce/content/2014-12/09/content_9295.htm，2014年12月9日。

后发布《政府购买服务管理办法（暂行）》《中央对地方专项转移支付管理办法》，并于 2020 年 1 月颁布《政府购买服务管理办法》对财政支出一翼的结构优化以及管理提出要求，规定了各项支出及资金结转管理的条件、内容、申报、分配以及预算编制等多方面的内容。① 此外，于 2016 年 2 月对《中央部门财政拨款结转和结余资金管理办法》进行修订，制定了《中央部门结转和结余资金管理办法》，规范了基本支出结转资金管理、项目支出结转结余资金管理等多方面的内容。②

三 全面实施预算绩效管理时代的到来

党的十九大报告明确提出："要建立全面透明、标准科学、约束有力的预算制度，全面实施绩效管理。" 2018 年 7 月 6 日，中央全面深化改革委员会审议通过《关于全面实施预算绩效管理的意见》，为进一步深化预算绩效管理改革指明了方向，标志着我国由此步入了全面绩效管理的预算改革时代。

早在 2003 年，党的十六届三中全会就提出"建立预算绩效评价体系"，由此拉开了预算绩效管理改革的序幕。随后，财政部发布了《关于推进预算绩效管理的指导意见》《预算绩效管理工作规划（2012—2015 年）》《地方财政管理绩效综合评价方案》等文件，并设立了预算绩效管理处和政府绩效管理工作部际联席会议，不断明确预算绩效管理的目标和任务，为全面实施预算绩效管理奠定了基础，其中，2014 年发布的《地方财政管理绩效综合评价方案》更是成为地方进行预算绩效管理的重要依据。③ 在深化预算管理制度改革的要求下，提高财政支出绩效是一项重要的内容。在全面推进财政支出绩效管理工作、强化支出责任和效率意识的基础上，逐步将绩效管理范围

---

① 《政府购买服务管理办法》，http：//www.ccgp.gov.cn/zcfg/mofgz/202002/t20200203_13843360.htm，2020 年 1 月 3 日。

② 《中央部门结转和结余资金管理办法》，http：//yss.mof.gov.cn/zhuantilanmu/zyysgl/201609/t20160927_2427771.html，2016 年 2 月 17 日。

③ 马蔡琛、赵笛、苗珊：《共和国预算 70 年的探索与演进》，《财政研究》2019 年第 7 期。

扩大至各级预算单位和所有财政资金，将绩效评价重点由项目支出拓展到部门整体支出和政策、制度、管理等方面，加强绩效评价结果应用，将评价结果作为调整支出结构、完善财政政策和科学安排预算的重要依据。

在预算绩效管理实施的总体要求上，党的十九大提出"建立全面规范透明、标准科学、约束有力的预算制度，全面实施绩效管理"。随后，2018年9月《中共中央 国务院关于全面实施预算绩效管理的意见》（本章以下简称《意见》）出台，提出"力争用3—5年时间基本建成全方位、全过程、全覆盖的预算绩效管理体系"。《意见》要求，构建全方位预算绩效管理格局，实施政府预算、部门和单位预算、政策和项目预算的全方位绩效管理；建立全过程预算绩效管理链条，建立绩效目标管理—绩效运行监控—绩效评价与结果应用在内的绩效评价全过程；完善全覆盖预算绩效管理体系，在一般公共预算的基础上，将政府性基金预算、国有资本经营预算、社会保险基金预算全部纳入绩效管理。① 在《意见》提出之后，财政部颁布《关于贯彻落实〈中共中央 国务院关于全面实施预算绩效管理的意见〉的通知》，强调在预算编制环节突出绩效导向，在预算执行环节加强绩效监控，在决算环节全面开展绩效评价，强化绩效评价结果刚性约束，推动预算绩效管理扩围升级。② 在中央的带领下，各省份积极落实《意见》要求，为加快建成全方位、全过程、全覆盖的预算绩效管理体系，提出针对各省份的具体意见要求和实施方案。

在全面实施预算绩效管理的具体实施上，2015年，财政部印发了《中央部门预算绩效目标管理办法》，规定绩效目标的设定要能清晰反映预算资金的预期产出和效果，从数量、质量、成本、时效以及经济效益、社会效益、生态效益、可持续影响、满意度等方面进行细化，尽量进行定量表述。不能以量化形式表述的，可采用定性

---

① 《关于贯彻落实〈中共中央 国务院关于全面实施预算绩效管理的意见〉的通知》，http：//www.gov.cn/zhengce/2018-09/25/content_ 5325315. htm，2018年9月1日。

② 《关于贯彻落实〈中共中央 国务院关于全面实施预算绩效管理的意见〉的通知》，http：//www.gov.cn/xinwen/2018-11/17/content_ 5341300. htm，2018年11月8日。

表述，但应具有可衡量性，并以相应的绩效指标予以细化、量化描述。要求财政部或中央部门对相关部门或单位报送的绩效目标进行完整性审核、相关性审核、适当性审核和可行性审核，并将审核意见反馈给相关单位，指导其修改完善绩效目标的过程。2020年2月，财政部在《财政支出绩效评价管理暂行办法》的基础上，修订形成了《项目支出绩效评价管理办法》，明确规定了项目支出绩效评价的指标、权重和评价标准的设置以及相关评价方法。

在绩效指标的设置上，项目支出绩效评价以决策、过程、产出、效益为一级指标，下设二、三级指标，并明确各指标衡量的具体内容和评价要点（详见表14-1）。单位自评指标的权重由各单位根据项目实际情况确定。原则上预算执行率和一级指标权重统一设置为：预算执行率10%、产出指标50%、效益指标30%、服务对象满意度指标10%。如有特殊情况，一级指标权重可做适当调整。二、三级指标应当根据指标重要程度、项目实施阶段等因素综合确定，准确反映项目的产出和效益。并确定了指标权重和评价标准的设置要求，单位自评采用定量与定性评价相结合的比较法，总分由各项指标得分汇总形成。[①] 在此基础上，《项目支出绩效评价管理办法》还规范了项目支出绩效评价报告的体例与格式，为绩效评价工作人员具体评价工作的实施提供了标准化的便利。

表14-1　　　　项目支出绩效评价指标体系框架（部分）

一级指标	二级指标	三级指标
决策	项目立项	立项依据充分性
		立项程序规范性
	绩效目标	绩效目标合理性
		绩效指标明确性
	资金投入	预算编制科学性
		资金分配合理性

---

① 《项目支出绩效评价管理办法》，2020年2月25日。

续表

一级指标	二级指标	三级指标
过程	资金管理	资金到位率
		预算执行率
		资金使用合规性
	组织实施	管理制度健全性
		制度执行有效性
产出	产出数量	实际完成率
	产出质量	质量达标率
	产出时效	完成及时性
	产出成本	成本节约率
效益	项目效益	实施效益
		满意度

注:《项目支出绩效评价管理办法》是在全面实施预算绩效管理的要求提出之后,第一次对具体评价对象进行绩效评价,其要求涉及目标、指标和评价报告等多方面的内容,是具有可操作性的文件。这体现了在我国不断推进全面实施预算绩效管理的过程中,逐渐从指导性的要求到具体性的操作规程上的重大转变,这对于统一和规范预算绩效评价工作具有重要意义。

资料来源:财政部:《项目支出绩效评价管理办法》(财预〔2020〕10号),2020年2月25日。

第三节 强化地方政府债务管理

改革开放以后,中国共产党从理论上矫正了"既无内债又无外债是社会主义的优越性"这一认识,在建设社会主义市场经济的过程中不断完善政府债务制度,使得政府债务在社会和经济发展中发挥了重要作用。近年来,我国地方政府的举债权力从无到有,地方政府的债务从隐性走向显性,离不开中国共产党对地方政府债务的多角度关注和全方位管理,离不开中国共产党对牢牢守住不发生系统性风险底线的坚持。

中国共产党在不断加深对地方政府债务认识的基础上,一方面,认可其对经济发展的重要作用;另一方面,通过出台相关管理办法来规范地方政府债务的管理工作。例如，在多次中央财政、金融工作会议上，强调着力防控地方政府隐性债务风险；此外，还始终警惕各类新兴财政工具可能带来的变相举债行为，例如使用政府和社会资本合作（PPP）提供公共产品。

2014年的新《预算法》和同年10月发布的《国务院关于加强地方政府性债务管理的意见》（以下简称"43号文"）构建了地方政府举债融资机制的法律制度框架。此后，覆盖地方政府债务限额管理、预算管理、风险管理、信息公开、监督管理等各环节的改革开始全面推开。

一 地方政府开闸举债与加强地方政府性债务管理齐头并进

新《预算法》赋予地方政府举债权力后不到一个月，2014年10月2日，国务院发布了43号文。随后，以此为基础，按照党中央、国务院决策部署，地方政府债务管理的相关部门坚持"开前门、堵后门"的理念，通过出台一系列政策法规形成覆盖"举借""管理""偿还"各环节的闭环管理体系，加快建立规范的地方政府举债融资机制，增强地方经济财政的发展可持续性。主要包括：通过明确举债主体、规范举债方式、严格举债程序等措施，解决好"怎么借"的问题；通过控制举债规模、限定债务用途、政府债务信息公开等措施，解决好"怎么管"的问题；通过划清偿债责任、建立风险预警、完善应急处置等措施，解决好"怎么还"的问题。

（一）解决好"怎么借"的问题

通过规范地方政府债务的举债主体、举债方式、举债程序，可以从举债的源头上控制地方政府债务风险，特别是通过加强融资平台公司融资管理和规范PPP行为，可以避免进一步形成政府债券以外由其他渠道形成的债务。

第一，明确举债主体。43号文规定，经国务院批准，省、自治区、直辖市政府可以适度举借债务，市县级政府确需举借债务的由省、自治区、直辖市政府代为举借；并要求明确划清政府与企业界限，政府债务只能通过政府及其部门举借，不得通过企事业单位等举借。此外，明确剥离融资平台公司政府融资职能，融资平台公司不得新增政府债务；地方政府新发生或有债务，要严格限定在依法担保的范围内，并根据担保合同依法承担相关责任。此前，为了有效防范财政金融风险，加强对地方政府融资平台公司的管理，2010年国务院出台了《关于加强地方政府融资平台公司管理有关问题的通知》，要求地方政府对融资平台公司进行清理规范，但是部分地方和单位仍然存在违规融资的情况。截至 2013 年 6 月，融资平台公司、政府部门和机构、经费补助事业单位作为政府负有偿还责任的主要举借主体，分别积累了 40755.54 亿元、30913.38 亿元、17761.87 亿元债务。① 尽管这些政府性债务的形成是为地方经济和社会发展筹集资金，在加强基础设施建设以及应对国际金融危机冲击中发挥了积极作用，但也出现了一些亟须高度关注的问题，包括融资平台公司举债融资规模迅速膨胀，运作不够规范；地方政府违规或变相提供担保，偿债风险日益加大；部分银行业金融机构风险意识薄弱，对融资平台公司信贷管理缺失等。② 明确政府及其部门作为地方政府举债主体，可以有效规避上述问题和风险，避免"表外业务"继续膨胀。

第二，规范举债方式、严格举债程序等措施。43 号文规定了地方政府举债采取政府债券方式以及地方政府举债程序。考虑到地方政府在使用 PPP 提供公共产品的过程中也承担着一定的支出责任，2017 年财政部出台了《关于进一步规范地方政府举债融资行为的通知》，要求地方政府不得以借贷资金出资设立各类投资基金，严禁地方政府利用 PPP、政府出资的各类投资基金等方式违法违规变相举债。除国务院另有规定外，要求地方政府及其所属部门参与 PPP 项目、设立政府出资的各类投资基金时，不得以任何方式承诺回购社会资本方的投资本金，不得以任何方式承担社会资本方的投资本金损失，不得以任何方式向社会资本方承诺最低收益，不得对有限合

---

① 《2013 年第 32 号公告：全国政府性债务审计结果》，http://www.gov.cn/gzdt/2013-12/30/content_2557187.htm，2013 年 12 月 30 日。

② 《国务院关于加强地方政府融资平台公司管理有关问题的通知》，http://www.gov.cn/zwgk/2010-06/13/content_1627195.htm，2010 年 6 月 10 日。

伙制基金等任何股权投资方式额外附加条款变相举债。

（二）解决好"怎么管"的问题

地方政府债务的管理不仅涉及发行政府债券形成的新增债务，还涉及地方政府存量债务：一方面，通过科学的测算方法计算并分配地方政府债务限额，控制债务发行量，并限定举借债务获得资金的用途；另一方面，不论新增债务还是存量债务，基于甄别结果，都要相应纳入全口径预算管理。

第一，控制举债规模。43号文规定，地方政府债务规模实行限额管理，地方政府举债不得突破批准的限额。2017年，财政部进一步出台了《新增地方政府债务限额分配管理暂行办法》，要求新增限额分配选取影响政府债务规模的客观因素，根据各地区债务风险、财力状况等，并统筹考虑中央确定的重大项目支出、地方融资需求等情况，采用因素法测算，并给出了具体的新增限额分配测算公式。① 为防范地方政府债务风险，避免债务过快增长和异常波动，保障年度间地方财政运行的稳定性，以全国人大批准的新增限额平均增长率为基准确定波动系数区间，即各地区新增限额增长率最高不超过波动系数区间上限，最低不低于波动系数区间下限。

第二，限定债务用途。地方政府举借的债务，只能用于公益性资本支出和适度归还存量债务，不得用于经常性支出。

第三，纳入全口径预算。将地方政府债务纳入预算管理不仅包括新增债务，还包括存量债务。43号文规定，地方政府要将一般债务收支纳入一般公共预算管理，将专项债务收支纳入政府性基金预

---

① 某地区新增限额＝［该地区财力×系数1＋该地区重大项目支出×系数2］×该地区债务风险系数×波动系数＋债务管理绩效因素调整＋地方申请因素调整。

系数1和系数2根据各地区财力、重大项目支出以及当年全国新增地方政府债务限额规模计算确定。用公式表示为：

系数1＝(某年新增限额－某年新增限额中用于支持重大项目支出额度)／($\sum_i$地区政府财力)，i＝省、自治区、直辖市、计划单列市。

某地区政府财力＝某地区一般公共预算财力＋某地区政府性基金预算财力

系数2＝(某年新增债务限额中用于支持重大项目支出额度)÷($\sum_i$地区重大项目支出额度)

i＝省、自治区、直辖市、计划单列市。

算管理，将政府与社会资本合作项目中的财政补贴等支出按性质纳入相应政府预算管理。地方政府各部门、各单位要将债务收支纳入部门和单位预算管理。特别地，确需地方政府或其部门、单位依法承担偿债责任的或有债务，其偿债资金也要纳入相应的预算管理。

43 号文还要求以 2013 年政府性债务审计结果为基础，对地方政府性债务存量进行甄别。2016 年，财政部印发《地方政府一般债务预算管理办法》和《地方政府专项债务预算管理办法》，对预算编制、批复、执行、决算以及非债券形式一般债务纳入预算管理的相关事项做出了进一步的规定。

第四，政府债务信息公开。43 号文规定，完善地方政府性债务统计报告制度，加快建立权责发生制的政府综合财务报告制度，全面反映政府的资产负债情况。在此基础上，建立地方政府性债务公开制度，加强政府信用体系建设。各地区要定期向社会公开政府性债务及其项目建设情况，自觉接受社会监督。2018 年 12 月，为依法规范地方政府债务管理，增强地方政府债务信息透明度，严格防范地方政府债务风险，财政部印发了《地方政府债务信息公开办法》，该办法覆盖地方政府一般债务和地方政府专项债务，对地方政府债务信息的公开范围给出了更加详细的规定，包括预决算公开范围的地方政府债务限额、余额等信息以及预决算公开范围之外的地方政府债券发行、存续期、重大事项等相关信息；重大事项是指可能引起地方政府一般债券、专项债券投资价值发生增减变化，影响投资者合法权益的相关事项。2020 年，财政部中国地方政府债券信息公开平台正式运行，汇总了全国各省份的地方政府债券信息的有关数据，进一步提升了政府债务信息透明度。

（三）解决好"怎么还"的问题

第一，划清偿债责任。根据 2014 年新《预算法》要求发行的地方政府债券的偿债责任较为明确，按照地方政府一般债券和专项债券的管理办法处理即可。新《预算法》正式实施以前形成的地方政府存量债务的偿债责任划分一直是党和国家关注的问题。根据 43 号文和《地方政府性债务风险分类处置指南》的规定，在保证债权债务关系不变、明确偿债时限、按时还本付息的原则下，地方政府存量债务的偿债责任依类型不同而有所差异：对项目自身运营收入能够按时还本付息的债务，应继续通过项目收入偿还；对项目自身运营收入不足以还本付息的债务，可以通过依法注入优质资产、加强经营管理、加大改革力度等措施，提高项目盈利能力，增强偿债能力；对确需地方政府偿还的债务，地方政府要切实履行偿债责任，必要时可以处置政府资产偿还债务；对确需地方政府履行担保或救助责任的债务，地方政府要切实依法履行协议约定，做出妥善安排；对清理甄别认定的存量或有债务和新《预算法》施行以后地方政府违法违规提供担保承诺的债务，不属于政府债务，政府不承担偿债责任；属于政府出具无效担保合同的，政府仅依法承担适当民事赔偿责任，但最多不应超过债务人不能清偿部分的二分之一；属于政府可能承担救助责任的，地方政府可以根据具体情况实施一定救助，但保留对债务人的追偿权。

第二，建立风险预警和风险应急处置机制。43号文首次提出要建立地方政府性债务风险预警机制和债务风险应急处置机制。2016年，为牢牢守住不发生区域性系统性风险的底线，切实防范和化解财政金融风险，维护经济安全和社会稳定，国务院出台《地方政府性债务风险应急处置预案》，涵盖预警和预防机制、应急响应和后期处置三个风险处置阶段，明确了财政部门、债务单位行业主管部门、发展改革部门、地方金融监管部门等多个部门的职责，并将债务风险事件级别按事件性质、影响范围和危害程度等情况，划分为Ⅰ级（特大）、Ⅱ级（重大）、Ⅲ级（较大）、Ⅳ级（一般）四个等级，对因无力偿还政府债务本息或无力承担法定代偿责任等引发风险事件的，根据债务风险等级及时实行分级响应和应急处置。

二 党的十九大提出打好防范化解重大风险攻坚战

（一）地方政府债务风险总体可控背景下仍存在违规举债行为

中国共产党始终重视地方政府债务风险问题，自地方政府被正式赋予发债权力以后，通过一系列政策法规规范地方政府举债融资机制，经过几年的探索和实践，我国地方政府债务风险总体可控，但部分地方政府债务增长较快，还存在一些违规举债的行为。截至2017年3月底，审计署审计的16个省、16个市和14个县本级政府债务风险总体可控，但政府承诺以财政资金偿还的债务余额，较2013年6月底增长87%，其中基层区县和西部地区增长超过1倍；7个省、6个市和5个县本级2015年以来，通过银行贷款、信托融资等形式，违规举借的政府承诺以财政资金偿还债务余额有537.19亿元。[①] 在2017年7月全国金融工作会议后，相关地区风险防范意识进一步增强，举债冲动得到有效遏制，违规举债问题明显减少，但审计署仍发现5个地区2017年8月以后违规举债32.38亿元，还有3个地区政府违规提供担保9.78亿元。[②] 面对仍然存在的违规举债问题，尽管地方政府债务风险总体可控，但我们党未雨绸缪，始终不忘牢牢守住不发生系统性风险的底线。

(二) 多方协作共同防范地方政府债务风险

党的十九大报告指出，我们党要团结带领人民有效应对重大挑战、抵御重大风险、克服重大阻力、解决重大矛盾，必须进行具有许多新的历史特点的伟大斗争，任何贪图享受、消极懈怠、回避矛盾的思想和行为都是错误的。习近平总书记特别强调，要坚决打好防范化解重大风险、精准脱贫、污染防治的攻坚战，使全面建成小康社会得到人民认可、经得起历史检验。2017年12月，中央经济工作会议定调未来三年要重点抓好决胜全面建成小康社会的防范化解重大风险、精准脱贫、污染防治三大攻坚战，防范化解重大风险名列首位，重点之一是切实加强地方政府债务管理。2019年1月，习近平总书记在省部级主要领导干部坚持底线思维着力防范化解重大风险专题研讨班开班式上进一步强调，要增强忧患意识，未雨绸缪，精准研判、妥善应对经济领域可能出现的重大风险。

[①] 胡泽君：《国务院关于2016年度中央预算执行和其他财政收支的审计工作报告》，http://www.audit.gov.cn/n9/n1483/n1498/c97068/content.html，2017年6月23日。

[②] 胡泽君：《国务院关于2017年度中央预算执行和其他财政收支的审计工作报告》，http://www.audit.gov.cn/n5/n26/c123614/content.html，2018年6月20日。

2019年3月，李克强总理在2019年政府工作报告中指出，2019年重点工作之一是规范地方政府举债融资机制，同时，我国财政金融体系总体稳健，可运用的政策工具多，我们有能力守住不发生系统性风险的底线。事实上，这样的信心正是来自中国共产党自2017年以来在上一阶段规范地方政府举债融资机制的基础上，已经开启了新的一轮地方政府债务管理工作，并且开始依靠跨部门的协作力量。

第一，建立跨部门联合监测和防控机制。[①] 完善统计监测机制，由财政部门会同国家发展改革委、中国人民银行、银监会、证监会等部门建设大数据监测平台，统计监测政府中长期支出事项以及融资平台公司举借或发行的银行贷款、资产管理产品、企业债券、公司债券、非金融企业债务融资工具等情况，加强部门信息共享和数据校验，定期通报监测结果。开展跨部门联合监管，建立财政部、国家发展改革委、司法行政机关、中国人民银行、银监会、证监会等部门以及注册会计师协会、资产评估协会、律师协会等行业自律组织参加的监管机制，对地方政府及其所属部门、融资平台公司、金融机构、中介机构、法律服务机构等的违法违规举债行为加强跨部门联合惩戒，形成监管合力。

第二，从银行业金融机构的角度加强地方政府债务风险管控。[②] 2017年4月，《中国银监会关于银行业风险防控工作的指导意见》要求，银行业金融机构不得违规新增地方政府融资平台贷款，严禁接受地方政府担保兜底；要依法合规开展专项建设基金、政府与社会资本合作、政府购买服务等新型业务模式，明确各方权利义务关系，不得通过各种方式异化形成违规政府性债务；此外，各级监管机构要会同有关部门强化地方政府债务全口径监测，指导银行业金融机构配合推进融资平台转型，明晰债权债务关系，防范债权悬空风险。银行业金融机构要紧盯列入预警范围的潜在高风险地区，推动制定

---

① 《关于进一步规范地方政府举债融资行为的通知》，http：//www.gov.cn/xinwen/2017-05/03/content_5190675.htm，2017年4月26日。

② 《中国银监会关于银行业风险防控工作的指导意见》，http：//yss.mof.gov.cn/zhuantilanmu/dfzgl/zcfg/201704/t20170413_2579604.html，2017年4月7日。

中长期债务风险化解规划,有效应对局部风险。

第三,发挥审计部门在防范化解地方政府隐性债务风险中的作用。2010年6月国家审计署首次对政府性债务审计结果进行披露,报告在社会各界引起强烈反响,随后,国务院专门发文要求地方政府和相关部门在年内清查地方融资平台债务,并对融资平台公司进行清理规范。随后,国家审计署在2011年、2013年组织全国范围内的地方政府债务全面审计,在新《预算法》开闸地方政府举债前,对地方政府性债务的规模、结构、期限等情况进行全面摸底,并为后续规范地方政府债务管理提供良好的数据支撑。自2014年以来,国家审计署和地方审计部门坚持"问题导向",高标准、严要求地反映地方政府债务管理存在的问题[①],通过建立债务跟踪审计制度,每年通过中央和地方政府预算执行和其他财政收支的审计工作报告以及国家重大政策措施落实情况跟踪审计结果,对地方政府债务管理实施审计监督,为完善中国地方政府债务管理制度做出了巨大贡献。

第四节 不断完善预算分配机制

预算分配机制决定着公共财政资金的去向,健全的预算分配机制能够将有限的资金按照党和国家各项事业发展的优先级别进行分配,为保证各项事业有序发展提供有力保障。党的十八届三中全会提出,全面深化改革必须更加注重改革的系统性、整体性、协同性,加快发展社会主义市场经济、民主政治、先进文化、和谐社会、生态文明,让一切劳动、知识、技术、管理、资本的活力竞相迸发,让一切创造社会财富的源泉充分涌流,让发展成果更多、更公平地惠及全体人民。全面深化改革意味着公共财政资金要惠及各个领域,但又要有所侧重,这对我国的预算分配机制提出了更高的要求。此外,近年来我国面临严峻的财政收入形势,为保障各领域对财政资

---

① 汪德华:《从审计看我国地方债风险》,《新理财(政府理财)》2017年第10期。

金的需求和实现全面深化改革的目标，亟须进一步加强政策和资金统筹。近年来，党和国家通过健全预算标准体系、深化预算编制改革和压缩一般性支出等方式进一步完善预算分配机制。

一 健全预算标准体系，完善定员定额管理

新《预算法》第 32 条规定：各部门、各单位应按照国务院财政部门制定的预算支出标准和要求编制本部门、本单位预算草案。《国务院关于深化预算管理制度改革的决定》指出，"要健全预算标准体系，进一步完善基本支出定额标准体系，加快推进项目支出定额标准体系建设，充分发挥支出标准在预算编制和管理中的基础支撑作用"。党的十九大报告强调预算制度的标准科学，明确把推进建立预算支出标准体系作为深化预算管理制度改革的一项重要内容。

（一）基本支出定员定额标准体系不断完善

2001 年财政部制定了《中央部门基本支出预算管理试行办法》和《中央部门项目支出预算管理试行办法》，确定了部门预算管理的基本框架，两类支出按不同的模式管理。

基本支出预算是部门预算的组成部分，是中央部门为保障其机构正常运转、完成日常工作任务而编制的年度基本支出计划，按其性质分为人员经费和日常公用经费。基本支出预算实行以定员定额为主的管理方式，同时结合部门资产占有状况，通过建立实物费用定额标准，实现资产管理与定额管理相结合。在部门预算不断完善的过程中，基本支出的范围更加明确，中央部门定员定额标准体系不断完善，基本支出定员定额范围不断扩大，为规范定额分配行为，根据中央部门承担的职能、行业及业务特点，将中央部门分为若干类型，在核准同类单位工作量、占用的资源和相关历史数据资料的基础上，以人或实物作为测算对象，确定各类单位、各定额项目的单项基准定额。[①] 针对部门基础信息较为零散、不成体系的问题，财

---

① 《中央本级基本支出预算管理办法》，http://yss.mof.gov.cn/zhuantilanmu/zyysgl/201609/t20160927_2427772.html，2007 年 4 月 13 日。

政部研究开发了中央部门人员信息数据库。与此同时，各省级政府也在不断地完善定额标准体系建设，例如，安徽省财政厅创建了省级部门预算基础信息库，利用大数据强化了人员支出预算管理，通过建立公用经费定额标准体系，有效保证公用经费分配规范和公平。①

总体而言，各级财政的基本支出定员定额标准体系的建设工作起步较早，近些年来，在信息化和大数据管理的辅助下，各级政府能够更加有效地整合基本支出的相关信息，明确财政供养人员信息，完善公用经费定额保障办法，促进基本支出预算公平。

（二）项目支出定额标准体系成为预算标准体系改革的重点

项目支出定额标准体系建设是部门预算管理和改革的重要内容，是实施全面规范、公开透明预算制度的重要支撑。以财政部印发《中央本级项目支出定额标准体系建设实施方案》为标志，2009年开始全面启动标准体系建设。

该方案规定，项目定额标准体系（图14-1）建设是项目定额标准管理的核心，由财政部标准②和部门内部标准③组成。

在中央各部门和地方政府的共同努力下，项目支出定额标准体系建设取得积极进展，初步形成了目标明确、职责清晰、程序规范、运行有序的工作体系，在全面规范财政预算管理、提高财政资金分配效益等方面发挥了重要作用。但是，与当初确定的建设目标和改革任务相比，建标准、用标准的理念尚不深入；项目多、标准少的

---

① 《完善定额标准体系建设促进基本支出预算公平》，http://www.mof.gov.cn/zhengwuxinxi/xinwenlianbo/anhuicaizhengxinxilianbo/200809/t20080908_72313.htm，2008年9月8日。

② 财政部标准是指由财政部（或会同中央部门）发布或认可，作为预算编制、审核和安排依据的项目定额标准；从适用范围角度考虑，财政部标准又由通用定额标准和专用定额标准组成。通用定额标准是适用于所有或大多数中央部门的、共性的项目定额标准，具有普遍适用性。专用定额标准是适用于特定部门或特定项目的定额标准，具有特定的适用范围。专用定额标准要与通用定额标准相衔接，既可以通过附加部门属性，将通用定额标准直接细化为专用定额标准，又可以根据部门核心职能活动，对通用定额标准进行排列组合，形成与各部门职能活动直接对应的专用定额标准。

③ 部门内部标准是指由中央部门自行发布、作为部门内部申报、审核依据的项目定额标准。

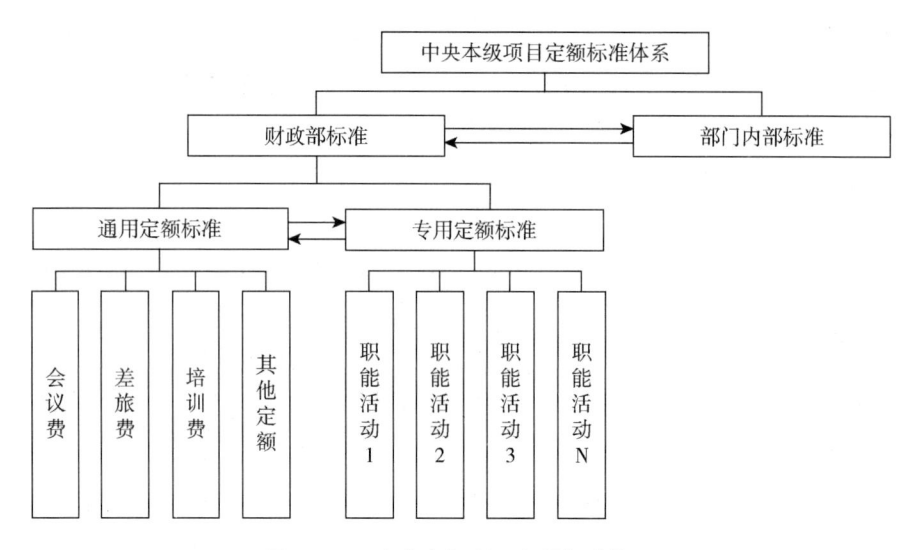

462　中国共产党百年财政史：思想与实践

```
                    中央本级项目定额标准体系
                    ┌──────────┴──────────┐
              财政部标准 ←─────────→ 部门内部标准
         ┌─────────┴─────────┐
    通用定额标准 ←────→ 专用定额标准
   ┌────┬────┬────┐       ┌────┬────┬────┬────┐
  会议  差旅  培训  其他    职能  职能  职能  职能
  费    费    费    定额    活动  活动  活动  活动
                            1     2     3     N
```

图 14 – 1　中央本级项目定额标准体系

矛盾依然突出，大量项目还没有标准可依；标准尚未与预算编制和管理有机融合，标准的支撑功能亟须增强；标准建设工作机制不够顺畅。① 出于加强部门预算管理、提高财政资金配置效率的现实需要和深入推进依法行政、依法理财的必然要求，财政部于 2015 年 7 月出台了《关于加快推进中央本级项目支出定额标准体系建设的通知》，旨在采取针对性措施，加快推进标准体系建设（见表 14 – 2）。该通知提出未来一段时间内中央本级项目支出定额标准体系建设的总体思路：认真贯彻落实新《预算法》和《决定》有关精神，准确把握项目支出管理的特点和规律，紧扣项目支出预算管理实际需求，加快编制进度，规范编制行为，创新建设方式，健全应用机制，优化管理流程，加强基础工作，努力构建内容完整、结构优化、定额科学、程序规范、修订及时的标准体系，充分发挥标准在预算编制和管理中的基础支撑作用。

---

① 《关于加快推进中央本级项目支出定额标准体系建设的通知》，http：//www.mof.gov.cn/mofhome/mof/zhengwuxinxi/caizhengwengao/wg2015/wg201509/201601/t20160120_ 1652584.html，2015 年 7 月 20 日。

表 14-2　　　　　　　预算项目支出标准定额政策梳理

年份	文件法规名称	发布单位	发布背景	有关预算项目支出标准定额的规定
2009 年	《中央本级项目支出定额标准管理暂行办法》	财政部	规范项目支出定额标准管理，提高预算管理的科学化精细化水平	从项目定额标准的分类和内容、管理职责、立项、编制、发布和实施以及复审和修订详细阐述了项目支出标准体系应如何管理
2009 年	《中央本级项目支出定额标准系统建设实施方案》	财政部	深化部门预算改革，推进预算科学化精细化管理，促进预算分配公平公正，实现预算管理公开透明	提出建设项目支出标准体系的指导思想、基本原则和建设目标。从横向（项目支出标准体系内含的部分）和纵向（2009—2020 年构建项目支出标准体系的计划）研究构建项目支出标准体系的方案
2015 年	《关于加快推进中央本级项目支出定额标准体系建设的通知》	财政部	贯彻落实新《预算法》和《国务院关于深化预算管理制度改革的决定》	详细阐述项目支出标准体系建设的必要性，规定项目支出标准体系建设的基本原则和总体思路以及接下来一段时间的重点工作

资料来源：马海涛、李超、肖鹏：《现代财政制度框架下的预算项目支出标准定额探讨——基于成本效益分析的研究视角》，《财政监督》2018 年第 9 期。

为充分发挥定额标准在预算管理中的基础支撑作用，促进省级项目支出预算编制的规范、标准和科学，各地也在积极探索推进符合本地情况的项目支出标准体系建设，纷纷出台了省级财政项目支出定额标准体系建设实施方案。

河南省财政厅按照预算管理总体要求，制定出台了《省级财政项目支出标准体系建设实施方案》和省级财政项目支出标准体系建设厅内联席会议制度，紧扣预算管理需求，有序推进标准建设，坚持问题导向，优先选择与部门核心职能最相关、可量化、经常性的支出项目制定标准，着力规范项目预算管理的薄弱环节。[1] 截至 2019

---

[1] 《河南大力推进项目支出标准体系建设》，http://www.henan.gov.cn/2019/11-05/992372.html，2019 年 11 月 5 日。

年11月，河南省财政厅已先后出台了《河南省省直机关办公用房装修（改造）项目支出预算标准（试行）》《河南省省级陈列展览项目支出预算标准（试行）》《河南省省级评审专家劳务费管理办法（试行）》《河南省省直机关办公用房维修改造项目支出预算标准（试行）》《关于省级大型会展和招商活动项目支出预算标准的规定（试行）》5项标准，政务信息系统建设、信息化运维等标准的制定工作正在稳步推进。

随着大数据、云计算、移动互联网等新技术在政务领域的广泛应用，各省在政务信息化建设方面的财政支出逐年增加，但政务信息化项目标准建设比较滞后。2018年9月，山西省财政厅、经信委印发了《山西省省直部门信息化建设项目支出预算方案编制规范和预算编制标准（试行）》，填补了全国信息化建设项目支出预算标准的空白，对进一步规范政务信息化建设项目的预算管理，增强项目方案的专业性和预算编制的科学性，推动提升财政资金使用效率起到有效作用。[1] 四川省也利用大数据等技术手段积极探索项目支出定额标准建设，加强数据分类整理和信息挖掘，逐步建立起信息完备、归类科学、真实准确、动态更新的基础信息库，为项目支出定额标准建设和管理提供有效支撑。[2]

经过几年的努力，支出标准建设工作取得了一定成效，标准制定方向逐步明确。在2019年项目支出标准建设交流会上，与会人员表示，为加快形成数量适度、结构合理、科学规范的支出标准体系，一是要继续强化顶层设计，夯实工作基础，着力推动标准制定整体规划的形成；二是要逐步建立健全标准建设的操作规范，明确标准建设的基本流程、标准适用对象，以及标准文本应涵盖的主要内容和形式等；三是要搭建标准建设沟通平台，收集汇总各级部门已出台标准和正在研制的标准，将成熟的标准分级分类汇编成册，供各

---

[1] 《山西出台省直部门信息化建设项目支出预算编制标准》，http://www.shanxi.gov.cn/yw/sxyw/201809/t20180912_476151.shtml，2018年9月12日。

[2] 《省财政投资评审中心积极探索项目支出定额标准建设》，http://www.sc.gov.cn/10462/10464/10465/10574/2015/7/2/10341667.shtml，2015年7月2日。

方参考使用;四是要强化标准应用。① 作为中央部门预算评审主力军和全国预算绩效评价引领者的预算评审中心,2020年的工作重点之一仍是积极推进项目支出标准体系建设,包括推动建立项目支出标准建设工作机制、推进对部门项目支出标准的评审工作和强化已制定标准的应用。②

二 突破既有预算利益格局,零基预算方兴未艾

20世纪70年代,为应对不断扩张的公共支出规模,美国率先将用于企业内部管理的零基预算引入政府预算。从1993年开始,我国的一些地方政府,如湖北省、河北省、海南省、安徽省、湖南省、深圳市等,纷纷采用零基预算模式,并且,随着1999年以来部门预算改革在全国的推广,采用零基预算的地方政府越来越多。③ 然而,那时候的零基预算改革是"借壳上市",当时部门预算的数据基础非常薄弱,所以零基预算主要被用来建立部门预算的基础信息体系,实际上并没有任何地方真正采用零基预算,也没有任何的官方文件正式介绍过到底什么是零基预算,应该如何实施。④ 此后,在一定时期内,我国的预算分配采取的仍是"基数+增长"的方式。

近年来,地方政府可用财力供给不足和大量财政资金沉淀并存的问题日益突出,加之为了进一步深化预算编制改革,构建科学合理、公开透明、绩效优先、约束有力的公共财政预算编制体系,各地方政府开始尝试零基预算,例如,2014年广东省印发《广东省省级财政零基预算改革方案》,从2015年开始开展改革试点,探索试行零基预算改革,同年,珠海市在市级层面也启动了零基预算改革。

---

① 《预算评审中心召开2019年项目支出标准建设交流会》,http://tzps.mof.gov.cn/gongzuodongtai/202001/t20200119_3461425.htm,2020年1月19日。

② 《预算评审中心2020年工作要点》,http://tzps.mof.gov.cn/gongzuodongtai/202003/t20200325_3488225.htm,2020年3月25日。

③ 马骏、叶娟丽:《零基预算:理论和实践》,《中国人民大学学报》2004年第2期。

④ 冯叶:《"零基预算"珠海试验政府钱袋子每年归零》,《南方周末》2015年11月16日第18版。

利用零基预算改变预算分配固有格局的尝试,加之大数据时代的到来,使得财政部门可以按照项目优先级别和资金使用绩效等标准,更加科学地分配稀缺的预算资源。2019年12月26日,天津市人民政府印发《关于严格实施零基预算管理的工作方案》,对基本支出、专项资金政府投资等资金管理提出要求,并对市级158个部门正式实施零基预算,坚持预算总收入在全市大盘子下统筹使用。① 2020年,受全球新冠肺炎疫情冲击,世界经济严重衰退,我国国内财政收支矛盾加剧,党中央强调2020年预算编制和财政工作的原则之一是坚持量入为出、有保有压、可压尽压,打破基数概念和支出固化格局。

总体而言,近年来各地的零基预算改革呈现出以下两个特征:

第一,零基预算与绩效预算改革相结合。广东省自2016年开始全面实行绩效目标申报审核制度,按照省财政项目支出绩效目标管理的有关要求,零基预算全部支出项目必须申报绩效目标,并通过绩效目标审批后才能纳入项目库管理。② 贵州省在推进零基预算过程中,通过突出绩效管理,将绩效目标作为预算申请和安排的前提条件,推动预算和绩效目标同步编制、同步审核、同步批复,建立起项目能进能出、预算有保有压、资金有增有减的动态调整机制,对没有编制绩效目标或绩效目标设置不合理、绩效目标效果不好的项目坚决予以取消或调整优化。③ 浙江省金华市针对财政资金使用绩效不高的问题,2018年对涉及市级财政资金2049万元的四个项目试点开展事中监管,对未达到绩效目标的项目,暂停拨付后续财政资金,例如,金华市福彩中心"彩票运营成本"项目存在工作目标设定过低、项目运营绩效不高的问题,财政部门经综合评价后要求其提高

---

① 《天津特色零基预算管理新模式新在哪儿?》,http://www.cnr.cn/tj/jrtj/20191125/t20191125_524871030.shtml,2019年11月25日。

② 《广东省稳步推进零基预算改革》,http://www.mof.gov.cn/zhengwuxinxi/xinwenlianbo/guangdongcaizhengxinxilianbo/201601/t20160105_1643505.htm,2016年1月5日。

③ 《贵州深入推进零基预算确保财政资金用在刀刃上》,http://m.xinhuanet.com/gz/2019-12/11/c_1125333124.htm,2019年12月11日。

绩效目标,并加强费用支出审核管理,并在2019年切实将绩效评价结果运用到预算编制中。①

第二,零基预算与强化项目支出管理相衔接。广东省所有项目支出纳入项目库管理,对申报的项目进行可行性论证和严格审核,依托项目库系统分轻重缓急合理排序后,视财力情况择优进行安排;预算单位编制项目支出预算时,按照财政部门制定的经费开支标准(如会议费、差旅费等)细化安排依据和测算过程。贵州省按照"资金跟着项目走"的思路,在省级部门深入推进零基预算改革,坚持以零为基点,从细化项目分类、明确申报条件、严格审核程序三个方面入手,对省级部门年度申报支出的内容、标准、预期绩效等进行全面审核后编制年度预算,彻底改变以往按年度"基数+增长"安排部门资金的预算模式。② 2015年珠海市启动零基预算改革,《珠海市市级部门项目支出管理暂行办法》作为改革的配套政策之一同步实施,通过项目管理常态化和实行项目全生命周期管理,要求改变一年一申报的项目入库方式,实行开放滚动管理,预算单位可以根据工作需要,实时对项目库进行补充、更新,并对项目的申报、预算编制、预算调整、预算执行、结转等进行全过程管理。③ 从2019年起,天津市财政按照"一个理念(Goal)、两条指引(Guide)、三项管控(Govern)、四类挂钩(Grip)"的思路,对市级158个部门正式实施零基预算,在财政审核部门申报项目环节,实行"项目排序、资金安排"双指引原则,具体分两步走:一是建立预算安排的正面和负面清单,明确优先保障和不予保障事项。二是推行预算"现金流"管理,根据项目执行条件和付款时间核定项目支出预算,

---

① 《浙江省金华市财政突出"四个关键"全面推行零基预算改革》,http://www.mof.gov.cn/zhengwuxinxi/xinwenlianbo/zhejiangcaizhengxinxilianbo/201901/t20190122_3127170.htm,2019年1月22日。

② 吴承坤:《贵州:资金跟着项目走,力争财政资金效益最大化》,http://www.ceh.com.cn/xwpd/2019/11/1192698.shtml,2019年11月29日。

③ 《珠海:深化零基预算改革,加强项目支出管理》,http://czt.gd.gov.cn/zh/content/post_178498.html,2018年8月28日。

对于项目当年难以形成实际支出的、资金后补助的、不能细化至具体用途和使用单位的，当年不予安排或递延转年安排。①

三　严格压缩一般性支出，优先保障重点领域投入

近年来，受经济下行压力加大、实施更大规模减税降费等因素影响，财政收入形势变得较为严峻（近年来财政收入增速参见图14-2），其中，2018年和2019年全国财政收入增速分别为6.2%和3.8%。为保障各领域对财政资金的需求，需要进一步加强政策和资金统筹，党中央多次提出要严格压缩一般性支出，优先保障重点领域投入，满足人民日益增长的美好生活需要。

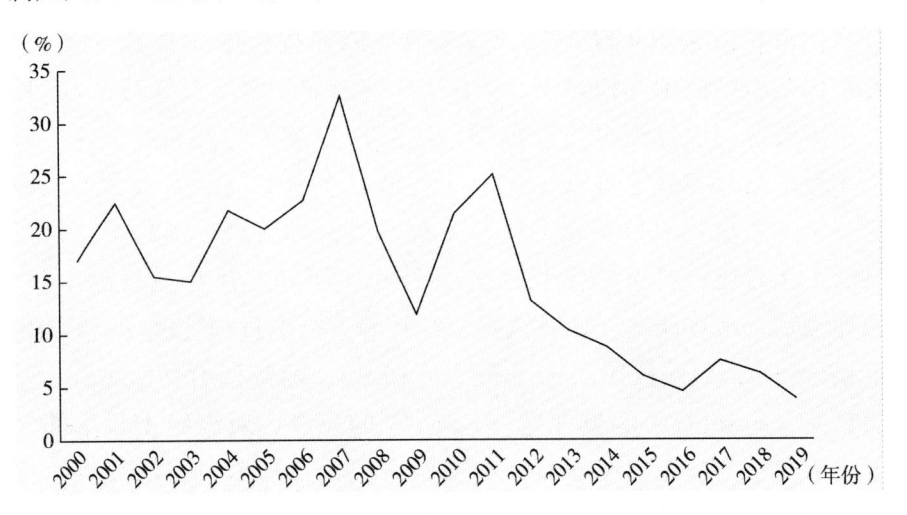

图14-2　全国财政收入增长速度（2000—2019年）

资料来源：国家统计局。

2018年12月召开的全国财政会议指出，2019年是新中国成立70年，是全面建成小康社会关键之年，在实施更大规模的减税降费的同时，要优化财政支出结构，树立过紧日子的思想，严格压缩一般性支出，加大对重点领域支持力度。

---

① 《天津财政：积极探索构建零基预算管理"4G"新模式》，http://www.mof.gov.cn/zhengwuxinxi/xinwenlianbo/tianjingcaizhengxinxilianbo/201911/t20191122_3427352.htm，2019年11月25日。

2019年3月，财政部在《关于2018年中央和地方预算执行情况与2019年中央和地方预算草案的报告》中指出：受经济下行压力加大、实施更大规模减税降费，以及上年部分减税降费政策翘尾减收等因素影响，预计2019年财政收入增速将有所放缓；然而，各领域对财政资金需求很大，诸多重点领域都需要予以重点保障，为支持企业减负，各级政府要过紧日子，厉行勤俭节约，把钱花在刀刃上；大力压减一般性支出，严控"三公"经费预算，取消低效无效支出，清理收回长期沉淀资金；中央财政带头严格管理部门支出，一般性支出按照不低于5%的幅度压减，"三公"经费再压减3%左右。地方财政要比照中央做法，从严控制行政事业单位开支。同年12月召开的中央经济工作会议再次强调要坚决压缩一般性支出，保重点领域。

2020年，受全球新冠肺炎疫情冲击，世界经济严重衰退，产业链供应链循环受阻，国际贸易投资萎缩，大宗商品市场动荡。国内消费、投资、出口下滑，就业压力显著加大，企业特别是民营企业、中小微企业困难凸显，财政收支矛盾加剧，财政运行压力增加。①2020年5月，政府工作报告掷地有声地提出：各级政府必须真正过紧日子。《关于2019年中央和地方预算执行情况与2020年中央和地方预算草案的报告》进一步指出：2020年财政政策要更加积极有为，围绕做好"六稳"工作、落实"六保"任务，以更大的政策力度对冲新冠肺炎疫情影响，真正发挥稳定经济的关键作用。艰苦奋斗、勤俭节约，坚决落实政府真正过紧日子要求，开源节流、增收节支、精打细算，执守简朴、力戒浮华，厉行节约办一切事业。同时，基本民生支出要只增不减，重点领域支出要切实保障，一般性支出要坚决压减，严禁新建政府性楼堂馆所，严禁铺张浪费。中央政府部门要带头过紧日子，中央本级支出下降0.2%，其中非急需、

---

① 2020年全国一般公共预算收入180270亿元，下降5.3%。加上调入资金及使用结转结余29980亿元，收入总量为210250亿元。全国一般公共预算支出247850亿元（含中央预备费500亿元），增长3.8%。赤字37600亿元，比2019年增加10000亿元。

非刚性支出压减50%以上。地方财政也要大力压减一般性支出，继续压减"三公"经费，严控会议差旅、咨询培训、论坛展会等经费。2020年6月，全国两会结束不久，全国财政厅（局）长座谈会在京召开，特殊时期的这场财政座谈会，传递出积极财政政策加快落地的最新信号。其中，"节用裕民"是此次座谈会的一个关键词，进一步强调要严把支出预算关口，大力压减一般性支出，严格执行各项经费开支标准。

2020年6月11日，中央预决算公开平台公布中央部门2020年度部门预算，各部门的"三公"经费预算较上一年均有较大幅度的压缩。例如，财政部2020年度部门预算显示，财政部2020年"三公"经费预算数为2446.61万元，比2019年减少3003.87万元，压缩55.11%。[①] 地方财政也在不断压减一般性支出，例如，北京市按10%的幅度压减部门非重点支出，原则上两年内不再提高行政事业单位日常办公设备配置标准；[②] 上海市对低效无效资金一律削减或取消；[③] 成都市2020年的一般性支出在年初压缩10%的基础上再压减10%，坚决降低行政运行成本。[④] 政府过"紧日子"，是为了让人民群众过"好日子"，这些数据体现出全国上下落实党中央、国务院关于过紧日子有关要求的决心，坚持精打细算、把钱用在刀刃上，为实现"两个一百年"奋斗目标、实现中华民族伟大复兴的中国梦贡献力量。

[①] 《财政部2020年部门预算》，http：//www.mof.gov.cn/gp/xxgkml/bgt/202010/t20201013_3602493.htm，2020年8月28日。

[②] 《关于北京市2019年财政预算执行情况和2020年财政预算草案的报告》，http://www.beijing.gov.cn/gongkai/caizheng/czbg/ysbg/202002/t20200204_1624517.html，2020年2月4日。

[③] 《关于上海市2019年财政预算执行情况和2020年财政预算草案的报告》，http：www.czj.sh.gov.cn/zys_8908/czsj_9054/zfyjs/yjsbg_9056/202001/W020200211515302178375.pdf，2020年1月29日。

[④] 《关于成都市2019年财政预算执行情况和2020年财政预算草案的报告》，2020年5月14日。

参考文献

一 经典著作

《邓小平文选》第一卷,人民出版社1994年版。
《邓小平文选》第二卷,人民出版社1994年版。
《邓小平文选》第三卷,人民出版社1993年版。
《江泽民文选》第一卷,人民出版社2006年版。
《列宁全集》第四卷,人民出版社1958年版。
《列宁全集》第三十卷,人民出版社1986年版。
《马克思恩格斯选集》第1—4卷,人民出版社2012年版。
《毛泽东文集》第1—8卷,人民出版社1993年、1996年、1999年版。
《毛泽东选集》第一——四卷,人民出版社1991年版。
《习近平谈治国理政》第2卷,外文出版社2017年版。

二 中文著作

《陈独秀文章选编》,生活·读书·新知三联书店1984年版。
《陈独秀著作选》(第1—3卷),上海人民出版社1993年版。
《独秀文存》,亚东图书馆1922年版。
《陈云文选(一九四九——一九五六年)》,人民出版社1984年版。
《陈云文选》(第1—3卷),人民出版社1995年版。
《华北解放区财政经济史资料选编》编辑组:《华北解放区财政经济

史资料选编》，中国财政经济出版社1996年版。

《李大钊选集》，人民出版社1959年版。

《论十大关系》，人民出版社1976年版。

《中国共产党对于时局的主张》，向导周报社1926年版。

《中国共产党中国共产主义青年团宣言》，向导周报社1927年版。

《周恩来选集》下卷，人民出版社1984年版。

《朱镕基讲话实录》第一卷，人民出版社2011年版。

板章编写：《秋收起义》，新华出版社1991年版。

薄一波：《七十年奋斗与思考》，中共党史出版社1996年版。

薄一波：《若干重大决策与事件的回顾》（上），中共党史出版社2018年版。

薄一波：《若干重大决策与事件的回顾》，人民出版社1997年版。

财政部综合计划司编：《中华人民共和国财政史料》，中国财政经济出版社1982年版。

曹尔阶、李敏新、王国强：《新中国投资史纲》，中国财政经济出版社1992年版。

曹应旺：《开国财经统帅陈云》，中译出版社2015年版。

陈如龙主编：《当代中国财政》，中国社会科学出版社1988年版。

成致平主编：《中国物价五十年（1949—1998）》，中国物价出版社1998年版。

丛树海、张桁主编：《新中国经济发展史（1949—1998）》，上海财经大学出版社1999年版。

崔潮：《中国现代化进程中的财政制度变迁》，博士学位论文，财政部财政科学研究所，2012年。

邓子基等编著：《比较财政学》，中国财政经济出版社1987年版。

东北解放区财政经济史编写组：《东北解放区财政经济史资料选编》，黑龙江人民出版社1988年版。

国家税务总局税收科学研究所：《改革开放40年中国税收改革发展研究——从助力经济转型到服务国家治理》，中国税务出版社2018年版。

国家统计局国民经济综合司编：《新中国五十五年统计资料汇编》，中国统计出版社 2005 年版。

胡书东：《经济发展中的中央和地方关系中国财政制度变迁研究》，上海人民出版社 2001 年版。

黄修荣：《第一次国共合作》，上海人民出版社 1986 年版。

贾康：《中国财政思想史》，立信会计出版社 2008 年版。

江西省税务局：《中央革命根据地工商税收史料选编：1929.1—1934.2》，福建人民出版社 1985 年版。

金冲及：《二十世纪中国史纲》，社会科学文献出版社 2009 年版。

金春明、陈登才主编：《毛泽东思想发展史》，中共中央党校出版社 1993 年版。

晋冀鲁豫抗日根据地财经史料选编编写组：《晋冀鲁豫抗日根据地财经史料选编》，档案出版社 1985 年版。

瞿秋白：《瞿秋白文集·政治理论篇》，人民文学出版社 1987 年版。

黎惠英、孙祚成、许海生主编：《中国现代经济史》，吉林大学出版社 1991 年版。

李海、李惠贤、成丽英：《统一财经为新中国奠基立业》，当代中国出版社 2008 年版。

李立功等整理：《毛委员在井冈山》，江西人民出版社 1977 年版。

李炜光、赵云旗：《中国财政通史·新民主主义革命时期财政史》，湖南人民出版社 2013 年版。

厉以宁：《中国经济双重转型之路》，中国人民大学出版社 2013 年版。

林毅夫、蔡昉、李周：《中国的奇迹：发展战略与经济改革》，上海三联书店、上海人民出版社 1996 年版。

刘克崮、贾康主编：《中国财税改革三十年：亲历与回顾》，经济科学出版社 2008 年版。

刘克祥、吴太昌：《中国近代经济史（1927—1937）》，人民出版社 2010 年版。

刘尚希：《新中国 70 年发展的财政逻辑 1949—2019》，中国财政经济出版社 2019 年版。

刘跃光、蔡德祜等：《鄂豫边区财政经济史》，中国财政经济出版社1985年版。

刘佐：《中国税制概览》，经济科学出版社2019年版。

柳随年、吴群敢主编：《"大跃进"和调整时期的国民经济》，黑龙江人民出版社1984年版。

柳随年等编著：《六十年代国民经济调整的回顾》，中国财政经济出版社1982年版。

楼继伟：《中国政府间财政关系再思考》，中国财政经济出版社2013年版。

楼继伟：《40年重大财税改革的回顾》，中国财政经济出版社2019年版。

楼继伟、刘尚希：《新中国财税发展70年》，人民出版社2019年版。

欧文汉、徐璐玲：《全国财政工作综述》，王贵三总编《中国财政年鉴》，中国财政杂志社2000年版。

齐守印、赵文海主编：《财经大业》，中国财政经济出版社2012年版。

（清）宋育仁：《庸书·内外篇：八卷》，慎记书庄石印本，清光绪二十三年（1897）版。

宋爱武总编：《中国财政年鉴》，中国财政杂志社2005年版。

宋新中主编：《当代中国财政史》，中国财政经济出版社1997年版。

苏少之著，赵德馨主编：《中国经济通史》第十卷，湖南人民出版社2002年版。

孙文学：《中国财政思想史》（上下册），上海交通大学出版社2008年版。

唐滔默：《中国革命根据地财政史（1927—1937）》，中国财政经济出版社1987年版。

王丙乾：《中国财政60年回顾与思考》，中国财政经济出版社2009年版。

王礼琦：《中原解放区财政经济史资料选编》，中国财政经济出版社1995年版。

王年一：《大动乱的年代》，河南人民出版社1988年版。

王玮:《多重约束条件下我国均等化财政制度框架的构建》,中国社会科学出版社2011年版。

吴承明、董志凯:《中华人民共和国经济史》第一卷,中国财政经济出版社2001年版。

吴东胜、伍红梅:《全国财政工作综述》,钱度龄总编《中国财政年鉴》,中国财政杂志社1998年版。

吴东胜、徐璐玲:《全国财政工作综述》,钱度龄总编《中国财政年鉴》,中国财政杂志社1999年版。

吴敬琏:《中国经济改革进程》,中国大百科全书出版社2018年版。

吴申元:《中国近代经济史》,上海人民出版社2003年版。

项怀诚、冯田夫、李炜光:《中国财政通史之十:革命根据地卷》,中国财政经济出版社2006年版。

项怀诚、刘孝诚:《中国财政通史·中华民国卷》,中国财政经济出版社2006年版。

项怀诚主编:《中国财政50年》,中国财政经济出版社1999年版。

项怀诚主编:《中国财政通史》,中国财政经济出版社2006年版。

谢旭人主编:《为国理财 为民服务——党的十六大以来财政发展改革成就（2002—2012）》,人民出版社2012年版。

谢旭人主编:《中国财政60年》(上下卷),经济科学出版社2009年版。

谢旭人主编:《中国财政60年》,经济科学出版社2009年版。

修培生、苏中一、伍红梅:《国家财政工作概况 全国财政工作综述》,钱度龄总编《中国财政年鉴》,中国财政杂志社1997年版。

徐义生:《中国近代外债史统计资料》,中华书局1962年版。

薛暮桥、杨波:《总结财经工作 迎接全国胜利——记全国解放前夕两次重要的财经会议》,中国财政经济出版社1996年版。

严中平:《中国近代经济史》,人民出版社2012年版。

尹凤祥、于鸿模等:《华中抗日根据地财政经济史料选编》,中国财政经济出版社1984年版。

于光远:《从"新民主主义论"到"社会主义初级阶段论"》,人民出版社1996年版。

张德彝：《随使法国记（三述奇）》，湖南人民出版社1982年版。

张启安：《共和国的摇篮——中华苏维埃共和国》，陕西人民出版社2003年版。

张馨、杨志勇、郝联峰、袁东：《当代财政与财政学主流》，东北财经大学出版社2000年版。

张峥：《财税工作综述　全国财政工作综述》，宋爱武总编《中国财政年鉴》，中国财政杂志社2007年版。

张峥：《财税工作综述　全国财政工作综述》，何杰平总编《中国财政年鉴》，中国财政杂志社2012年版。

张卓元：《十八大后经济改革与转型》，中国人民大学出版社2014年版。

赵凌云主编：《中国共产党经济工作史（1921—2011年）》，中国财政经济出版社2011年版。

赵效民编：《中国革命根据地经济史》，广东人民出版社1983年版。

赵秀山、冯田夫、赵军威：《华北解放区财经纪事》，中国档案出版社2002年版。

赵秀山、星光等：《华北解放区财政经济史料选编》，中国财政经济出版社1992年版。

中共中央党史研究室：《中国共产党的九十年》，中共党史出版社2016年版。

中共中央党史研究室：《中国共产党历史：第一卷（1921—1949）》，中共党史出版社2011年版。

中共中央党史研究室著，胡绳主编：《中国共产党的七十年》，中共党史出版社2019年版。

中共中央党史征集委员会、中央档案馆：《八七会议》，中共党史资料出版社1986年版。

中共中央党校：《中共党史文献选编》，中共中央党校出版社1992年版。

中共中央文献研究室：《刘少奇论新中国经济建设》，中央文献出版社1993年版。

中共中央文献研究室编：《建国以来重要文献选编》第六册，中央文献出版社1993年版。

中共中央文献研究室编：《建国以来重要文献选编》第九册，中央文献出版社1994年版。

中共中央文献研究室编著：《陈云年谱》，中共中央文献出版社2015年版。

中国人民大学政治经济学系：《中国近代经济史》，人民出版社1978年版。

中国社会科学院、中央档案馆编：《1953—1957中华人民共和国经济档案资料选编（工业卷）》，中国物价出版社1998年版。

中国社会科学院、中央档案馆编：《1953—1957中华人民共和国经济档案资料选编（固定资产投资和建筑业卷）》，中国物价出版社1998年版。

中国社会科学院、中央档案馆编：《1953—1957中华人民共和国经济档案资料选编（财政卷）》，中国物价出版社2000年版。

中国社会科学院、中央档案馆编：《1958—1965中华人民共和国经济档案资料选编（财政卷）》，中国财政经济出版社2011年版。

中央档案馆：《中共中央文件选集：第三册（一九二七）》，中共中央党校出版社1989年版。

中央档案馆：《中共中央文件选集：第一册（一九二一——一九二五）》，中共中央党校出版社1991年版。

中央档案馆、中共中央文献研究室编：《中共中央文件选集（1949年10月—1966年5月）》第39册，人民出版社2013年版。

朱建华主编：《东北解放区财政经济史稿》，黑龙江人民出版社1987年版。

三　中文期刊

《精筹帷幄　业迹长存——中华苏维埃共和国财政史简述》，《中国财政》2016年第17期。

《迎接一九五三年的伟大任务》（社论），《人民日报》1953年1月1日。

《预算评审中心2020年工作要点》，http：//tzps.mof.gov.cn/gongzuodongtai/202003/t20200325_3488225.htm，2020年3月25日。

《中华人民共和国财政大事记》，《财政研究资料》1986 年增刊第 1 期。

安体富：《民生财政：我国财政支出结构调整的历史性转折》，《地方财政研究》2008 年第 5 期。

安体富、王海勇：《税权划分的国际比较与改革思路》，《经济研究参考》2006 年第 58 期。

白彦锋、罗庆：《财税改革 40 年：回顾、经验与展望》，《河北大学学报》（哲学社会科学版）2018 年第 2 期。

财政部财政科学研究所：《建国以来的财政理论建设》，《财政研究》1984 年第 5 期。

财政部财政科学研究所课题组：《中国财政改革 30 年：回顾与展望》，《经济研究参考》2009 年第 2 期。

财政部财政科学研究所课题组、贾康、赵全厚：《财政支出改革》，《经济研究参考》2009 年第 2 期。

财政部财政科学研究所课题组、贾康、赵全厚：《中国财政改革 30 年的路径与脉络》，《经济研究参考》2009 年第 2 期。

财政部财政科学研究所课题组、刘薇：《财政收入改革》，《经济研究参考》2009 年第 2 期。

陈苍穹：《东江抗日根据地的财政经济政策》，《惠州大学学报》（哲学社会科学版）1995 年第 2 期。

陈勇：《新时代深化税制改革方向探索》，《决策探索》（下）2019 年第 10 期。

陈云：《资本主义工商业改造的新形势和新任务》，1955 年 11 月 16 日。

丛树海：《论我国财政学理论体系的创立和发展》，《财经问题研究》1998 年第 2 期。

董昀：《中国宏观调控思想七十年演变脉络初探——基于官方文献的研究》，《金融评论》2019 年第 5 期。

冯俏彬：《中国财政 30 年——从"生产建设型导向"向"公共服务型导向"》，《光华财税年刊》2009 年第 1 期。

冯叶：《"零基预算"珠海试验政府钱袋子每年归零》，《南方周末》2015 年 11 月 16 日第 18 版。

傅光明：《充分发挥政府间事权支出责任和财力相适应制度在国家治理体系和治理能力现代化中的重大作用》，《预算管理与会计》2019 年第 12 期。

高培勇：《"营改增"的意义、前景与建议》，《中国税务报》2013 年 4 月 17 日第 5 版。

高培勇：《从"放权让利"到"公共财政"——中国财税改革 30 年的历史进程》，《理论前沿》2008 年第 23 期。

高培勇：《公共财政：概念界说与演变脉络——兼论中国财政改革 30 年的基本轨迹》，《经济研究》2008 年第 12 期。

高培勇：《论国家治理现代化框架下的财政基础理论建设》，《中国社会科学》2014 年第 12 期。

高培勇：《论完善税收制度的新阶段》，《经济研究》2015 年第 2 期。

高培勇：《站在新时代的平台上讨论直接税改革》，《河北大学学报》（哲学社会科学版）2019 年第 1 期。

高培勇：《中国财税改革 40 年：基本轨迹、基本经验和基本规律》，《经济研究》2018 年第 3 期。

高培勇：《中国财政困难的由来：从运行机制角度的分析》，《经济科学》1995 年第 5 期。

高培勇：《准确把握本轮减税降费的目的和方法》，《经济日报》2017 年 8 月 11 日第 14 版。

高培勇、汪德华：《"十三五"时期的财税改革与发展》，《金融论坛》2016 年第 21 期。

顾龙生：《中国共产党经济思想发展史》，《博览群书》1996 年第 6 期。

何代欣：《大国财政转型轨迹及其总体框架》，《改革》2016 年第 8 期。

何代欣：《结构性改革下的支出政策探讨》，《财政研究》2016 年第 4 期。

何代欣：《结构性改革下的财税政策选择——大国转型中的供给与需求两端发力》，《经济学家》2016 年第 5 期。

何代欣：《中国结构性改革下的财政收入政策——大国转型增长与供给侧发力策略》，《财经问题研究》2016 年第 9 期。

何振一：《财政改革基本思路的若干思考》，《财贸经济》1987年第8期。

侯一麟：《政府职能、事权事责与财权财力：1978年以来我国财政体制改革中财权事权划分的理论分析》，《公共行政评论》2009年第2期。

胡怡建：《"营改增"全面推开成效显著深化改革任重道远》，《中国税务》2017年第5期。

胡怡建：《更好发挥税收在国家治理中作用的思考》，《税务研究》2019年第4期。

黄慰慈、李慰祖：《琼崖抗日根据地的建立及其历史作用》，《华南师范大学学报》（社会科学版）1985年第3期。

贾康：《分税制任务远未完成，国家治理现代化需现代财税体制配套》，《第一财经日报》2018年8月13日第2版。

贾康：《健全中央和地方财力与事权相匹配的体制》，《中国财政》2008年第13期。

贾康：《近中期财政体制改革思路的探讨》，《中国经济体制改革》1988年第4期。

贾康：《中国财税改革30年：简要回顾与评述》，《财政研究》2008年第10期。

贾康、傅道鹏：《宏观调控体系中财政政策与调控作用的再认识》，《经济研究参考》1996年第7期。

贾康、梁季：《"营改增"的全方位效能》，《中国经济报告》2016年第6期。

江泉：《浅论义和团运动与太平天国的异同》，《燕山大学学报》（哲学社会科学版）2001年第1期。

蒋南平、崔祥龙：《陈独秀对马克思主义经济学中国化的探索及其主要贡献》，《当代经济研究》2014年第6期。

金冲及：《辛亥革命和中国近代民族主义》，《近代史研究》2001年第5期。

靳东升：《中国税制改革40年：回顾、总结与思考》，《地方财政研究》

2018 年第 11 期。

赖海榕、戴双兴：《健全充分发挥中央和地方两个积极性的财政体制》，《福建师范大学学报》（哲学社会科学版）2020 年第 3 期。

李凤华：《论光绪朝对财政税收积弊的清理》，《江西社会科学》2012 年第 8 期。

李俊生、乔宝云、刘乐峥：《明晰政府间事权划分　构建现代化政府治理体系》，《中央财经大学学报》2014 年第 3 期。

李苗、崔军：《政府间事权与支出责任划分：从错配到适配——兼论事权责任层次和权力要素的双重属性》，《公共管理与政策评论》2018 年第 4 期。

李齐云、马万里：《中国式财政分权体制下政府间财力与事权匹配研究》，《理论学刊》2012 年第 11 期。

李炜光：《财政何以为国家治理的基础和支柱》，《法学评论》2014 年第 2 期。

李新、陈铁健：《中国新民主革命通史》，《编辑学刊》2001 年第 4 期。

李燕：《关于民国时期财政思想的研究》，硕士学位论文，湖南大学，2008 年。

李扬：《对我国财政改革若干问题的系统思考》，《经济理论与经济管理》1988 年第 5 期。

刘安长：《论财政政策在经济调整"八字方针"中的作用——新时代经济调整中的财政政策思考》，《福建论坛》（人文社会科学版）2019 年第 9 期。

刘安长：《我国逆周期财政政策 70 年：演进、镜鉴与展望》，《经济学家》2019 年第 12 期。

刘大年：《戊戌变法的评价问题》，《近代史研究》1982 年第 4 期。

刘方、黄卫挺：《当前政府事权划分存在的问题及对策》，《宏观经济管理》2014 年第 2 期。

刘剑文、侯卓：《事权划分法治化的中国路径》，《中国社会科学》2017 年第 2 期。

刘昆：《积极财政政策新举措》，《宏观经济管理》2019 年第 4 期。

刘昆：《坚持不懈深化财税体制改革　加快建立完善现代财政制度》，《旗帜》2020年第2期。

刘昆：《减税降费是积极财政政策最重要的体现》，《中国总会计师》2020年第2期。

刘昆：《全球视角下的中国财税体制改革——在中国发展高层论坛2018年会上的演讲》，《预算管理与会计》2018年第5期。

刘炼、陈建全：《论述两次国民经济调整中财政的作用》，《决策与信息（财经观察）》2006年第2期。

刘蓉、罗帅：《"十三五"时期税制改革取向》，《税务研究》2015年第11期。

刘尚希：《结构性改革视角下的"营改增"》，《财经界》2016年第6期。

刘尚希：《央地财政关系改革的理论解析》，《债券》2018年第4期。

刘尚希、马洪范、刘微、梁季、柳文：《明晰支出责任：完善财政体制的一个切入点》，《经济研究参考》2012年第40期。

刘尚希、石英华、武靖州：《公共风险视角下中央和地方财政事权划分研究》，《改革》2018年第8期。

刘友于：《60年代国民经济调整研究综述》，《当代中国史研究》1996年第1期。

刘仲藜：《认真贯彻治理整顿方针　完善企业承包经营责任制》，《财政》1989年4月刊。

刘佐：《个人所得税制度改革"十一五"回顾与"十二五"展望》，《财政研究》2011年第10期。

刘佐：《中共税收政策的发展——为庆祝中国共产党成立90周年而作》，《经济研究参考》2011年第55期。

刘佐：《中国个人所得税制度发展的回顾与展望——纪念〈中华人民共和国个人所得税法〉公布30周年》，《税务研究》2010年第9期。

柳森：《1961年—1965年国民经济调整研究述评》，《北京党史》2010年第1期。

楼继伟：《40年重大财税改革的回顾》，《财政研究》2019年第2期。

楼阳生：《健全充分发挥中央和地方两个积极性体制机制》，《人民日报》2019 年 12 月 5 日第 9 版。

芦迪：《王韬改革思想研究》，硕士学位论文，辽宁师范大学，2010 年。

鲁振祥：《略谈"农村包围城市"道路理论的形成与确立》，《中共党史研究》1990 年第 6 期。

吕炜、靳继东：《始终服从和服务于社会主义现代化强国建设——新中国财政 70 年发展的历史逻辑、实践逻辑与理论逻辑》，《管理世界》2019 年第 9 期。

吕炜、张妍彦、周佳音：《财政在中国改革发展中的贡献——探寻中国财政改革的实践逻辑》，《经济研究》2019 年第 9 期。

罗娜：《新时代背景下我国税制结构性改革研究》，《吉林省财政学会·财金观察》2019 年第 2 辑。

罗伟卿：《财政分权理论新思想：分权体制与地方公共服务》，《财政研究》2010 年第 3 期。

马蔡琛：《论中国预算法的修订与政府理财的挑战》，《会计之友》2015 年第 9 期。

马蔡琛、黄凤羽：《国家治理视野中的现代财政制度——解读十八届三中全会〈决定〉中的深化财税体制改革问题》，《理论与现代化》2014 年第 3 期。

马蔡琛、苗珊：《中国政府预算改革四十年回顾与前瞻——从"国家预算"到"预算国家"的探索》，《经济纵横》2018 年第 6 期。

马蔡琛、赵笛、苗珊：《共和国预算 70 年的探索与演进》，《财政研究》2019 年第 7 期。

马国强：《当代中国治税思想：理论研究与实践总结——庆祝中华人民共和国成立 70 周年》，《税务研究》2019 年第 10 期。

马国贤：《"分税制"下的财政体制初探》，《当代财经》1990 年第 3 期。

马海涛、任强：《个人所得税改革对各收入群组税负的影响》，《税务研究》2016 年第 4 期。

马海涛、任强、程岚：《我国中央和地方财力分配的合意性：基于"事权"与"事责"角度的分析》，《财政研究》2013 年第 4 期。

马海涛、肖鹏：《改革开放四十年我国财税改革回顾与展望》，《地方财政研究》2018 年第 11 期。

马海涛、肖鹏：《中国财税体制改革 30 年经验回顾与展望》，《中央财经大学学报》2008 年第 2 期。

马骏、叶娟丽：《零基预算：理论和实践》，《中国人民大学学报》2004 年第 2 期。

马珺：《财政学基础理论创新：重要但需审慎对待的诉求》，《财政研究》2018 年第 8 期。

马万里：《多中心治理下的政府间事权划分新论——兼论财力与事权相匹配的第二条（事权）路径》，《经济社会体制比较》2013 年第 6 期。

毛泽东：《中华苏维埃共和国中央执行委员会与人民委员会对第二次全国苏维埃代表大会的报告》，《江西社会科学》1981 年第 S1 期。

孟繁华、李朝晖、李俊锋：《我国出口退税政策的发展历程及调整原因》，《中国商贸》2011 年第 18 期。

欧成德：《浅析减税降费视角下的税制改革》，《法制与社会》2020 年第 10 期。

欧阳军喜：《20 世纪 30 年代两种中国近代史话语之比较》，《近代史研究》2002 年第 2 期。

邱峰、梁嘉明：《减税降费进展及其推进路径——基于对制造业企业缴费情况的调查》，《国际金融》2017 年第 5 期。

任志江：《大跃进时期中央与地方关系变迁——经济发展战略角度的研究》，《中国经济史研究》2006 年第 1 期。

沈坤荣、付文林：《中国的财政分权制度与地区经济增长》，《管理世界》2005 年第 1 期。

石亮：《马克思主义在中国的早期传播研究》，硕士学位论文，北京化工大学，2013 年。

史守林：《东北抗联史研究述评》，《社会科学战线》2020 年第 8 期。

孙健夫、舒飞：《论面向新时代的个人所得税综合改革》，《河北大学学报》（哲学社会科学版）2019 年第 1 期。

孙开：《关于理顺中央与地方财政关系的若干思考》，《财经问题研究》

1992 年第 7 期。

唐明、陈梦迪：《"大共享税"时代来临，共享分税制做好准备了吗》，《中央财经大学学报》2017 年第 2 期。

唐在富、康玺：《改革开放四十年政府与市场关系调整历程与展望——基于财政视角的考察》，《财政科学》2018 年第 8 期。

唐正芒：《关于醴陵暴动的历史定位》，《中共党史研究》2004 年第 3 期。

汪德华：《从审计看我国地方债风险》，《新理财（政府理财）》2017 年第 10 期。

汪彤：《共享税模式下的地方税体系：制度困境与路径重构》，《税务研究》2019 年第 1 期。

王丙乾：《财政在"文化大革命"中苦撑危局》，《百年潮》2009 年第 10 期。

王丹莉：《工业布局调整中的中央与地方关系：解读"大跃进"时期的财政放权》，《中国经济史研究》2018 年第 5 期。

王刚：《清末财税改革研究》，硕士学位论文，山东师范大学，2009 年。

王桦宇、郑雨萌：《新中国成立 70 周年财政体制改革法治化变迁脉络》，《财政监督》2019 年第 20 期。

王礼琦、李炳俊：《土地革命时期革命根据地的财政》（中），《财政》1981 年第 1 期。

王玲：《财权划分理论与实践综述及其对中国的启示》，《经济问题探索》2006 年第 3 期。

王敏、袁娇：《中国税制改革四十年回溯与发展趋向》，《经济纵横》2018 年第 6 期。

王明前：《中央革命根据地财政体系演变新探》，《中国经济史研究》2011 年第 2 期。

王明前：《晋绥抗日根据地正规划基础财政制度的建立》，《吕梁学院学报》2015 年第 5 期。

王明前：《山东抗日根据地正规划基础财政制度的建立》，《长春金融高等专科学校学报》2019 年第 3 期。

王萍：《把权力关进预算的笼子——聚焦预算法修改》，《中国人大》2014年第18期。

王萍：《打通四大预算体系 建立全口径预算》，《中国人大》2014年第18期。

王萍：《人大修法紧扣改革脉搏——预算法修改历程回眸》，《中国人大》2014年第18期。

王绍飞：《中央和地方财政关系的目标模式》，《财贸经济》1988年第6期。

王志连、郭学旺：《我国的三次重大国民经济调整》，《经济社会体制比较》2000年第3期。

吴敬琏：《中国经济整体协调改革的思路》，《财贸经济》1988年第5期。

吴敬琏、周小川、李剑阁：《关于各级政府职能和分层管理的思考》，《经济管理》1986年第12期。

夏杰长：《中国财政政策转型：从经济建设型转向公共服务型》，《经济学动态》2006年第9期。

项怀诚：《对全面推进分税制财政体制改革的设想》，《经济师》1993年第10期。

项怀诚：《中国财税体制改革回顾》，《上海财经大学学报》（哲学社会科学版）2007年第9期。

项怀诚：《亲历分税制改革》，《中国财经报》2008年8月15日。

项怀诚：《中国财政体制改革六十年》，《中国财政》2009年第19期。

肖捷：《加快建立现代财政制度》，《中国总会计师》2018年第1期。

肖鹏：《我国税收制度改革三十年回顾与展望》，《经济纵横》2008年第10期。

谢波峰：《税收管理现代化的历史演进试析——改革开放四十年来中国税务管理的历程》，《财政科学》2018年第9期。

谢旭人：《关于分税制改革若干问题的思考》，《中国财政》1993年第11期。

谢旭人：《健全中央和地方财力与事权相匹配的体制 促进科学发展

和社会和谐》，《财政研究》2009 年第 2 期。

肖捷：《加快建立现代财政制度》，《中国总会计师》2018 年第 1 期。

兴华：《1958 年对财政体制进行了重大改革的尝试》，《财政》1983 年第 4 期。

邢正英、黄小波：《我国两次经济调整异同比较》，《安庆师院社会科学学报》1997 年第 2 期。

许光建、苏泠然：《消费税改革的回顾与展望》，《价格理论与实践》2019 年第 7 期。

闫坤：《新时代：以新的主要矛盾标识新的历史方位》，《财经智库》2017 年第 6 期。

闫坤、陈秋红：《新时代生态文明建设：学理探讨、理论创新与实现路径》，《财贸经济》2018 年第 11 期。

闫坤、侯思捷：《减税降费的政策分析与路径演进》，《北京大学学报》（哲学社会科学版）2020 年第 1 期。

闫坤、蒋震：《实施战略性减税降费的主要着力点及政策建议》，《税务研究》2019 年第 7 期。

闫坤、于树一：《论我国政府间财政支出责任的"错配"和"纠错"》，《财政研究》2013 年第 8 期。

闫坤、于树一：《财税改革 40 年：挑战、主线、规律和未来改革思路》，《学习与探索》2018 年第 10 期。

闫坤、于树一：《新中国政府间财政关系研究 70 年：分级财政从萌芽到兴盛》，《财贸经济》2019 年第 10 期。

闫坤、张鹏：《财税体制改革进展评价及其"十四五"取向：基于国家治理现代化的视角》，《改革》2020 年第 7 期。

杨会清：《中国革命的农村战略与井冈山的斗争实践》，《党史研究与教学》2007 年第 6 期。

杨开忠、陶然、刘明兴：《解除管制、分权与中国经济转轨》，《中国社会科学》2003 年第 3 期。

杨志勇：《分税制改革中的中央和地方事权划分研究》，《经济社会体制比较》2015 年第 2 期。

杨志勇：《现代税收制度建设：四十年个人所得税发展的思考》，《经济纵横》2018年第6期。

杨志勇：《中国财政40年：观念与变革》，《财贸经济》2018年第10期。

杨志勇：《中国财政70年：建立现代财政制度》，*China Economist* 2019年第1期。

姚金武、周震虹：《促进地方财政事权与支出责任相适应》，《宏观经济管理》2014年第10期。

叶青、郭欣欣：《新中国成立70周年政府间财政关系变迁》，《财政监督》2019年第20期。

叶振鹏：《社会主义财政在社会再生产中的地位和职能作用》，《财政研究》1980年第Z1期。

叶振鹏、赵云旗：《新中国60年财政转型之研究》，《中国经济史研究》2009年第3期。

叶子荣、段龙龙：《"国家治理论"：中国特色社会主义财政本质的科学阐释》，《财政研究》2017年第1期。

佚名：《国库集中收付制度改革进展快覆盖广效果好》，《中国财政》2012年第13期。

于树一：《现阶段我国财政事权与支出责任划分：理论与实践探索》，《地方财政研究》2017年第4期。

于志亭：《论山东抗日根据地的财政建设》，《山东经济》1996年第2期。

余伯流：《中央苏区经济建设的历史经验及其启示》，《江西财经大学学报》2008年第3期。

余龙：《国地税机构合并与深化财税体制改革》，《现代管理科学》2018年第9期。

虞列贵：《积极财政政策已见成效　国企三年脱困将如期实现》，《财务与会计》2000年第4期。

曾耀辉：《中华苏维埃共和国税收法制建设及其启示》，《苏区研究》2015年第4期。

翟继光：《论我国新时代税收制度的基本特征》，《税务研究》2002

年第 2 期。

张斌：《中国下一步税制改革的目标与任务》，《行政管理改革》2014 年第 2 期。

张博：《1962 年国民经济调整与恢复设立中央财经小组》，《当代中国史研究》2017 年第 5 期。

张驰、冯利红：《改革开放四十年政府预算制度改革回顾与展望》，《财政科学》2018 年第 8 期。

张弓、滕文藻：《六十年代国民经济调整的综述》，《党史通讯》1984 年第 10 期。

张军、范子英：《财政分权与中国经济增长的效率——基于非期望产出模型的分析》，《管理世界》2009 年第 7 期。

张强：《现代财政制度建设之路——基于 70 年财政制度变迁的比较与综合》，《中央财经大学学报》2019 年第 3 期。

张秋实：《瞿秋白与"八七"会议召开前后的中共组织建设》，《甘肃理论学刊》2008 年第 1 期。

张守文：《论税收法定主义》，《法学研究》1996 年第 6 期。

张通：《新中国财政 60 年的变迁与思考》，《财政研究》2009 年第 11 期。

张馨：《我国财政职能观评述》，《财经问题研究》2001 年第 11 期。

张召娣、贺忠厚：《财政分权与公共产品的供给效率》，《财会月刊》2005 年第 6 期。

赵兴罗：《我国政府预算改革四十年：回顾与展望》，《财政监督》2018 年第 8 期。

赵云旗：《中国财政改革三十年回眸》，《地方财政研究》2008 年第 12 期。

赵增延、赵效民、李炳俊：《土地革命中阶级政策的变化与共产国际的关系》，《历史研究》1983 年第 3 期。

郑功成：《中国社会保障 70 年发展（1949—2019）：回顾与展望》，《中国人民大学学报》2019 年第 5 期。

郑小玲：《中国财政管理体制的历史变迁与改革模式研究（1949—2009）》，博士学位论文，福建师范大学，2011 年。

郑延冰:《财政分权、地方政府激励及其行为变异》,《湖北经济学院学报》2015年第1期。

周宏府:《中国早期工人运动的发展和中国共产党的诞生》,《湘潭大学社会科学学报》1981年第3期。

周小川:《财税改革及整体性经济分析》,《改革》1992年第6期。

周业安:《地方政府竞争与经济增长》,《中国人民大学学报》2003年第1期。

朱鸿翔:《清末民初西方财政思想在中国的传播》,《财会月刊》2013年第8期。

朱鸿翔:《西方财政思想在近代中国的理论影响和传播规律》,《山西财政税务专科学校学报》2013年第4期。

朱文辉:《改革开放40年我国农村义务教育经费保障机制的回溯与前瞻》,《中国教育学刊》2018年第12期。

邹至庄:《中国市场社会主义与经济发展》,《改革》1989年第1期。

左玉河:《山坳里的伟大预演——中华苏维埃共和国成立前后》,《百年潮》2001年第10期。

四　中译著作

［苏］A. M. 亚历山大洛夫:《苏联财政》,中国大学财政教研室译,中国财政经济出版社1958年版。

［苏］M. K. 舍尔麦涅夫主编:《苏联财政》,毛蓉芳等译,中国财经出版社1980年版。

［苏］阿拉赫维尔江:《财政在苏联国民收入分配中的作用》,张愚山译,中国财政经济出版社1956年版。

五　网络文献

《2019年财政收支情况》,http://gks.mof.gov.cn/tongjishuju/202002/t20200210_3467695.htm,2020年2月10日。

《"减"字贯始终增出新活力》,http://www.chinatax.gov.cn/n810219/n810744/n4016641/n4016676/c4402866/content.html,2019年4

月 12 日。

《财政部部长详解深化财税体制改革总体方案》，http：//www. gov. cn/xinwen/2014-07/03/content_ 2711811. htm，2014 年 7 月 3 日。

《财政部优先保障决战决胜脱贫攻坚资金》，http：//www. gov. cn/xinwen/2020-03/31/content_ 5497384. htm，2020 年 3 月 31 日。

《广东省稳步推进零基预算改革》，http：//www. mof. gov. cn/zhengwuxinxi/xinwenlianbo/guangdongcaizhengxinxilianbo/201601/t20160105_ 1643505. htm，2016 年 1 月 5 日。

《贵州深入推进零基预算确保财政资金用在刀刃上》，http：//m. xinhuanet. com/gz/2019-12/11/c_ 1125333124. htm，2019 年 12 月 11 日。

《国家开发银行推出首期脱贫攻坚专题债券助力决战决胜脱贫攻坚》，http：//www. cdb. com. cn/xwzx/khdt/202004/t20200413_ 7291. html，2020 年 4 月 13 日。

《国家税务总局召开新闻发布会落实落细系列减税降费政策为服务"六稳""六保"大局贡献更多税务力量》，http：//beijing. chinatax. gov. cn/bjswj/c104881/202005/t20200511_ 454722. shtml，2020 年 5 月 11 日。

《河南大力推进项目支出标准体系建设》，http：//www. henan. gov. cn/2019/11-05/992372. html，2019 年 11 月 5 日。

《积极构建多层次社会保障体系让人民群众共享改革发展成果》，http：//www. mohrss. gov. cn/SYrlzyhshbzb/dongtaixinwen/buneiyaowen/201808/t20180820_ 299532. html，2018 年 8 月 20 日。

《减税降费力度不断加大　预计今年为企业新增减负超过 2.5 万亿元》，http：//czj. nc. gov. cn/ncczj/gncj/202007/849efbe2f55f4737aa 0b14388f6f8fbd. shtml，2020 年 7 月 21 日。

《李克强：抓紧清理取消不合理限制灵活就业的规定》，http：//www. gov. cn/guowuyuan/2019-12/05/content_ 5458816. htm，2019 年 12 月 5 日。

《楼继伟：财政一年补贴上万亿，现有社保体系不可持续》，https：//

www. yicai. com/news/100062035. html，2018 年 11 月 19 日。

《全国人大常委会法工委负责人就〈贯彻落实税收法定原则的实施意见〉答问》，http：//www. gov. cn/xinwen/2015-03/25/content_2838356. htm，2015 年 3 月 25 日。

《省财政投资评审中心积极探索项目支出定额标准建设》，http：//www. sc. gov. cn/10462/10464/10465/10574/2015/7/2/10341667. shtml，2015 年 7 月 2 日。

《税收力量助推绿色发展》，http：//www. chinatax. gov. cn/chinatax/n810219/n810780/c4575977/content. html，2019 年 8 月 13 日。

《税务总局局长：落实改革主体责任深入推进税收改革》，http：//www. gov. cn/xinwen/2017-07/03/content_5207614. htm，2017 年 7 月 3 日。

《税务总局就落实新一轮减税降费措施举行新闻发布会》，http：//www. gov. cn/xinwen/2019-01/29/content_5362046. htm#1，2019 年 1 月 29 日。

《探绿色减贫现实路径　保"中华水塔"丰沛永固——青海省达日县绿色减贫总体成效、发展困境和应对策略》，http：//www. mee. gov. cn/ywgz/kjycw/fphdkzy/sthbfp/gzdt/201910/t20191024_738859. shtml，2019 年 10 月 14 日。

《天津财政：积极探索构建零基预算管理"4G"新模式》，http：//www. mof. gov. cn/zhengwuxinxi/xinwenlianbo/tianjing caizhengxinxilianbo/201911/t20191122_3427352. htm，2019 年 11 月 25 日。

《天津特色零基预算管理新模式新在哪儿？》，http：//www. cnr. cn/tj/jrtj/20191125/t20191125_524871030. shtml，2019 年 11 月 25 日。

《新个人所得税法实施满一周年改革红利精准落袋》，http：//www. chinatax. gov. cn/chinatax/n810219/n810780/c5142651/content. html，2020 年 1 月 15 日。

《一张图告诉你"金税三期"工程的 9 大亮点》，http：//www. chinatax. gov. cn/n810341/n2340339/c2947511/content. html，2016 年 8 月 30 日。

《预算评审中心召开 2019 年项目支出标准建设交流会》，http：//tzps. mof. gov. cn/gongzuodongtai/202001/t20200119_ 3461425. htm，2020 年 1 月 19 日。

《浙江省金华市财政突出"四个关键"全面推行零基预算改革》，http：//www. mof. gov. cn/zhengwuxinxi/xinwenlianbo/zhejiangcaizhengxinxilianbo/201901/t20190122_ 3127170. htm，2019 年 1 月 22 日。

《中共中央办公厅国务院办公厅印发〈深化国税、地税征管体制改革方案〉》，http：//www. gov. cn/xinwen/2015-12/24/content_ 5027603. htm，2015 年 12 月 24 日。

《中共中央办公厅国务院办公厅印发〈关于构建现代环境治理体系的指导意见〉》，http：//www. gov. cn/zhengce/2020-03/03/content_ 5486380. htm，2020 年 3 月 3 日。

《中共中央 国务院关于深化医疗保障制度改革的意见》，http：//www. gov. cn/zhengce/2020-03/05/content_ 5487407. htm，2020 年 3 月 5 日。

《珠海：深化零基预算改革，加强项目支出管理》，http：//czt. gd. gov. cn/zh/content/post_ 178498. html，2018 年 8 月 28 日。

《着力稳外贸稳外资国务院再推六项举措》，http：//www. gov. cn/xinwen/2020-03/11/content_ 5490143. htm，2020 年 3 月 11 日。

安徽财政：《完善定额标准体系建设 促进基本支出预算公平》，http：//www. mof. gov. cn/zhengwuxinxi/xinwenlianbo/anhuicaizhengxinxilianbo/200809/t20080908_ 72313. htm，2008 年 9 月 8 日。

包瓴瓴：《"四本预算"齐亮相 我国修改预算法强调预算管理全覆盖》，http：//www. npc. gov. cn/zgrdw/npc/lfzt/2014/2012-06/27/content_ 1876073. htm，2012 年 6 月 26 日。

包瓴瓴：《开正门严监控——预算法三审稿拟对地方政府举债"开闸"的背后》，http：//www. npc. gov. cn/zgrdw/npc/xinwen/lfgz/2014-04/22/content_ 1860497. htm，2014 年 4 月 21 日。

包瓴瓴：《严控债务风险成预算法草案四审稿一大焦点》，http：//www. npc. gov. cn/zgrdw/npc/cwhhy/12jcwh/2014-08/26/content_

1875414. htm，2014 年 8 月 25 日。

包瓴瓴：《中国修订预算法拟解禁地方发债》，http：//www. npc. gov. cn/zgrdw/npc/xinwen/lfgz/2014-04/22/content_ 1860499. htm，2014 年 4 月 21 日。

北京日报：《解读当今世界"百年未有之大变局"》，http：//bjrb. bjd. com. cn/html/2019-01/06/content_ 571339. htm，2019 年 1 月 6 日。

财政部：《财政部有关负责人就2020年中央部门预算公开答问》，http：//www. gov. cn/xinwen/2020-06/12/content_ 5518990. htm，2020 年 6 月 12 日。

财政部新闻办公室：《2020 年上半年财政收支情况新闻发布会文字实录》，http：//www. mof. gov. cn/zhengwuxinxi/caizhengxinwen/202007/t20200717_ 3551419. htm，2020 年 7 月 17 日。

胡泽君：《国务院关于 2016 年度中央预算执行和其他财政收支的审计工作报告》，http：//www. audit. gov. cn/n9/n1483/n1498/c97068/content. html，2017 年 6 月 23 日。

胡泽君：《国务院关于 2017 年度中央预算执行和其他财政收支的审计工作报告》，http：//www. audit. gov. cn/n5/n26/c123614/content. html，2018 年 6 月 20 日。

经济日报：《更大规模减税降费成为应对经济下行压力的关键举措——去年效果超预期今年力度再加码》，http：//www. chinatax. gov. cn/chinatax/n810219/n810780/c5150069/content. html，2020 年 5 月 19 日。

李林：《人民日报：奏响改革与法治和谐共鸣新乐章》，http：//opinion. people. com. cn/GB/n1/2019/0411/c1003-31023527. html，2019 年 4 月 11 日。

刘仲藜：《关于〈中华人民共和国预算法（草案）〉的说明》，http：//www. npc. gov. cn/zgrdw/npc/lfzt/2014/2001-01/02/content_ 1875784. htm，1994 年 4 月 15 日。

毛磊、彭波：《预算法修改进入三审拟适度放开地方发债》，http：//

www. npc. gov. cn/zgrdw/npc/cwhhy/12jcwh/2014-04/23/content_1860822. htm，2014 年 4 月 23 日。

山西省财政厅：《山西出台省直部门信息化建设项目支出预算编制标准》，http：//www. shanxi. gov. cn/yw/sxyw/201809/t20180912_476151. shtml，2018 年 9 月 12 日。

王静、吕腾龙：《李克强主持召开国务院常务会议》，http：//cpc. people. com. cn/n1/2020/0715/c64094-31785054. html，2020 年 7 月 15 日。

吴承坤：《贵州：资金跟着项目走，力争财政资金效益最大化》，http：//www. ceh. com. cn/xwpd/2019/11/1192698. shtml，2019 年 11 月 29 日。

余晨：《11 届全国人大常委会第 24 次会议举行审议多项法案》，http：//www. npc. gov. cn/zgrdw/huiyi/cwh/1124/2011-12/27/content_1683342. htm，2011 年 12 月 27 日。

余晨：《中国将启动预算法三审剑指财税改革难题》，http：//www. npc. gov. cn/zgrdw/npc/xinwen/lfgz/lfdt/2014-04/21/content_1860425. htm，2014 年 4 月 21 日。

中国人大网：《十三届全国人大常委会立法规划》，http：//www. npc. gov. cn/npc/c30834/201809/f9bff485a57f498e8d5e22e0b56740f6. shtml，2018 年 9 月 10 日。

后 记

　　本书是应中国社会科学出版社社长赵剑英先生提出的选题设想而撰写的，列入该社向中国共产党成立100周年的献礼的精品图书计划。我们深知此项任务的重大，从2019年11月就开始组织队伍，从研究出发，坚持实事求是的原则，从历史事实出发，坚持方向正确、系统全面、客观真实地把握每一时期财政思想与实践的特点，努力真实准确全面地记录党领导财政保障革命战争供给、服务国家政权建设、经济发展和社会全面进步，从弱到强，不断壮大的历史。力争从历史的、全局的、战略的高度，提炼财政百年发展共性的、规律性的认识和结论。向中国共产党建党100周年献礼，向为中华人民共和国财政奋斗的财政人致敬。

　　本书由我担任主编，史卫、马蔡琛、于树一担任副主编。从正式启动到将书稿呈交出版社只有10个月的时间，其间还要经过写作大纲的起草和讨论通过、中期报告、书稿的汇总和修改以及两轮统稿，这对于编撰工作小组来说无疑是异常艰巨的任务。几经讨论，本书最终按照历史发展阶段进行写作。各章具体分工如下：

　　导论　以人民为中心是中国共产党100年财政思想与实践的主线（史卫）

　　第一章　中国共产党的成立和建党初期的财政纲领（1921—1927年）（张德勇、刘家志）

　　第二章　土地革命时期的财政探索（1928—1937年）（张德勇、

徐国铨）

第三章　抗日根据地时期的财政建设（1938—1945 年）（张鹏）

第四章　解放战争时期的财政工作的改进（1946—1949 年）（史卫）

第五章　新中国成立初期的财政工作和国民经济的恢复（1950—1952 年）（汪川）

第六章　发展战略选择与国家财政的重构（1953—1957 年）（冯静）

第七章　路径探索引发的发展危机与财政的定海神针作用（1958—1978 年）（于树一）

第八章　改革开放与财政开路先锋（1978—1992 年）（蒋震）

第九章　社会主义市场经济体制确立与分税制改革（1993—1998 年）（杨晓雯、马珺）

第十章　公共财政论与民生财政建设（1999—2012 年）（闫坤、鲍曙光）

第十一章　新时代全面深化财政改革的历史使命与总体构架（2012 年以来）（何代欣、王云娜）

第十二章　深化税制改革（2012 年以来）（马蔡琛、桂梓椋、苗珊）

第十三章　完善中央和地方财政关系（2012 年以来）（于树一）

第十四章　深化预算改革（2012 年以来）（马蔡琛、李宛姝、赵笛）

提纲撰写小组：闫坤、史卫、马蔡琛

第一次统稿组：闫坤、史卫、马蔡琛、于树一、汪川

第二次统稿组：闫坤、史卫、马蔡琛、于树一、王海霞

在进行任务分工之后，本书的编撰工作稳步进行。本书得以在短时间内问世，除了执笔者的努力之外，还要感谢很多人。本书在大纲起草和讨论阶段，就得到了中国社会科学院当代中国研究所副所长武力，中国经济史学会会长、中国社会科学院经济研究所研究员魏明孔，中国财政科学研究院原所长贾康，中央财经大学原副校长李俊生等专家的指导，并提出了宝贵的修改建议。感谢中国历史研究院将此课题作为其重大项目予以资助，让本书成为跨学科的研

究成果，得到历史研究领域的同行认可；感谢中国社会科学出版社社长赵剑英研究员的具体指导，让本书能够拥有更高的角度、更广的视野；感谢中国社会科学出版社王曦老师，在写作的每一阶段都从出版的角度提出宝贵意见；感谢中国社会科学院大学政府政策系的王海霞、黄潇和财经系的杨远旭同学，为本书的撰写做了很多基础性工作。

由于时间短、任务重、水平有限，而中国共产党 100 年财政思想与实践，是如此丰富，如此波澜壮阔，我们在史料运用、详略选择、观点提炼、经验总结等各方面都难免存在粗疏和不当之处，恳请广大读者为我们提出宝贵意见。

闫　坤

2020 年 10 月 30 日